普通高等教育物流类专业规划教材

全球采购与供应管理
Global Purchasing and Supply Management

徐天舒　刘碧玉　编著

机械工业出版社

本书以全球采购战略管理为主线，突破单纯强调购买行为、从辅助企业生产或运作管理视角出发来设计的采购职能管理知识体系，重新构建在全球范围获取资源和整合供应商、从战略采购视角出发来设计的全球采购与供应管理知识体系，以实现从国内采购向全球采购管理知识体系的转换。

本书通过全球采购与供应的"理论""规划""流程""控制""贸易""趋势"六大模块来进行知识结构的重组，并以全球采购流程为主线，详细介绍战略采购、采购执行、采购内控等全球采购与供应的核心内容。相较于国内采购管理的知识内容，本书强化了全球采购基础理论、全球采购与供应组织设计、全球采购决策、货物运输与保险、国际结算等内容；新增了新型采购模式和采购商业伦理等内容；深入介绍了供应商质量管理和交期管理、运用企业资源计划（ERP）系统管理采购数据、平衡计分卡（BSC）下的采购关键绩效指标（KPI）考核等全球采购内控管理措施。此外，本书还含有网上链接资源：13章的配套PPT、来自实践一线的全球采购案例、补充知识。

本书可以作为工商管理、物流管理专业以及想要选修"采购管理""采购与供应管理"课程的其他专业本科生、研究生的教材，也可以作为正在从事或希望从事全球采购管理工作人员的专业入门读本。

图书在版编目（CIP）数据

全球采购与供应管理/徐天舒，刘碧玉编著. —北京：机械工业出版社，2019.7（2025.1重印）

普通高等教育物流类专业规划教材

ISBN 978-7-111-63086-9

Ⅰ.①全… Ⅱ.①徐…②刘… Ⅲ.①采购管理-高等学校-教材②物资供应-物资管理-高等学校-教材 Ⅳ.①F253②F252.2

中国版本图书馆CIP数据核字（2019）第131361号

机械工业出版社（北京市百万庄大街22号　邮政编码100037）
策划编辑：易　敏　　责任编辑：易　敏　刘　静　商红云
责任校对：刘雅娜　　封面设计：鞠　杨
责任印制：张　博
北京雁林吉兆印刷有限公司印刷
2025年1月第1版第5次印刷
185mm×260mm・18.25印张・438千字
标准书号：ISBN 978-7-111-63086-9
定价：45.00元

电话服务　　　　　　　　　网络服务
客服电话：010-88361066　　机 工 官 网：www.cmpbook.com
　　　　　010-88379833　　机 工 官 博：weibo.com/cmp1952
　　　　　010-68326294　　金 书 网：www.golden-book.com
封底无防伪标均为盗版　　机工教育服务网：www.cmpedu.com

作者简介

2007年4月西门子中国有限公司副总裁彼得·何维克（Peter Herweck）在西门子中国北京望京总部办公室授予天津分公司项目经理徐天舒"西门子中国区优秀跨区域合作团队'合之益'奖"

徐天舒，1973年出生于苏州，苏州科技大学商学院教授，高级经济师，硕士生导师，校学术委员会委员，东南大学工商管理硕士（MBA）、管理学博士。

2011年前，在企业任职16年：某上市公司任驻期货交易所出市代表；某国有企业任销售主管；法国施耐德电气（Schneider Electric）苏州工厂任采购专员；德国西门子（SIEMENS）电器苏州公司任全球采购科长，2006—2008年被委派担任天津分公司经理（负责在天津筹建变压器新工厂并担任厂长），苏州公司跨国转移项目商务控制经理；丹麦风能科技公司工厂厂长。

2005年、2006年、2013年分别在美国、德国、澳大利亚有短期访问经历；2014年7月加入苏州科技大学；2016年1—7月英国南威尔士大学访问学者。

2005年起兼职管理顾问公司讲师，2009年起兼任西门子企业内部培训师，2013年获"企业培训师"国家职业资质；国际项目管理协会（IPMA）认证的国际高级项目经理；德国莱茵TUV集团认证的六西格玛绿带、ISO 9001质量体系和ISO 14000环境体系内审员；国家海关总署认证的报关员。

商务部援外物流培训苏州项目带班协调人及授课老师；工信部五所（赛宝）华东分所企业咨询特聘专家；苏州市工业和信息化局企业评价专家库成员；苏州市人力资源和社会保障局"培训送企业"公益项目特聘讲师；苏州市统计学会理事。

任教的苏州科技大学与英国南威尔士大学合作举办的物流管理项目2017年入选江苏省第二批中外合作办学高水平示范性建设工程。

2015年起主持国家社科基金、江苏省教育厅哲学社科项目、苏州市软科学项目各1项；参与国家自然科学基金项目2项；其他纵向和横向基金项目7项。2012年11月起受邀任《南开管理评论》杂志匿名审稿人至今；2018年6月起任国家高端培育智库"南京大学长江产业经济研究院"特约研究员。

刘碧玉，1981年出生，福州大学经济与管理学院物流系教授，硕士生导师，东南大学管理学博士，瑞典吕勒奥理工大学（Lulea University of Technology）联合培养博士；国际生产与运作管理学会（Production and Operations Management Society，POMS）会员；教育部高等学校物流管理与工程类专业教指委青年教师工作组成员；中国物流学会会员；福建省商贸流通业专家；福建省技术经济与管理现代化研究会理事；《International Journal of Production Economics》（IJPE）、《International Journal of Production Research》（IJPR）、《Journal of Cleaner Production》（JCP）、《International Transactions in Operational Research》（ITOR）和《管理科学学报》等国内外多个期刊审稿人。主讲"采购与供应管理""运营管理""运输管理""库存控制与优化"等物流专业核心课程。主持国家自然科学基金项目1项、中国博士后科学基金等省部级课题6项，其他各类项目多项，相关研究成果发表在IJPR、《Stochastic Environmental Research and Risk Assessment》、ITOR、IJPE、JCP、《管理科学学报》和《中国管理科学》等本学科主流期刊上，分别被SSCI、SCI和CSSCI收录，在Springer和科学出版社合作出版学术专著各1部，曾获江苏高校哲学社会科学优秀成果二等奖；入选2017年度"福建省高校新世纪优秀人才计划"、2017年度"福州大学旗山学者奖励计划"、2016年度"福建省高校杰出青年科研人才培育计划"。

总　　序

2000年，全球顶尖的管理学研究杂志《Academy of Management Journal》（AMJ）发表了一篇文章，题目为"The Challenge of New Time"（新时代的挑战），作者前瞻性地展望了21世纪人类物质生产中管理所将面临的新挑战，这篇文章的主要结论，如分布式经济的出现、增长陷阱、产业突变等，均得到了证实。这个权威分析对导致新世纪管理挑战的源头进行了归纳，指出新世纪管理新挑战来自两个基本的外部因素：第一，经济的日益全球化；第二，互联网技术的加速普及与应用。这两者共同促进了全球分工的深化，引发了企业发展的新机遇与新挑战。"全球供应链"正是这种机遇与挑战的集中表现之一。徐天舒、刘碧玉两位作者的《全球采购与供应管理》是应对这一挑战、获取新机遇红利的理论结晶之一。

徐天舒博士有着丰富的管理实践经验，不仅如此，他还接受了系统的高级管理教育的训练，在读博士期间，他从更高层次上对供应链管理的问题进行了模式、机制层次的系统研究。他给我的印象是：视野广阔、思维敏捷。这就使得他具备了系统和创新性地解决跨国供应链管理问题的能力。

随着我国供给侧改革的不断深化和经济的不断发展，我国各类企业走向世界的步伐也将加大，它们将以新的姿态和角色进一步融入全球经济体系。而这一过程必将伴随着我国企业在全球采购和供应链管理方面的能力强化，准确地说，中国经济的全球化是以微观层面上中国企业全球供应链管理的提升为前提的。

《全球采购与供应管理》从理论、规划、流程、控制、贸易等方面，用较为流畅的语言阐述了采购与供应管理的核心问题，又通过对实务、趋势等主题的阐述，将理论分析扩展到实践应用，是迄今为止一本较好的理论联系实际、概念与工具兼具的教材。衷心期望这本书能够对我国的供应链管理人才培养，以及有关的管理研究与实践产生积极的促进与推动作用！

中国企业管理权威奖"蒋一苇企业改革与发展学术基金奖"获得者
东南大学创业教育与研究中心主任
东南大学经济管理学院教授、博士生导师

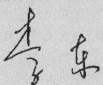

推荐序一

回望改革开放后的这40多年,我们这代人应该庆幸改革开放恰好与经济全球化趋势不期而遇,我国抓住了这一机遇。

如果把这40多年分为两个阶段,1978—2000年是第一阶段。这一阶段,外资企业多以中外合作、中外合资的形式来经营,大多"两头在外",即原材料进口、成品出口,当时我国以丰富的劳动力参与国际分工。2000年后是第二阶段,随着我国改革开放步伐的加快,特别是我国成功加入世界贸易组织和申奥成功后,大量外资企业确立了在我国长期发展的战略,随之而来的是"两头兼顾",即既进口原材料也推动本地化采购,既出口成品也推动本地化销售,以主动的姿态来参与全球资源配置和全球竞争。毫无疑问,我国的全球采购于20世纪末发端于外资企业。

通用汽车自20世纪80年代开始,为了对抗来自日本汽车企业的激烈竞争,挽救濒临破产的百年基业,对内进行了大刀阔斧的改革:打破各自为政的区域采购格局,成立集中管理、统一协调的全球采购部门,在全球范围内整合采购资源,优化供应商。这一系列的举措大大降低了制造成本,提高了产品的整体竞争力,终于使百年车企得以起死回生。

随着在中国业务的拓展,合资企业的成立,通用汽车于21世纪初在上海正式成立了全球采购中心。在支持本地企业本土化要求的同时,还大力开发培养能供应全球业务的中国供应商,同时中国团队的全球采购业务能力也得到了全面的发展和壮大。

经过30多年的经验积累和总结,通用汽车的全球采购战略和管理体系已经相当成熟和完善:针对不同原材料、不同市场、不同复杂程度的供应链、差异化的售后支持需求,都制订了各自细化的最优整体成本方案,并且不断更新完善。

国际经济风云变幻,近年来中美贸易摩擦、全球贸易的不确定性都给全球采购提出了更大的挑战。因此,无论从大学人才培养的角度,还是企业实际应用的角度,都迫切需要一本关于全球采购与供应管理的教材。近20年来,我国出版了大量关于采购管理、供应链管理、国际采购方面的书籍,但在本人的专业接触范围内,尚未看到满意的总结全球采购方面的书籍,尤其是教材。

徐天舒老师是国内较早在大型知名外资企业从事全球采购的专业人士,后又从事制造工厂管理和国际生产线转移项目管理,因此对全球采购的实践有较为深刻的理解,脱产读博后进入高校又从事物流管理、工商管理和管理工程方向的教学和科研,应该说完成了"产学研"的一个完整循环。刘碧玉老师先前也有企业工作经验,东南大学博士毕业后转入福州大学经济与管理学院任教,从事供应链方向的研究和采购课程的教学。两位学者的联合使得本书无论从理论性到实践性,还是从可读性到指导性方面,都值得推荐,尤其是每章的案例讨论,大部分取材于企业的全球采购与供应实践,将重要的知识点都寓教于案例。

　　相信此书的出版发行将进一步帮助大学生夯实专业课程基础，促进校企有效衔接，为中国企业实施全球采购、为中国更好更快地走向世界，做出有益的贡献。

通用汽车前全球采购及供应链经理
庞巴迪全球7500公务机供应商管理经理

推荐序二

这是一个"风起云涌、大浪淘沙"的时代；

这是一个"你中有我、我中有你"的时代；

这是一个"一荣俱荣、一损俱损"的时代。

全球采购已然成为一种主流模式，利用全球的资源，可在全世界范围内寻找优质战略供应商，寻找质量最好、价格合理的产品。全球化的资源整合能力越来越被企业所看重，资源整合能力越强，越能在日趋激烈的国际化竞争中抢占先机、赢得胜利。

而供应链管理在企业管理中的重要性也更趋突出，它是在满足一定客户服务水平的条件下，为了使整个供应链系统成本最小而把供应商、制造商、仓库、配送中心和渠道商等有效地组织在一起的管理方法，使企业与其相关企业间形成一个融会贯通的网络整体，其价值创造对一个企业的生存与健康发展至关重要。

如今许多大型民营企业开始拓展海外业务"走向全球"，它们虽然已经充分认识到全球采购及实施供应链管理的价值和意义，但困于缺乏这方面的人才或科学的管理方法，不知如何更有效地进行全球化下的采购和供应管理，甚至对供应链管理流程及国际化视野下如何寻源一筹莫展。

《全球采购与供应管理》一书融汇了徐天舒和刘碧玉两位作者多年的研究成果，不仅有丰富的理论知识、具体的操作流程与实践技巧，还有大量的真实案例，深入浅出，可以使学生快速掌握，并可指导企业人员的实践工作。作为一本普通高等学校的专业教材，该书对众多高校师生和专业人员来说不失为一大福音。

远东控股集团有限公司

（2018 年中国民营企业 500 强第 213 位）

集团党委委员

远东大学生产学院院长

远东智慧能源高级副总经理

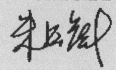

推荐序三

近年来，全球政治、经济贸易格局的急剧变化，加剧了全球采购和供应市场的不确定性和复杂性。无论是刚接触采购和供应管理的大学生，还是像我这样的跨国企业供应链管理者，都需要有一本更准确、更清晰以及更接地气的书籍来作为指导和参考。撰写这类教材的作者，既要有曾经在全球采购一线"真刀实枪"工作过的经历，又要有从宏观视野和微观视角来剖析问题的理论水平，还要有分享经验得失的强烈意愿。

徐天舒从跨国公司采购经理和工厂高级管理人员，转身到大学任教，对全球采购和供应管理自然有独到的见解。他现与在采购和供应链管理领域研究多年的刘碧玉副教授合作，两人完全满足以上对此类教材作者的要求。该书从全球采购的理论、规划、流程、控制，到全球采购贸易实务和发展趋势，无不体现着两位作者严谨的治学态度和缜密的逻辑思维。该书很好地将理论与实践结合，提供了足够全面的全球采购和供应管理的专业知识。此外，该书关于全球采购最新发展和实践的内容，能帮助读者以更专业、更全面的视角对全球采购和供应未来的发展趋势做出客观准确的判断。

无疑，《全球采购与供应管理》一书的出版，将帮助学习采购和供应管理知识的大学生，还有从事全球采购和供应管理的从业者，打下坚实的理论和实践基础。

卡特彼勒物流亚太服务有限公司经理

前　言

我国自改革开放尤其是加入世界贸易组织（WTO）与全球经济接轨以来，经历了多年的超常规经济发展：出口总值2009年超过德国，成为世界第一；国内生产总值（GDP）2010年超过日本，成为世界第二；进出口总值2012年超过美国，成为世界第一；2015年对外直接投资已经达到了1456.7亿美元，超过同期使用外资1356亿美元，即对外投资额超过了招商引资额；2018年世界500强企业中，120家中国企业上榜……毫无疑问，中国经济已经成为全球经济的重要组成部分，而通过全球采购在世界范围内获取优质资源，已经成为中国外向型经济和"走出去"战略中的重要一环。

我的故乡和主要工作地苏州，依靠20世纪80年代大力发展乡镇企业走上了工业化道路，20世纪90年代通过建立工业园区、引进外资，快速发展了外向型经济。经过近40年的持续发展，苏州的经济取得了令人瞩目的成就，其发展模式被誉为"苏南模式"：苏州以全国万分之九的土地面积、不到百分之一的人口，创造了全国2%~3%的经济总量、近8%的外贸进出口总额；苏州长期居于GDP城市排名第7位，下属的4个县级市昆山、张家港、常熟和太仓一直名列全国10强县；苏州实际利用外资占全国9%左右，已经连续多年吸引外资量超过上海，近120家国外世界500强跨国公司落户苏州。

2003—2010年，我分别在法国施耐德电气苏州、德国西门子电器苏州从事全球采购工作及国际项目管理；本书包含了我在2011—2014年读博期间为东南大学经济管理学院企业管理类专业本科生代课，以及自2014年7月加入苏州科技大学至今为商学院和天平学院物流管理专业授课期间的教学资料的精华；同时还吸纳了我迄今为外资企业的全球采购管理人员讲授"国际采购实务能力提升""全球采购与国产化项目管理""国际贸易与进出口实务""全面降低采购成本""国际沟通与采购谈判技巧"等课程的重要内容，并在此基础上结合大学课堂教育的实际需要，优化和丰富了相关的理论部分和实践内容。

在本书的撰写过程中，我一直询问自己这样的问题：哪些内容要纳入本书的大纲体系？哪些内容属于其他课程的范畴？事实上，要做出这样的判断是非常不容易的。从采购管理演变到全球采购管理，相关的知识点已经集结成为一个完整的知识体系，任何相关内容的舍弃都可能削弱全球采购管理过程的系统性。但是显然，一本书又无法做到面面俱到。因此，本书选取了全球采购规划管理、流程管理、控制管理、贸易实务等板块视角，力图使读者能够掌握全球采购的基本知识、技能、流程和操作，为今后的专业工作打下坚实的理论基础和实践基础。

我与福州大学经济与管理学院刘碧玉教授合作撰写了本书。希望本书能在"一带一路"倡议和"走出去"战略的新形势下，对工商管理、物流管理的专业教学和实践做出一点贡献。

前　言

本书由我负责全书结构设计、统稿和定稿，并负责第一章到第七章及第九章和全书案例的撰写；刘碧玉负责第八章及第十章到第十三章的撰写；两位作者共同进行了校稿。在此要特别感谢陈大艳、王仲君、杨传明、徐国泉、黄文军、于溪东等同事在理论和教学实践上的帮助和指导。还要感谢苏州科技大学商学院物流管理专业、工商管理专业、市场营销专业2015级的部分同学帮助收集相关案例。本书在撰写过程中，参考和引用了国内外学者的有关研究成果和文献，在此也表示最衷心的感谢。

本书可以作为工商管理、物流管理专业以及想要选修"采购管理""采购与供应管理"课程的其他专业本科生、研究生的教材，也可作为正在从事或希望从事全球采购的工作人员的专业入门读本。由于全球采购和供应管理的研究和实践仍旧在快速地发展，虽然作者前后历时两年，尽力将最新的思想和理念写入本书，但由于水平有限，书中难免有不妥之处，恳请读者及时批评指正。

为了扩展知识面、提升教学效果，本书作者在书本外补充了更多的典型案例等电子资源，可供授课教师用来丰富教学内容；此外本书配有相应的教学PPT课件、思考题答案、模拟试卷，使用本书授课的教师可到机械工业出版社教育服务网下载（网址：www.cmpedu.com，搜索本书书名）。

徐天舒

于苏州吴中石湖

目　录

总序
推荐序一
推荐序二
推荐序三
前言

第一部分　理　论　篇

第一章　全球采购与供应概述 … 3
第一节　采购与供应的概念 … 3
第二节　全球采购管理 … 7
第三节　采购的职责和贡献 … 11
[本章案例讨论]　中国"走出去"战略下无锡小天鹅的全球采购 … 13

第二章　全球采购基础理论 … 16
第一节　与全球采购相关的经济理论 … 16
第二节　与全球采购相关的管理理论 … 21
第三节　跨国公司理论和全球供应链一体化 … 23
第四节　全球采购在中国产生和发展的原因 … 24
[本章案例讨论]　西门子公司的全球采购策略 … 25

第二部分　规　划　篇

第三章　全球采购战略 … 31
第一节　采购战略和战略采购 … 31
第二节　创建采购战略的原则 … 32
第三节　全球采购经营策略 … 34
第四节　整合供应网 … 36
第五节　利用供应商进行创新 … 37
第六节　发展全球供应基地 … 40
[本章案例讨论]　施耐德电气公司与全球采购 … 41

第四章　全球采购与供应组织 … 44
第一节　采购组织与供应组织的关系 … 44
第二节　影响全球采购组织结构的因素 … 45

目　　录

　　第三节　全球采购组织的结构类型 …………………………………………………… 47
　　第四节　全球采购组织内部结构及职能设置 ………………………………………… 50
　　[本章案例讨论]　沃尔玛的全球采购组织设计 ……………………………………… 57
第五章　全球采购决策 …………………………………………………………………… 61
　　第一节　自制还是外购决策 …………………………………………………………… 61
　　第二节　国内采购还是全球采购决策 ………………………………………………… 62
　　第三节　全球采购来源与供应渠道的选择 …………………………………………… 65
　　第四节　区域采购中心的设立 ………………………………………………………… 66
　　第五节　全球采购本地化策略 ………………………………………………………… 67
　　[本章案例讨论]　宝马期望通过"本地化"扎根中国 ……………………………… 69

第三部分　流　程　篇

第六章　战略采购管理 …………………………………………………………………… 73
　　第一节　采购需求、采购市场和供应商研究 ………………………………………… 73
　　第二节　物料、供应商和库存分类 …………………………………………………… 74
　　第三节　供应商寻找、选择和评审 …………………………………………………… 76
　　第四节　商务谈判技巧 ………………………………………………………………… 78
　　第五节　全球供应商的发展和淘汰 …………………………………………………… 86
　　[本章案例讨论]　飞利浦和戴尔全球采购管理成功经验的异同 …………………… 87
第七章　采购运作管理 …………………………………………………………………… 90
　　第一节　采购计划与库存控制 ………………………………………………………… 90
　　第二节　运用ERP的MRP功能下达并跟踪采购订单 ……………………………… 95
　　第三节　进货检验与发票管理 ………………………………………………………… 98
　　第四节　供应商质量管理和交期管理 ………………………………………………… 100
　　[本章案例讨论]　波音公司的全球采购运作 ………………………………………… 102

第四部分　控　制　篇

第八章　全球采购内控管理 ……………………………………………………………… 107
　　第一节　全球采购预算管理 …………………………………………………………… 107
　　第二节　采购价格审核与成本核算 …………………………………………………… 114
　　第三节　全球采购合同管理 …………………………………………………………… 119
　　第四节　全球采购数据管理 …………………………………………………………… 124
　　第五节　全球采购风险管理 …………………………………………………………… 127
　　[本章案例讨论]　宜家采购的内部管理体系 ………………………………………… 129
第九章　全球采购绩效管理 ……………………………………………………………… 136
　　第一节　绩效考核的必要性 …………………………………………………………… 136
　　第二节　平衡计分卡 …………………………………………………………………… 137
　　第三节　世界级供应管理 ……………………………………………………………… 140
　　第四节　高效采购机制的构建 ………………………………………………………… 141

第五节 有效的绩效考核工具KPI体系 ... 147
第六节 全球采购的主要绩效指标 ... 151
[本章案例讨论] 欧莱雅的供应商评价 ... 159

第五部分 贸 易 篇

第十章 国际贸易和国际货物运输 ... 165
第一节 国际贸易术语 ... 165
第二节 国际货物运输 ... 168
第三节 国际货物保险 ... 182
第四节 国际货物通关与商检 ... 194
[本章案例讨论] 恒科公司出口贸易实务 ... 200

第十一章 国际结算 ... 204
第一节 汇率 ... 204
第二节 汇款 ... 208
第三节 托收 ... 210
第四节 跟单信用证 ... 215
[本章案例讨论] 国际结算中的单证相符 ... 220

第六部分 趋 势 篇

第十二章 新型采购模式 ... 225
第一节 项目采购 ... 225
第二节 "互联网+"条件下的电子采购 ... 227
第三节 服务采购 ... 232
第四节 非营利性组织采购 ... 235
第五节 绿色采购 ... 240
第六节 跨境电商采购 ... 243
[本章案例讨论] 京东的跨境电商采购 ... 246

第十三章 全球采购职业道德规范和商业伦理 ... 248
第一节 全球采购职业道德规范 ... 248
第二节 商业伦理概述 ... 252
第三节 政府采购商业伦理 ... 254
第四节 企业采购商业伦理 ... 255
第五节 网络采购商业伦理 ... 257
[本章案例讨论] 脚手架铺板事件 ... 259

名词术语中英文对照 ... 264
参考文献 ... 275

第一部分

理 论 篇

❖ 第一章 全球采购与供应概述
❖ 第二章 全球采购基础理论

第一章 全球采购与供应概述

◇ **【学习目标】**

了解采购概念的演变过程,熟悉采购管理的内容,能记住采购的职责和目标,能正确评价采购的贡献。

◇ **【教学重点难点】**

1. 采购概念的演变
2. 采购管理的内容
3. 全球采购相对于国内采购面临的困难
4. 关键采购变量

第一节 采购与供应的概念

一、采购与供应的概念及其演变

传统的采购行为只是用资金购买商品,但现代意义上的采购活动是商品生产及交换过程中的重要组成部分,是企业经营管理的一个核心过程,更是企业获取经营利润的一个重要源泉。采购职能传统上包括如下购买过程:确定需求,选择供应商,协商达成采购价格,确定采购合同条款和条件,发出合同或订单,确定交货时间和地点等。简而言之,采购职能将从正确的来源获得满足质量、数量和价格要求的合适的设备、原料、储备物资和服务。

下列英文单词在中文中都可以被翻译为"采购",但它们在采购职能演变的过程中扮演了不同的角色。

Buy(购买):从交易行为上讲,更多地强调了购买者的主动性。例如,工厂采购人员前往实物交易市场进行主动的采购行为。

Order(订购):从交易行为上讲,更多地突显了购买者的优势地位。例如,工厂采购人员给供应商下达采购订单(Purchase Order),要求供应商按照订单上的商品、数量和时间将商品送达工厂。

Sourcing(采购资源获得):其工作又被称为战略采购或策略性采购(Strategic Sourcing),它包括了供应商选择(Selection)、供应商评价和分类(Evaluation and Classification)、供应商开发和淘汰(Development and Phase-Out)、采购合同管理(Purchase Contract Management)等优化采购要素的策略性管理活动。将采购单位原来可以自制的商品改由从外部供应商处采购,这样的交易行为被称为采购外包(Outsourcing)。通过外包可以减少浪费性的竞争，还可以通过这种协作本身建立起大规模专业化分工体系，靠规模效益使经营更为有效。例如，某变压器工厂的核心材料硅钢片，是由日本在华的加工厂分切的。原来经过分切后，需要拿到变压器工厂组装并套上夹件形成铁芯后装入线圈。经过外包采购，变压器工厂就可以直接拿到成型的铁心并且省掉了组装生产线，既节约了采购成本，又节省了生产成本。而外包供应商也因为分切后直接组装，节省了工序，提高了效率和工艺水平。这是一个双赢的结果。

Procurement（采购运作）：主要描述了采购订单执行和管理的主要工作。包括：下达采购订单、确认供应商接受订单、跟踪订单的交货期和质量检验状况、配合仓库收货、供应商的发票管理和付款管理等。此外，该英文单词还常常被政府等非营利机构所采用。

Purchase（采购）：荷兰采购管理协会主席 Arjan J. van Weele 博士将采购定义为"从外部获得的，使运营、维护和管理公司的基本活动和辅助活动处于最有利位置所必需的所有货物、服务、能力和知识"；英国皇家采购与供应学会（CIPS）将采购定义为"以最能满足企业要求的形式为企业的经营、生存和主要及辅助业务活动提供从外部引入产品、服务、技术和信息的活动"。从一般意义上讲，Purchase 和 Procurement 都可以被翻译为采购，甚至在英文中可以相互通用。但一些跨国公司出于分权和内部监控的考虑，在采购功能上对这两个词做了不同的定义，例如，德国西门子（SIEMENS）公司将采购（Purchase）流程管理区分为采购资源获得（Sourcing）和日常采购订单运作（Procurement）两大功能部分，并且一般会由两个不同的团队来承担这两项不同的采购职责。本书书名"全球采购与供应管理"采用了"Global Purchasing and Supply Management"的英文译法，内容包括但不仅限于采购资源获得和采购订单执行的管理活动。

Supply（供应）：是指供应商或卖方向采购方或买方提供产品和服务的全过程。供应还意味着采购部门采购企业需要的商品满足自己企业的内部需求。以往人们对供应的理解仅仅局限于前者的定义，但实际上，供应也是采购业务的延伸，即在企业生产经营需要的时候，按照需要的数量，提供生产需要的物资和服务，以满足企业生产运营和市场的需要。例如较多跨国公司或大型企业集团执行的统一采购、分布供应，甚至有的企业为了提升制造系统的效率，会将采购对企业内部客户的服务延伸到生产线，即将原材料验收入库后，继续根据生产计划或订单，将生产用原材料配套，按订单顺序交付到生产线。这样，既减少了车间半成品的库存，又为生产现场提供了方便，提高了流动资金的周转率。采购与供应是相辅相成的。采购是为了供应，而供应则是靠有效的采购支持。采购的业务对象是向上的，即从供应链上游组织资源，向供应商采购有形的生产物资和无形的服务；供应的业务对象是向下的，即为企业内部的生产和其他职能部门供应所需的资源。例如，改革开放前计划经济体制下，采购部门被称作供应科。

事实上，采购除了作为一项职能外，它还可以作为一个职能部门、一个操作过程、供应链和价值链中的一个环节，也可以作为一种职业和一门学科来进行研究。

采购作为一项古老的商业行为，最早可以追溯到公元前 2800 年的古埃及时代。但高效采购的重要性直到 20 世纪中叶才得到广泛承认。随着跨国公司全球业务的兴起，与强调运作相对立的全球采购战略目标在 20 世纪中后叶才逐渐获得认可。

Stannack 和 Jones 列举了采购演变过程的四个阶段，见表 1-1。

第一章 全球采购与供应概述

表 1-1 采购演变过程的四个阶段

阶 段	特 征
第一阶段：以采购产品为中心的采购	强调产品本身。关心五个"Right"，只强调对具体产品的采购及其结果的重要性，产品可以被描述和提及
第二阶段：以运作为中心的采购	强调运作本身。从只注重结果提升了一步，开始衡量形成结果的过程
第三阶段：以采购关系为中心的采购	强调过程和关系。拓宽思路，加入了供需方的关系以及如何利用这层关系来加强供方的质量管理和物料分类管理
第四阶段：以采购表现为中心的采购	强调最佳产品管理方法。采用综合管理的方法论来处理关系、运作和结果，并与供方联合采用这一方法论

表1-1以流程视角概括了采购从先期的注重结果——关心五个"Right"（5R），指从合适（Right）的供应商处，将合适（Right）的商品、以合适（Right）的价格、在合适（Right）的时间、运送到合适（Right）的地点——演变到注重采购过程，再到通过管理供需关系来提高质量，最终使供需双方共同改进和执行操作流程和作业方法，保证采购结果的不断优化。

Reck和Long从采购在市场竞争战略中的功能定位出发，列举了采购的四个发展阶段，见表1-2。

表 1-2 采购功能发展的战略阶段

阶 段	定 义	特 征
第一阶段：被动阶段	采购功能还未以战略为指导，而主要是对采购需求做出初始反应	大量时间用在快速解决日常运作事务上 由于采购功能透明度低，其信息交流以功能性和单个性为主 供应商的选择根据价格和获取方便程度而定
第二阶段：独立阶段	采购功能已采纳了最新的采购技巧和方式，但其战略方向仍未与企业竞争战略接轨	评定表现的尺度仍主要为降低成本和提高效率 在采购和技术培训方面建立了协调的联系 高级管理层意识到采购中有机会为创利做出贡献以及专业发展的重要性
第三阶段：支撑阶段	采购功能通过掌握采购技巧和产品来支持企业的竞争战略，以此巩固企业的优势地位	采购被划归在销售计划小组内，以提高生产计划和销售实现的准确性 供应商被看作一种资源，强调其经验、动力和态度 市场、产品和供应商的动向时刻被注视和分析
第四阶段：综合阶段	采购的战略已完全与企业战略接轨，并在企业其他功能中形成一股综合力量来制订并推行一个战略性的计划	已有了为采购专业人员和主管提供的交叉功能培训 与其他职能部门的信息交流渠道已畅通无阻 专业的发展重点放在竞争战略的策略成分上 采购的表现是以对企业成功的贡献来衡量的

表1-2以战略视角揭示了采购从一项事务性功能转变为战略性职能的发展演变过程；同样地，采购部门也从价值链上的一个辅助性部门上升为战略部门。同时，采购与其他职能的联系变得更为紧密。例如，看似分处供应链两端的采购部门和销售部门并不互为上下游内部

全球采购与供应管理

客户，但在采购的综合管理阶段，采购运作的效率将直接影响企业销售的效果；而销售利润的不断下降将有可能导致采购工作压力的逐渐增大，采购部门因此可能重启新的供应商资源寻找，也可能需要立即推动新一轮现有供应商的价格削减谈判。

Jones 从工作能力和对企业的贡献出发，提出了五个阶段发展模式，见表 1-3。

表 1-3 采购五个阶段发展模式

发展阶段	工作能力	预计对企业的贡献
第一阶段：初生	分散型采购	没有或很少
第二阶段：醒悟	意识到节约的潜力	文员效率提高。通过采购需求整合可节约成本 2%~5%
第三阶段：发展	采购价格或谈判能力的控制与发展	成本节约 5%~10%
第四阶段：成熟	对二八原则有所认识 成为专业采购者 成本降低 启动供应商数据库的管理模式	成本节约 10%~20% 收购成本节约 1%~10%
第五阶段：高级	采购的权力下放 有力地集中控制 供应链管理	节约成本 25% 所有权成本、收购成本和供应链管理成本节约超过 30% 采购的杠杆作用 全球组织资源 收购成本及所有权成本的理解和实践

表 1-3 以全球视角归纳了采购管理和控制成本方式的不断演变。20 世纪六七十年代跨国公司兴起后，随着全球化进程的不断深入，在竞争激烈、利润空间不断被挤压的条件下，跨国公司逐渐转向通过全球采购和全球物流来实现跨境的供应链管理，发掘第三利润源泉。因此其采购节约成本、贡献利润的作用越来越大，其战略地位凸显。

二、采购与供应相关概念辨析

1. 物流管理（Logistics Management）

美国物流管理协会（CLM）2001 年对物流管理的定义做了进一步修订，认为物流是供应链过程的一个部分，它是对商品、服务及相关信息在起源地到消费地之间有效率和有效益的正向和反向移动（Reverse Move）与储存进行的计划、执行与控制，其目的是满足客户要求。

2. 国际物流（International Logistics）

国际物流是指发生于不同国家或地区之间的物流活动。无疑，全球采购流程中货物流（Goods Flow）功能的最终实现，有赖于国际物流的有效执行。

3. 国际采购（International Purchasing）

Branch（2001）认为国际采购是指从一个市场或多个市场获取一项产品、货物或服务的过程，而进入上述市场涉及穿越多个国境线。

4. 全球采购/资源获得（Global Sourcing）

Branch（2001）认为全球采购/资源获得不仅仅具有购买的功能，它还是获取符合消费者需求和达到技术规范的产品和服务的一个流程，而这些需求和规范正在强化产品或服务的大致轮廓、吸引力、质量或增值利益。尽管国际采购与全球采购两者概念有所区别，但不难发现，国际采购主要从单个国家视角出发，更多地从操作层面来描述采购业务的跨国性质，而全球采购主要从全球业务视角出发，更多地从战略层面来描述采购业务的全球资源获得和内部业务管控。

5. 供应链管理（Supply Chain Management，SCM）

Lambert（1998）认为供应链管理是指从提供产品、服务和信息的初始供应商到最终用户，对消费者和其他利益相关者提供增值的关键业务流程的集成。

6. 全球供应链（Global Supply Chain）

全球供应链是指全球业务范围内组织机构的网络结构，通过结构中正向和反向的衔接，以不同的运作过程和业务活动，产生以最终用户获得产品和服务的形式表现出来的价值。全球供应链管理是对全球业务参与企业间物资流、信息流和财务资金流的集成化和协同化管理。一般而言，全球采购和国际物流管理被纳入全球供应链管理的范畴。

补充知识： 国际知名采购学会（线上电子资源1-1）

第二节　全球采购管理

一、全球一体化

全球一体化（Globalization）是指朝着更为一体化和更为相互依存方向发展的世界经济。全球一体化由市场全球一体化和生产全球一体化两个主要部分组成。

市场全球一体化是指在历史上互不相同的工业部门和分隔的各国国内市场汇合成为一个巨大的全球市场。典型的例子是可口可乐饮料成功进入全球市场。

生产全球一体化是指许多企业从全球不同地区寻找商品和服务来源的趋势。全球采购正是伴随着生产全球一体化这一趋势出现的。例如，波音公司大型民用客机777，由132500个主要零部件组成，由全世界的545家供应商生产供应。

两个宏观因素推动了全球一体化的进程：第一个因素是第二次世界大战结束后降低了限制商品、服务和资本自由流动的各种壁垒；第二个因素是技术的发展，特别是20世纪末在通信、信息处理、互联网和运输技术上所获得的显著进步。

二、全球采购管理的困难

全球采购对于采购人员来说，需要在全球范围内来寻求稳定和可靠的供应来源。因此采购行为有可能发生在本国，也可能发生在国外。从国外采购显然可能会出现以下的困难：

1. 同供应商联系上的困难

由于双方时区造成的时差不同、节假日不同造成的工作日不同，以及由于文化差异造成交流方式的不同，国外采购中与供应商的联系通常会更困难。例如，中国采购方采用东八区北京时间2018年2月8日11时，而德国供应商此时为东一区柏林时间2018年2月8日04

全球采购与供应管理

时,因此采购方不得不将国际电话沟通的时间推迟到北京时间 15:30(柏林时间 08:30)。又如,中国采购方试图在 11 月的第四个星期四联系其美国供应商,但对方却因与家人团聚欢度着北美国家所特有的感恩节(Thanksgiving Day)而暂时远离工作。再如,法国采购方在联系中国供应商时通常使用法语,而恰巧中国供应商的国际业务人员只会使用英语。

2. 谈判时间控制上的困难

与国内采购相比,国外采购进行谈判所需要的时间大大增加了。甚至,在一些国家文化中,拖延时间在谈判技巧中也是一项可以利用的策略。

3. 货币的困难

在国外采购活动中,需要额外协商确定以下内容:报价和结算付款要使用的货币;汇率浮动对采购活动产生的影响以及相应的风险分担机制;款项的支付方式,如电汇、托收还是信用证付款。

4. 法律上的困难

在国外采购活动中,在法律上往往需要确定下列情况:

(1)管辖双方交易适用的是两国中的哪国法律或者第三国法律,还是适用国际惯例等。

(2)对仲裁的安排。仲裁被认为比诉讼更便宜、更快捷,并且是双方私下进行的,因而避免了公布于众的负面效应,保护了商业秘密。仲裁庭可在采购合同开始执行前由各方选定,只要合同相关方接受,可以选择任何第三方国家或国际组织的仲裁机构。仲裁员有技术、行业和市场的知识或背景,因此有可能做出比司法人员更为均衡的裁决。

(3)适用于取消订货、延误交货以及产权转移等的条款和条件。

(4)哪些适用法律条款可以保护购买者不受专利权问题的侵害。

(5)哪些适用法律条款可以保护购买者不受产品责任问题的影响。

5. 其他问题

(1)退货问题,即把拒绝接受的货物或者在运输过程中损坏的货物退还给供应商。与国内采购的短途运输不同,运送到国外货物的退还,由于国际多式联运产生的长途运费、关税、保险等费用往往高过了货物价值本身,特别是一些生鲜农产品或容易变质的化学产品,因此被退货物被供应商丢弃在运抵方码头或货舱的情况时有发生。

(2)由于天气、货物转运、码头罢工和海关手续造成的货物递送延误。

(3)进口关税、手续和保险造成的问题。

(4)文件如提单、原产地证明、二手设备进口的技术评估证明等的缺失所造成的问题。

(5)由于供应商成本、原先估算基价、汇率等的变动,造成供货价格的提高所产生的争议。

(6)规范或规格争议,尤其当计量单位出现差异的时候。

(7)质量争议。

三、采购管理的内容

采购管理(Purchasing Management)包括前期的战略采购(Strategic Sourcing)以及签订采购合同后的采购运作(Procurement)。而采购数据管理(Data Management)和采购绩效管理(Performance Measurement)则贯穿采购管理的全过程。采购管理的内容如图 1-1 所示。

战略采购(Strategic Sourcing)和采购运作(Procurement)职能都从需求(Needs)

第一章 全球采购与供应概述

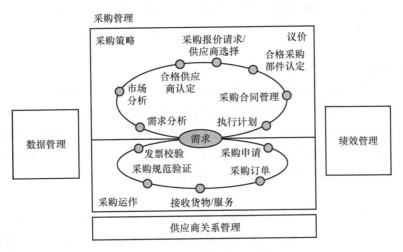

图1-1 采购管理的内容

出发。

战略采购（Strategic Sourcing）又可细分为采购策略（Sourcing Strategy）和议价（Negotiation）两个子职能。采购策略（Sourcing Strategy）按照采购管理进程分别包括了需求分析（Need Analysis）、市场分析（Market Analysis）、合格供应商认定（Suppliers Qualification）等活动；议价（Negotiation）分别包括了采购报价请求（Request for Quotation，RFQ）、供应商选择（Selection）、合格采购部件认定（Parts Qualification）、采购合同管理（Contract Management）、执行计划（Implementation Plan）等活动。

采购运作（Procurement）分别包括使用部门提出采购申请（Purchase Requisition）、采购部门下达采购订单（Purchase Order）、仓储部门或使用部门接收货物/服务（Goods/Service Receipt）、检查是否符合采购规范（Specification Compliance，即采购规范验证），例如质量部门进行的来料检验和检测、发票校验（Invoice Verify）等活动。

四、全球采购关键变量

1. 质量

IBM公司曾对质量下过这样的定义：质量是客户要求被满足的程度。但是，质量本身是有多重意义和含义的词。如果采购的产品或服务被评价为质量好，那它应该具有以下三层含义：

（1）采购的产品或服务应该符合既定的采购规范（Purchase Specification）或技术要求。采购活动的需求来自实际使用部门，但相关部门会对采购的商品或劳务设定采购规范或技术要求。这些采购规范或技术要求成为评价供应商服务水平、采购部门工作绩效、产品或服务质量的主要依据。

（2）质量对企业而言，并不是越高越好。考虑到质量成本的因素，超出实际需要的、过高的质量水平会造成质量过剩，增加采购方的采购成本。

（3）质量好的程度，是随着客户需求不断发展的。一个得到广泛支持的观点认为，客户认为质量是什么，质量就是什么。这一观点将质量的评价权交给了客户，促使供应方不断改进质量水平。因此 ISO 9000 质量体系文件将"持续改进"作为八项质量管理原则之一。

因此,采购质量被定义为"满足采购方要求、具有适宜性和改进性的产品或服务特点的集合"。

2. 合适的数量

合适的订货数量并不总是与实际需要的数量一致,尽管这些采购的总量从长期来看与实际的需求数量相等。事实上,在反复订购过程会应用一些订购的策略,譬如需要考虑库存,需要考虑经济批量。即时(Just in Time,JIT)采购曾经风靡一时,但采购实践中也发生过"断供"带来的巨大风险和损失。因此,到底每个批次订购多少数量的采购商品,始终是采购人员进行采购决策时需要仔细考虑和研究的问题。

3. 时间

采购商品的交期或提前期(Lead Time)时间对于全球采购而言一直是采购决策中的一个重要变量。随着全球化进程的加剧和电子采购应用的普及,采供双方对"时间"的认识,以及将供应链中浪费的时间降至最低点的要求,导致了相关方对时间和响应速度的关心程度与日俱增。尽管价格仍然是决策的主要因素,但是决定选择供应商或品牌的另一个主要因素即为时间成本。时间成本是客户在等待交付或寻求替代品时必须承担的附加成本。

供应商交货周期短就意味着整个交货流程的有效缩短。这一点在当今的信息时代具有竞争优势,它意味着客户的需求能够得到快速满足。时间能够赢得市场,当代竞争方式由传统的"大鱼吃小鱼"方式变为"快鱼吃慢鱼"。

交货的可靠性则是指供应商对交货周期的执行力,特别是在应对突发事件上的应变能力。如果准时交货率时好时差,那么再短的交期也是不值得信赖的。因此,对采购交货时间的要求是"又要马儿跑得快,又要马儿跑得稳"。

4. 供应源决策

供应源决策不仅要为某个采购需求独立地、简单地挑出一位供应商,而且要维持好各种关系,它既包括与实际正在提供货物或服务的首选供应商的关系,也包括与现在并不提供货物和服务的潜在供应商的关系。它还涉及有关采购策略,例如如何分配现有业务的份额及开展业务的前提条件等。一般而言,好的供应商应具备以下的特征:

(1)按时交付。
(2)提供稳定的质量。
(3)合理报价。
(4)商誉良好。
(5)提供良好的配套服务。
(6)对采购方的需求做出及时反应。
(7)遵守承诺。
(8)提供必要的技术支持。
(9)使采购方了解进展状况(信息的透明度)。

5. 价格和成本

下列四个因素是定价决策的主要影响因素:

(1)竞争格局和市场价格机制。一个垄断的市场,就具备制定超额利润定价的条件;在价格机制比较完备的市场中,很少出现暴利式的定价。

第一章　全球采购与供应概述

（2）消费者认同的价值。iPhone首次上市的时候，由于技术创新极大地"创造"了客户价值，因此消费者能接受较高的定价。

（3）生产成本。生产成本主要由原材料和零部件成本、设备折旧、劳动力成本、制造费用、管理费用分摊等组成。

（4）战略因素。企业如果出于抢占市场份额、挤压竞争对手的目的，就有可能采取低成本竞争战略，那么这个出于长期考虑的定价策略对于短期收益来说有可能是不利的，但从长远来看，又可能对于企业的市场发展是有利的。

6. 采购谈判

采购人员的一项主要工作就是与供应商进行采购谈判，需要实现的目标是5R。商务谈判技巧将在第六章第四节中介绍。

第三节　采购的职责和贡献

一、采购的职责

（1）对保持公司主要活动的连续性做出贡献。从迈克尔·波特（Michael Porter）的价值链理论可知，公司的基本活动主要就是生产运营。而生产运营所需资源的获得，主要通过采购活动来实现。因此采购的首要职责就是要保持公司主要活动的连续性，通俗地讲，对于制造型工厂来说，采购就应该保证生产制造不断料。

（2）控制和降低所有与采购相关的成本。采购控制的目的要求所有的采购活动必须按照既定的预算、标准的流程来执行，从"程序"上保证采购管理获得有效管理；而降低一切与采购相关的成本，在于从"结果"上保证采购管理的效率。

（3）降低公司暴露于供应市场的风险。该职责集中体现在采购的合同管理上。例如，在全球采购交易中，中国企业向美国公司采购一套进口设备，美国公司报价500万美元，并要求签约后一个月内支付全部价款。中方采购人员考虑到尽管对方是美国大公司，信誉较好，但是签约后即支付全额价款风险较大，后续的海运、安装、调试、维修等不可控因素非常多，而且美元在当年贬值的趋势十分明显，因此越晚支付价款对国际采购方越有利。后来，中方采购人员经过艰难的谈判终于与美方达成新的条款：双方签约后一个月内中方支付20%的定金，两个月后设备从美国港口装运后中方再支付70%的货款，三个月后设备运抵中方场地安装调试完毕最后支付尾款10%，三次支付的购汇汇率按照实际支付日当天的外汇收盘价结算。试算结果如下：

假设，双方签约后一个月美元兑人民币汇率为1美元=8元人民币；两个月后美元兑人民币汇率为1美元=7.5元人民币；三个月后美元兑人民币汇率为1美元=7元人民币；

则原先中方的支付额为

$$500\text{万美元}\times 8\text{元/美元}=4000\text{万元人民币}$$

实际中方的支付额为

$$500\text{万美元}\times 20\%\times 8\text{元/美元}+500\text{万美元}\times 70\%\times 7.5\text{元/美元}+500\text{万美元}\times 10\%\times 7\text{元/美元}=800\text{万元人民币}+2625\text{万元人民币}+350\text{万元人民币}=3775\text{万元人民币}$$

因此，对于中方来说，既分散了交易风险，又减少了外汇损失。此外，如果中方支付的设备款系银行贷款的话，由于实际支付期被拉长，还减少了利息成本。

（4）对产品的工艺革新做出贡献。大量研究表明，被供应企业的采购人员与供应商的积极配合和参与能大大加速采购企业的工艺革新进程，极大地降低技术研发的成本。具体内容在第三章第五节介绍。

二、采购的管理目标和贡献

采购人员面临着许多抉择：是先评审后采购呢，还是先采购后逐渐筛选？是集团资源共享、集中采购但造成单个企业采购决策权限缩小、自由度降低呢，还是企业各自采购以便拥有较大的自主性？是依据库存水平采购呢，还是采用 JIT 采购？是采购、工程设计和质量控制部门各司其职呢，还是与供应商一道不断地对供应状况进行持续的改进？是不断调整供应商呢，抑或轻装上阵大力实行外包，还是与供应商建立长期的战略合作关系？……

事实上，企业需要根据外部环境和内部条件，找到价值链中最适合本企业的采购关键因素，并通过有效的策略和机制来构建自己的竞争优势。采购的管理目标应该是企业发展战略目标的一项重要组成部分。通常，将为企业提供所需要的投入物资看作采购管理的实际目标，在此目标下需要确定需求的品种、物资、数量、空间和时间。规定的精确度和项目越少，采购的自由度就越大，也就可以利用这个自由度使其他目标尽可能达到更好的结果。目标顺序在各种具体情况下可以有不同的排列，但是往往将形式目标，如达到一定的盈余或某个成本目标，放在突出的位置。也就是说，如果有多种能够完成实际任务的可能，应该首先选择能最好达到形式目标的那种。

在全球范围内，工业企业的产品成本构成中，采购的原材料及零部件成本随行业不同而不同，大体在 30%～80%，平均水平在 60% 以上。从世界范围来说，对于一个典型的企业，一般采购成本（包括原材料、零部件）要占 60%。显然采购成本是企业管理中的主体和核心部分，采购是企业管理中"最有价值"的部分。而现实中，采购对营运的贡献往往不被人们所关注。许多企业在控制成本时都将大量的时间和精力放在不到 30% 的企业管理费用以及工资福利上，而忽视采购成本。事实上，在产品成本中，材料部分每年都存在着 5%～20% 的潜在降价空间。

下面以图 1-2 所示的飞利浦电气集团公司某年的杜邦财务分析图来说明。飞利浦电气集团公司当年采购成本从上一年的 30.096 亿欧元降低至 29.494 亿欧元，当年节约采购成本 0.602 亿欧元，降本幅度达到 2%。如果假设其他营运状况与去年持平，那么由于采购成本的下降，导致总成本从 71.783 亿欧元下降到 71.181 亿欧元，而总成本的下降又导致了营业利润和净利润直接从 4.960 亿欧元上升到 5.562 亿欧元，而净利润的上涨又直接导致公司净利润率从 6.46% 上升到 7.25%，最终，净利润的增加使净资产收益率从 12.06% 上升到 13.53%。通过杜邦财务分析图的分析，我们可以发现，由于直接采购成本 2% 的下降，在其他营运条件不变的前提条件下，飞利浦电气集团公司的净资产收益率相对上涨了 12%，也就是说，通过财务杠杆的作用（当然，不同行业的财务杠杆作用不同），采购成本以 2 个基点的下降，直接促成了净资产收益率 12 个基点的上涨。

通过以上杜邦财务分析图的示例，可以清楚地看到，采购在以下两个方面对于公司的净资产收益率（ROE）做出了贡献：

（1）降低所有的直接成本。这将迅速导致公司销售边际收益的提高，而销售边际收益

第一章 全球采购与供应概述

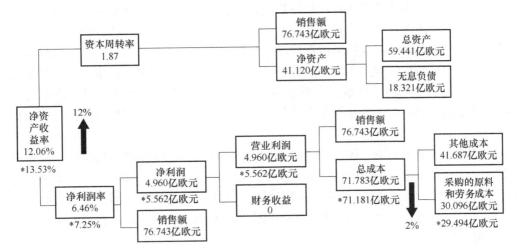

图 1-2 飞利浦电气集团公司的杜邦财务分析图

接下来会以积极的方式影响净资产收益率。通俗地说，就是采购成本 1 万元的节省能直接转化为 1 万元利润的增加。假设公司利润率为 5%，如果通过增加销售来获取同样的利润，则需要多销售 20 万元的产品。因此，相对而言，降低采购成本比起改进销售来说要容易得多。通过引进新的供应商、竞标、寻求替代原料等方法都可能降低直接原料成本。

（2）公司降低所占用的净资本。这会对公司的资金周转率产生积极作用，也就是说，降低采购成本，能有效降低对公司运营资本的占用。能够导致较低的资本占用的采购管理方法很多，包括：延长支付周期；通过与供应商的 JIT 协议降低基本原料在生产线上的库存；提高供应商的质量，将导致较少的前置量库存需求；租赁而不是购买设备等。

因此，采购能以相对小的代价为企业盈利做出非常大的贡献。认识采购的贡献，重视采购的作用，能有效促进企业提高运营效益。

补充知识：中国"走出去"战略下的企业全球采购实践（线上电子资源 1-2）

[本章案例讨论] 中国"走出去"战略下无锡小天鹅的全球采购

随着全球采购离中国经营商越来越近，大型跨国公司和国际采购组织的采购网络正在加速向小天鹅开放，很多国际专业化的家电采购组织和经纪人或国际采购团近年来也纷纷到访小天鹅。在一些国际性的展览上，这些人与小天鹅人广泛接触，寻求与小天鹅的企业合作机会，希望从小天鹅获得可靠、合理、便宜并且优质的商品和资源，并将中国企业纳入它们的全球采购网络。

通用电气、西门子、沃尔玛、家乐福这些跨国公司都已经开始在中国设立了它的全球采购部或采购中心，一些经济发达的城市和地区正在成为全球采购中心。全球采购网络正在向中国市场延伸，其日益频繁和活跃的采购活动实际上已经对中国经济的发展，特别是出口的增长产生了重要影响。

这种全球采购活动无疑为小天鹅等过去以内销为主的企业提供了一个开拓国际市场、建立稳定的销售渠道、带动企业产品出口的机遇：①全球采购的迅速发展及其在小天鹅日趋频

全球采购与供应管理

繁的采购活动，为小天鹅带来了商机和发展的新增长点，也给小天鹅降低单位成本带来许多积极的影响。②小天鹅在参与全球采购并与跨国公司或国际企业合作的过程中，不仅仅能够建立起稳定的供销关系，而且能够按照国际市场的规则进行生产、提供产品，这样可以使小天鹅加快自身产品结构的调整和技术的创新，提高自己的产品质量和竞争能力。③小天鹅目前面临着"走出去"的发展挑战，需要学习和尽快适应全球资源配置方式，使小天鹅能够在与国际对手竞争的过程中也建立起全球化的生产和采购网络，真正提高其在国际市场上的竞争能力。

全球采购进入中国市场，还有效地促进和维持了小天鹅的竞争性市场结构。因为全球采购让小天鹅学会采取符合国际市场规则的、更加规范的竞争手段来寻求企业的发展，逐步走出以恶意价格竞争、依靠传统的人脉维持市场优势的低层次的竞争怪圈，使小天鹅逐步进入国际主流市场，参与高端市场的竞争水平得到提高，从而真正发挥市场机制的作用来促进小天鹅的稳健发展。

当然，采购活动进入中国，也对小天鹅提出了许多挑战。小天鹅必须尽快学会世界级采购的最佳方法与工具。例如，小天鹅的产品种类、质量与标准能否满足跨国公司的全球生产体系和国际市场的要求，小天鹅如何了解和适应全球采购的规则和方法，是否能够适应全球采购中心运作要求，还存在着哪些不利于企业参与全球化竞争的内容等，这也促进小天鹅深入进行流程再造、组织再造。目前小天鹅已采用了与国际接轨的第三方物流，使小天鹅的物流产业融入全球性物流产业跨国化、大型化和网络经济化的潮流之中，并对小天鹅的贸易和生产布局产生深远的影响。

小天鹅通过全球采购已经与世界500强中的8家家电企业结成战略联盟，这表明小天鹅的制造能力和全球采购已达到国际先进水准。小天鹅在全球采购、全球家电资源整合中发挥了积极作用。小天鹅成为全球家电市场的主要供应商，不能简单地理解为一个量的概念。如果没有全球采购，如果没有多品种、多档次，小天鹅也不会有年年翻番的增长。这是因为，小天鹅多年来在充分竞争的市场环境中，一方面靠自身奋斗提高，另一方面在与跨国公司的合资、合作及同台竞争中，学习了它们进行全球采购的运作经验，在合作中提升了小天鹅的整体水平、提升了小天鹅的竞争能力。

由于中国是全球的制造基地，十分细化的市场需求和激烈的全球采购竞争迫使小天鹅有着极高的新产品开发速度，新品产值率达80%~90%。而且，针对全球化市场，小天鹅努力满足不同国家的技术要求，不断跟进国际水平。因此，不要小看中国的技术升级，哪里市场活跃，哪里的技术就有活力。

为了继续做大、做强洗衣机主业，小天鹅加大了与通用电气合作的力度，打造国际化战略。通过与通用电气的合作，大大加速了小天鹅国际化发展的进程。现在，小天鹅在功能设计、技术研发、产品开发等各方面均拥有了引领全球洗衣机行业发展走向的核心技术，在行业处于领先地位。小天鹅已经迈出了技术先进、国际化品牌坚实的脚步。

小天鹅的全球采购得到了国际同行的认可。通用电气总裁杰夫·伊梅尔特（Jeff Immelt）说，"小天鹅是一个很好的例子，可以说明通用电气和中国的企业是能够建立很好的合作关系的。从另一方面来说，小天鹅可以为通用电气生产更好的洗衣机，同时填补了我们产品群中的空缺。它们的产品质量很好、成本低，有较好的创新意识，而且工人也相当优秀。而我们能做的，是将小天鹅的产品推向国际市场。所以在很多方向，我们双方都很成功。我们都能达成各自的目标,并创造双赢的局面。"

小天鹅在全球采购的过程,还积极学习国际市场游戏规则。在争取国际市场时,不是采用"价格战"的手段,为获得订单而竞相压价。目前,小天鹅洗衣机每台的最高出口价超过了300美元。事实证明,好机能卖好价。

小天鹅在全球采购时认真研究各国的经济状况、市场需求和法律,做好细分产品定位。小天鹅在注意保护自己知识产权的同时,也尊重别人的知识产权。学会国际市场的游戏规则,维护中国产业和产品的信誉。小天鹅参加了很多国际大展,在大展中更多地接触客户、了解市场信息,这样小天鹅才能发展成为亚洲最大规模的洗衣机制造商、具有国际竞争力的综合性电器集团。

(资料来源:中国物流与采购网,2005年5月12日)

讨论:
1. 什么原因促使小天鹅进行全球采购?
2. 小天鹅是如何利用全球采购打造世界级企业的?
3. 小天鹅在全球采购中得到了哪些好处?
4. 本案例给你带来哪些启示?

◇ 【本章小结】

从国内采购到全球采购的演变,是跨国公司在全球范围内配置资源和经济全球化趋势的集中反映,采购活动以较低的代价为企业获取直接的利润,因此采购管理在跨国公司战略中的地位不断提高。但是,相对于国内采购,全球采购会面临许多困难,这一复杂性也导致了采购管理内容的变化。因此,需要对全球采购进行有效的管理。

◇ 【本章思考题】

1. 除了本书中列举的开展全球采购活动可能遇到的困难,请分组讨论其他可能面临的困难。
2. 简述全球采购与全球供应链的关系。
3. 小组讨论采购的职责和目标与采购管理内容的联系。

第二章 全球采购基础理论

◇ 【学习目标】

了解交易成本、规模经济等概念,熟悉价值链理论、国际贸易分工理论、跨国公司理论,认识全球供应链一体化趋势,掌握全球采购发生的动因。

◇ 【教学重点难点】

1. 比较优势的演算
2. 交易成本的概念
3. 五力模型在采购领域的运用
4. 跨国公司所有权优势、内部化优势和区位优势的概念

第一节 与全球采购相关的经济理论

一、国际贸易分工理论和比较优势理论

国际贸易分工理论的基础及经典理论是绝对优势理论(Theory of Absolute Advantage)和比较优势理论(Theory of Comparative Advantage)。

亚当·斯密1776年在《国民财富的性质和原因的研究》一书中提出了绝对优势理论。他假定:

(1) 英国和葡萄牙两国的劳动总量、劳动力价值、商品交换比例、商品消费量、消费水平不变,没有关税壁垒,商品可以自由交换。

(2) 英国生产1单位呢绒需要100个劳动力,生产1单位红酒需要120个劳动力。为维持1单位呢绒和1单位红酒的商品消费总量,英国需要220个劳动力来进行相应的生产活动。

(3) 葡萄牙生产1单位呢绒需要110个劳动力,生产1单位红酒需要80个劳动力。为维持1单位呢绒和1单位红酒的商品消费总量,葡萄牙需要190个劳动力来进行相应的生产活动。

(4) 在国际贸易中,1单位呢绒等价交换1单位红酒。

由表2-1不难发现,英国在呢绒生产领域和葡萄牙进行比较具有绝对的成本优势,而葡萄牙在红酒生产领域和英国进行比较具有绝对的成本优势。因此斯密建议英国专业生产呢绒,而葡萄牙专业生产红酒,然后再进行两国的贸易交换以维持原先的国内商品消费总量。由此:

英国花费200个劳动力,专事生产2单位的呢绒,然后通过国际贸易用其中1单位的呢

第二章　全球采购基础理论

绒向葡萄牙交换 1 单位的红酒，这样的话，依然维持 1 单位呢绒和 1 单位红酒的国内商品消费总量，但英国通过国际贸易交换，节省了 20 个劳动力。

葡萄牙花费 160 个劳动力，专事生产 2 单位的红酒，然后通过国际贸易用其中 1 单位的红酒向英国交换 1 单位的呢绒，这样的话，依然维持 1 单位呢绒和 1 单位红酒的国内商品消费总量，但葡萄牙通过国际贸易交换，节省了 30 个劳动力。

从两国的商品消费总量来看，各国都保持了原先 1 单位呢绒和 1 单位红酒的水平，但是由于通过国际劳动分工和国际贸易交换，发挥绝对成本优势，两国的劳动力消耗总量从贸易前的 410 个劳动力降低到了贸易后的 360 个劳动力，两国整体效率提高了 12.2%。

表 2-1　英国和葡萄牙的绝对成本差异

国家	1 单位呢绒	1 单位红酒
英国	100 个劳动力	120 个劳动力
	↑	↓
葡萄牙	110 个劳动力	80 个劳动力

但是，上述效率的提高是以英国拥有呢绒生产领域的绝对成本优势，而葡萄牙拥有红酒生产领域的绝对成本优势为前提的。如果某一国无论在呢绒生产领域还是在红酒生产领域都不具有绝对的成本优势，那么国际贸易分工和国际贸易交换是否还会发生？效率还会获得提高吗？大卫·李嘉图（David Ricardo）1817 年在其代表作《政治经济学及赋税原理》中提出了比较优势理论，回答了这个问题。当然，比较优势理论建立在如下严格的理论前提下：

（1）两个国家、两种产品或两种要素。
（2）国家之间存在某种特征差异。
（3）各国的比较利益是静态不变的，不存在规模经济。
（4）自由贸易是在完全竞争的市场结构下进行的，以物物交换为形式。
（5）生产要素在一国国内可以自由流动，在两国间则不能流动。
（6）不存在技术进步、资本积累和经济发展。

然后他假设：

（1）英国生产 1 单位呢绒需要 100 个劳动力，生产 1 单位红酒需要 120 个劳动力。为维持 1 单位呢绒和 1 单位红酒的商品消费总量，英国需要 220 个劳动力来进行相应的生产活动。

（2）葡萄牙生产 1 单位呢绒需要 90 个劳动力，生产 1 单位红酒需要 80 个劳动力。为维持 1 单位呢绒和 1 单位红酒的商品消费总量，葡萄牙需要 170 个劳动力来进行相应的生产活动。

（3）在国际贸易中，1 单位呢绒等价交换 1 单位红酒。

由表 2-2 不难发现，英国无论在呢绒生产领域还是红酒生产领域与葡萄牙进行比较都不具有绝对的成本优势。但是李嘉图通过研究后建议，英国可以专事生产国内效率相对较高的呢绒产业（英国的红酒生产比本国的呢绒生产多消耗 20 个劳动力），而葡萄牙可以专事生产国内效率相对较高的红酒产业（葡萄牙的呢绒生产比本国的红酒生产多消耗 10 个劳动力），然后再进行两国的贸易交换以维持原先的国内商品消费总量。由此：

英国花费 200 个劳动力，专事生产 2 单位的呢绒，然后通过国际贸易用其中 1 单位的呢绒向葡萄牙交换 1 单位的红酒，这样的话，依然维持 1 单位呢绒和 1 单位红酒的国内商品消费总量，但英国通过国际贸易交换，节省了 20 个劳动力。

葡萄牙花费 160 个劳动力，专事生产 2 单位的红酒，然后通过国际贸易用其中 1 单位的红酒向英国交换 1 单位的呢绒，这样的话，依然维持 1 单位呢绒和 1 单位红酒的国内商品消费总量，但葡萄牙通过国际贸易交换，节省了 10 个劳动力。

从两国的商品消费总量来看，各国都保持了原先 1 单位呢绒和 1 单位红酒的水平，尽管英国无论在呢绒生产领域还是红酒生产领域与葡萄牙进行比较都不具有绝对的成本优势，但是英国选择在本国具有比较成本优势的呢绒产业进行专业生产，并通过国际贸易交换，依然使得两国的劳动力消耗总量从贸易前的 390 个劳动力降低到了贸易后的 360 个劳动力，两国整体效率提高了 7.7%。

表 2-2 呢绒产业和红酒产业的比较成本差异

国家	1 单位呢绒	1 单位红酒
英国	100 个劳动力 ←	120 个劳动力
葡萄牙	90 个劳动力 →	80 个劳动力

比较优势理论为落后国家通过国际劳动分工和国际贸易来改善本国的福利提供了可能。每个国家都可根据"两利相权取其重，两弊相权取其轻"的原则，集中生产并出口其具有"比较优势"的产品，进口其具有"比较劣势"的产品。可以说，大卫·李嘉图比较优势理论的提出，标志着国际贸易学说总体系的建立。

国际贸易分工理论和比较优势理论对于开展全球采购活动，使得采购方通过国际贸易来获取具有竞争优势的资源，并从客观上促进国际分工和资源最佳配置，具有十分重要的指导意义。

二、交易成本理论

交易成本理论是用比较制度分析方法研究经济组织制度的理论。它是由新制度经济学的鼻祖、芝加哥经济学派代表人物之一、1991 年诺贝尔经济学奖得主罗纳德·哈里·科斯（Ronald Harry Coase）在其 1937 年发表的《企业的性质》一文中提出。交易成本理论的根本论点在于对企业的本质加以了解释。

科斯完整地回答了关于企业边界理论的四个问题：

第一个问题：企业为什么存在（第一个边界）？科斯的答案是"当企业内部的管理费用（内部协调成本）小于市场的交易费用时，追求利润最大化的厂商选择建立企业，以降低成本。"

第二个问题：企业的边界为什么扩大（企业的规模为什么扩大）？科斯的答案是"当其他条件相同时，企业在如下情况下将趋于扩大：①组织成本越少，随着被组织交易的增多，成本上升得越慢；②企业家犯错误的可能性越小，随着被组织的交易的增多，失误增加得越少；③企业规模越大，生产要素的供给价格下降得越大（或上升得越小）。"总之，当市场的交易成本不变时，组织的成本越是下降，企业的边界越将持续扩大。

第三个问题：企业的边界扩大为什么会停止？科斯的答案是"企业将倾向于扩张直到在企业内部组织一笔额外交易的成本，等于在公开市场上完成同一笔交易的成本或在另一个企业中组织同样交易的成本为止。"

第二章　全球采购基础理论

第四个问题：企业边界的稳定性如何？根据科斯的论述，影响企业边界稳定性的因素有三：①市场的交易费用。如果企业的管理费用不变，市场中交易费用的变化促使企业边界重新确定；②企业内部的管理费用。如果市场中的交易费用不变，管理费用的增加和降低，将导致企业边界的缩小和扩大；③同行业的其他企业内部的管理成本。如果市场中的交易费用和本企业的管理费用不变，同行业其他企业的管理成本上升还是下降，将决定本企业的企业边界的变化。因此，企业边界的稳定性都是暂时的和相对的，许多因素都对其有影响。没有长期不变的企业，只有不断变化的企业才能应对长期的挑战。

例如，20 世纪 90 年代中后期中国实行国有企业改制时，大量原来由企业负责经营管理的工厂幼儿园、工厂医务室、工厂培训学校、工厂食堂、工厂车队等，改制后被从企业中剥离出去，其提供的服务转为从市场获得，由此企业边界变小。相反，企业在改制过程中，与上级主管部门反复讨价还价的所谓改制优惠政策，很大一部分集中在改制后是否能继续获得企业生存所必需的关键性资源上。譬如煤炭和石油贸易企业改制，它们最关心的是：是否还能维持与煤矿、炼油厂的代理业务关系？是否能继续获得原来国有企业所能获得的优惠进货价格？

如表 2-3 所示，当全球采购业务的管理和风险成本小于采购外包的交易成本时，全球采购业务保留在集团内部；否则，就可以考虑将该项职能外包给集团外专业的采购服务机构。事实上，一些大型跨国公司出于分散采购权力、寻求专业高效服务、降低企业新进入市场经营风险等目的，会采取外包的全球采购业务交易模型。此外，那些通过共享可以大大降低内部管理成本和风险成本的业务，可以获得高于外部市场的竞争优势。

表 2-3　全球采购业务交易模型

业 务 职 责	交 易 模 式
保留在集团内部	成立全球采购部门 收购外部供应商 全球范围内的采购组织成长
共享的	共享采购业务 合资公司 联盟
转移给集团外部供应商	建立跨国外包公司 建立离岸采购业务公司 专业从事离岸业务的外包公司 新兴的离岸公司

科斯的交易成本理论有效地解释了企业边界变化的原因以及企业与市场交易的动力。由于交易成本理论也能很好地解释跨国公司的形成及其运行，由此最终形成了跨国公司理论中的内部化理论。它对于全球采购决策，例如自制还是外购决策、自行组织采购活动还是外包采购职能等决策，都具有重要的理论指导意义。

另一制度经济学家威廉姆森（Williamson，1975）将交易成本区分为以下几项：

（1）搜寻成本：搜集商品信息与交易对象信息的成本。

（2）信息成本：取得交易对象信息和与交易对象进行信息交换所需的成本。

(3) 议价成本：针对契约、价格、品质讨价还价的成本。

(4) 决策成本：进行相关决策与签订契约所需的内部成本。

(5) 监督成本：监督交易对象是否依照契约内容进行交易的成本，例如追踪产品、监督、验货等。

(6) 违约成本：违约时所需付出的事后成本。

威廉姆森1985年进一步将交易成本加以整理区分为事前与事后两大类。事前的交易成本，即签约、谈判、保障契约等成本。事后的交易成本包括：契约不能适应所导致的成本；讨价还价的成本，指双方调整适应不良的谈判成本；建构及营运的成本，为解决双方的纠纷与争执而必须设置的相关成本；约束成本，为取信于对方所需的成本。

威廉姆森1989年阐述了影响交易成本水平和特性的三个性质，即资产专用性、不确定性和交易频率。他认为资产专用性至少可以分为五类：①地点的专用性；②有形资产用途的专用性；③以"干中学"（Learning by Doing）方式形成的人力资本专用性；④奉献性资产（指根据特定客户的紧急要求特意进行的投资）的专用性；⑤品牌资产的专用性。

上述关于交易成本构成的论述，揭示了在全球采购活动中许多并未反映在会计成本中的隐性成本。此外，采供双方交易成本的差异形成了采购谈判中供需双方谈判地位和实力的差异。

三、规模经济和范围经济

一般来说，企业生产和销售产品的成本既取决于企业经营的规模（即使用资本和劳动力的数量），也取决于它的范围（即生产不同种类的物品和服务）。

规模经济（Economies of Scale）是指通过扩大生产规模而引起经济效益增加的现象。设 TR = 总收益，AR = 产品单位收益，P = 产品单价，Q = 销售数量，F = 总固定资产投入，C_v = 单位变动成本，则

$$TR = PQ - (C_v Q + F)$$

$$AR = \frac{TR}{Q} = P - C_v - \frac{F}{Q}$$

在市场经济条件下，产品的售价 P 受销售市场的约束，短期内很难大幅度涨价；而生产的单位变动成本 C_v 受采购市场的约束，短期内很难大幅度降价。作为生产企业，增加收益可采取的措施是在总固定资产投入 F 既定的条件下（F 又被经济学家称作沉没成本，例如已经购买的机器设备、已经支付的厂房租金等，无论产量多少，F 值在相当长的时间内都不随产量的变动而变动），不断扩大再生产以降低固定资产在单位产品上的分摊值，使得 F/Q 不断降低，获得规模效益。工厂内常见的"24小时3班倒"，就是企业为了增加作为固定资产的机器设备的利用率而采取的生产组织形式。

由上可知，较大的采购量使得生产商能获得更高的单位收益，采购商应从供应商（生产商）处获得更加优惠的采购价格。一般而言，在全球范围内寻找供应商，比单纯地在国内寻找供应商，能获得更为低价的商品和更为优质的服务，因为全球供应商拥有全球范围内更大的规模效益，这也是实行全球采购的一大动因。

范围经济（Economies of Scope）是指生产商同时生产或销售两种产品的费用低于分别生产或销售每种产品所需成本的总和。只要两种或更多的产品合并在一起生产或销售比分开来

生产或销售的成本要低，就会存在范围经济。

范围经济最为典型的例子是超级市场。网络购物没有出现前，消费者去一次超市，可以将一周所需的各类生活消费品集中采购，即便其中部分商品比单一零星采购略贵，考虑到一次性购买的便利性、因多次购买造成的交通成本和时间成本增加，大多数消费者还是愿意采用超市集中购买的方式。同样，海尔电器生产各种型号的各类家电，许多通用的零部件都能集中采购，生产过程中相同的工艺都能在通用设备的生产，不同客户但相同目的地的产品都可以配载出货，无形中节省了采购成本和物流成本，提高了设备利用率和生产效率，因此能获得较好的范围经济收益。

全球供应商中许多都是跨国企业，它们产品门类比较齐全，产业的上下游产品线覆盖比较全面，一方面使得采购方非常乐意从它们那儿进行采购，由此获得集成度高和系统性的解决方案，另一方面，这些具有范围经济优势的供应企业，在市场竞争态势不是很激烈的情况下，往往也会凭借这个优势，增强与采购方讨价还价的能力。

第二节　与全球采购相关的管理理论

一、价值链理论

哈佛商学院战略管理专家迈克尔·波特在他的竞争三部曲之二、1985年出版的《竞争优势：创造与维持高绩效》一书中首次提出价值链理论。图2-1描绘了波特的价值链理论。价值链由价值活动和由这些活动创造的边际利润组成。价值活动可以按照物质和技术活动分为基本活动和辅助活动。基本活动是与企业交付给其客户的最终产品的物理变化和加工有直接关系的活动（包括内部物流、生产作业、外部物流、市场和营销以及服务）。辅助活动作用于基本活动并辅以支持，包括采购、技术开发、人力资源管理、企业基础设施建设，可以被用来支持某一基本活动，也可用来支持整个基本活动。在波特看来，所有的活动都应当在企业产生的价值大于其消耗的成本的前提下进行，企业的总价值是由其销售总价值决定的。边际利润反映了企业风险的报酬。

图2-1　采购和价值链模型

价值链理论指出，不同的企业会根据企业的资源状况和能力水平，选择基本活动和辅助活动中的不同职能，来构建具有企业特性的竞争优势。譬如：西门子公司在生产作业和质量管理方面具有独特的竞争优势，耐克公司则在产品设计和营销策略上具有独特的竞争优势，

全球采购与供应管理

飞利浦在与供应商合作和产品的技术开发上具有独特的竞争优势……

管理大师彼得·德鲁克（Peter Drucker）说过，"激烈的竞争已经使得企业对几乎所有的环节都进行了有效的管理，如果说，还有哪个环节可以挖掘潜力的话，那么一直被人们所忽视的供应链管理中，蕴藏着巨大的潜力。"应该说，采购管理并不是一个新课题，在企业自身加强采购管理的同时，其竞争对手也在有效地管理着自己的采购工作。价值链理论对于采购职能的启示在于：哪家企业能在多变的市场环境中，结合自身的资源特点和能力水平，形成一套既能高效运作又行之有效的采购机制，这家企业就能在价值链上构筑独特的竞争优势，从根本上推动企业的长足发展。

二、五力模型

迈克尔·波特在《竞争优势：创造与维持高绩效》一书中还提出了著名的"五力模型"。如图2-2所示，他将行业中的竞争力划分为五种，分别来自现有产业内的企业、潜在入侵者、替代品、供应商、购买者。人们经常借助它系统地分析市场上主要的竞争力，判断每一种竞争力的强弱程度。

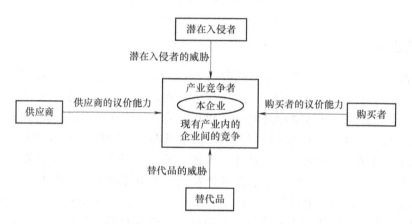

图2-2　决定产业盈利能力的五种竞争力

波特的"五力模型"为全球采购人员拓宽资源获得（Sourcing）渠道提供了解决思路。对于一些市场获得性差、相对企业采购价值高的商品，采购人员在与供应方商务谈判过程中往往很难获得优势的议价地位，因此，适时引入该供应商在全球范围产业内的竞争者或替代品供应者，能大大增强采购人员的议价能力。

当然，"五力模型"中预设供应商与生产企业之间是一种"讨价还价"的完全竞争关系。但事实上，许多国家出于特定的文化传统和商业惯例，长期以来供应商与生产企业之间是一种"相互信任"的协作关系。例如，日本生产企业将其供应商称为"协力企业"。松下公司到中国投资后，鼓励原先在日本的供应商也到中国投资设厂，继续维系原先的供应关系。即便供应商一时无法满足客户境外生产的供应量，采购方也会允许供应商通过贸易货物（Trading Goods）的方式，实现对原先客户境外生产的供应。甚至，有的采购方对供应商采取透明的成本加成（Cost+）定价方式，即供应商向采购方提供透明的产品成本，采购方根据供应市场行业平均利润，在供应商产品成本上添加利润以确定采购价格。

第三节　跨国公司理论和全球供应链一体化

一、跨国公司理论

采用全球采购模式的大多是开展全球业务的跨国公司。但是，不同的学者对跨国公司的产生与发展从不同的角度进行了解释：

在微观层面，如：1960 年，美国学者斯蒂芬·赫伯特·海默（Stephen Herbert Hymer）在他麻省理工学院的博士论文中提出了垄断优势论；由科斯的交易成本理论演化形成了跨国公司内部化理论；1977 年，英国里丁大学的约翰·邓宁（John H. Dunning）教授提出了国际生产折中理论；美国 DEC 公司总裁简·霍普兰德（J. Hopland）和管理学家罗杰·奈格尔（R. Nigel）提出了战略联盟理论等。

在中观层面，如：1966 年美国哈佛大学的雷蒙德·维农（Raymond Vernon）教授提出了产品生命周期理论；20 世纪 70 年代中期日本一桥大学的小岛清教授（Kiyoshi Kojima）提出了边际产业扩张理论等。

在宏观层面，如：1981 年邓宁提出了投资发展周期论；1990 年迈克尔·波特教授提出了国家竞争优势理论等。

在上述跨国公司理论中，以邓宁的国际生产折中理论最具有代表性，他吸收了各种理论的精华，继承和发扬了内部化理论，能够比较全面地解释企业进行国际经济活动的原因，正如其名"折中理论"，是上述理论的集大成者。

国际生产折中理论的基本观点认为，对外直接投资（Foreign Direct Investment，FDI）是对所有权优势、内部化优势和东道国区位优势的综合利用。跨国公司经营决策选择——到底是采用出口贸易形式、还是采用对外直接投资形式，抑或是采用许可证贸易形式的决定因素取决于三组变量：所有权优势、内部化优势和区位优势。

所有权优势（Ownership Advantage）主要是指企业拥有或能够得到的别国企业没有或难以得到的无形资产和规模经济优势。具体包括技术优势、规模优势、组织管理优势、金融和货币优势等。所有权优势的大小直接决定企业从事对外直接投资的能力。

内部化优势（Internalization Advantage）是指企业为避免市场的不完全性而将企业所有权优势保持在企业内部所获得的优势。

区位优势（Location Advantage）是指国内外生产区位的相对禀赋对企业对外直接投资的吸引和推动力量。区位优势主要取决于劳动力成本、市场购销因素、贸易壁垒、政府政策和心理距离等。

满足对外直接投资的三个条件分别是具有垄断优势、能通过内部市场扩大优势、能利用东道国的要素。邓宁随后又发展并完善了其国际生产折中理论，继而提出了投资发展周期论：假设发展中国家对外直接投资取决于经济发展阶段与该国所拥有的所有权优势、内部化优势和区位优势，那么一国的吸引外资与对外投资能力（国际投资地位）与其经济发展水平相关。

跨国公司理论的演变为全球采购的产生和发展提供了清晰和坚实的理论基础。

二、全球供应链一体化

供应链从采购供应开始，经生产、销售到达终端客户，它不是孤立的，而是一定流量的环环相扣的"链"。供应链上核心企业及其上、下游企业之间实现和保持商流、物流、信息流、资金流的运作整体协同化，便构成了供应链一体化。全球供应链的一体化，既包括采购、生产、运输、仓储、销售等环节的一体化，也包括了在地理上分散的设施、网络、供应商和市场的空间一体化。

与此同时，由终端客户需求驱动，经零售商、批发商、到制造商，再到零部件供应商和原材料供应商的一个整体系统，构成需求链一体化。

自20世纪末全球进入网络时代后，任何企业都已经无法独自满足骤增的个性化、多样化需求，在巨大的商业利益诱惑和驱动之下，相关企业必然走向横向联合之路，而高度动态和复杂的环境使得这种联合无法再采用过去以完全占有资产为目的的纵向一体化战略，不得不采用网络型的战略联盟形式。在此条件下，价值链上"供应商→生产企业→分销渠道→买方"的正向推动（Push）模式，正在被"顾客偏好→销售渠道→产品和服务网络→资本、原料供应网络"的逆向价值链拉动（Pull）模式所替代，如图2-3所示。亚德里安·斯莱沃斯基（Adrian Slywotzky）、大卫·莫里森（David Morrison）于1998年在《发现利润区》一书中首次提出了"改变价值链的方向"，亦即逆向价值链思维。毫无疑问，

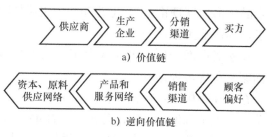

图2-3　价值链与逆向价值链

网络时代需要企业快速地锁定骤增的多样化需求，在强化自身核心能力和资源的基础上，通过契约组成网络化组织来创造并捕获价值。

第四节　全球采购在中国产生和发展的原因

1. 中国被认为是低成本国家

中国自1978年改革开放以来，外向型经济从"三来一补"加工贸易开始，到中外合资、中外合作企业，再到独资企业，历经几十年获得了长足的发展。中国的出口产品，例如服装、轻工业品，以价格低廉、质量适中赢得了许多国际市场，专家分析认为，这主要归结为中国低廉的资源价格，如低廉的人力成本、土地成本等。但是2008年后，随着中国人口红利的逐渐消失、技术水平和质量水平的不断提高，全球采购活动中被定义的低成本国家（Low Cost Country，LCC）正在发生迁移，在亚洲，越南、印度、孟加拉国等国家正承接越来越多的低端加工业务。

2. 中国加入世界贸易组织后逐渐成为新兴采购市场

中国加入世界贸易组织（WTO）后，承诺会按照WTO的规则和透明原则来与成员开展互惠互利的国际经贸活动。这样，中国相对于原来的WTO成员而言，就成了一个新兴市场国家，对于全球采购活动而言，则增加了一个新兴的采购市场（Emerging Procurement Market，EPM）。

3. 在中国的外商直接投资企业是跨国企业全球供应链中的一个环节

出于生产成本和技术保密等角度的考虑，跨国企业一般会将成品的不同部件安排在全球不同国家的运营工厂内进行生产，然后再在一个掌控程度高的子公司（一般是总部所在国的全资子公司）内进行组装。这些运营工厂就形成东道国的外商直接投资。由此，无论是跨国公司子公司之间的集团内部采购，还是从成本角度考虑触发的集团外国际采购，都属于全球采购活动。随着中国开放程度的不断提高，越来越多的跨国企业在华投资设厂，中国逐步成为跨国企业供应链中的一个重要环节，全球采购作为资源获得的主要途径，在国际商业活动中日益发挥着重要的作用。

4. 核心部件的中国本地化采购项目促进了全球采购效率的优化和提高

跨国公司一般将核心部件由母国进口，次要和非核心部件发挥被投资国（东道国）的低成本优势在被投资国生产制造。但是，随着跨国公司间国际竞争的不断加剧，企业面临的成本压力直接影响到产品的销售。因此跨国公司总部不得不做出决策，考虑将核心部件在东道国进行本地化（就被投资国而言又可称为国产化）采购。核心部件本地化生产的成功实施，不仅减少了东道国企业从投资国母公司进行国际采购的采购量，而且有可能推动跨国公司利用其全球采购团队启动对东道国国产化部件的多国采购，为东道国带来实质性的出口贸易福利。

例如，某跨国公司低压电器集团下属中国的制造工厂，通过本地化采购，逐渐替代了从德国总部进口核心部件的业务，使得其成品国产化率达到 90%，这一出色的成本优势使得低压电器集团总部向其下属的德国工厂、印度工厂和美国工厂推荐从中国供应商处实施全球采购。一般来说，本地化采购项目降本幅度都在 20% 以上，有的高达 60%，因此，扣除国际物流成本，往往还有很大的盈余。以上案例表明：通过本地化采购项目的成功实施，中国、德国、印度和美国工厂的核心部件采购成本都获得了有效的降低，从集团层面来看，采购的效率得到了优化和提高。

[本章案例讨论] 西门子公司的全球采购策略

未来公司之间的竞争是供应链之间的竞争，采购则是供应链中关键的一环。如何在供应商不断增加的同时有条不紊地管理全球的供应商？如何在降低供应商价格的同时与供应商保持良好的合作关系？如何在降低物料采购成本的同时保持产成品的质量？如何在统一供应商标准的同时保持采购的灵活性？当世界经济面临网络化和全球化大潮的时候，采购管理也面临着无法逃避的变革。

西门子公司（以下简称西门子）成立于 1847 年，是一家有着 170 多年历史、横跨多个产业的大型跨国公司。进入 21 世纪，西门子公司坚信全球集约化采购是西门子公司进行有效采购管理并大幅降低采购成本的关键。西门子公司的具体做法包括：

1. 全球统一采购

过去很长一段时间内，西门子公司的自动化与控制、医疗、能源、交通、照明等产业集团根据各自的需求独立采购，甚至同一产业集团内不同区域的运营工厂都实行单独采购。随后西门子发现不少的零部件需求都是重叠的，例如，中国区自动化与控制集团下属的运营工厂，几乎都需要注塑件供应商。而由于各个运营工厂采购的数量有大有小，因此造成所选择

全球采购与供应管理

的供应商、产品质量、产品价格和服务差异非常大。为此，西门子公司设立了一个采购委员会（Procurement Council）来协调全球的采购需求：把各产业部门所属公司的采购需求按照物料分类汇总起来，这样西门子可以用一个声音来同全球的供应商进行沟通。合并的采购需求形成大的采购订单，可以吸引全球供应商进行竞争性报价，西门子采购部门在谈判桌上的发言权无形中增强了许多。

对于供应商来说，全球统一采购也是一件好事。因为对于优秀的供应商，以往可能要与西门子各个产业部门或下属运营工厂打交道，由于它们各自的采购评价标准和要求不同，所以供应商可能提供了许多重复性工作且效果并不明显，加上小规模多批次的采购无形中也增加了供应成本，削弱了供应商的竞争力。而现在只需要与一个全球采购部门打交道，只要产品、价格、质量和服务过硬，就可以拿到全球统一的订单。

西门子全球采购委员会直接管理全球物料经理（Commodity Manager），每位物料经理负责特定物料种类的全球性采购，寻找合适的供应商，达到节约成本的目标，确保物料的及时供应。此外，全球采购部门内还设置有"先期采购工程师"（Advance Procurement Engineer，APE）的岗位，他们在设计研发阶段就与西门子研发部门进行跨部门的项目合作，以采购部门的视角和产品价值分析的方法来研究未来采购的需求和生产成本的限制。

2. 分合有度

有了以上充分集权的中央型采购战略决策机构，还需要反应灵活的地区性采购部门来进行实际操作。西门子的集团管理控制一直沿用矩阵式的双线领导体制：一个运营实体（Operating Entity）接受所在产业集团和地区性组织的双重领导。例如，西门子自动化与控制产品的中国生产工厂，既接受西门子中国公司（SLC）的直接领导，又接受西门子自动化与控制集团德国总部的职能指导。相应地，西门子自动化与控制产品中国生产工厂的采购部门，既接受本工厂总经理的直接领导，还要接受西门子中国公司（SLC）全球采购部和西门子自动化与控制集团德国总部全球物料经理的职能指导。考虑到国际贸易的成本，各个运营实体又会根据全球采购成本的实际比较，来灵活地进行决策。譬如，中国西门子低压电器工厂的原铜采购，融入了西门子铜材全球采购的期货套期保值交易系统；而注塑件的采购，则纳入西门子中国区全球采购物料管理系统进行中国区的集团采购；对于部分低压电器特有的物料部件，则采用运营工厂自行采购的模式。

3. 供应商管理策略

在新型的采购管理理论中，供应商被看作企业的战略联盟者（Strategic Alliance）。对于处于采购商品信息源头、掌握信息不对称主动权、同时为西门子竞争对手提供供应服务的大型供应商，如何才能让他们为西门子的业务做出更大的贡献呢？

西门子APE岗位的设置能够从设计源头上来压缩采购成本。西门子的各个职能部门，每年被分配到成本压缩任务最多的部门并不是采购部门，而是研发（R&D）部门。例如，设计原型（Prototype）中一个零部件的价格为11欧元，但目标价格只有6欧元，那么设计就要在保证原有基本功能和性能的基础上做相应的设计修改，如进行材料换型、采用更少的部件或使用更加集成的部件。这时候，APE就要用市场扣减（Market minus）法实施目标价格倒推成本（Target Price Based Costing）。

除了传递持续的成本压力给单一的供应商以外，西门子还充分利用供应商分配策略来调动供应商之间的竞争。西门子全球采购部门会不断培养新的供应商进场，打破原有的供应商竞争格局。新供应商更好的服务和更低的价格会迫使老供应商不断降低价格、提高服务。

在供应物料年度价值 ABC 分类的基础上，西门子会对 A 类供应商进行年度评审，对 B 类供应商进行抽查评审。在价格、物流、质量和服务四个方面得分不达标的企业可能会失去大笔采购订单。因此在竞争面前，供应商自然会对自己产品的质量、价格、物流和服务各方面进行严格的审视，以达到西门子对供应商提出的高标准和严要求。另外，西门子也会定期组织供应商大会，对长期与西门子开展合作且业绩卓越的供应商进行表彰，甚至还有奖金的激励措施。

为了使供应商选择的过程尽可能公平透明，西门子在有条件的区域上马了一套网上竞价（E-bidding）系统。西门子会考虑现有供应商的长期合作关系，给予它们在这套系统中一定的优先权。而想加入的供应商则必须通过西门子全球采购团队的现场审核。网上竞价系统的好处在于受邀的所有供应商都知道其他供应商能做什么，这样就能把价格和服务的底线推到循环竞争的极限。通过保持这一"充分竞争"的环境，西门子能高效地管理自己的供应商并有效节约采购成本。

（资料来源：作者结合徐杰、鞠颂东《采购管理》（第 2 版）中的案例内容以及在苏州西门子电器公司全球采购部的从业经验编辑整理）

讨论：
1. 对于西门子这样多产业的跨国公司，推行全球集中采购能获得哪些收益？
2. 对于西门子这样多产业、跨地区的跨国公司，推行全球采购过程中可能遇到哪些困难与阻力？
3. 集中全球采购需求后，全年采购订单的数量分配给若干西门子优秀供应商的过程中，全球采购团队应执行怎样的标准来确定分配比例？

◇ 【本章小结】

全球采购已经成为当今跨国公司较为普遍采用的采购策略，但它并没伴随着跨国公司的产生而立即出现，是跨国公司间日趋激烈的竞争，才促成了全球采购策略的出现。不同的学者基于不同的经济和企业管理视角，对全球采购的动因提出了各自的解释。这些基础理论的研究成果对于我们更好地理解全球采购策略和运用这些策略的前提条件具有积极的意义。

◇ 【本章思考题】

1. 查询资料和相关案例，讨论为什么有些跨国企业并没有启动全球采购？
2. 各国资源禀赋不同和劳动分工不同，对于全球采购的物料管理是否具有深刻影响？
3. 在推进全球采购决策过程中，除了经济成本的考量，还需要考虑其他哪些主要因素的影响？

第二部分
规　划　篇

- 第三章　全球采购战略
- 第四章　全球采购与供应组织
- 第五章　全球采购决策

第二部分

规 划

第三章　全球采购战略

◇【学习目标】

了解采购战略与战略采购的区别，掌握全球采购经营策略。

◇【教学重点难点】

1. 开展战略采购对于全球采购而言的意义
2. 全球采购经营策略
3. 整合供应商
4. 发展全球供应基地

第一节　采购战略和战略采购

一、采购战略

企业在进行战略规划时，往往会提出明确的战略目标，并建立一系列的战略定位，包括目标市场定位、价值链定位、竞争定位等。在此基础上，为了实现战略目标，企业规划出一系列的关键行动或措施，而这些关键行动和措施的推行，往往要求企业具备与职能相对应的能力，如采购能力、生产能力、物流能力、营销能力、组织能力、创新能力等，以及协调整合这些职能性能力的综合能力。

无论是基于国内供应市场的采购战略（Purchase Strategy），还是基于全球供应市场的采购战略，从本质上来讲，都是一种职能层战略。职能层战略是指在企业战略和业务层战略的指导和引领下，企业各职能部门为了提升相对应的能力而制定的在本职能领域中应采用的行动、路线、方法和手段的基本原则。其他典型的企业职能层战略还包括营销战略、人力资源战略、生产战略和研发创新战略等。

毫无疑问，实行全球采购是采购战略经历了国内采购、国际采购等发展阶段后的高级形态。

二、战略采购

战略采购（Strategic Procurement）又被称为策略性采购。跨国制造企业率先在全球激烈竞争的压力下，从自身发展的需求出发，采用战略采购的管理方法来克服全球采购所面临的一系列问题。战略采购与其他采购模式的比较如图 3-1 所示。

战略采购需要以一种开放、整体的观点来对待采购。战略采购实施的关键不是一套采购的技能——这仅仅停留在"术"的层面，而是范围更加广泛的一套组织能力——上升到

全球采购与供应管理

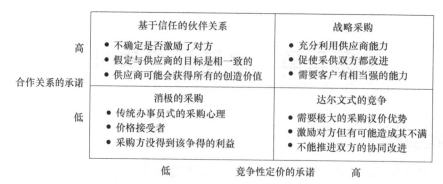

图 3-1　战略采购与其他采购模式的比较

"道"的层面。这些能力分别包括：

1. 共有的能力

（1）总成本建模。

（2）创建采购战略。

（3）建立并维持供应商关系。

第（1）~（3）的共有能力适用于进行战略采购的基础工作，它们普遍适用于任何一家企业。其中，总成本建模为整个采购流程提供了基础；创建采购战略推动了企业采购从战术观点向战略观点的重要转变；建立并维持供应商关系注重的是战略采购模式中的合作部分。

2. 特殊的能力

（1）整合供应网。

（2）利用供应商创新。

（3）发展全球供应基地。

第（1）~（3）的特殊能力强调了在共有能力基础上获得竞争优势的不同方式，因此只能适用某些企业或某个行业，多数企业通常只注重这三种方式中的某一种。只有顶级的企业能在这三个方面都建立起较强的能力。整合供应网能保证以最低的费用实现商品和服务的快捷交付，它受到了各大跨国公司的高度关注；那些生产高科技产品的公司，正将注意力集中在利用供应商进行创新上；公司在全球市场中参与激烈竞争的同时，正在逐步形成一个全球化的供应基地，以支持它们的全球采购活动，并最终满足消费者多样化的需求。

第二节　创建采购战略的原则

1. 供应商数量的合理化

企业集团下属的制造企业由于投资的时间和地域不同，往往造成旗下拥有太多的供应商，而全球采购战略要求有效地缩减供应基地。供应基地削减是某一产品的供应商数量优化的必然结果。供应商数量的优化应从所有可供选择的供应商总体考察开始，然后逐步筛选。

检验一个策略性采购所确定的供应商数量是否合理，可以逐一评估每个供应商的作用。如果减少某一类产品的供应商不能降低供应总成本，则表明供应商数量很可能基本达到了优化。全球采购战略的执行一般都从集团内部的供应商共享（Supplier Pooling）和供应商整合（Supplier Intergration）着手。

2. 发挥跨职能团队的作用

采购战略的创建应当被看作组织能力的体现。有效的采购战略源自企业内跨职能的合作。跨职能团队有两个重要的优势：①包含多项职能的团队能集思广益，能提出更多有创意的解决方案；②更重要的是，跨职能团队能进行系统化的采购。

大多数企业的团队都没有包括足够的职能部门。一般企业采用跨职能团队来开发采购战略，但许多重要的部门没有被包括进去：生产、设计等职能部门的缺席，造成许多通过协作可以进一步实现改善和优化的机会被错过。关于跨职能采购团队的构建内容，参见第四章第四节。

3. 跨地区和跨业务单位的采购集中管理

高级管理人员经常会考虑：在开发采购战略时，什么样的管理集中程度是合适的。有些采购主管通常会主张较大范围的集中化（Centralization）管理，以确保取得最大谈判效应。但是，目前为止，只有极少数供应行业是真正全球性的，而谈判也仅仅只是采购管理的众多手段之一。大部分的采购与供应管理活动，如改善供应链管理或利用供应商创新，都要求各个业务单位的参与。因此，选择集中控制或分散控制应根据所采购商品的不同特性而定。一般企业为了解决该问题，都会建立一个商品分析计划系统，来确定哪些商品适宜什么样的管理模式。

4. 实施审慎的全球调研

很多采购战略的制定都是从现有供应基地出发的，但为了进一步开发有效的采购战略就需要树立全球采购观。进行全球调研的最大益处是能发现过去没有掌握的优势供应商；其次，全球调研可获得某一个供应行业的世界级公司的服务业绩水平，为供应方树立标杆。

5. 考察采购总成本

有效的采购战略并不是仅仅关注降低价格，而是要降低与供应过程有关的各种成本。大多数战略决策需要综合权衡，即权衡材料价格和其他与材料相关的费用之间的关系。例如，从低成本的发展中国家采购，供应价格很低，但在加上附加成本，如海运费、税费、存货运杂费等后，可能没有任何节约，反而会增加总成本。

相应地，在进行进口替代的国产化采购总成本核算时，如果没有25%以上的采购成本削减（Cost Down），一般不建议进行国产化的替代性采购，否则可能的采购成本削减都来自国际运杂费，实际的直接采购成本并没有实质性的降低，采购方却要因为进口替代而承担技术和质量风险。简言之，全球采购成本削减的潜力很大，但需要进行采购总成本及其他采购要素的综合测算。

此外，考察采购总成本也为全球采购的区域合作提供了机会。事实上，合作关系产生的利润往往来自某一方面成本的降低，例如，与产品品质优良的供应商合作能减少检验费用，这虽然对采购价格没有直接影响，但实质上降低了企业的内部质量成本。

6. 细分费用支出并量化收益

细分费用支出的作用在于明确重要的成本影响因素。例如，通过费用细分可能发现某些零配件比较容易预测需求，另外一些存在积压的风险，可预测需求的商品应从低成本的全球

全球采购与供应管理

供应商处采购以节省支出，高风险商品则应在本地采购。

采购战略追求采购过程中的价值最大化。供应商通常会认为他们的响应能力会给客户创造出很大的价值，尽管快速响应能力是有价值的，但还必须考虑到它的成本。因此企业要尽可能量化价值，例如，为客户降低的库存维护成本有多少，减少退货损失所带来的收益有多少等。这些分析虽然对供应商的价值不能进行充分估计，但在充分理解成本含义的基础上，通过精确对比就能进行权衡。

第三节　全球采购经营策略

如图 3-2 所示，全球采购经营策略是建立在全球采购流程基础上的行动方针。

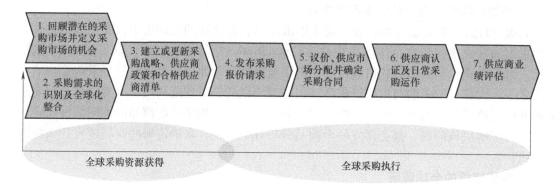

图 3-2　全球采购流程

一、全球采购资源获得（Sourcing）

1. 回顾潜在的采购市场（Review Market Potential）**并定义采购市场的机会**（Identify Market Opportunities）

全球采购活动需要在世界市场范围内来审视具有潜力的资源市场，并且判断在这些采购市场上哪些机会对于当前以及未来可预见时期内的全球采购活动最为有利。例如，随着跨国公司 20 世纪末逐渐进入中国，中国相对欧美成熟的采购市场来说，属于低成本国家，因此，在中国实施本地化采购就成为全球采购战略决策中的一个重要选项。

2. 采购需求的识别及全球化整合（Identification and Globalization of Needs）

在做出实施全球采购的决策之后，就需要将原先分散在各地的采购需求进行整合，并根据全球物料分类来判断哪些采购需求可以合并以实现全球化采购条件下的规模效应，而哪些暂时保留在本地化采购。由于各国对产品物料的技术标准要求不同，即使是相同类别的物料，各采购单位的需求也会因为生产条件的不同存在或多或少的差别。因此识别并整合全球采购需求是获取采购资源最具有挑战性的一项工作，其最终成果是形成统一的全球物料采购规范（Purchase Specification）。

3. 建立或更新采购战略、供应商政策和合格供应商清单（Establish/Update Purchasing Strategy，Supplier Policy，List of Qualified Supplier）

在整合企业的全球化需求之后，原有的供应商市场和供应商结构被打破，因此需要根据新的全球化采购需求采取新的采购战略，制定与采购市场相适应的供应商政策，并根据历史业绩考核记录更新合格供应商清单。

二、全球采购执行（Purchase Execution）

1. 发布采购报价请求（Request for Quotation，RFQ）

在确定了备选供应商之后，采购人员会依据企业全球统一的采购规范并结合特定的商务要求，向全球的合格供应商发布 RFQ。一个清晰、透明、统一、规范的 RFQ，既能帮助供应商清晰地了解买方的采购需求，又能帮助采购方将供应商的报价放置在相同的平台条件下进行综合比较。一个专业的 RFQ，要求涵盖尽可能多的采购需求条件，包括技术要求、国际贸易术语、价格组成、付款条件、税务和发票要求、合同周期、违约责任、报价有效期等。

2. 议价、供应市场分配并确定采购合同（Negotiation, Market Allocation and Contracting）

采购人员获得供应商报价后，开展商务谈判进行议价。对于全球采购活动来说，除非是非常稀缺的资源，必须单独从特定国家统一采购外，从考虑国际物流成本和分散采购风险的角度出发，即使是同类物料，也会将全球采购量分配到若干区域性采购市场上，并签订至少一年以上的采购合同。

3. 合格供应商认证及日常采购运作（Supply Qualification, Procurement）

供应商的考评工作应该在采购需求确定后进行。对于供应商认证，至少分为两个层次：第一层次是运营实体（Operating Entity）依据其直属的采购团队所提供的供应商现场考察记录和日常运作考评记录做出认证；第二层次是集团公司直属采购职能部门依据自身独立开展的供应商现场考察记录或通过 ERP 系统调取下属运营实体的日常运营考评记录做出认证。第一层次认证的供应商只能为单个运营实体进行供货，而第二层次认定的供应商能为集团公司全球的运营子公司供货。认证考评的重点是供应商的供货能力及其稳定性。

4. 供应商业绩评估（Supplier Performance Assessment）

在一定期间内，供应商提供供货服务后，会形成相应的服务水平记录，依据这些记录，采购方可进行供应商业绩评估。在未进行日常采购运作之前开展的供应现场考察，属于事前监督；而供应商业绩评估必须在采供双方进入日常采购运作一段时期后进行，因此属于事后监督。因此两者的评估侧重点不同：前者发生在达成采购协议之前，采购方更为关注供应商的供货能力；后者发生在进入实质性采购之后，采购方更为关注供应商交期和质量的稳定性。在既定的采购协议下，供应商业绩评估的两个主要指标是"准时到货率"和"首次检验合格率"。

三、全球采购内部控制（Internal Controlling）

进行全球采购，将面临比国内采购更多的风险。这其中既有因为寻找资源范围更加广泛和业务流程更加复杂造成的系统风险，又有采购内部组织和外部组织造成的人为风险。因此，对全球采购进行内部控制的任务将更加宽泛和繁重。它包括但不仅限于针对全球采购开展的预算管理、报价审核与成本核算、采购合同管理、采购数据管理以及各类风险点的识别和管控。关于全球采购内部控制，将在第八章进行重点介绍。

第四节 整合供应网

一、推动供应网整合的力量

这个世界基于无数的联系而产生了万维网和国际互联网,供应行业也已经发展成了纵横交错的复杂关系,它更像是一张网而不仅仅是一个链条。

三股力量驱动供应网的不断演变:①JIT 管理的要求;②供应网的层次化和专业化;③全球信息交换的增强。产品的日益复杂导致了大多数行业的不断细化。制造只是专业化供应网中的一个角色,第三方物流服务供应商在供应网中的作用越来越大。

二、整合供应网的原则

1. 用战略观点构建供应网

用战略观点构建供应网遏制了只关注成本的采购单一降本思路。一个低成本的供应网与交货提前期反应灵敏的供应网是大不相同的,后者更能提升企业的竞争优势。

2. 采用有差别的供应政策

在一个供应网中,企业理论上希望为供应商设置一些公共的标准,如统一的交货提前期、统一的安全库存等。但譬如,统一的交货提前期标准需要足够长的时间以满足所有产品的不同要求,但这样做又容易使得一些供应商产生对缩短交货提前期的惰性,因此必须区别对待。所以说,执行全球采购战略,实际上并没有办法做到完全的集中化,企业需要根据实际的运营状况,来权衡集中化和区别化的程度,找到最佳的平衡点。

3. 在协商一致的基础上进行跨职能的协作

供应网中所涉及的不同职能部门拥有不同的优先权,有时它们的目标会发生冲突。例如,销售部门通常关注的是增加收入,因而更担心因缺货而造成的损失而不是库存的增加,因此销售部门有本能的动机要求生产部门增加库存;而生产制造部门主要关心的是生产的效率,包括保持较低的库存水平。又如,质量部门更多地关注如何避免质量事故,因此负责任的质检人员会从严执行进料检验标准;而采购部门主要关心的是生产不能断料,对于非原则性的质量瑕疵,都会建议"让步接收"。诸如此类的冲突会导致企业内部门间的博弈,如果这些矛盾得不到很好的解决,供应网就会在这两个极端之间被来回"拉锯",造成成本上升并使客户满意度受损。为了避免这种博弈现象,大多数企业每个月甚至每周都要召开跨职能的协调会议,在销售预测、适当的库存目标、及时准确的采购和生产计划等方面达成一致。

4. 根据销售预测相宜制订采购计划,让订单驱动生产

预测给出了规定时期所需的资源,包括生产能力、劳动力和原材料资源。不良的预测会产生不合适的资源配置,要么太多要么太少,这样会限制供应网最经济地对订单做出反应。同样,盲目遵循一个与订单的实际情况不协调的计划,会产生更坏的结果。因此,需要平衡历史记录可重复性与销售预测两者的关系,才能保证以可靠的信息来安排采购活动。

5. 依靠分析工具和技术

有效的分析工具是建立在可靠的统计分析基础之上的,企业对供应网的整合过程要学会运用统计分析工具和技术。对全球采购管理而言,集团内部统一的物料编码系统、标准的供

第三章 全球采购战略

应商资料信息、层级化的物料分类系统、定义清晰的供应商审核指标等都有利于统计工具和方法的应用。

三、整合供应网的实施过程

整合供应网的基本步骤包括：

1. 选择试验单位

通常可以是一个单一的部门，比如一个制造厂或一个地区配送中心。

2. 为改进工作提供一个可供参考的基准

没有一个基准，就很难判断整合成功与否。该基准应该包括许多性能指标，如订货提前期、库存周转期和覆盖程度以及交付可靠性。选择一流的公司或竞争对手作为榜样是一般的可选项。

3. 设置合适的目标

对照基准进行诊断后，即可设定整合和改善的目标。该目标应能反映供应商的战略优势，应该主要集中在反应灵敏性或效率方面。目标设定要瞄准重点，例如，一个计算机公司的供应网应该重点关注提高反应灵敏性，此外还可能要关注提前期缩短和交付可靠性增加；而传统的制造商，如一家食品公司，可以将选择重点放在效率上，设定诸如降低配送成本及提高库存周转期之类的目标。

4. 总结并推广

对试验的经验教训进行记录，并在大范围推广供应网整合的过程中分享这些经验和教训。

第五节 利用供应商进行创新

一、供应商参与创新的意义及优势

利用供应商进行创新是指企业与供应商一起对技术进行研发和管理。即使是专业的采购人员，也往往忽略了一个事实：70%~80%的产品成本取决于设计的早期阶段，从而使得采购降本只能是在定型设计条件下对原材料和零部件降本，因此仅就物料降本而言，幅度有限。日本和德国企业最早发现了这一规律，如图3-3、图3-4和图3-5所示。

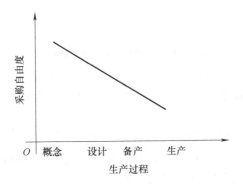

图3-3 采购自由度与生产过程

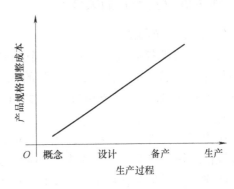

图3-4 产品规格调整成本与生产过程

全球采购与供应管理

根据这三个图可知，如果从采购自由度方面来看，从新产品的概念开始，到设计、准备生产、生产阶段，采购自由度越来越小，即产品定型阶段越靠前，采购自由度越大；而产品规格调整成本却越来越大，即采购参与越早，产品规格调整的成本越小；从降低研发成本的角度来看，研发成本与供应商参与度成反比，也就是供应商的参与程度越高，研发成本相应地就越低。

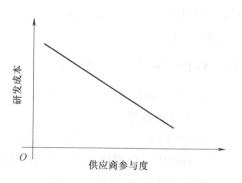

图 3-5　供应商参与度与研发总成本

此外，采购人员往往会有一个认识误区，他们认为自己是发包方，对采购部件的熟悉和掌握程度要高于供应商。实际上，采购人员处于信息不对称关系中的弱势一方，供应商掌握了供应部件从选材、加工、制造管理、包装、运送到销售的全过程，因此供应商对供应部件的熟悉和掌握程度远高于采购人员。

基于上述两大原因，让供应商早期参与研发和创新具有十分明显的优势：

（1）能平均缩短产品开发周期 30%～50%。

（2）能有效降低开发成本，供应商常常能够提供更专业、性能更好、成本更低和通用性更强的设计。

（3）改进和提高产品质量，供应商的专业水平能提供更可靠的零部件，避免日后可能产生的设计更改。

（4）大大提高研发的有效性。早期介入的供应商能进一步提高自己的开发能力，从而保持领先或独特的理想供应地位。

当前，利用供应商进行研发和创新受到越来越多企业的关注，类似的实践案例很多。例如挂壁式空调生产企业将整张墙体固定挂板设计为"井"字形，从设计源头上大大节省了墙体固定挂板的用料；电器生产企业用工程塑料替代金属紧固件，既达成了产品功效又节省了材料成本；日本企业的供应商被称为"协力"企业，供应商和被供应企业之间更多的是一种合作的共生关系，采购企业投资到哪个国家，一般供应企业也会追随到那个国家进行配套投资；德国企业每年下达的降本指标，降本额度最大的不是全球采购部门，而是研发部门。

二、利用供应商创新的关注点

（一）定义范围边界

为了尽可能提高经营的业绩，企业必须把终端产品分解为部件或功能模块，然后决定如何给供应商下达供应任务。有的供应商被分配到的任务可能是单一部件或很小的部件，有的分配到的任务可能是一大堆零件。这种分配给指定供应商的责任大小称为范围边界。

在传统的短期合作关系中，能选择的供应商范围相当狭窄，而且供应商并不了解客户对设计规格之外的需求。这被称为"照搬"式的安排，供应商创造价值的唯一途径是减少内部生产成本。因此供应商和客户没有可能通过更紧密的一体化进行合作。

一方面，若与供应商有长期的联系，就有可能出现新的价值创造机会。供应商可以与客

第三章 全球采购战略

户进行过程集成，比如准时交货和共同质量保证。通过此类的联合，会在共享价值链中创造出新的降低成本的机会，而不仅仅是由供需中的某一方来想办法。此外，企业同供应商建立广泛的联系，供应商可以建议使用替代品（或技术）来更好地满足客户需求，供应商还能在对客户需求有更深刻了解的基础上，提供改良的方案来创造价值。

另一方面，采购方在界定范围边界时要避免犯以下三种错误：

（1）用以前的界定而没有定义新的能创造更多价值的边界。

（2）让供应商承担了太多的责任，却又处处干涉他们。

（3）在供应商之间、供应商和企业之间定义了重叠的边界。

（二）共享技术规划

总的来说，供需双方都会很注意产品的技术信息，客户害怕供应商将信息透露给竞争对手，而供应商害怕客户将自己最好的构思和设计转售给那些不投资进行创新的低成本仿制产品供应商。目前有两种共享技术的方法很流行，即供应商技术论坛和技术路径图。技术论坛会使得供应商可以分享新技术，以激励客户采用。技术路径图则把产品发展规划明确地描述成平面图，以带动供应商的技术规划。

（三）设置目标成本

目标成本的设定有三种不同的方法：

（1）市场价格扣减（Price –/Price minus）法，即仅仅根据对手的报价来设置目标成本。当前的买方市场，大部分供应企业被迫采用该定价方式，因此生产成本会受到市场价格的挤压，企业可能需要被迫采取措施降低生产成本。例如，某手机制造商的零售价受市场竞争对手产品价格的限制，不能高于2000元，扣减销售费用和企业利润后，剩余的期望产品生产成本是800元，但实际的产品生产成本是1000元，那么企业就有必要采取措施将生产成本压缩到800元以下，否则销售就会受阻。该定价方式在供应商合作度高的情况下也作为采供双方之间的一种谈判策略加以运用：供应商获取采购方期望的供应价格，再减去行业平均利润，以此作为一件产品的目标成本。达不到目标的产品就不再生产或送设计开发部门重新设计或改型。上述方法对于竞争性的商品和服务比较适用，商品的价格往往反映了供需曲线而不是成本。

（2）成本加成（Cost +/Cost Plus）法，即在供应商合理成本的基础上，给予一定的利润。在卖方市场，大部分供应企业基本采用该定价方式，企业的生产成本是构成销售价格的一个主要来源。例如，中国的石油销售公司，尽管成品油零售价格由政府进行价格调控，但其批发价基本采用"原油开采成本+炼油成本+销售环节费用+利润"的成本加成法定价。但是，该做法也会无形中限制供应商降低成本的积极性。一些跨国公司会设计出非常先进的成本核算表，并要求供应商公布成本明细以揭示报价的真伪。总的来说，该方法以对成本的分析为基础，能有效改善供应商的运营状况，对于"照搬"式的供应商或具有垄断地位的供应商很有效。

（3）基于价值制定目标。该方法将消费者的"需要"与他们的支付意愿相比较，因此创新设计过程中需要运用"价值工程"的方法进行产品功能和价值的合理配置。价值定价法适用于提供"解决方案"（Solution）的供应商，方案提供者拥有承担全部责任的技术，相应地，此类供应商需要有较大的自主权。

三、利用供应商创新的实施步骤

（1）选择项目，组建团队。
（2）设置规格，确定目标。
（3）重新检查子系统边界。
（4）选择供应商。
（5）开始产品设计。

第六节　发展全球供应基地

　　面对日趋成熟的国内市场，许多企业注意到国外市场有着更大的增长潜力。发展中国家的经济增长速度通常为每年5%~10%，而大多发达国家的经济增长率为2%~4%。通信和科技的进步使得全球经济联系日趋紧密。政府政策的改变和观念的调整帮助企业进一步开拓了国际市场。相应的结果是，全球化涵盖了越来越多的国家和行业。供应基地的全球化，需要有能满足战略需要和管理全球性资源的能力。

　　全球性资源的获得通常是指企业在本国市场外的资源获取过程。一家企业要进行全球范围内的寻源可能基于两种截然不同的战略需要：第一种，本土市场外的供应商可能提供更好的技术及更低的价格；第二种，进入新市场通常迫使企业在当地建立一个供应基地。《战略与商业》杂志的调查显示，大部分企业的全球性寻源活动都出于第一种战略需要。

　　两种战略需要最大的不同点在于它们所选择的商品不同。

　　第一种战略需要的企业为进口到本土而进行全球性采购，它们会选取体积小、价值高、容易进行经济运输的部件。一般来说，采购商会从发达国家选取世界一流技术的高科技产品，而从发展中国家寻求具有劳动成本优势、工艺流程简单的部件。

　　第二种战略需要的企业更为关注全球扩张，因此从当地供应商那里获取的商品通常较为笨重和庞大、无法经济地从该地区直接进口。对于正在进入新兴市场的企业，为利用劳动力成本优势、减少运输成本，会选取劳动力密集的部件；而当它进入成熟市场时，企业通常选择技术密集型产品。

　　从商业模式的角度来分类，全球采购通常使用以下三种商业模式：

1. 贸易代理

　　全球采购业务的贸易代理是指进行全球采购的企业委托从事贸易代理工作的公司、企业在授权范围内办理国际采购业务的外贸活动，由委托方支付一定的手续费，盈亏由委托方负责。贸易代理可以帮助筛选当地的供应商、确定谈判价格，并负责打理其后的订单履行以及物流供应。它们作为第三方的服务提供商可以使客户免于应付复杂琐碎的日常操作，甚至可以替客户进行一些较小规模的投资。跨国公司在选择贸易代理的时候必须非常留意保持自己的控制权，以及了解贸易代理的能力和责任履行情况。

2. 在当地成立合资或独资的外商投资企业

　　在一般情况下，如果投入了更多的精力和资金，如在当地成立合资或独资的外商投资企业，企业往往可以获得对其供应商更为充分的了解，并可以对质量进行更严格的控制。同时，这也便于企业和供应商开展长期和直接的合作。当然，伴随这些好处而来的是更大的挑战,例如需要企业在不同国家甚至大洲之间协调不同工厂的外包项目,并管理相应的订单履行情况和运输分拨。

3. 在全球范围内建立采购办公室来专门评估、选择和发展当地供应商

这种方式基本上是一种共享服务的模式,利用一批专业的采购团队来专门负责从订单到物流管理的相关事宜。在采用这种方式时,企业内部各个商业部门的大力支持无疑是其成功的关键,除此之外,该办公室管理自营或外包物流的能力也至关重要。

在以上三种不同方式中,关键区别在于其采购承诺和责任的程度,而建立国际性的采购办公室可能是最广泛采用且最成功的方式。除了专业性和整合性所带来的优势以外,"国际采购办公室"通常可以为企业带来采购成本和采购周期的显著下降。当地的国际采购办公室还可以促进各种形式的采购信息在全球范围内的公司各部门之间得到充分的沟通和共享。总的来说,这种方式被认为是将新兴的采购目的地国家或地区融入原有的全球供应链的最佳方式。

综上所述,进行全球化扩张的企业必须为优化产品开发成本而努力。许多企业试图通过统一全球顾客需要,以全球需要量为生产批量,从而降低产品采购和生产成本,获得规模经济效益。

此外,发达国家普遍经历了国内生产总值(GDP)增长速度放缓但服务业快速增长的阶段,与大量跨国制造型企业一样,许多跨国服务企业也逐渐实行全球采购。中国国家统计局公布数据显示,我国服务业在 GDP 中的占比于 2013 年首次超过了制造业,达到 46.1%。因此,不仅跨国制造型企业,而且许多跨国服务企业也致力于发展全球供应基地。例如,全球知名民宿服务提供商爱彼迎(Airbnb)2015 年 8 月进入中国,吸纳中国民宿供应商作为它的平台供应商。

[本章案例讨论] 施耐德电气公司与全球采购

法国施耐德电气公司是全球电力和工业控制领域的领先公司,与欧洲的 ABB 公司、德国西门子公司、美国通用电气公司等皆为电气行业知名的跨国公司。施耐德电气公司 1836 年由施耐德兄弟建立,拥有悠久的历史和强大的技术实力,配电和自动化控制是施耐德电气公司两大核心业务领域,其产品覆盖民用住宅、建筑、工业及能源、基础设施四大市场。

20 世纪 80 年代以来,施耐德电气公司逐渐脱离了电力业务,将战略重点重新聚焦在电气领域。为此,施耐德电气公司还出售了一部分非核心业务的子公司,因此曾经一度滑出世界 500 强(其实是按照营业收入排名的世界 500 "大")公司榜单。但施耐德电气公司 2014 年全球销售额为 249 亿欧元,净利润达到 19.4 亿欧元,拥有 167124 名全球员工、近 200 多家全球生产企业。

随着像中国和印度这样巨大的市场逐步向外国公司开放,更多的跨国公司正在把采购策略上升为新市场战略的一个重要部分。全球采购已经不是一个新概念,许多跨国公司都正在从低成本国家采购产品或部件以降低成本。无论是进行全球化采购的公司数量,还是全球采购目标国家的数量,或者是进行全球采购的产品数量和种类,都在不断增长,而且这一趋势还在不断继续。世界知名管理咨询公司埃森哲的一份研究报告显示:大约 91% 的受访企业计划增加它们在低成本国家和地区的采购规模。像施耐德电气这样的跨国公司正在把采购策

全球采购与供应管理

略上升为新市场战略的一个重要部分。

施耐德电气公司 2012 年在中国已经拥有 28000 名员工、28 家生产型企业、4 个分公司、53 个地区办事处、700 多家代理商和全国性的销售网络以及 7 个物流中心、1 个实验室、1 个电气研修学院和 3 个全球研究发展中心。施耐德中国公司从 2004 年起全面启动下属运营公司（Operation Entities）的全球采购整合。

进入 21 世纪，价格和竞争压力成为促使大多数公司选择从低成本国家进行采购的主要动力。这些新兴的低成本国家（Emerging LCC）正以其独特而显著的优势吸引着更多的全球采购。新兴低成本国家的以下四个重要优势在很大程度上促进了全球采购的发展，以中国为例：

（1）劳动力的受教育程度。到 2010 年已有 60% 以上的中国人接受了中学或更高程度的教育，这保证了中国拥有具备基本素质的劳动力大军。

（2）中国拥有巨大的低成本劳动力资源，其制造业领域的劳动力成本与欧洲、美洲发达国家相比具有较大的优势。

（3）巨大的国内和出口市场规模。根据国家统计局的数据显示，中国的国内生产总值在 2014 年达到 636462.7 亿元，相比 2013 年增长了 8.23%；出口总值则达到了 143911.66 亿元，比 2013 年增长了 4.94%。

（4）市场自由度。由于受到加入 WTO 等因素的影响，2005 年中国已经将关税水平从平均 24.6% 降低到 9.4%。

在看到低成本国家在全球采购上巨大优势的同时，也应认识到它们的文化、机构组织、供应商关系和科技成熟度之间的差异给全球采购带来了巨大的挑战：

（1）供应商关系的选择。大多数公司都投入了大量的时间、精力和资金，希望能建立一个高效的供应商关系网络。事实上，很多成熟的跨国公司已经成功地建立了这样的网络。现在如果因为选择了新的采购基地而需要改变这些网络，其代价将是昂贵的。在一些低成本国家，供应商的信息往往琐碎而不成体系，而且常常缺失严重，这就意味着要获得完整的供应商信息并进行比较筛选将相当困难。

（2）落后的科技和信息系统。在中国，虽然一些地区已经较为发达，但总体来说，除沿海发达地区以外的大部分地区，信息技术（IT）系统和信息基础设施还很不健全，整合度也比较低。

（3）在邀标、评估和筛选过程中，国外的采购者往往会对潜在供应商的成熟度抱有很高的期望。然而在低成本国家和地区，信息往往很难获得，而且由于信息系统水平的限制和语言的障碍，信息的整合和评估也很困难。而且，这些地区的质量标准和法制管理往往比较薄弱，因此采购者可能需要承担更大的责任和风险。

（4）基于关系的谈判。公司在进行质量、服务和价格的谈判时，需要对当地的商业文化和关系有一个完整而深入的了解。这一点在很多发展中国家都很普遍。很多时候人们对"关系"的关注甚至比对商业本身的关注程度要多。

从施耐德电气的全球采购团队（Global Sourcing Team）的目标来看，可以明显看出跨国公司对全球采购的目标和信心：

（1）从低成本国家的采购中，短期内即能获得收益。

（2）在低成本国家为国际或国内建立供应商数据库。

第三章 全球采购战略

（3）保证持续的成本控制。

（4）在组织内部发展技巧和建立全球采购流程，并将其传授给其他国家。

中国集成了低成本国家所具有的一系列最具吸引力的优势，包括较低的劳动力成本、大批接受了较好教育的劳动力、广阔的国内和出口市场以及低关税政策。

施耐德电气公司采用"在当地成立合资和独资的外商投资企业"和"在全球范围内建立采购办公室来专门评估、选择和发展当地供应商"这两种模式的集合来从低成本国家进行采购。施耐德电气在中国的 16 家合资公司的供应商为全球采购的成功运作建立了良好的数据库。它们就供应商前期考察、供应商合作业绩考评、物料管理信息等积累了大量的第一手资料，而且在很大程度上，供应商给它们提供的原材料在质量标准和品种上与全球采购的要求是一致的，这为其全球采购的成功和快速建立奠定了扎实的基础。

（资料来源：根据 MBA 智库以及作者在施耐德中国公司的从业经验编辑）

讨论：

1. 查阅相关产业研究报告和法国施耐德电气公司 2000 年后的公司年报，讨论是哪些因素促成了施耐德电气公司在欧洲跨国公司中较早实施全球采购战略？
2. 施耐德电气公司基于哪些资源和能力，才决定采用第二和第三种全球采购商业模式的集合来从低成本国家进行采购？
3. 如果施耐德电气公司的跨国竞争对手都先后实施了全球采购战略，施耐德电气公司该如何做出战略应对？

补充知识： 战略采购最先在跨国制造企业兴起的原因（线上电子资源 3-1）

扩展案例讨论： 东风日产的采购策略是战略采购（线上电子资源 3-2）

◇【本章小结】

全球采购是采购战略的高级形态。执行战略采购（策略性采购）需要特定的组织能力，依据一定的创建原则，并基于采购流程来实施采购经营策略。实施全球采购要重点做好全球供应管理：整合供应网、利用供应商进行创新、发展全球供应基地。

◇【本章思考题】

1. 采购战略与战略采购有何区别？
2. 战略采购在公司战略中有何意义？
3. 请分组讨论全球采购职能被分解为资源获得（Sourcing）和采购运作（Procurement）两大功能的利弊。
4. 通过企业实习或查阅资料，试举例还有哪些利用供应商进行创新的做法。

第四章　全球采购与供应组织

◇【学习目标】

了解影响全球采购组织结构的因素，掌握全球采购组织结构、职能和职位设置的不同维度，认知全球采购人员的素质技能要求。

◇【教学重点难点】

1. 结构追随战略
2. 集中和分散型采购组织结构
3. 产品型和地区型采购组织结构
4. 采购组织职能设置的不同维度
5. 跨职能采购团队

第一节　采购组织与供应组织的关系

采购组织与供应组织两者存在密切的关系，采购组织本身也担负供应的职责，完全独立的采购组织几乎是不存在的，因为采购的目的就是要面向供应，实现供应过程的高效化和低成本。供应的前提是有"物"可供，采购是完成供应的基础和准备，供应是采购直接面临的结果，采购过程的有效性直接决定了供应成本的高低。

因此，在一定程度上，采购组织和供应组织是合二为一的，采购组织通常也具有供应的职能，它们共同成为物流过程的一个节点，连接供应链系统的各个主体。

根据供应采购活动的性质，可以将供应组织分为以下几种类型：

1. 独立的供应组织

独立的供应组织一般是经济系统中的生产者，主要是原材料的供应者，相比供应职能而言，采购职能可以忽略。

2. 采购与供应一体的供应组织

这是常见的一种供应组织，采购部门与供应部门在职能划分上是一体的，只是具体分工不同，如常见的物流中心或配送中心，既有采购的职能又具有供应的职能，而供应职能对企业的业务发展更为重要。这种模式是集中采购和分布供应的典范，对于提升采购效率、降低采购和配送成本具有很好的作用。因此，对组织的考核不但要考察采购的绩效，更多的还要考察供应的绩效。

3. 采购供应相分离的供应组织

在实现供应职能的组织设计中，还有一种常见模式就是采购职能和供应职能相分离的模式，采购部门只是完成采购过程，供应部门则相应承担物料管理和供应的职能，比如制造企业中的仓库管理,往往与采购部门是分离的。对此类组织的考核相应也是分离的,但是两者之间存在物流和信息流的大量沟通,实践中两者也是彼此依赖的。

第二节　影响全球采购组织结构的因素

一、公司战略

明茨伯格（Mintzberg）分析强调,不同的环境导致不同的战略,不同的战略需要不同的组织结构。因此,正如钱德勒（Chandler）在研究了将近100家美国大公司后得出的结论,企业战略的变化既领先于也导致了企业组织结构的变化,也就是所谓的"结构追随战略"（Structure Follows Strategy）。这样的环境-战略-结构链如图4-1所示。

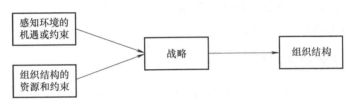

图4-1　环境-战略-结构链

企业发展战略决定了企业的发展方向及相应需要开展的业务活动,也决定并影响了采购组织的地位与采购职务的设计;同时,在企业经营活动中,企业发展战略重点的改变会要求各部门之间的关系做出相应的调整,从而使采购组织与职务的重要程度也发生相应改变。因此,企业的采购组织应服从企业的发展战略,根据企业的总体目标,合理配置采购资源,确定其职能范围与权利,形成相对稳定的科学管理系统。

二、采购效率和内部控制目标

采购效率与实现采购目标所需要的资源以及实现这一目标的活动有关,这就要求在设置采购组织结构及相应的流程时,要更多地考虑信任、授权和减少审批环节等因素;而出于内部控制的需要,在设置采购组织结构及相应的流程时,则应考虑审批、监督和制衡。因此在设置采购组织结构时,要根据公司战略和采购目标,找到控制与放权的平衡点。例如,有些企业希望供应商能够快速地响应采购需求和采购订单,这就要求组织设置结构时考虑采购权力的下放;而有的企业希望能够在组织内部优化采购成本、实现统一和集中采购,这就要求设置采购组织结构时考虑统一管理,以实现内部标准化和其他集成效应。总之,采购组织结构的设置要有利于采购目标的实现。

三、全球采购的驱动模式

全球采购作为许多跨国企业重要的战略选择和策略手段,其驱动模式主要有以下三种:

1. 生产者驱动的全球采购活动

这种采购模式主要出现在资本和技术密集型的行业中,如飞机、汽车、重型设备等行业。在这些领域中,制造和研发能力突出的大型跨国公司成为全球采购网络的核心,在全球

全球采购与供应管理

范围内进行最为有利的国际采购活动,从而形成竞争优势。

2. 购买者驱动的跨国采购活动或全球采购活动

这种采购模式在劳动密集型行业或消费品行业中有着非常突出的表现,如家电、服装、鞋帽、玩具等行业。这种模式的特点就是根据零售商、批发商和贸易公司所掌握的市场需求情况来提出对商品包括式样、规格、质量、标准方面的具体要求,然后在全球范围内寻找最佳的生产者或供应商,最后销往全球市场。

3. 专业化的全球采购组织和国际经纪人所从事的全球采购活动

无论在中国还是其他国家,为数众多的中小企业存在着合理利用全球资源的要求和愿望。这些企业如果自己开展全球采购业务,一方面可能成本过高,另一方面也可能缺乏充足的信息和全球采购专业人才。因此,在国际贸易领域内,一些专业化的采购组织和采购经纪人就应运而生了,成为面向广大中小企业的采购供应商。甚至,一些跨国公司的地区分支机构,也会外包业务给专业的全球采购经纪公司。

不同驱动模式的全球采购活动,会导致运营公司采用不同的全球采购组织结构。

四、采购部门在企业中的地位

首先,从正面和积极的角度来看,采购部门是一个专业性很强的职能部门,采购人员需要掌握产品技术,能读懂技术图,会谈判技巧,熟悉国际贸易知识……就全球采购而言,采购部门更是一个战略性的职能部门。其次,从中性的角度来评价,采购部门是一个需要在企业内部进行充分协作的部门,例如它需要与内部客户——生产部门的生产计划员(PP)讨论原材料到货状态以保证按期组织生产,它需要与日趋融合的合作部门物流(LOG)协调好企业内部供应和外部物流,它又需要与质量监督部门的品管人员管控好采购商品或服务的品质,它还需要协同工程技术部门的技术人员(TE)共同服务好客户的特殊产品或技术需要……再次,采购还是一个需要与外部进行充分沟通的部门。对于企业来说,与外界频繁接触的界面(Interface)就两类人员:供应链下游的销售人员与外部客户接触,供应链上游的采购人员与外部供应商接触。最后,采购人员需要充分认识到,采购部门从本质上是一个生产辅助性部门,正如迈克尔·波特所定义的那样。因此它既是一个服务部门,又是一个被重点管控的部门。

具体来说,采购组织的作用和地位决定着采购部门的结构、职责和权力。同时,采购组织直接隶属哪个部门,体现了采购在整个企业中的作用和地位,采购经理职权大小也反映了采购在企业组织中受重视的程度。

(一)隶属于生产部门

此结构下采购的主要职能就是协助生产工作的顺利进行,采购工作的重点是提供物料以满足生产需要,其职能处于次要地位,如图4-2所示。

(二)隶属于供应链部门

此结构下采购作为供应链中的一环,其主要职能

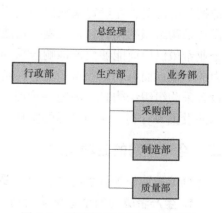

图4-2 采购部门隶属于生产部门

就是保证供应,并协助供应链部门优化整个供应链的效率,其职能依然处于次要地位,但能够更好地发挥采购的专业职能,如图4-3所示。

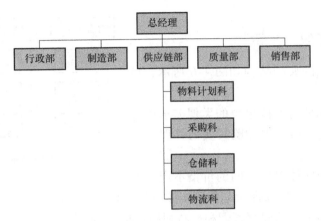

图4-3 采购部门隶属于供应链部门

(三)隶属于总经理

隶属于总经理的采购部门的主要职责在于降低成本,其地位体现了作为新利润源泉创造者的战略性作用。这种组织结构设置比较适用于物料在产品制造成本所占比率较高的企业,如图4-4所示。

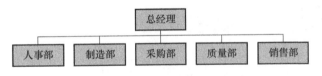

图4-4 采购部门隶属于总经理

事实上,随着采购职能在企业中的战略定位不断提高,采购部门作为一个日趋重要的部门,越来越多地接受企业高层的直接指导和管控,而不仅仅作为企业的一个简单职能分支机构。

第三节 全球采购组织的结构类型

当一个企业位于单一的地点时,采购工作通常都在集中的办公地点进行。但当企业集团的业务活动分散在各个分支厂家或实体组织(Entity)中,那么就出现了到底是分散采购还是集中采购的问题。下面从企业整体结构视角来分析全球采购组织架构的形式。

一、分散型采购组织

分散型采购组织的典型结构如图4-5所示,该模式的优点在于:

(1)本地采购人员将更清楚地知道工厂或单位的需求、当地供应商、运输和储存设施。

(2)本地采购人员将会对紧急的采购需求做出更快的反应,因为他们不仅能缩短沟通路线,而且比驻扎在遥远地方的采购人员更加了解当地的情况,可以大大提高沟通的质量。

全球采购与供应管理

（3）本地采购人员对所在地单位直接负责，可以使本地的高管更好地联络和更好地实施严格的管控。

二、集中型采购组织

集中型采购组织的典型结构如图4-6所示，该模式的优点在于：

（1）企业集团内所有实体单位的类似需求可以获得规模经济，能提高谈判中的购买实力并促进与供应商的关系。

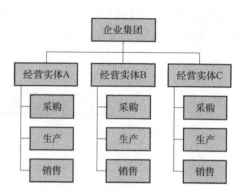

图4-5 分散型采购组织的典型结构

（2）避免集团与实体单位之间的价格不规范不统一现象，避免因为供应短缺而引起集团实体单位之间的竞争。

（3）更好地实施全面的库存管理和材料利用，减少和分散供应的风险。

（4）节省人员的工作量，统一手续、模板、表格、评价标准和规格。

集中型采购又可被分为三种模式：

（1）纯集中采购。运营实体没有独立的采购部门，或者从事采购工作的员工隶属于运营单位的下属某个职能部门；采购的策略、政策、系统和标准是集中管控的，所有的采购业务活动都是集中进行的。其典型结构如图4-7所示。

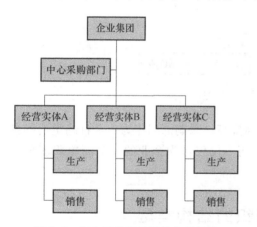

图4-6 集中型采购组织的典型结构

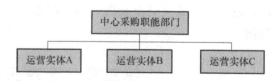

图4-7 纯集中采购的典型结构

（2）协调式集中采购。运营实体负责采购的大部分业务活动，中心采购职能部门负责统一协调；多个业务领域或多个运营实体通用的产品和服务的采购通常是整合后集中进行的；采购的策略、政策、系统和标准是集中管控的。其典型结构如图4-8所示。

（3）指导式集中采购。采购的业务活动无论是策略性的还是具体的操作，都在运营

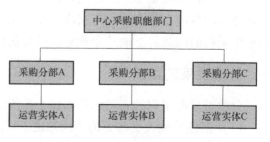

图4-8 协调式集中采购的典型结构

第四章 全球采购与供应组织

实体进行,但中心采购职能部门给予指导和建议;采购政策和策略由总部控制。其典型结构如图 4-9 所示。

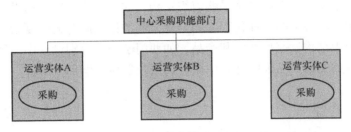

图 4-9 指导式集中采购的典型结构

三、混合型采购组织

鉴于分散型和集中型各自的优缺点,许多企业采用混合型的采购组织形式,如图 4-10 所示。在企业集团层次上存在中心采购部门,同时独立的经营实体也进行采购活动。通常,中心采购部门主要负责策略性采购,如依据企业发展战略制定采购与供应战略,对供应市场进行分析,统一制定供应商评价标准并组织审核重要供应商的准入资格,与供应商谈判签订框架性采购合同等。各经营实体的采购组织负责非标件的采购和策略性采购的具体实施,如发出采购订单、催货、收货、校验发票等。

在混合型采购组织结构下,采购职能在企业集团被部分集权,而在各个经营实体单位被部分分权。因此,混合型采购组织可同时获得集权和分权结构的优点。伊莱克斯公司、通用电气公司等建立的就是混合型采购组织。

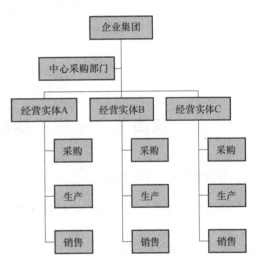

图 4-10 混合型采购组织的典型结构

四、全球采购组织结构的选择

全球制造企业的一个显著特点是:母公司通过 FDI 的形式投资东道国后,东道国企业依赖其母公司的国际市场背景,获取全球销售订单,并以全球采购的方式获取大量物质资源,以满足全球用户的需要。因此其东道国制造企业运营的重心主要集中在如何快速而有效地组织各种资源进行生产,制造出客户满意的产品,最终促进东道国经济的发展。现有全球制造企业的采购组织结构中,每种结构都各有利弊,各有侧重,究竟选择哪种组织结构,要看企业发展的历史阶段、条件及其总体发展战略而定。

如图 4-11 所示,全球采购组织结构的选择可以依据两个决策指标:①全球采购产品种类的多样化程度,它描述了全球采购品种在全部采购商品品类中的占比;②全球采购的比重,它描述了全球采购量在全部采购量中的比重。如果全球采购产品种类的多样化程度小于10%,而且全球采购的比重也有限的话,那么应采用国际采购部的组织结构,在国际采购部

全球采购与供应管理

下设国内采购事务科和国际采购事务科；如果全球采购的比重达到或超过50%时，企业应采用地区型采购组织结构，譬如设立亚太采购中心这样的机构；当全球采购产品种类的多样化程度增加时，应采用全球性产品型采购组织结构，如施耐德电气公司设立低压产品全球采购部；当全球采购产品种类的多样化程度和全球采购的比重同时大幅度增加时，应考虑采用矩阵型混合采购组织结构，兼顾地区和产品，如西门子公司分别设立中国区的自动化驱动产品采购部、中国区的交通产品采购部和中国区的医疗器械采购部。

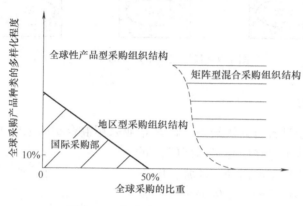

图4-11 全球采购组织结构选择

第四节 全球采购组织内部结构及职能设置

一、采购组织内部结构

从组织内部看，影响组织结构决策的因素主要包括组织需要完成的目标与任务、组织领导的能力与地位、员工的工作能力与人数等。下面按照全球采购任务的复杂程度来介绍几种常见的采购组织结构形式。

1. 小型全球采购组织结构

该结构主要满足本企业的采购管理功能。由于全球采购量较小，主要从母国等个别国外来源进行国际进口采购，因此该职能甚至没有被独立设置；对于采购活动的控制，主要由采购部经理直接负责。小型全球采购组织结构如图4-12所示。

2. 中型全球采购组织结构

该结构主要满足本企业的采购管理和监控职责。由于全球采购量逐年增加，新设立了国际采购科的职能；伴随着交易复杂程度的提高，还设置了采购控制科，对本地和国际采购业务活动进行必要的审核和控制。中型全球采购组织结构如

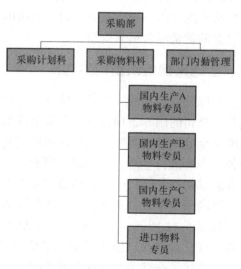

图4-12 小型全球采购组织结构

第四章 全球采购与供应组织

图 4-13 所示。

图 4-13　中型全球采购组织结构

3. 大型全球采购组织结构

按照全球采购的流程，分别从资源获得、物料管理、计划控制、内部业务控制、质量管理、项目管理等功能设置科室职能。由于采购量较大，需要从资源来源和物料分类两个维度来分别管控采购业务活动；随着与本企业其他职能部门协作的加强，以及与集团内国外的各级组织进行沟通，因此还设置了相应的内控与合作职能科室，如项目办；此外，由于本企业的质量管理部门只负责本地采购的质量控制和质量保证，因此对于涉及本企业的国外采购、集团内布置的全球采购支持项目（本地企业并不从中受益），其采购商品的质量管理，至少是全球采购的前期质量管控职能，就由全球采购部承担起来。大型全球采购组织结构如图 4-14 所示。

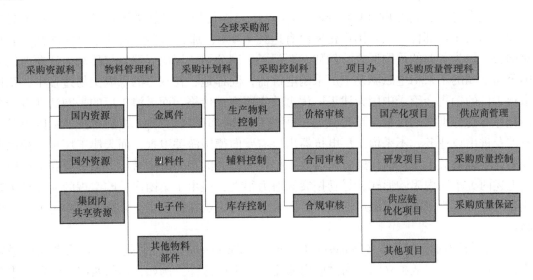

图 4-14　大型全球采购组织结构

二、采购组织职能设置

（一）按照全球采购来源途径来设置职能

一个跨国公司或开展全球业务的公司，会在充分利用跨国企业集团优势的基础上，从全球范围寻求资源。从资源获得的形式上来讲，有四种采购组织职能，如图 4-15 所示。下面先以西门子中国公司在中国区域的全资子公司为例介绍这四类采购形式：

（1）国内集团内部采购（Domestic In-house Sourcing）。这是指一家公司从其国内的兄弟公司那儿购买生产部件。这是一种成本很低但效率很高的采购活动。例如，西门子中国公司下属的西门子南京数控工厂向西门子中国公司内部的西门子苏州电器工厂采购低压接触器，

全球采购与供应管理

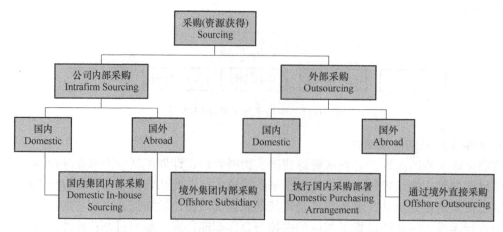

图 4-15　按照采购来源途径设置的全球采购组织职能

尽管双方在中国境内都是独立的法人单位,但是在双方的采购交易过程中,苏州工厂的销售会给予南京工厂优惠的集团内部价格,而南京工厂的采购活动也会大大简化原有的标准采购流程,例如供应商审批和价格比较等。

(2)境外集团内部采购(Offshore Subsidiary)。这是指一家公司从其海外母公司或兄弟公司那儿购买生产部件。只要国产化率没有达到100%,那么这种形式就不可能取消,它也是跨国公司较为普遍的采购形式。例如,西门子中国公司下属的天津电气传动工厂向西门子德国公司下属的不来梅电磁驱动工厂采购电抗器,同样地,在双方的采购交易过程中,德国不来梅工厂的销售会给予中国天津工厂优惠的集团内部价格,而天津工厂的采购活动也会大大简化原有的标准采购流程。该形式与"国内集团内部采购"形式的差异在于:该项采购业务涉及进出口业务,不来梅工厂电抗器出口需要向德国海关申报,而天津工厂进口德国产品需要向中国海关申报,商检通过后需要根据中国海关的相关规定缴纳进口关税和增值税。

上述两类集团内采购形式,尽管拓展的潜力很大,但由于集团内采购实现的前提是关联企业之间要形成紧密的上下游产业关系,因此集团内采购在目前企业采购活动中所占的比例不高。

(3)执行国内采购部署(Domestic Purchasing Arrangement)。这是一种最为普遍的采购形式,是指一家公司从独立的国内供应商那儿购买生产部件。例如,苏州西门子电器有限公司向中国宁波雪博特有限公司购买紧固件,双方经过商务谈判签订年度采购合同,苏州西门子直接向西门子集团外部的国内供应商宁波雪博特有限公司采购制造部件。

(4)通过境外直接采购(Offshore Outsourcing)。这是指一家公司从独立的海外供应商那儿购买生产部件。这种情况一般发生在国内无法生产,且国外关联企业无法提供直接帮助的情况下。例如,苏州西门子电器公司向阿特拉斯·科普柯(Atlas Copco)集团比利时工厂采购工业风扇,双方经过商务谈判签订采购合同,苏州西门子直接向西门子集团外部的海外供应商阿特拉斯·科普柯比利时工厂直接采购制造部件。该形式与"执行国内采购部署"形式的差异在于:该项采购业务涉及进出口业务,阿特拉斯·科普柯比利时工厂工业风扇出口需要向比利时海关申报,而苏州工厂进口比利时产品需要向中国海关申报,商检通过后需要根据中国海关的相关规定缴纳进口关税和增值税。

第四章　全球采购与供应组织

此外，还有一种叫作供应商共享（Supplier Pooling）的资源获得形式。即集团内的企业分享自己的供应商给集团内的其他企业作为采购供应商，无论这个供应商对于分享企业来说是国内的还是国外的。例如，对于西门子上海公司在浙江的注塑件供应商，可以被西门子中国公司纳入集团供应商数据库管理，并分享给西门子全球需要采购塑料件的各个子公司。

再以法国施耐德电气公司投资苏州工业园区的变压器公司为例介绍以上四类采购形式：

（1）国内集团内部采购。例如变压器外接线路需要小型断路器，而施耐德天津低压电器公司就生产这类产品。于是施耐德苏州变压器公司就通过集团内采购从天津的兄弟公司那儿获得了该产品。这样苏州公司既拿到了成本价，又促成了本集团效益的实质性增加。

（2）境外集团内部采购。例如，施耐德的变压器绝缘支撑物具有专利技术，而法国母公司又不愿意转移这种技术，因此苏州公司不得不从法国母公司进口以供生产所需。应该说，这里面有很大的国产化潜力，但它需要集团总部的认可。

（3）执行国内采购部署采购。例如变压器生产所需的铜线，因为铜线加工业在国内已经是成熟产业，因此仅在江苏本省和附近省份就有不下七八家铜线制造企业。这样的状况使得执行国内采购部署无论是在价格和质量上，还是在交货周期和服务上，都具备了相当的竞争优势。

（4）通过境外直接采购。例如变压器的核心材料铜带，在关键技术——倒角和去毛刺上，曾经一度国内所有的铜加工厂都达不到技术要求。而铜带生产又不是施耐德的制造领域，因此只能从德国 KME 公司进口。当然，这些采购量能够纳入施耐德集团向 KME 公司的全球采购量中予以统计，并据此获得具有竞争性的全球优惠价格。

资源获得的途径不同，会导致全球采购组织采取不同的组织职能设置。

（二）按照采购管控的职责来设置职能

一个跨国公司或开展全球业务公司的采购部门，从采购管理和控制的职责来讲，一般会由以下四个职能组成：

（1）全球资源获得（Global Sourcing）。该团队从采购需求出发，专业从事合格供应商的开发、选择和考评认证等工作。

（2）采购控制（Purchase Control）。该团队专业从事采购价格审核、采购合同签订、供应商和采购物料的基础数据维护和管理、采购人员的内部考核等工作。

（3）采购执行（Procurement Executive）。该团队的主要职责是根据生产计划的需要，及时向供应商下达采购订单，并跟踪订单的执行状况，保持公司主要活动的连续性。

（4）物料管理（Commodity Management）。该团队根据采购商品的物料分类，为每个物料大类委派一名资深的物料专员（Commodity Specialist），负责推进采购成本削减、供应商整合、参与国际项目转移等。

许多公司将采购组织内部划分为不同的物料管理团队，并任命相应的物料经理或专员（Commodity Manager/Specialist）。这样做的好处在于能发挥物料经理的专业技能，并能将其有效地与采购项目需求结合起来。例如，对全球采购组织而言，有专人分别负责金属冲压件、塑料注塑件、铝压铸件等的做法胜过任命通用的采购人员。但是这样做的缺点在于如果采购项目过于复杂，涉及众多物料，就会需要一个庞大的专业队伍，而且这些专员之间的沟通和协作将成为采购项目经理的一项主要工作。

全球采购与供应管理

(三) 按照采购物料分类来设置职能

有的采购部门,会按照采购物料的分类来设置组织职能,下面以某电气公司采购的商品和服务为例来说明采购物料的分类,如图4-16所示。

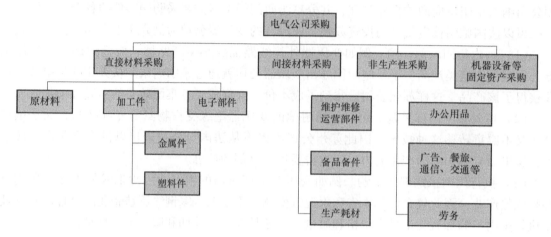

图4-16 采购物料的分类

(1) 直接材料(Direct Material)采购。直接材料是指所采购的部件(Component)能以物理形态直接被加工或组装成成品的物料,如原材料铜箔、电气和电子部件、金属加工件或塑料加工件等。

(2) 间接材料(Indirect Material)采购。间接材料是指那些将被间接分摊到成品的制造成本中去的间接生产材料消耗,如MRO件——用于维护(Maintenance)、维修(Repair)、运营(Operation)的部件,备品备件(Spare Parts),还有不按照定量消耗的包装材料、工业气体和生产耗材。

(3) 非生产性采购(Non-production Purchase, NPP)。非生产性采购是指那些非直接使用于生产,列支进入管理成本的商品或劳务性采购。例如办公用品的采购,销售广告的采购,长期定点通信、餐饮、住宿和交通的采购,劳务采购如公司每年的职工旅游、公司办公室清洁的外包采购等。

(4) 机器设备等固定资产采购。对于生产企业来说,主要的固定资产就是机器设备。对于生产性采购与非生产性采购分离的采购组织而言,机器设备的采购应纳入生产性采购。

三、跨职能采购团队

将团队成员的技能、知识、能力结合起来能够创造出不同于以往的成果,因此在大型全球采购组织中,工作团队(Work Team)的组建已经变得非常流行。为了一个特定的项目而由研发、生产、质量、计划、物流、财务、市场等职能部门组成的团队称为跨职能团队,由于这些项目基本由采购作为项目的推动者,因此又被称为跨职能采购团队。通过分工与合作而形成的团队合力是跨职能采购团队成功的基本保证,而团队工作技能也因此成为全球采购管理人员必须具备的重要技能。

跨职能采购团队的组成形式分别有:

第四章 全球采购与供应组织

1. 供应商管理团队

该团队形式主要聚焦在战略采购管理，具体职能包括：寻找供应源、挑选和考评供应商、采购合同协商和价格谈判、制定降本策略等。图4-17以跨职能供应商考评团队为例，介绍跨职能采购团队的构成及其职责。

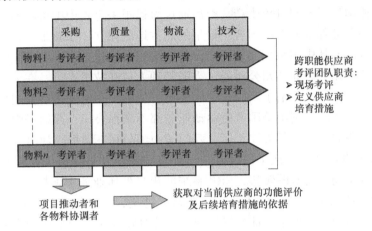

图4-17 跨职能供应商考评团队

对于进入供应商准入名单的备选供应商，采购部会依据物料分类，确定该供应商供应的商品归属哪个采购物料专员（Commodity Specialist）分管，由其牵头会同质量管理部、供应链或物流部门、技术部门的工程师组成跨职能的供应商考评团队，到达供应商现场开展工作，以获取对当前供应商的功能评价，并据此确定后续的供应商培育措施。在这个过程中，一方面采购部的物料专员并不拥有超过其他部门工程师更多的表决权，但另一方面他需要担负起整个跨职能采购团队推动者的职责。

2. 物料国产化团队

物料国产化团队主要聚焦在实现物料的本地化采购和降低物料成本两大目标，具体职能包括：翻译及转化技术图和参数、制定标准询价文件、寻找本地替代供应源、挑选和考评供应商、价格谈判和本地化采购成本测算、试样国外检测中心送检、小批量试制等。以上过程涉及采购方的采购部门、研发部门、质量部门、供应链或物流部门和财务部门，因此同样需要组建以采购物料专员为项目推动者的跨职能团队。

3. 新产品研发团队

新产品研发团队主要聚焦在实现新产品功能开发和原先采购进口商品的本地化改装两大途径，具体职能包括：研发设计或技术转化、成本测算及价值分析、供应商试样、国外检测中心送检等。以上过程涉及研发部门、采购部门、质量部门、生产部门和财务部门，因此需要组建以研发部门为主导的跨职能团队。

4. 全球供应链改善团队

全球供应链改善团队主要聚焦在实现全球供应链效率的提升和客户满意度改善，具体职能包括：供应商集团内整合、生产线的跨国转移、交货周期的改善、库存优化、物流布局及选址优化、供应链系统计算机化集成等。以上过程涉及不同运营实体和同一运营实体的不同职能部门，因此需要从项目需求出发确定组建具备哪些功能的跨职能团队，并选择最有利的推动部门。

例如，本书作者作为项目负责人领导了西门子德国不来梅电磁驱动业务部将生产线扩展转移到中国天津的全球供应链改善项目：西门子德国不来梅电磁驱动业务部在德国和捷克有低压变压器运营工厂，但随着中国业务的不断增长，特别是2008年奥运会的预期举行，它原先中国接单、德国工厂按照订单生产，然后通过海运报关进入中国市场的供应链模式显得周期过长。因此该业务部筹划在中国客户聚集的北方地区建立一家新工厂，将部分国外设备转移到中国并根据需要从中国采购部分国产设备来组织本地化生产。而中国低压产品事业部的生产基地在江苏苏州，因此苏州公司通过委派管理人员和技术人员、在天津招募员工的方式在天津组建变压器工厂，并请求西门子中国公司下属的天津电气传动公司提供支持。由此这个全球供应链改善团队分别由德国电磁驱动业务部不来梅公司、西门子中国低压电器苏州公司、新组建的电磁驱动业务部天津工厂、西门子中国公司下属的天津电气传动公司共同构成。该项目2006—2008年间完成了厂房基建，环境和安全评估，员工招聘和海外培训，设备海外转移，产线布局，技术图转移，ERP系统苏州（低压业务中国核心工厂）、天津（新建厂区）和北京（西门子中国区总部）三地的跨区链接，产品组装到国产化量产，生产二班制排班，质量体系和国际焊接认证，奥运项目京津高铁动车牵引变压器产品生产等一系列工作，2007年荣获西门子中国区优秀跨区域合作团队大奖。

四、采购组织的职位设置及人员技能要求

（一）采购组织的职位设置

职位的设置要遵循组织结构的要求和管理的原则，岗位的设置应秉承"因职设岗，因岗招人"的原则，力戒"因人设岗"。但是，不同的企业文化也会影响到职位的设置。例如，1981年45岁的杰克·韦尔奇（Jack Welch）接任通用电气公司（GE）首席执行官（CEO），他发现在GE从最底层的职位到他那一级共有9个层级。他通过组织变革实现了组织结构的扁平化，1990年GE的职位层级缩减为4级。

对于一个跨国集团公司来说，要协调好全球采购事务也绝非易事。因此其采购组织需要根据职能的需要来设置相应的职位，一个设计精良、层级分明、职责清晰的官僚系统（Bureaucratic System）能保证组织的有效运转。同样以美国为例，某跨国公司的采购职位由低到高分别设置为：采购助理（Purchase Assistant）、采购工程师（Purchase Engineer）、资深采购工程师（Senior Purchase Engineer）、采购主管（Purchase Team Leader）、采购物料经理（Commodity Manager）、首席采购经理（Principal Commodity Manager）、采购总监（Purchase Director）、专门负责采购事务的副总裁（Vice President）。

（二）全球采购人员的素质技能要求

不少人认为采购管理就是杀价，越低越好，武断地认为采购管理不需要专业技能，唯一要做的就是价格谈判；有的人认为采购人员大多参与供应商的应酬并收受礼金，私下从事不符合职业道德的活动，因此对采购人员的管控就需要经常更换采购人员，以防腐败，这也导致了采购专业人员职业发展的困境。

采购部门人员通常分为两类：一类是具备很强的计划和分析能力的策略性采购人员；另一类是具备很强执行能力的采购执行人员。结合全球采购业务的需求，一个优秀的专业采购人员应具备以下基本素质：

1. 概念技能

概念技能即管理人员对抽象、复杂情况进行思考和概念化的技能。运用这种技能，能够将整个采购组织看作一个整体，理解各部分之间的关系，想象组织如何适应它所处的环境。对于全球采购管理人员来说，他们还需要拥有全球视野和海外工作经历，这对于他们全面理解和执行全球采购管理工作具有非常重要的意义。

2. 人际技能

人际技能包括与单独的个人或群体中的其他成员和睦相处、沟通协作的能力。拥有良好人际技能的管理者能从别人那里获得更多的资源，他们知道如何沟通、激励、领导、调动热情和传递信任。对于全球采购管理人员来说，在存在文化、语言和时差等沟通障碍的条件下，与不同国家的同事或供应商进行交流合作，就特别需要掌握跨文化交流的技能。

3. 专业技能

专业技能即指能熟练完成特定工作所需的特定领域的知识和技术。对于全球采购管理人员来说，专业技能包括但不仅限于国际贸易知识、购销合同相关法律知识、物料识别能力、外语口语能力、谈判技巧、计算机操作能力、读懂工程图的能力、成本核算能力、现场考察问题识别能力等。

但需要明确的是，这并不意味着所有从事全球采购工作的人都要具备以上全面的素质能力要求。即使从高标准要求入手，也并不意味着对所有上述素质能力都提出了同等程度的要求。全球采购管理人员需要根据岗位要求，重点培养其岗位所需的主要技能，例如，对于采购控制管理人员，应该着力培养其物料成本分析和价格审计的能力。重视选拔和培养合适的人才从事合适的工作岗位，是全球采购组织健康稳定和谐发展的基础。附件4-1提供了一份高级全球采购工程师的岗位说明书（JD）样稿，以便读者更好地理解全球采购人员所需的素质技能要求。

补充知识：高级全球采购工程师的岗位说明书（JD）样稿（线上电子资源4-1）

［本章案例讨论］ 沃尔玛的全球采购组织设计

一、沃尔玛全球采购网络的组织

在沃尔玛，全球采购是指某个国家的沃尔玛店铺通过全球采购网络从其他国家的供应商进口商品，而从该国供应商进货则由该国沃尔玛公司的采购部门负责。

1. 全球采购网络的地理布局

沃尔玛结合零售业务的特点以及世界制造业和全球采购的总体变化趋势，在全球采购网络的组织上采取以地理布局为主的形式。在全球14个国家设四个采购大区：大中华及北亚区、美洲区、欧洲中东及非洲区、东南亚及南亚次大陆区。然后在每个区域内按照不同国家设立国别分公司，其下再设立卫星分公司。这四大区域中，大中华及北亚区的采购量最大，占全部采购量的70%多，其中中国分公司又是采购量第一的国别分公司。因此，沃尔玛全球采购网络的总部就设在中国的深圳。

2. 全球采购总部

全球采购总部是沃尔玛全球采购网络的核心，也是沃尔玛全球采购的最高机构。在这个全球采购总部里，除了四个直接领导采购业务的区域副总裁向总裁汇报以外，总裁还领导着支持性和参谋性的总部职能部门。

3. 中国区采购总部的选址

沃尔玛在深圳设立全球采购总部意味着沃尔玛不仅能在这里采购到质量、包装、价格等方面均具有竞争力的优质产品，更重要的是，深圳顺畅、便捷的物流系统及发达的海陆空立体运输网络，特别是华南地区连接世界市场的枢纽港地位，为沃尔玛的全球采购赢得更多的时间，带来更多的便捷。

二、沃尔玛全球采购网络的职责

沃尔玛的全球采购网络相当于一个"内部服务公司"，为沃尔玛在各个零售市场上的店铺买家服务。

1. 商品采集和物流

全球采购网络要尽可能地在全球搜索到最好的供应商和最适当的商品——沃尔玛的全球采购网络实际上担当了商品采集和物流的工作，对店铺买家来说，他们只有一个供应商。

2. 向买家推荐新商品

对于新产品，沃尔玛没有现成的供应商，它通过全球采购网络的业务人员参加展会、介绍等途径找到新的供应商和产品。店铺买家会到全球采购网络推荐的供应商那里和他们直接谈判以及购买。

3. 帮助其他国家的沃尔玛采集货品

沃尔玛的全球采购为全世界各个国家的沃尔玛店铺采集货物。而不同国家之间的贸易政策往往不一样，这些差别随时都需要加以跟踪，并在采购政策上做出相应的调整。

4. 调查、比较厂商和产品

沃尔玛的全球采购中心同时还对供应商的注册资金、生产能力等进行查证，对产品的价格和质量进行比较。对满意的厂商和产品，他们就会安排买家来直接和供应商进行谈判。

三、沃尔玛的采购流程

沃尔玛有一个专门的采办会负责采购。为完成采购任务，采办会一般会成立一个6~10人的小组，他们最先做的是产品信息采集和筛选供应商。沃尔玛在采购中对供应商有严格的要求，不仅在提供商品的规格、质量等方面，还对供应商工厂内部的管理有严格要求。在对信息经过简单的分类后，通过电子数据交换（EDI）系统，向全世界约4000家供应商发送采购订单及收集产品信息和报价单，并向全球2000多家商场供货。经过简单的分类后，该小组会用电子邮件的方式与沃尔玛全球主要店面的买手们沟通，这个过程比较长。采办会的员工会准备好样品，样品上标明价格和规格，但不会出现厂家的名字，由买手决定货品的购买。买手决定了购买的产品后，买手和采办人员对被看上的产品进行价格方面的内部讨论，定下大致的采购数量和价格，再由采办人员同厂家进行细节和价格的谈判，谈判采取地点统一化和内容标准化的措施。沃尔玛要求供应商集齐所有的产品文献，包括产品目录、价格清单等，选择好样品提交，并在审核后90天内给予答复。在谈判结束后，沃尔玛会随时检查供应商的状况，如果供应商达不到沃尔玛的要求，则根据合同，沃尔玛有理由解除双方的合作。

第四章　全球采购与供应组织

四、沃尔玛在华的全球采购

现在沃尔玛百货集团公司在中国的业务分为两个板块：一是沃尔玛中国（Walmart China），全面负责在中国本土地区的所有沃尔玛连锁超市的运营、采购和供应商管理等工作，其中也涵盖好又多连锁超市的业务；另外一个板块就是 Walmart GP（Walmart Global Procurement），是设立在深圳市的全球采购中心，通常简称为沃尔玛全球采办，负责美国本土以外地区的全面采购业务，所采购的商品没有内销，全部外销到中国以外的其他国家和地区的沃尔玛商场，现有员工约 350 人。后为了方便业务开展，沃尔玛全球采办把部分采购职能部门搬迁到上海虹桥地区的分部，那边约有 250 名员工。Walmart GP 除了在中国设立采购中心以外，还在印度、越南、马来西亚、菲律宾等 20 多个国家和地区设有办事处，负责当地的采购业务，在行政上向采购中心负责。

Walmart GP 自成立以来的采购金额数目惊人。自 2001 年收购中国香港代理杰越（Prel）公司，2002 年采购中心成立当年的采购金额就达 120 亿美金，到 2006 年达 200 亿美金。由于采购金额的庞大，采购商品的种类五花八门种类繁多，沃尔玛全球采办要和约 4000 家正规供应商打交道（实际上总的供应商数量约 2 万家，但一年内有出货的是 4000 家左右）。

五、沃尔玛采购模式本地化过程中一度遇到阻力

沃尔玛上海店曾被曝缺货严重，值得注意的是，不仅仅是某些知名品牌缺货严重，零售商生产的自有品牌也出现缺货，这肯定不仅是生产量供不上的原因，更多的可能是公司供应链存在一定的问题。对此，沃尔玛上海第一店某生鲜品牌供货商销售经理对记者透露，"沃尔玛的订货采购模式和目前上海地区的其他零售商都不一样，我们还不太适应。一般来说，其他卖场订货会限定我们在某个时间段之内送到，但是沃尔玛订货要求我们在指定的具体时间到达，在目前的交通状况和物流配送能力的现实环境下，我们很难准点做到。"

他举例说："我们曾经和沃尔玛预定下午 2 点为送货时间，但是由于堵车等原因，我们下午 2 点 11 分到达，此时沃尔玛方面却拒收货，因为我们迟到了 11 分钟。如此，只能再次约定，重新配送。他们的要求非常严格，目前上海本地的大多数供货商都较难适应。因为我们没有自己的物流公司，都是聘请其他的专业公司操作，有些物流公司面对这样严格的客户也不太情愿去送货。"对此，沃尔玛上海地区发言人回应称："我们的库存管理是十分严格的，有自己的运作方式。仓库运作也是需要成本的，无论是入库时间、入库面积、库存商品比例等，都得精打细算。可以说一切的严格安排都是为了节省成本，为了保证天天平价。"

据记者了解，沃尔玛的供应商管理体系是一种典型的中央集权式管理。早在 1995 年沃尔玛曾先后在中国深圳建立了盐田配送中心，在天津建立了天津配送中心。这一点完全符合其在美国开店的宗旨，即先建配送中心，围绕该配送中心一天的行程范围内进行选址开店，这是它的一个开店策略。来到中国之后，沃尔玛对供应商的要求依然非常的严格，例如沃尔玛对于供应商的时间管理是最苛刻的。当所有的订单由门店汇总到总部后，总部再下订单给供应商。通常情况下，除了生鲜供应商和日配供应商之外，配送中心都需要先预约，比如说好某天 15 点送到深圳盐田配送中心，如果 16 点才去，可能要重新排队。这的确让很多首次和沃尔玛打交道的供货商很不适应。

全球采购与供应管理

讨论：
1. 分析沃尔玛以地理布局形式来组织采购网络的原因。如果改为按照商品大类来组织全球采购机构可能会有哪些优势，可能产生哪些问题？
2. 沃尔玛中国和沃尔玛 GP 分别负责沃尔玛在华采购的哪些业务？
3. 沃尔玛在深圳设立中国区采购总部，随后又在上海设立采购分部、在东南亚设立采购办事处；沃尔玛在深圳设立盐田配送中心并在天津设立北方区配送中心。以上出于怎样的全球采购战略？
4. 沃尔玛的供应商管理体系所采用的中央集权式管理，在上海一度遇到了怎样的阻力？你认为沃尔玛中国应该坚持还是放弃这一传统的模式，为什么？

扩展案例讨论：联合利华以客户服务为导向的工作团队（线上电子资源 4-2）

◇【本章小结】

对于一个复杂的全球采购组织体系来说，如何设置它的组织结构、职位功能和具体的岗位，招募具有哪些素质和技能的人才，对于实现全球采购组织的目标和效率至关重要。从本质上来讲，一个组织采用怎样的采购组织形式，需要根据组织战略和现有的资源能力条件来做出选择。"互联网+"时代，客户的需要会直接导致企业的绩效，因此组建以客户为导向的跨职能团队，对于全球采购组织而言，具有非常重要的意义。

◇【本章思考题】

1. 查询战略管理相关书籍，充分理解"结构追随战略"的含义。
2. 挑选最新"财富世界 500 强排名"中 3 家不同产业公司的采购组织结构，比较其差异并分析原因。
3. 小组讨论：全球采购组织对员工的素质技能与一般采购组织对员工的素质技能相比，提出了哪些更高的要求？
4. 请阐释采购组织与供应组织的关系。

第五章 全球采购决策

◇【学习目标】

了解自制还是外购的决策要素、国内采购还是全球采购的触发条件；掌握全球采购组织如何选择资源来源和供应渠道、如何为全球采购活动建立区域采购中心；熟悉由全球采购转化为本土化采购的决策要素和基本做法。

◇【教学重点难点】

1. 自制还是外购的决策要素
2. 全球采购的动因
3. 全球采购的来源和渠道选择
4. 全球采购物料本土化采购的决策要素

第一节 自制还是外购决策

无论是国内采购还是全球采购，当构成产品的零部件较多时，"自制-外购决策"（Make or Buy Decision）就成为一个非常重要的决策问题。例如，对于汽车或飞机制造公司来说，零部件多达数万个或数十万个，涉及机械、电子、橡胶、玻璃、精密仪器等不同行业，相关零部件的生产不可能全部集中在一家公司内。那么，在多大范围内外购？什么样的零部件可以外购？如果外购的话，是向不同企业随机订购还是寻求固定的外包制造商？出于技术保密等因素的考虑，对于外包制造商是通过参股、控股等方式置于自己的控制之下还是采取签订采购协议的简单合作方式？以上一系列问题的决策对于采购战略和生产运作战略都会产生深远的影响。

关于"自制-外购决策"，可以分解为两大问题：

第一个问题是，自制还是外购？如果单纯从成本收益角度考虑，可以应用盈亏平衡分析方法来决策，该方法就是寻找一个量，使得在该处自制与外购的总成本相等，这个点就是盈亏平衡点。该点的计算方式如下：

$$F_b + C_b Q = F_m + C_m Q$$

$$Q^* = \frac{F_m - F_b}{C_b - C_m}$$

式中 F_b——外购方案的年固定成本；

F_m——自制方案的年固定成本；

C_b——外购方案的单位变动成本；

C_m——自制方案的单位变动成本。

全球采购与供应管理

如果仅仅从经济利益考虑，除非自制的单位变动成本低于外购的单位变动成本，一般会采用外购策略。因为自制的固定成本通常大于外购的固定成本（外购的固定成本也许经过多年折旧摊销早已经趋于零了）。因此，如图 5-1 所示，如果企业的需求量小于 Q^*，外购是最优决策；如果大于 Q^*，自制是最优决策。

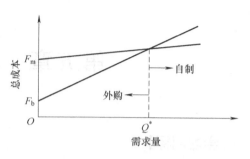

图 5-1　自制-外购决策的盈亏平衡点

但实际上，企业在制定"自制-外购决策"时，除了比较固定成本和单位变动成本外还需要考虑许多其他因素，例如：本企业的制造能力和优势；对自主经营的影响程度，如是否有受外包供应商控制的危险，或者说对外包供应商的依赖性是否过强等；外购情况下的质量和交货期是否能够控制；以及企业的长远发展战略等。

第二个问题是，订购还是分包？订购是指每次向不同的供应商订货，或者同时向几个供应商发出订货询价或招标通知，通过货比三家来选择质量好、价格低、交期稳定的供应商。分包也是一种外包形式，是指与某些零部件生产厂家建立较长期的固定关系，本企业的生产计划同时也是这些零部件供应商生产计划的一部分，由这些零部件供应商固定送货。以汽车产业为例，美国的汽车公司倾向于采用订购方式购买零部件，由此可以获得价格优势。而日本的汽车公司大都采用外包方式，与外包商有固定的关系，甚至帮助他们提高技术、改善质量、培训人员、筹措资金等，其目的是保证与外包供应商（日本企业称之为"协力厂商"）的长期合作关系，以实现零部件质量和交期的稳定性。

在西方发达工业国家，制造主机的企业一般只生产关键或核心的零部件并由自己控制的工厂进行产品总装配，而一般零部件特别是标准件通常采用外购。它们的社会生产体系中有很强的零部件协作生产体系。这些零部件生产企业一般规模不大，生产的品种很少，专业化程度很高，生产上采用专用的设备和先进生产技术，所以不仅生产效率高，产品质量稳定，而且成本也低。从这些企业订购零部件比主机制造企业自己生产更经济合算。

第二节　国内采购还是全球采购决策

一个企业为什么要走向国际？为什么要通过全球采购进口和出口货物？每个公司都会给出它自己的理由，但是一些常规的趋势会推动企业进入全球市场。

一、成本

成本是影响企业进行全球采购的第一大因素。虽然使用别国供应来源会比国内采购增加额外的费用，例如额外的通信费、运输保险费用、关税等，但多种因素可能导致全球采购的总成本比国内采购成本低许多，这些因素包括：

1. 货源地的原料价格低廉

各国的资源禀赋不同，加上如果没有大宗产品交易市场或存在国际的贸易障碍，会造成原材料资源的国别差异。一般而言，原材料价格在产成品中的占比会达到50%以上，因此，

第五章　全球采购决策

货源地原材料价格低廉将直接导致全球采购贸易的发生。

2. 货源地的劳动力成本低廉

发展中国家的劳动力成本要比发达国家低很多。企业寻求低劳动力成本，特别是劳动密集型产业，哪里的工资低就将工厂迁往哪里。20世纪70~80年代"亚洲四小龙"的崛起很大程度上源于此；中国改革开放后的"三来一补"加工贸易也得益于此；进入21世纪后，劳动密集型产业逐渐向越南、印度和孟加拉国等国转移，也是由于这些东南亚国家的劳动力成本相对逐渐抬高的中国劳动力成本低廉所导致的。

3. 货源地的生产效率高

国外供应商所采用的设备和工艺比国内供方的生产效率要高。高效率意味着更低的投入和更高的产出。因此，基于某国某区域在生产技术上的特定优势，例如德国的精密制造业、中国的钢铁产业，从这些国家采购进口产品更具有优势。

4. 国际汇率差异

由于汇率的影响，许多公司购买国外的产品更为有利。例如，当人民币大幅升值期间，假定人民币从1美元兑10元升值35%到1美元兑6.5元，中国企业从国外进口同等条件的产品就意味着采购成本下降了35%，这对于采购方来说，无疑是一个巨大的收益。

二、质量

采购方为了获得更为稳定的质量保证，或者是在价格差异不大的情况下，寻求货源地商品更好的质量而实施全球采购，这意味着采购方可以获得更高的性价比和额外的用户收益。例如，2001年我国加入WTO后，我国的家庭汽车制造产业尚处于起步阶段，为了保证整车的质量系数，大量合资品牌汽车的关键零部件（如发动机、点火系统）需要从国外供应商处实施进口采购。

三、获得性

1. 通过全球采购解决国内物资、劳务、技术等的匮乏

通过全球采购，可以获得在本国不能获得的产品或服务。例如，获得采购方国内没有的原材料、零部件或制成品，以及先进的技术等。此外，还可从国外供应商那里获得更快的交货、更为稳定持续的供应、更为优质的技术服务等。

2. 现代技术的发展降低了国际交易的成本

移动通信、网络交易、物流信息技术等现代科技手段大大降低了国际交易的各类成本，使得全球采购和国际货物及服务流动更加快捷，交易成本更为低廉。

3. 关税和政府管制的降低与取消

尽管各类贸易壁垒和非关税壁垒还依然存在，但关税和政府管制的降低与取消，势必推高全球采购的发生频率及数额。

四、内部交易的存在

许多跨国公司的运营工厂遍布全球，且各运营工厂的产品之间构成完整的上下游产品线。因此，跨国公司下游的运营工厂一般会从集团内的运营工厂跨境采购生产所需的上游产品。例如，跨国公司在中国的电气柜组装工厂，会从集团内的德国工厂采购数控面板、从集团内的巴西工厂采购母排、从集团内的法国工厂采购变压器、从集团内的美国工厂采购电器箱,来完成最终的组装工作。这种集团内的采购行为,基本以不包含利润的出厂价进行内部交易,既保证了最终产品的高自产率,又使得中间产品的利润保留在了集团内部。

但是有一些全球采购活动被当作了避税的手段,一些跨国公司下属的运营工厂为了逃避所在国的税收,采用跨国采购内部交易的形式来实现转移支付。一般的操作手法包括:A1企业通过 A 集团内的全球采购体系,将在所在国 B 生产的中间产品销往集团内的 C 国运营企业 A2,但 A1 企业并不向 A2 企业开具销售发票,逃避了 B 国的流转税,A1 和 A2 之间通过 A 集团内部的结算体系实现交易结算;又如,A2 企业向 A1 企业以远低于市场水平的价格跨国采购在 B 国生产的中间产品,这样无形中将 A1 企业在 B 国本国销售实现的利润转移到了 A2 企业的所在国 C,以逃避 B 国相对于 C 国要高得多的税收负担。鉴于以上的内部交易有可能损害所在国的税收收入,近年来各国都加强了对所在国外国直接投资(FDI)企业内部交易的立法或监管。

五、营销的需要

政府为了能在其他国家出售本国生产的产品、扩展现有的市场,作为对价交换,可能向那些国家的供应商承诺采购一定金额的货物,这促成了跨国的采购。此外,国际消费者的增多也促成了全球采购的发生。例如,随着在上海工作和居住的欧美人士增多,对知名矿泉水"依云"和气泡水的需求急剧增加,如果以上品牌矿泉水和气泡水暂时没有实现本地化生产,那么对上述商品的大量进口就需要通过全球采购来实现。

六、全球竞争的加剧

毫无疑问,国际经贸的频繁往来以及全球化促进了全球采购的发展。全球竞争的加剧从客观上加速了全球采购的发展进程。跨国公司的竞争导致企业以全球视野来规划竞争战略,通过全球获得资源、构建全球的供应链,并在全球范围内配制资源,来塑造价值链上的竞争优势。

2005 年,美国通用电气公司和西门子公司美国地区总部共同竞标美国有线广播网的有线电缆进户接线盒业务。尽管竞标产品标的金额不高,但由于采购数量巨大,两大公司都志在必得。为了寻求低廉的制造成本,通用电气公司责成其在中国的全球采购团队从成本、质量、交期和技术等主要因素着手在中国寻求可靠的供应商。西门子公司与此同时也动用了其低压电器集团的全球采购团队,在全球范围内找寻合适的供应商。在既定目标价格的压力下,西门子低压电器的全球采购团队最终也将其目标供应商锁定在中国市场。通过以上案例,可以清楚地发现,全球竞争的加剧直接导致了跨国企业全球采购的快速发展。

综上,国内采购还是全球采购是一个多要素决策的结果。这一决策结果生动地表现为:企业的产成品组成可能既有母国的零部件,也有其他 FDI 东道国生产的零部件;即使是母国生产的零部件,也可能来自母国不同的城市。各制造单位通过统一的图纸和技术标准来促成最终产品的顺利组装。

第五章 全球采购决策

第三节 全球采购来源与供应渠道的选择

一、全球采购资源信息的来源选择

1. 黄页（Yellow Page）和互联网（Internet）

在网络技术没有出现前，翻看黄页是采购人员先期主动获得资源信息最为直接的渠道；随着20世纪末互联网搜索引擎技术的不断发展，人们最为常用的信息收集渠道是互联网。

2. 媒体和广告

作为供应商自我营销的方式，媒体和广告能帮助采购人员更多地了解供应商的主要信息。当然，采购人员也需要有效地甄别其中可能的虚假信息。

3. 市场分析及产业报告、专业协会刊物

一些专业的研究机构、行业协会或咨询公司会定期出版市场分析及产业报告，这些报告最大的特点是专业性强、宏观信息量大、观点和意见秉持中立。

4. 展览会

世界级的德国汉诺威工业博览会（Hannover Messe）、每年上海举办的中国国际工业博览会（China International Industry Fair）、苏州中国电子信息博览会（Suzhou eMEX）等展览会为广大采购商和供应商提供了专业的交流和协商平台。在全球性或区域性的展览会上达成交易或交易意向的金额都在1亿美元以上。

5. 供应商来访或资料邮寄

采购人员日常一般会收到许多供应商通过邮寄方式送达的资料，同时也会接到许多供应商的来电或直接接待供应商的来访。在这个过程中，采购人员要根据采购规范进行供应商的初步筛选，并注意发掘其中有用的关键信息。

6. 供应商的上下游配套企业

有时候，供应商的上游或下游配套企业，也可能成为采购方的潜在供应商。例如，C铜线厂为S公司供应铜线，而S公司的采购人员正在寻找专业的铜连接生产企业，而恰巧C公司在生产衍生产品的时候已经寻找到了专业的铜连接生产企业J。经过C公司推荐和S公司专业的考察，最终J公司也成为S公司的供应商。

7. 竞争对手的供应商

在行业圈内，往往采购人员能够比较容易地获悉竞争对手的供应商，特别是采取跟随战略的企业，一般也会选择相同的供应商。但是，如果竞争对手将供应商作为商业秘密进行了相关的竞业限制，那么采购人员就不应该采用违法手段进行窃取，否则有可能要承担相应的法律责任。此外，对于关键物料，如果与竞争对手一样，从相同的供应商处进行采购，除了需要和供应商签署保密协议外，还需要采取措施规避集中采购的风险，否则一旦供应商与竞争对手达成排他性的采购协议，采购方又没有备选供应商，将处于非常被动的境地。

8. 集团内部供应商共享

对于企业集团子公司的采购单位来说，集团内部子公司之间的供应商共享将为采购单位提供丰富的供应商信息、价格信息和服务水平等信息；而且集团内部供应商的整合，还会给集团采购带来规模效益，作为最直接的效果，集团采购可以获得优惠的采购价格。

二、全球采购供应渠道的选择

当决定从另一个国家采购商品时，即采用通过境外直接采购模式时，全球采购部门要设计和选择进口采购渠道模式。从整个商品流通过程来看，进口采购渠道由供应国部分渠道、采购国部分渠道、供应国和采购国之间的转口贸易渠道三个部分构成。如果没有转口贸易渠道，则供应国部分渠道与采购国部分渠道两者一起被称为直接贸易采购渠道。

直接贸易采购渠道有六种不同的模式，如图5-2所示。前三种模式中没有利用出口商，是供应方自己将商品出口销售给采购方或进口商，因而又称为直接出口供应方式；后三种模式都是以出口商为基础的，供应方只是将商品销售给本国的出口商，如国际贸易公司、跨国公司、专业进出口公司、出口管理公司和外国公司在供应国的采购机构，具体的出口业务由出口商完成，这些模式统一被称为间接出口供应方式。直接出口供应方式和间接出口供应方式的主要区别在于产品供应方（制造商）与采购国是否有直接的贸易联系。直接出口供应方式以供应方直接联系为特征，公司设有出口部或国际部，向采购方的中间商供应其产品，或与采购国的用户直接联系，或在采购国设立分支机构就地供应。而间接出口供应方式则缺乏这种联系。

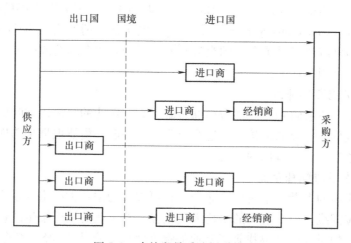

图 5-2　直接贸易采购渠道模式

全球采购过程中选择国际市场的中间商（包括经销商或代理商）是一个重要的决策，应着重考虑以下因素：中间商的可用性；中间商的服务成本费用；中间商履行职责的能力与效率；供应方或采购方对中间商活动的可控程度。为此，无论是供应方还是采购方，都必须对拟选择的中间商进行信誉调查，考核其销售能力与服务水平，掌握对方的必要信息，以保证决策的正确性和全球采购的顺利进行。

第四节　区域采购中心的设立

尽管从理论上讲，一个企业可以通过全球采购形式从全球任何一个国家或地区采购高性价比的产品或部件，但如果考虑到国际的物流成本和关税费用，事实上，该企业能搜索产品或部件供应商的地理范围是有限的。单纯从经济角度来考量，全球采购价格加上国际物流成本和关税费用的总价，应不高于国内采购价格和为获得国内采购所没有的功能所支付的额外溢价的估值。因此，为全球采购活动设立区域采购中心或国际采购办事处成为一种必然。例如，21世纪初在北京成功申办奥运会后，跨国公司确立了在华长期投资的战略，由此出现了大批跨国公司将亚太采购中心从新加坡或中国香港迁移至北京或上海的热潮。

国际采购办事处（International Purchasing Office，IPO）是区域采购中心主要的组织形式。它负责从所在国直接采购企业所需的原材料和零部件。由于IPO的工作人员是企业的"自己人"，因此能更有效地为企业进行全球采购服务。是否在原材料购买地建立企业自己的IPO，这主要取决于企业从该国或该地区的购买量及可否取得预期的经济效益。企业建立自己的IPO在以下几个方面具有优势：

（1）IPO工作人员可以对所在国家或地区的供应商进行专业化的精挑细选。
（2）能对供应商的交货、品质进行更直接、更有效的控制。
（3）本地IPO工作人员对当地市场充分了解，能获得更便宜的采购价格且无须支付佣金。
（4）由于IPO工作人员大部分都是本地员工，故能更有效地与供应商沟通。
（5）能获得更多当地的采购信息。

区域采购中心或国际采购办事处的建立，为全球采购组织协调区域内和区域间的国际采购事务、整合区域内的优质供应资源、提高该区域内采购组织的效率提供了组织保障，实际上承担着全球采购的主要职能。

第五节　全球采购本地化策略

一、全球采购与本地化采购的关系

凡是在采购方所在国实施的采购行为，都可以被称为本地采购。除了本地采购，对于采购方而言，先前实施全球采购从他国进口生产物料，随后可能由于本国供应商在成本、质量或交期上的大力改善，使得从本国供应商处采购变得更为有利，这种由国外采购转变为本国采购的过程，被称为采购的本地化或本土化，这实质上是一种进口替代策略。而本地化对于东道国而言，就是国产化。对外经贸大学中国WTO研究院第一任院长张汉林提出："跨国公司本土化对其投资母国来说，是其全球化的组成部分，但是对于东道国而言，是本地化的过程，二者并不矛盾。"

进而，随着本地化采购量的逐渐上升，由规模效应带来了成本削减；加上技术和质量的改进，从本地采购的物料逐渐具有了国际比较优势，使得本地采购的物料可以逐步向其他国家出口，甚至是向原先进口国出口。中国人民大学经济学院教授黄卫平指出："当前世界工业的模式是温特式模式，温特主义的大环境就是经济全球化；作为跨国公司来讲，只有全球化才能提到本地化。但是，只有把本地化搞好了，真正的全球化才算是在利益获得中得以实现。"

二、本地化采购的决策

从理论上讲，实施全球采购战略的跨国公司会从全球范围内来优化配置采购资源的来源地；但从实际操作上讲，最佳采购资源来源地的确定，至少受到以下四个因素的制约：

(1) 供应商所在国与采购方所在国之间的关税和贸易壁垒。

(2) 从供应商所在国运送到采购方所在国的国际物流成本。

(3) 从采购方发出采购订单到供应商完成生产并将采购物料送达采购方的交期。

(4) 采购物料的质量水平。

以上四个因素关注了本章第二节所描述的国内采购还是全球采购的三大决策因素：成本、获得性（交期）和质量，因此实施全球采购过程中面临本地化采购决策问题。

下面单从成本角度考虑，来分析本地化采购的决策。一项进口采购，其费用包含了：

(1) 采购物料的出厂价。

(2) 出口国国内物流费用。

(3) 出口关税。

(4) 国际运费加保险。

(5) 进口国关税。

(6) 进口国增值税。

(7) 进口国国内物流费用。

因此，一方面，进口替代的价格比较不能仅仅将进口采购物料的出厂价与实施本地化采购后的采购价进行比较，需要考虑20%~40%左右的进口费用（即上述第（2）项至第（5）项的费用合计）；另一方面，实施本地化采购或进口替代不能仅仅关注成本，还需要考虑进口替代后的质量风险、本地化后是否具有原先的规模优势，以及本地化项目产生的费用——这也是尽管进口采购产生了20%~40%左右的额外进口费用，但本地化采购并未必然发生的主要原因。

三、本地化采购与研发中心本地化的相互促进

本地化采购无形中会推动研发中心的本地化进程。例如，投资国总部为了严格控制东道国本地化采购的质量，会要求将东道国国产化的任何部件都送至海外投资国的研发中心进行最终检测，也就是对东道国进口替代型的本地化采购，释放权（Release）依然掌握在投资国总部。但该措施实质上是对东道国采购方技术能力的一种不信任，而且会大大延缓东道国国产化的进程。

随着东道国研发中心技术能力的不断增强，投资国总部研发中心会将采购部件国产化的释放权转移给东道国采购方实体单位（Entity），但对于采购方所在的生产单位为适应东道国市场需要所做的成品改装（Modification），依然保留了总部的释放权，也就是说，东道国生产单位对产成品实施了改装后，新的产成品需要送海外投资国研发中心进行最终检测。采购部件国产化和产成品改装的最大区别在于：前者没有对产品图纸的技术要求进行任何改动，只是进行了采购单位的替换；而后者对产品的部分材料、部分功能或外观设计等进行了适合本地的市场化改造。

研发中心本地化的标志是，投资国总部研发中心授予东道国生产单位全部的技术释放权。亦即无论是东道国采购方的部件国产化还是东道国生产单位的成品改装，甚至是创新产品，都由东道国实体单位自行做出技术释放决定，只需要向总部报备即可。该措施是对东道国实体单位技术能力的完全信任，而且会极大地推动东道国物料及成品的国产化进程。事实

第五章　全球采购决策

上,这一高级阶段往往发生在发达国家之间的 FDI 企业之间,在发达国家向发展中国家投资企业中,落实该阶段措施的案例并不多见。

[本章案例讨论]　宝马期望通过"本地化"扎根中国

宝马在中国的一些举动已经引起了部分媒体的注意——和奥迪不断强调的"国际化"相反,宝马越来越强调"本地化",这种本地化并不仅仅表现在"本地化生产",而是更加注重融入"本地化文化"之中。

2007 年 6 月,华晨宝马第二届供应商大会在沈阳举行,这本是企业内部一个很平常的会议,但它却引起了媒体格外的关注,原因很简单——会议宣称到 2007 年年底前将在中国采购 36 亿元的汽车零部件。

据了解,此届华晨宝马供应商大会的目的就在于"积极、稳步推进本地化采购进程,与宝马集团实现全球采购资源共享,旨在为中国消费者提供符合宝马集团全球统一质量标准的高档轿车,实践对中国市场的长期承诺"。

在推进本地化采购进程中,华晨宝马方面表示"欢迎和鼓励宝马的全球供应商到中国来扩大投资参与市场发展,并致力于利用宝马的管理专长,帮助本土的合作伙伴达到宝马全球的质量标准,为他们提供进入宝马全球采购网络的机会,促进国内零部件企业汲取世界顶尖的技术,从而带动中国汽车零部件业的发展。"

作为一个高档品牌汽车制造商,华晨宝马对零部件供应商一直保持严格的技术准入标准,为此也曾经引起过媒体对其国产化率的怀疑和批判,据统计,2006 年年初时,华晨宝马在中国(不含港澳台地区)的本地供应商数量仅为 46 家,本地采购额仅为 8.7 亿元,但是,到了 2006 年年底,本地采购额就已达到 20 亿元。目前,随着本地化进程的加快,以及国内零部件供应商水平的提高,华晨宝马的本地零部件供应商数量已经超过 60 家。

短短几年内能够获得如此快速的增长,反映出华晨宝马在扎扎实实推进本地化过程中所付出的努力。华晨宝马总裁兼首席执行官吴佩德表示:"稳步推进本地化采购进程是华晨宝马的长期战略。这不仅仅是为了满足政府对于国产化率的要求,同时也为了提升我们企业产品的市场竞争力。中国是一个拥有巨大商机的市场,华晨宝马将继续遵循高档品牌战略,与供应商保持和扩大共赢的合作伙伴关系,在帮助中国的汽车零部件企业走向世界的同时,不断提高企业的自身实力,努力成为中国高档轿车市场上的领先企业。"

宝马集团生产材料采购高级副总裁 Klaus Richter 博士在向华晨宝马的供应商介绍宝马集团全球采购体系时表示:"凡是向华晨宝马供货的供应商,都有机会进入宝马集团全球的采购体系,因为宝马集团的全球采购系统是一个公开透明的平台,所有希望进入这个系统的全球供应商(包括在中国的独资企业、合资企业和中资企业),不管是现有的和潜在的合作伙伴,都必须完全满足两个标准——在产品质量上达到宝马全球统一的质量标准,而且要有全面的竞争力。"

这意味着由于华晨宝马采用的是宝马集团全球统一的质量标准,因此不论是国际化的零部件供应商还是本土化的零部件供应商,只要能满足宝马的质量和竞争力两方面要求,都将能有机会进入宝马集团全球采购系统。

(资料来源:《中国经济时报》,2007 年 7 月 25 日第 011 版)

全球采购与供应管理

讨论：
1. 何为本土化？宝马是通过什么样的方式实现本土化的？
2. 宝马本土化采购的意义是什么？
3. 本土化采购的发展方向是什么？

◇ 【本章小结】

全球采购决策面临工厂自制还是外购、国内采购还是全球采购这两大决策。前者可以更多地考虑经济因素，而后者需要综合考虑成本、质量、获得性等决策要素。区域采购中心的设立能帮助全球采购组织获得有限条件下最优的采购来源和供应渠道。跨国公司本地化对其投资母国来说，是其全球化的组成部分，但是对于东道国来言，是本地化的过程，二者并不矛盾。因此将全球采购本地化策略纳入全球采购策略之内。

◇ 【本章思考题】

1. 简述工厂自制还是外购的决策要素。
2. 简述国内采购还是全球采购的决策因素。
3. 请列举更多的全球采购来源渠道。
4. 查找资料或实地考察，某公司亚太采购中心和中国区采购中心的职能有何异同。
5. 全球采购战略与本地化战略是否冲突？如何理解"只有把本地化搞好了，真正的全球化才算是在利益获得中得以实现"这句话？

第三部分
流 程 篇

- ❖ 第六章　战略采购管理
- ❖ 第七章　采购运作管理

第六章 战略采购管理

◇【学习目标】

掌握如何在战略采购前期进行采购需求调查和采购市场调查;了解沟通原理,熟悉商务谈判的类型及操作过程。

◇【教学重点难点】

1. 采购需求、采购市场和供应商研究
2. 供应商寻找、选择和评审
3. 谈判技巧及影响谈判技巧的因素
4. 价格谈判、技术谈判、合同谈判的具体要点
5. 囚徒困境

第一节 采购需求、采购市场和供应商研究

基于全球采购的复杂性,一般来说,战略采购的管理起源于可获得资源的分析和研究,即强调"先资源规划后供应商选择",从流程起点上来保证"选择最合适的",而不是"先使用然后再花大代价去淘汰"。对资源的获取又分为以下三个步骤:

1. 了解你的采购需求(Know Your Demand)

在执行全球采购活动之前,第一,需要清晰地了解所在公司一年内的采购量(Purchase Volume,PVO)以及这个采购量在采购市场中的地位;第二,需要进行有效的需求预测(Forecast of Demand);第三,为了避免技术风险,需要了解所采购物料的技术趋势(Trends in Technology)和可能的替代品(Possible Substitutions);第四,还需要了解采购需求的结构(Structure of Demand),较为科学的方法是进行物料的 ABC 分类(参见本章第二节)。通过上述的分析和研究,采购人员可以清楚地了解自己所负责采购物料的数量,该物料在采购市场中的地位,以及该物料在公司所有采购物料中的占比及重要程度。

2. 了解你的采购市场(Know Your Markets)

采购的一个最基本的目标是保证生产的连续性。因此,任何公司采购市场的发展(Development of Markets)变化都会直接或者间接地影响供应链上游的全球采购活动。例如,法国施耐德电气公司的干式变压器产品大多采用铝箔作原材料,因此在铝箔的采购上具有规模优势。但是 2002 年进入中国市场后,发现中国供电企业大多采用铜箔作原材料,因此在先期针对中国市场的生产不得不转为采用铜箔的采购方案,但由于采购量小,生产企业无法在国际铜期货交易市场进行大批量的套期保值。在经过了五年的商谈,充分证明铝箔在达到同等技术参数条件下成本更低之后,中国供电企业终于同意采纳铝箔的方案。此外,了解公

全球采购与供应管理

客户的结构（Structure of Customers）以及产品的历史价格水平（Price level-history），能帮助采购人员更为专业地进行采购谈判和采购定价。

3. 了解你的供应商（Know Your Suppliers）

与采购物料相对应的是供应商。而大多数情况下，公司所采购的物料可能有多家供应商参与竞标，因此了解供应商结构（Structure of Suppliers）对于采购人员找到契合公司采购需求的供应商至关重要。国家之间的贸易讲究对等，例如，中国是美国的第三大贸易伙伴，而美国是中国的第二大贸易伙伴，那么中国和美国的贸易关系是相互依赖的。事实上，采购活动中也遵循这样的对等原则，但有时会出现一些极端的例子。譬如 S 公司是 P 公司的第一大物料供应商，但 P 公司却不是 S 公司前 20 位客户，在这种非对等的采供关系中，P 公司的采购人员就会面临比较大的压力。在目标供应商的范围基本锁定后，采购人员随即应该着手了解供应商的关键信息（Key Information of Suppliers）以及供应商的成本结构（Cost Structure of Suppliers）。从了解供应商成本结构的角度出发，采购人员应该分析并获取供应商的成本结构（Cost Structure Analysis）、外包装配件的定价（Pricing for Subassemblies）以及加工成本（Process Costs），但这些信息都属于供应商的商业秘密，除非采购方拥有强大的谈判地位或者已经与供应商达成了采购战略合作协议，一般情况下，供应商会隐瞒以上信息。所以，企业中采购定价和定价评估都由在商务和技术领域经验丰富的资深采购工程师担任。

上述三个步骤可以以图 6-1 所示的形式阐明。

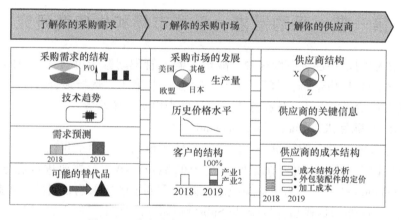

图 6-1 采购需求、采购市场和供应商研究

第二节 物料、供应商和库存分类

一、基于物料分类的采购角色分工

物料分类提供了一个基于采购规范的分类重点，它为公司的工作任务和决策提供了一个框架性的结构，其中有两个因素占据主导地位：物料或产品的重要程度和采购流程的管理难易程度。每个维度可以分为高低两个大类，由此产生的四个基本分类被有些学者用来定义采购（Procurement）的角色，如图 6-2 所示，但该定义并没有在全球采购的实际管理工作中被广泛采纳。

第六章 战略采购管理

		采购流程的管理难易程度	
		相当困难	不太困难
物料或产品的重要程度	非常重要	供应管理	资源(Sourcing)管理
	不太重要	物料管理	采购(Purchasing)管理

图 6-2 战略采购分级

二、基于"二八原则"的物料 ABC 分类法

"二八原则"又名 80/20 定律、帕累托法则。1897 年意大利数学家帕累托偶然注意到 19 世纪英国人的财富和收益模式。在调查取样中,发现大部分财富流向了少数人手里。同时,从早期的资料中他还发现,在其他国家,这种微妙关系也一再出现,而且在数学上呈现出一种稳定的关系。于是,帕累托从大量具体的事实中发现:社会上 20% 的人占有 80% 的社会财富,即财富在人口中的分配是不平衡的。

随后,经济学家、社会学家等还发现生活中存在许多不平衡的现象。例如,一个 100 人的销售团队,基本上是其中 20% 左右的人创造了全年业绩的 80%,而其他 80% 左右的人只做了全年业绩的 20%;一个货物仓库内储存了 1000 种料号不同的商品,基本上是其中 200 种左右料号的商品,占据了整个仓库货值的约 80%,而余下的 800 种左右料号的商品,只占据了约 20% 的仓库货值。因此,不管结果是不是恰好为 80% 和 20%,"二八原则"就成了这种不对等关系的简称(从统计学上来说,精确的 80% 和 20% 出现的概率很小)。

任何事物都有两面性,"二八原则"所具有的"关键的少数和次要的多数"的特性,为采购物料和供应商管控提供了有效的方法。下面以物料的 ABC 分类法为例,详细介绍"二八原则"在全球采购管理中的应用。

假定某产成品由 10 个物料部件组装而成,ABC 分类前的物料消耗见表 6-1,请按照物料的重要程度对该 10 个物料部件进行 ABC 分类。

表 6-1 ABC 分类前的物料消耗

第 1 列	第 2 列	第 3 列	第 4 列	第 5 列	第 6 列	第 7 列
物料号	物料单价(元)	2017 年 10 月消耗量	2017 年 10 月物料成本(元)	累加的物料成本(元)	物料成本累加百分比	ABC 分类
物料 1#	25000	2	50000			
物料 2#	100000	0	0			
物料 3#	150000	3	450000			
物料 4#	20	1000	20000			
物料 5#	259	24	6216			
物料 6#	3409	8	27272			
物料 7#	1340	20	26800			
物料 8#	15000	12	180000			
物料 9#	359	45	16155			
物料 10#	8017	22	176374			
累计						

对表 6-1 第 4 列 "2017 年 10 月物料成本"进行降序排列，结果见表 6-2 第 4 列，然后在表 6-2 第 4 列的基础上每行依次累加，运算结果见表 6-2 第 5 列。将表 6-2 第 5 列的数值分别除以 2017 年 10 月物料成本的累计值 952817 元，获得表 6-2 第 6 列"物料成本累加百分比"。一般约定，累加百分比值 80% 以下属于 A 区，80%~95% 属于 B 区，95% 以上属于 C 区。因此，由表 6-2 可以判定，物料 3#、8#对于产成品来说是 A 类物料，属于"关键的少数"，物料 7#、4#、9#、5#、2#对于产成品来说是 C 类物料，属于"次要的多数"。因此对于全球采购管理人员来说，3#和 8#物料及其对应的供应商需要进行重点管控。

表 6-2　ABC 分类后的物料排序

第 1 列	第 2 列	第 3 列	第 4 列	第 5 列	第 6 列	第 7 列
物料号	物料单价（元）	2017 年 10 月消耗量	2017 年 10 月物料成本（元）	累加的物料成本（元）	物料成本累加百分比	ABC 分类
物料 3#	150000	3	450000	450000	47.23%	A
物料 8#	15000	12	180000	630000	66.12%	A
物料 10#	8017	22	176374	806374	84.63%	B
物料 1#	25000	2	50000	856374	89.88%	B
物料 6#	3409	8	27272	883646	92.74%	B
物料 7#	1340	20	26800	910446	95.55%	C
物料 4#	20	1000	20000	930446	97.65%	C
物料 9#	359	45	16155	946601	99.35%	C
物料 5#	259	24	6216	952817	100.00%	C
物料 2#	100000	0	0	952817	100.00%	C
累计			952817			

上述 ABC 分类法可以从"月度"扩展应用到"季度""年度"或更长的时间段，应用的领域也可以从"物料消耗"扩展到"供应商管理""库存管理"和"销售管理"。即便从 ERP 系统下载更多的数据量，通过 Excel 表中的公式计算功能，能很快地获得相应的 ABC 分类。此方法对于全球采购团队进行采购数据分析和供应商整合都具有非常大的意义。

第三节　供应商寻找、选择和评审

一、供应商寻找

寻找和获取供应商的工作成果是逐步积累形成供应商数据库（Supplier Database）。

对于一个经营多年的公司而言，由于经年累月的合作和积累，会形成企业自己特定的供应商数据库。但是，对于新建企业、进入新市场的企业来说，在没有供应商信息的基础上开展工作，显然并不容易。全球采购人员可能不熟悉所在的行业，可能不熟悉需要采购的部件，也可能暂不具有采购市场当地的人脉……因此，一般新建企业或进入新国度、新市场的公司，如果希望快速地开展生产经营活动，一般在项目起始阶段就会招募有经验和有供应商资源的全球采购人员。

第六章 战略采购管理

对于新兴业务，如果采购人员是位生手，那么也不用过于着急：

首先应该树立信心。只要找到合适的中间人或渠道，一般是能够找到所需要的供应商的。采购行业有个不成文的说法：一个采购人员最多通过 3 轮朋友的有效引荐，就基本能在全球范围内（2018 年元旦全球人口总数约 74 亿人）找到所需的采购物品。全球职场社交平台"领英"（Linkedin）中的 N 度人脉就体现了以上的规律。

其次可以拓宽供应商寻找的渠道。按照第五章第三节所述的全球采购资源信息的来源（黄页和 Internet、媒体和广告、市场分析及产业报告、专业协会刊物、展览会、供应商来访或资料邮寄、供应商的上下游配套企业、竞争对手的供应商、集团内部供应商共享等）来快速地获取供应商。

最后应加强相关技术知识的学习和积累。积极参与和产品技术、品管相关的工作，积极与技术、研发、品管和工艺人员沟通，并及时向他们学习。

通过以上方法和一定时间的积累，供应商寻找的前期困难能够逐步被克服。当然，对于想要更新和优化现有供应商的企业来说，也存在着寻找供应商的需求。这些企业可以基于现有供应商，去拓展新的供应商，这种基于现有路径依赖的供应商寻找，相对于新创企业或新入行企业，要容易得多。

二、供应商选择

就战略采购而言，对大量全球供应商的选择必须基于一套供应商分类的标准。来自全球各个不同渠道的供应商，按照与采购企业的合作程度以及被评价等级，由低到高依次分类如下：

（1）登记供应商（Registered Supplier）。登记供应商是指完成了一定的登记手续，被采购企业记录在册的供应商。

（2）备选供应商（Sub-standard Supplier）。备选供应商是指已完成供应商登记手续、已录入供应商基本信息，并已确认企业身份（如获得国际通用的邓白氏 Dun & Bradstreet 编码），且有效表达了提供供应服务意向（如已经与采购方签署了采购保密协议以获取图纸参与报价），被采购方列为考察备选的供应商。

（3）已批准供应商（Approved Supplier）。已批准供应商是指已经通过采购方评审、可以或者已经签署采购框架协议、可以或已经开始提供供应服务的供应商。

（4）优先供应商（Advanced Supplier）。优先供应商是指已经与采购方有长期合作经历，并且以实际绩效证明值得长期信赖与合作的供应商。被认定的优先供应商，一般在同等条件下，有优先获取采购订单的权利，以实现规模化供应。

（5）顶级优秀供应商（Top Supplier）。顶级优秀供应商是指多年表现优异且对于采购方具有战略合作意义的供应商。

以上供应商分类标准为供应商选择提供了基本的筛选层次，配合供应商的前期评审和运营评审，基本就能构建成方法科学、层次分明、能满足各类采购需求的供应商数据库。

三、供应商评审

供应商评审一般分为供应商现场考核、现场考核后的采购决策委员会（Sourcing Committee）评审决策和日常运营评审三部分。供应商现场考核和采购决策委员会评审决策构成前期评审,而日常运营评审又被称为后期评审。前期评审和后期评审的基本分界线在于全球采购双方是否签署了采购框架协议(Purchase Framework Agreement)。

1. 供应商现场考核

供应商现场考核是对备选供应商进行的实地考察。考察主要有两个目的:一是验证供应商先前所提供信息的真实性;二是根据采购方现有的《供应商现场考核表单》,对供应商的基本业务情况、运营能力、质量管控、技术能力等进行验证,重点确认供应商是否具备为特定采购物料提供供应服务的能力。供应商现场考核团队一般由采购物料经理带队,供应商质量工程师(Supplier Quality Engineer, SQE)、供应链或物流工程师、技术工程师协同组队,共同对备选供应商进行考察,分别在《供应商现场考核表单》中各自分管的职能部分进行填写和评分,涉及需要共同决定的部分,由集体讨论做出决定。

2. 采购决策委员会评审决策

采购决策委员会一般由分管商务的副总经理牵头,会同采购、质量、物流、技术、生产、工程、财务等职能部门经理组成。委员会会根据供应商现场考核团队提供的《供应商现场考核表单》进行决策,可以是就单个项目单个备选供应商进行讨论,也可以就多个项目多个备选供应商进行决策。

以上做法基本可以保证现场考核的公正性,并且做到了"评"和"审"的分离。

3. 日常运营评审

日常运营评审的主要指标是准时到货率和首次检验合格率。

根据评审周期的不同,可以分为月度考评、季度考评和年度考评。对于季度考评,通行的做法是分别对 Q1、Q1—Q2、Q1—Q3、Q1—Q4 的期间值进行评分。比较特殊的情况是:如果前三季度 Q1、Q1—Q2、Q1—Q3 都没有达标,但第四季度 Q1—Q4 达标了,年终只能算一个季度达标,而不是四个季度都达标。

日常运营评审的结果直接构成供应商管理的基础数据,因此日常运营评审又是供应商管理的重要组成部分,将在第七章第四节进行详细介绍。

第四节 商务谈判技巧

一般认为,采购方会比供应商更加了解采购商品的各项性能。尽管采购商品的报价需求和采购规范由采购方提供,但事实上,由于后续的一系列工作,如原材料选择、成本控制、加工工艺设计、质量保证等都是由供应商在实际管控,因此,供需双方始终处于一个信息不对称的位置,相对而言,供应商处于信息的主导地位。一项由思达维管理咨询公司对企业一线采购人员进行的大样本问卷调查结果显示:与供应商进行谈判的技巧成为一线采购人员最为关注的培训主题。

一、沟通原理

谈判首先是个沟通的过程。尽管工作中每人每天都在进行着各类沟通,但沟通障碍无处不在。即使是一个简单的沟通过程,其实也会经历多道环节。下面以图 6-3 沟通模型为例,介绍构成沟通的各个环节。

对于沟通信息的发送者,他首先需要形成"思想",然后进行"编码"并通过一定的信

第六章 战略采购管理

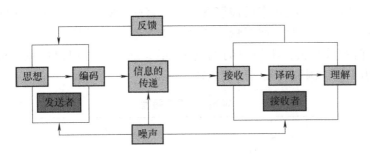

图 6-3　沟通模型

息传递方式把编码发送出去,对于谈判发言方来说,就是形成思想并通过语言传递给谈判倾听方;对于接收者,在"接收"了传递的信息后,需要对信息进行"译码",对于谈判倾听方来说,译码过程包含了谈判倾听方对发言方信息的认知,许多谈判桌上的"潜台词"往往也需要这个译码过程,最后一个传递环节是接收者对该信息的"理解"。

在上述环节中,任何节点出现问题,都会影响沟通的质量。例如,有的人无法将自己的思想有效地表达出来,就是"编码"过程出现了问题;又如,接收者尽管有效接收了信息,但在理解对方意思上出现了偏差,显然是"译码"或"理解"过程出现了问题。

在一个完整沟通信息的传递过程中,信息传递过程中有可能存在噪声,例如通过电话进行沟通时,由于技术问题出现噪声无疑会影响沟通质量;当然,信息接收者对接收信息做出及时的反馈会使沟通质量得到提高。

因此,为了取得良好的谈判效果,需要谈判双方充分了解沟通原理,充分处理好沟通的各个环节。而对于全球采购而言,谈判过程不仅增加了语言障碍,而且需要谈判者克服因为文化差异导致的认知和沟通障碍,因此尤其需要进行专业的训练。

二、博弈论和信息不对称

现实中市场交易者之间的信息一般是不对称的,例如卖者对产品质量的了解通常比买者多。因此买卖双方在交易过程就会存在一个博弈的过程。博弈论(Game Theory)是研究决策主体的行为发生直接相互作用时候的决策以及这种决策的均衡问题,即当一个主体,如一个人或一个企业的选择受到其他人、其他企业选择的影响,而且反过来影响到其他人、其他企业选择时的决策问题和均衡问题。

1994 年,诺贝尔经济学奖授给了三位博弈论的专家:纳什(Nash)、泽尔腾(Selten)和海萨尼(Harsanyi)。纳什对博弈论的贡献有两个方面:一是合作博弈论中的讨价还价模型,称为纳什讨价还价解(Nash Bargaining Solution);二是非合作博弈论方面,他的主要贡献是证明了均衡解的存在,即完全信息静态博弈下的纳什均衡(Nash Equilibrium)。纳什均衡指的是这样一种策略组合,这种策略组合由所有参与人的最优策略组成,也就是说,在给定别人策略的情况下,没有任何单个参与人有积极性选择其他策略,从而没有任何人有积极性打破这种均衡。通俗地说,纳什均衡就是一种僵局:在别人不动的情况下,没有人有兴趣动。

下面以非合作博弈中著名的"囚徒困境"(Prisoners' Dilemma)的例子来说明纳什均衡,以及信息对当事双方博弈的影响。

全球采购与供应管理

囚徒困境讲的是两个嫌犯作案后被警察抓住，警察告知他们相关的法律规定：如果两人都坦白，各判刑8年；如果两人都抵赖，各判1年（或许因证据不足）；如果其中一人坦白另一人抵赖，坦白的放出去，不坦白的判刑10年（这有点"坦白从宽、抗拒从严"的意思）。表6-3给出了囚徒困境的策略形式表述。

表6-3　囚徒困境

		坦白	抵赖
囚徒A	坦白	(-8, -8)	(0, -10)
	抵赖	(-10, 0)	(-1, -1)

囚徒B

在做出推断前，这个例子有一些条件的假设：

(1) 囚徒A和囚徒B被关押在不同的屋子内且双方始终无法交流信息。
(2) 囚徒A和囚徒B没有血缘关系。
(3) 囚徒A和囚徒B做出决定后的量刑是法律制度规定，具有刚性和强制执行力。
(4) 囚徒A和囚徒B都是理性人，行为受趋利避害思想指使。

决策过程如下：

每个囚徒都有两种策略，坦白或抵赖。对囚徒A来说，他在做出选择前首先要判断囚徒B会做出怎样的选择：囚徒A先假设囚徒B会选择坦白，那么囚徒A自己选择坦白会被判8年，而选择抵赖会被判10年，因此"二害权其轻"囚徒A应该选择坦白；囚徒A又假设囚徒B会选择抵赖，那么囚徒A自己选择坦白会被放出去，而选择抵赖会被判1年，因此"二害权其轻"囚徒A还是选择坦白；也就是说，无论囚徒B做何选择，坦白都是囚徒A的最优选择。反之，囚徒B也这么决策，无论囚徒A做何选择，坦白都是他的最优选择。事实上，最后的纳什均衡就是两个囚徒都坦白（坦白，坦白），结果是个体的最优决策并没有带来集体"效用"的最优解。

囚徒困境的例子揭示了个人理性与集体最优的矛盾。对于博弈双方的指导意义在于：如果要达成双赢（Win-Win）的结局就需要相互信任，打破信息的不对称，实现合作共赢。

三、谈判的方法论

（一）谈判前的准备

《孙子兵法·军形篇》曰，"胜兵先胜而求战，败兵先战而求胜"，就是告诉谈判者不要急于上谈判桌，应在做好充分的谈判准备工作后，再开展谈判。谈判前的准备工作包括以下方面：

（1）为自己建立谈判的目标，计划好可做出的让步。许多采购人员参加商务谈判，有的是上级主管布置的任务，不得已而为之；有的就是为了谈判而谈判，能谈到哪儿是哪儿……就造成了采购人员一方面不清楚谈判的目标，另一方面又不清楚自己到底可以做出多少让步。用这样的状态参加商务谈判，本身已经失去了谈判桌上的主动权。

（2）为谈判目标收集具有重大影响的事实。例如全球采购人员希望通过谈判削减原材料精铜的采购价格，因此该工作人员在谈判前收集了近一年来国际期货市场精铜的到期交割

第六章 战略采购管理

价格,以公开的国际市场价格走弱作为谈判中影响价格削减的重要事实,在谈判过程中获取主动。

(3) 对双方强有力的地位做出估计,考虑共同利益点。遇到双方都可能拥有强势的谈判地位时,如果互不让步,势必导致两败俱伤。当参加谈判前可以预见到上述状况时,应充分考虑双方是否存在较大的共同利益,作为谈判过程中的回旋余地或可让步的区域。

(4) 准备好问题解决预案。谈判中向谈判对手提出一系列问题,当你准备了别人没有准备的问题解决方案,这个方案极有可能就是被双方接受的方案。

(5) 在你的谈判小组中,确定角色组合和工作细分的原则。"一个人唱红脸,另一个人唱白脸",说的就是在谈判过程中,一个团队的内部成员可以扮演不同的角色,既要有向谈判对手施压的角色,也要有能将谈判对手拉回谈判桌的角色。对于大型复杂耗时的谈判,应该根据团队成员的专长,分配不同的工作任务,以便发挥团队协作的效应。

(6) 商定好你们将共同认可的谈判策略和谈判底线。在谈判前确定工作团队可以让步的底线和谈判进攻的策略,可以大大提高谈判团队的协同作战能力。

(二) 谈判过程中促成谈判效果的技巧

1. 谈判开始时界定清楚双方的谈判任务

例如1982年9月,中英关于香港问题谈判第一阶段开始,"铁娘子"英国首相撒切尔夫人访问北京。在与邓小平的会晤中,刚刚取得马岛战争胜利的撒切尔夫人表示可以把香港的主权还给中国,但管理权还是英国的。但是邓小平同志非常清晰地界定了谈判的任务,他明确表示:"香港,包括九龙、新界,主权问题是不能讨论的。我们从来没有承认过三个不平等条约,主权一直属于我们中国,这很明确,没有讨论的余地。"

2. 运用多种竞争力量与谈判方讨价还价

波特的"五力模型"揭示了现有产业内的竞争者、潜在入侵者、替代品、供应商、购买者对企业竞争的压力。对于谈判者来说,也可以反向利用这五种力量来给谈判对手施加压力。以价格谈判为例,采购方可以以自身同行业竞争压力大来逼迫供应商降低供货价格,也可以用供应商的同行竞争者、替代品供应商来打压现行供应商。

3. 学会运用信息的不对称

信息经济学认为,信息不对称造成了市场交易双方的利益失衡。但是就谈判者单方面利益而言,有时候利用信息不对称能够使得掌握信息较多的一方获得额外收益。例如,通用电气的电子招标过程中,参与竞标的企业只能在网络竞标中看到自己的排位,但并无法了解与领先报价者之间具体的价格差异,因此在有限的更新报价的时间内,只能被迫提供可行的最低报价给采购方。又如,采购方可以先后约谈具有竞争关系的两家供应商进行价格谈判,鉴于相互之间的竞争关系,这两家供应商一般不会进行价格合谋,或者说,采购方与任何一家供应商进行价格谈判的结果对于另一家供应商来说,都存在着信息上的不对称。而这种不对称就为采购方打压供应商进而"各个击破"提供了可能。

4. 表明你将怎样结束这次谈判

例如,在谈判开始前就为谈判对手设定谈判结束的时间;又如,在谈判开始前就申明,无论谈判是否成功,你都将采取某项措施等。以上做法的实质就是谈判一方利用自己的优势地位,给谈判对方设定谈判条件,以便给对方造成空前的压力。

(三) 削弱谈判地位的因素

1. 不了解谈判目标和目的

不少谈判人员被动参与谈判，对谈判的目的不明确，没能清晰地界定通过谈判希冀达成的目标。这无疑会大大削弱谈判方的优势地位。

2. 不清楚权限

许多采购人员被主管临时抓差主持谈判，但往往不清楚自己决策的权限，在谈判过程中随意承诺，但当事后再向主管汇报后，又得不到主管的追加批准。这样无疑会有损采购谈判人员在谈判对手面前的威信和信誉，并直接影响进一步的商谈。

3. 没有专业经验和知识

跨国公司招聘采购工作人员，岗位名称多为"采购工程师"，就是对采购人员的专业技能提出了要求。对于制造企业来说，工科背景的采购人员往往比单纯的商科人员有优势，就在于他们直接能看懂图样、熟悉材料性能、了解采购部件的技术性能等。一个非专业的采购人员，在谈判桌上会迅速丧失对等的谈判地位。

四、商务谈判

商务谈判以谈判内容分类，可以包括商品购销谈判、劳务合作谈判、技术服务贸易谈判、投资谈判等。而商品购销谈判中，又以价格谈判、技术谈判和合同谈判为主。

(一) 价格谈判

1. 价格谈判前的立足点

（1）尽力扩大在供应市场上的选择范围。许多采购人员认为，采购价格是凭借个人的谈判技巧获得的。谈判技巧固然非常重要，但它是从技能角度来考虑的，属于"术"的范围；如果从战略角度来考虑，应寻求价格谈判最为有利的"道"，就应在谈判前尽力扩大在供应市场上备选供应商的数量。

（2）挑选适合企业需要并且具有价格优势的供应商。俗话说得好，货比三家，采购的比价过程也遵循最少三家供应商的惯例。哪怕价格谈判人员谈判技巧再好，如果手上只有独家的供应商，他在采购谈判桌上也无法获得优势地位。正是基于此，全球采购管理将采购职能划分为了资源获得（Sourcing）和采购运作（Procurement）两大块，并赋予资源获得团队战略采购的职能。

（3）精确地估算供应商的成本并制订谈判方案。"知己知彼百战不殆"，如果能从专业角度最大限度地核算供应商的成本，将使得采购谈判人员获得优势地位。而从谈判的方法论上来说，预先做好谈判准备工作，制订有针对性的谈判方案，将使谈判人员获得谈判桌上的主动权。

（4）建立在信任基础上的长期合作。波特的"五力模型"将供应商和采购方看作竞争关系，但是越来越多的管理实践表明，供需双方基于信任建立起来的长期合作关系，有利于降低信息不对称、减少交易成本，增加协同创新的机会。

2. 采购的价格谈判要点

（1）压迫降价。所谓压迫降价，是指在买方占优势的情况下，以压迫的方式要求供应商降低价格。这通常是在供应商处于产品销路窄、亏损的情况下，买方为改善其获利能力而使出的手段。由于市场不景气，供应商存在存货积压且急于换取周转资金时也会出现这种

第六章　战略采购管理

现象。

（2）化零为整。采购人员在还价时可以将价格集中起来，化零为整，这样可以在供应商心理上造成相对的价格昂贵感，以收到比用小数目进行报价更好的交易。这种报价方式的主要内容是换算成大单位的价格，加大计量单位，如"公斤"改为"吨"，"斤"改为"千克"，"月"改为"年"等。

（3）差额均摊。如果买卖双方议价存在着差距，双方各不相让，则交易谈判会出现问题。因此，为了促成双方的交易，最好的方式就是采取"中庸"之道，即将双方议价的差额各承担一半，达成一种双赢结果。

（4）迂回策略。在供应商在国内居于垄断地位的情况下，正面议价的效果通常不是很理想，此时可以采取迂回策略：采购方可通过全球采购进口一个批次的同类产品，尽管可能进口产品在交期或价格上并不占优，但势必给国内供应商造成心理压力。当然，这种迂回策略是否成功，取决于操作上的可行性，有些客户对制造商采购部门跨国采购有来源地限制，这时采用迂回策略可能会存在问题。

（5）巧妙暗示。在价格谈判中，巧妙地暗示对方产品存在的问题，可以迫使对方降价。通过暗示对方不利的因素，从而使对方在价格问题上处于被动，有利于自己提出的价格获得认同，这就是这种还价法的技巧所在。但必须适可而止，而且要给人一种雪中送炭的感觉，让供应商觉得并非在趁火打劫，而是真心诚意地想给予帮助，那么这种价格谈判就是成功的。

（6）动用高层。采购人员应善于运用上级主管的议价能力。供应商自动降价的情况比较少见，所以采购人员在采购活动中必须据理力争，如果采购人员对议价的结果不太满意，可以要求上级主管来和供应商进行议价。买方提高议价者的层次，卖方就会有受到敬重的感觉，可能同意提高降价的幅度。

若采购金额巨大，采购人员可以进而请求更高层的主管（如采购经理）邀约卖方的业务主管（如业务经理等）面谈，或直接由买方的高层与卖方的高层主管进行对话，这种做法通常效果很好。

（二）技术谈判

技术谈判是指当事人为解决技术条件的不一致所进行的磋商过程。从表面上来看，技术谈判是一件比较明确的事情。一方提出技术要求，另一方如果有现成的能力，就可直接予以满足。如果只需做些修改或虽然有些差距，但仍然能够在规定的时限条件下提供，则可以予以满足。不然的话，只能作罢。

可是，事实远比上述情况复杂，技术谈判与商务谈判常常是紧密相关的，在任何问题上都有可能牵一发而动全身。经常的情况是采购方本身技术落后，资金不足，而花钱从国外引进技术又实在是不容易的事情，因此，买方的工程技术人员在谈判中总希望供应商提供的技术最先进，产品功能最齐全，殊不知"一分价钱一分货"，技术方面的奢望必然会引起交易价格的上涨。同样，在交货时间、运输条件方面提出过分的要求都会给谈判造成困难。所以进行一场成功的技术谈判需要付出很多努力，掌握许多技巧及注意事项。

1. 技术谈判的内容

（1）产品的质量：生产产品的技术和设备是否符合买方的技术规定和要求，与国内外其他供方商现有的技术和设备生产的产品相比是否先进。

全球采购与供应管理

（2）产品的产量：每个工作时或工作日产量同国内外同样技术和设备的产量进行比较是否有优势。

（3）产品的合格率：技术和设备生产的产品合格率与技术的先进性和设备的精密度有关。合格率低，说明引进技术较落后，设备的精密度低，技术和设备的经济效益就差。

（4）产品的原材料利用率：将技术和设备生产产品的原材料消耗量与国内外同样技术、设备生产所需原材料的消耗量相比，看能节省多少原材料。

（5）原材料的使用：用技术和设备生产产品所使用的原材料和元器件的成本如何；如供方不能供应，需要进口的，进口是否有困难，进口成本如何。

（6）能源的消耗：技术和设备生产每个产品所消耗的能源有多少，与国内外其他厂商技术和设备相比是否先进。

（7）环境的保护：技术和设备是否符合采购方的环境保护规定，是否比国内外其他厂商的技术和设备先进。

（8）综合利用：在整个生产过程中所发生的废料、废气、废水等废物是否可以综合利用，利用的比例有多大，可以为企业增加多少收入。

（9）生产的管理：技术和设备的设计（如工艺流程）是否符合科学管理的原则。

2. 技术谈判的准备

（1）组织技术谈判班子。以引进项目的技术主要负责人为主，由管理人员、技术人员等组成谈判小组。人员要相对稳定，使小组成员能自始至终清楚地了解该项目的进度情况、要实现的目标，以及卖方的情况。与卖方直接接触的人员不宜过多，这些人必须精明能干，要授予他们一定的权力。

（2）背景情况调查。为搞好技术谈判，必须首先搜集有关国内外厂商的技术、商务情况，加以分析研究，提出谈判方案。采购技术产品的来源很多，从广泛收集有关资料入手，对比优劣，结合供应单位的具体情况，选择其中几家作为谈判的主要对象。应通过各种渠道去了解它们的历史、技术、生产、销售、科研、机构、人员、财务、信用等情况，以及它们的商业习惯及其相关的工商业政策和法规、贸易条件等。取得情报资料大致有两种方法：供方考察和通过有关咨询部门或银行进行咨询；利用有关年鉴、期刊、会刊、厂刊、样本、国际组织统计资料、学报等资料进行整理分析。后一种方法不仅来源广泛，内容丰富，而且大多是由熟悉业务的专家、学者编纂，分析也较可靠，且时间省、费用低，应大力提倡。

（3）制订技术谈判方案。技术谈判方案是达到预期谈判目的的关键，对谈判结果影响很大，应下功夫详细研究制订。谈判小组应根据已掌握的谈判对手的技术资料，结合可行性研究报告内容去制订方案，把需要谈判的内容逐个排队，分清主次、关键问题和一般问题、最高要求和最低要求。还要想好谈判策略，先谈什么，后谈什么，在哪些技术问题上争取突破，争什么，让什么，让步程度等，对这些要做到心中有数。谈判方案应征求各方面，特别是主管部门的意见。在谈判过程中，谈判小组每天都要总结当天谈判的情况和遇到的问题，研究次日谈判安排。如遇到重大问题，应及时请示汇报。

3. 技术谈判的注意事项

掌握一定的技术谈判注意事项对于企业与相关方进行技术谈判是非常重要的一项内容，技术谈判的注意事项及要点主要包括以下几点：

第六章 战略采购管理

（1）基于双方互利共赢的目标。在普通的商品交易谈判中，买方总是拼命地压低货物价格，而且争取最有利的付款条件，卖方则极力维持较高的价格和对自己有利的付款条件。但是，买卖只有在双方都认为维护了自己的最低利益，甚至赢得了胜利的前提下才能成交。也就是说，只有双方都满意或比较满意的谈判才是成功的谈判。所以技术谈判应该遵循互利共赢的目标来进行谈判。

（2）和技术权威打交道。在技术洽谈时，技术买方应当尽量争取而不应回避和高层次的人打交道，即使对卖方的高级专家、技术权威也不要紧张。高级专家往往有较高的学识和修养，有较强的社会责任感和法制观念。他们社会地位较高，讲信用，说实话，他们往往更加忠于技术的社会效益，而把己方的利益放在比较次要的地位。他们的信息来源广，社会联系多，常常能给技术买方提供中肯的建议和发展机会。大多数专家、学者并不是谈判的行家里手，以这些人为谈判对手，往往能得到其较多的同情和理解，以比较优惠的条件达成协议。

（3）寻求共同利益。技术贸易的谈判实质是技术买卖双方寻求一种合作，以促成技术的成功转移。为了达到这一目的，双方寻找共同语言、加强理解、建立信任就十分必要。有人这样形容谈判："建桥最困难的部分是奠基。"的确，在滚滚激流中投入大量砂石，以寻求一个最初的立足点，既十分艰难，又充满危险。为了寻求共同语言，要善于倾听。善于倾听是一种本领，要有较高的涵养和很大的耐心，需要宽广的胸怀。通过倾听，了解对方的主要目标、条件依据和思路。对双方在非原则问题上发生的分歧，不需过分理会，不要因此陷入无休止的争论。

在涉及双方重大利益的问题上发生分歧时，对不能接受的条件，应运用"先肯定后否定"的策略。首先，表示完全理解对方的理由和条件，假使自己处于对方的角度，也只能提出类似的条件，只要己方条件许可，对方的条件是可以接受的；其次，委婉地说出己方的困难，如果完全按照对方的条件去办，可能使项目无法实施，而受损失的首先是对方；进而要求对方换位思考，理解自己的处境。这种"先肯定后否定"的谈判策略使对方感到己方充分理解并同意其理由和条件，己方的不同意见只是一种补充和修正，而且是以双方共同利益为出发点提出的。

（4）选择合适的谈判人员。谈判主要在双方主谈人之间进行。主谈人是谈判班子的灵魂，是谈判工作的领导者。主谈人是本方谈判的首席代表。选择称职的主谈人是洽谈成功的关键之一。主谈人一定要精通业务，有经济头脑，有组织能力和解决复杂问题的能力，应具备思维敏捷、作风沉着、处事果断、语言表达和感染力强的素质。

（三）合同谈判

采购合同谈判是努力实现采购的目标，与影响采购目标实现的直接关系人进行协商并寻求一致的过程。

1. 谈判准备

谈判准备是谈判过程中获得主动优势不可缺少的环节，企业的采购部门在进行采购谈判前必须做好以下几点充分的准备。

（1）市场调查。市场调查包括调查市场总体、产品销售、产品竞争、产品分销和消费需求等各种情况，以及SWOT（优势、劣势、机会、威胁）分析。

（2）情报收集。情报收集主要是指以下两方面：①了解卖方经营财务的状况，判断其

全球采购与供应管理

生产能力、技术水平和交货历史记录等各方面的状况；②全面了解采购商品价格、付款、运输方式、合同执行、技术和相关的法律法规等。

（3）准备资料。采购方需要准备的资料有公司简介、采购样品、采购价格手册、采购产品目录、技术图和使用说明等。

（4）谈判人员的知识结构和能力。具体包括：

1）熟悉采购商品在国际、国内生产的现状、潜力及发展前景。
2）熟悉采购商品的市场供求关系、价格水平及变化趋势。
3）熟悉采购商品的性能、特点、用途、技术要求和质量标准。
4）熟悉不同国家谈判的风格和特点。
5）具备一定的外语水平，能流利地与对方对话。
6）熟悉国际贸易惯例及相关的法律。
7）熟悉其他相关的业务知识。
8）有丰富的谈判经验和应对谈判过程中复杂情况的能力。

2. 谈判步骤

一般来说，采购合同谈判步骤如图 6-4 所示。

图 6-4 采购合同谈判步骤

（1）询盘。采购主管组织采购人员利用报刊、广告、电视、网络和电话等媒介进行公开询盘，以试探市场和供应商情况。

（2）发盘。采购主管督导采购人员接收供应商提出的谈判条件，并结合企业实际进行认真分析。

（3）还盘。采购主管组织采购人员对发盘内容不同意或不完全同意的条件，反过来向供应商提出需要变更内容或建议的表示。

（4）接受。采购主管就谈判条件表示同意，就可以进行合同的签订。

（5）签订合同。签订合同表示双方达成协议，合同是具有法律效应的文件。双方必须遵守和执行合同规定的各项条款，任何一方违背合同规定，都要承担法律责任。

第五节　全球供应商的发展和淘汰

基于在各个供应市场上对供应商寻找、选择和评审的事实和结果，全球采购部门应及时规范供应商选择、分类、发展和淘汰的业务标准，做好各地区采购组织的协调工作，构建供应商成本削减措施的工作平台，通过供应商参与来实施成本削减，以达成增长利润的目标。

根据图 6-5 所示的全球供应商发展和淘汰模型，在供应商选择阶段，全球采购部门应推荐供应商选择的标准化流程；在供应商分类阶段（包括供应商评估和战略评估），全球采购部门应设置标准化的供应商分类标准，定义评估业务规范的标准及对应的权重，并在全球采购内部网上公布供应商评估结果，据此实现战略（策略性）采购；在供应商发展阶段，全球采购部门应基于供应商评估和分类结果定义供应商发展业务规范和执行措施，并根据业务发展战略积极主动地培育优秀供应商；在供应商淘汰阶段，应根据采购方的发展规模及供应商业绩甄别双方的匹配程度，审慎地做出淘汰哪类供应商的决定。

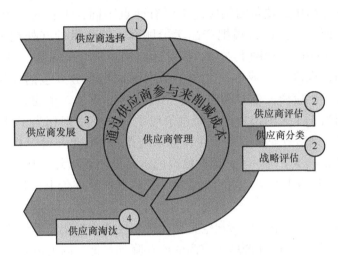

图6-5　全球供应商发展和淘汰模型

[本章案例讨论]　飞利浦和戴尔全球采购管理成功经验的异同

1. 飞利浦与全球供应商的关系

与供应商的关系是许多跨国公司全球采购政策的中心议题。近年来，大型国际制造商已经在供应商合作伙伴计划上花费了很多时间和金钱。飞利浦是最早关注合作伙伴的欧洲公司之一，它引入了共同制造（Co-makership）这个术语，即在相互信任的基础上与数量有限的全球供应商建立长期关系。

设在比利时和荷兰的飞利浦公司在一个国际性的、充满变化的市场中开展业务。这个市场的一个特征就是对很多经常发生技术变化的产品存在着需求。除此之外，对交付周期和客户服务的要求比以往任何时候都高。只有能够对这个快速发展和变化的市场——这个市场中存在激烈的竞争——做出迅速反应的组织才能够确保其地位。因此，飞利浦公司决定引入制造资源计划（MRP）的概念。这个管理系统就产品开发、产品制造和物流计划对市场做出快速的反馈，因此确保了柔性的供应能力。

全球采购组织必须通过与其内部和外部供应商之间更加紧密的合作来做出自己的贡献，达成所要追求的目标。这即为供应商"共同制造"。共同制造将产生下列结果：①产品质量得以提高；②对市场需求反应的灵活性加强；③交付周期更短；④产品变更能更快实现；⑤订单和交货的可靠性增加；⑥存货水平下降；⑦更低的综合成本价格。在其他制造型跨国公司中也发现了以此为重点的方案的存在，比如IBM公司的"第一次就做对"，施乐公司的"质量领先"，以及阿尔卡特公司的"准时质量"。

2. 戴尔与终端客户和上游供应商建立信息沟通机制基础上的直销模式

让戴尔白手起家的直销意味着戴尔一方面通过电话、网络以及面对面的接触，和顾客建立了良好的沟通和服务支持渠道。另一方面，它也通过网络，利用信息交换，使得上游的零件供应商能够及时准确地知道公司所需零件的数量和时间，从而大大降低了存货。直销模式和在供应链中通过网络进行的不间断信息调整是戴尔供应链的成功关键。

与传统的供应链相比，戴尔的供应链主要有两点不同：①它的供应链中没有分销商、批发商和零售商，而是直接由公司把产品卖给顾客，这样做的好处在于一次性准确快速地获取了订单信息——由于在网上支付，因此还解决了现金流问题，另外，因为去掉了零售商所赚取的利润，也降低了成本；②戴尔公司采取把服务外包的办法，又降低了一部分运营成本。这样，供应商、戴尔和服务商三者共同形成了一个完整链条。一般情况下，戴尔的物料库存相当于4天的出货量。而竞争对手的库存量则相当于戴尔近10倍天数的出货量。而在计算机制造行业里，由于存在摩尔定律——每半年计算机CPU功能和运算速度增加一倍，而CPU成本下降一半，因此物料成本每星期下降大约1%。所以，如果戴尔的某一竞争对手库存量相当于4个星期的出货量，反映到产品底价上，就意味着戴尔有3%或4%的优势。

以上这些是人们在各种报道中所司空见惯的戴尔模式大框架，但是即便是这样，还是不能解释为什么戴尔能够让自己和全球供应商的库存降到最低。因为最明显的例子是，思科公司比戴尔更早地具有同样完善的供应链网络和组织生产商的能力，但它仍旧被过剩库存"烧伤"过。

戴尔供应链不被过剩库存"烧伤"更关键的秘诀在于戴尔在这个模型中通过一定的流程来和全球供应商之间进行不断的数据调整，这样就维持了供应链的动态供需平衡。因为通过网络和其他工具每天与全球几万名客户直接对话，这和通过渠道慢吞吞收集上来的不准确信息完全不同——戴尔从统计学角度马上能知道有多少真实需求。这些需求如果导致某一部件出现短缺，戴尔会通过系统告诉供应商。所有交易数据都在互联网上不断往返，无论是长期规划数据、未来4~12个星期的预期批量，还是每隔两个小时更新一次的执行系统（用于自动发出补充供货请求的数据）。这实际上和微积分中不断细分的道理是一样的，调整的次数越多，戴尔和它全球400多家供应商就越接近最低库存。

讨论：

请从战略层面来分析飞利浦和戴尔全球采购管理成功经验的异同。（参考答案可参见线上电子资源6-1）

◇【本章小结】

在有效进行了全球采购的规划之后，如何按照采购流程获得企业所需资源，是全球采购的核心工作。为了避免采购腐败行为、实现在专业分工的基础上的有效管控，跨国公司一般都对全球采购团队实施分权化管理——部门至少被划分为两大职能：战略采购和采购运作。前者负责寻找、评审和筛选供应商，为此团队成员需要掌握商务谈判的技巧；后者负责保证生产或运营的供应并管控合格供应商的绩效，如交货质量合格率和准时率等。此外，战略采购先期的一个重要职责是根据采购需求来分析供应市场和目标采购商品，"选了再做"相较于"做了再选"的优越性，在很大程度上体现了战略采购的作用和它所做出的贡献。

第六章　战略采购管理

◇ **【本章思考题】**

1. 战略采购为全球采购活动提供了哪些管理流程？
2. ABC 分类时为什么要对表 6-1 第 4 列 "2017 年 10 月物料成本" 进行降序排列？
3. 怎样提高我们在全球采购谈判中的主导权及优势地位？
4. 技术谈判有哪些注意事项？

第七章 采购运作管理

◇ 【学习目标】

了解不同生产模式下的采购计划、库存控制的异同；熟悉采购运作的流程和内容；掌握供应商日常管理的重点。

◇ 【教学重点难点】

1. 三种不同的主要生产模式
2. 战略采购团队和采购运作团队的供应商管理职责的划分
3. 供应商日常管理体系

第一节 采购计划与库存控制

一、三种主要生产模式

不同的生产模式会导致不同的采购计划方式和库存控制水平。

一般而言，市场经济体制下运营的企业，都执行按订单生产（Make to Order，MTO）模式。MTO 又被称为拉动（Pull）式生产。如图 7-1 所示，采购计划的触发来自供应链终端的消费端 F_1 汇聚的订单，然后需求信息沿着供应链逆向上行，最终在 B_1 端按需采购后启动生产。MTO 的优点在于"以销定产、按需生产"，一般不会产生原材料（Raw Material，RM）、半成品（Semi-finished Goods，Semi-FG）或成品（Finished Goods，FG）的库存。它的缺点在于生产启动慢，需要下游需求数量确定后逐级上传，然后按实际需求采购后方能启动生产。

我国改革开放前，国有企业大都执行备库生产（Make to Stock，MTS）模式。MTS 又被称为推动（Push）式生产。如图 7-1 所示，生产的触发来自供应链源头的供应商端 A，只要用于生产的所有原物料都备齐后就启动生产，生产完成后就囤积在仓库端 E，由国家按计划包销，然后周而复始。MTS 的缺点在于其"料齐生产、成品备库"的生产模式，一般它并不关心生产出来的成品是否能在市场上销售掉。因此有可能产生原材料、半成品或成品的库存。一旦产品滞销或下市，仓库内的成品可能不得不报废。它的优点在于生产启动快、成品出货也快，但中国改革开放实行社会主义市场经济后，该生产模式较少被企业作为主要的生产模式。

企业为了压缩从客户处获得销售订单到实际交付订单的周期，提高客户满意度，采取了一种延迟策略，以便发挥上述两种生产模式的优点：在生产启动端 B_2 采用 MTS 模式，然后在供应链末端 F_2 接单处采用 MTO 模式。即从 B_2 到 D 端的全产品加工过程中只加工 B_2 到 C

第七章 采购运作管理

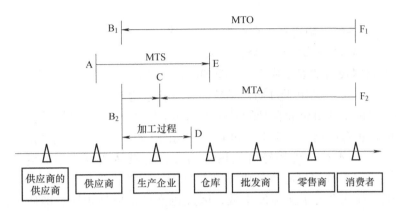

图 7-1 不同生产模式条件下的采购计划

端的部分,生产出通用的半成品备库;待 F_2 端接到个性化的客户订单后,再小批量组织按需装配,因此实际的生产周期从 C 端开始,而不是 B_2 端,因此这种被称为延迟装配生产(Make to Assembly,MTA)的模式比 MTO 节省了半成品的生产时间($B_2 \to C$),但它又仍属于按需生产,不会产生多余的成品库存。

MTA 模式最为典型的案例是汽车的生产:汽车生产企业先行生产底盘和罩壳,备库,等接到下游客户订单,再根据客户需要确定是安装普通罩壳还是天窗版罩壳,随后按照客户需要配置汽车内部的各类内饰。同样,服务企业也会充分利用延迟技术,例如"大娘水饺"连锁店会擀好饺子皮并准备好各类饺子馅,等客户点餐后确定需要哪类馅的饺子后,再组织现场包饺子下饺子,这样既满足了客户多样化的需求,又缩短了饺子的生产过程,还避免了某种馅的饺子一次性包太多而滞销。

对于客户来说,他最为关注的时间是从签订采购合同到生产企业将产品交付自己的销售合同周期(Sales Contract Lead Time)。整个生产企业的供应链周期(Supply Chain Lead Time)包含采购周期(Purchase Lead Time)、生产周期(Production Lead Time)和交付周期(Delivery Lead Time)。对于不同的生产模式,实际的销售合同周期长短不一。在 MTO 条件下,销售合同周期为生产企业的供应链周期,即采购周期加生产周期加交付周期;在 MTS 条件下,由于生产企业仓库内有备货,当它接到客户订单,可以立即出货,因此销售合同周期仅为生产企业的交付周期;在 MTA 条件下,由于生产企业仓库内有半成品,当它接到客户不同需求的订单,只要按需完成装配任务,然后就可以出货,因此销售合同周期为生产企业装配周期加上交付周期。

二、采购计划

尽管由客户订单触发的采购需求构成了采购计划的主要来源,但采购计划的来源并不仅仅只是来自客户订单,还包括了以下的需求:

(1)由年度销售合同(Sales Contract/Agreement)分解的月度销售额,会触发采购需求。

(2)来自客户的随机采购订单(Sales Order),会形成采购需求。

(3)由生产企业根据销售市场的波动情况制定的销售预测(Sales Forecast),会形成采购需求。

（4）为 MTS 准备的采购物料，会触发采购需求。

（5）为 MTA 准备的采购物料，会触发采购需求。

（6）为采购物料设置的安全库存（Safe Stock，SS），会触发采购需求。

（7）一些有效期的产品由于过期，导致需要重新采购。

采购计划的目标是使得企业自身的采购周期加上生产周期和交付周期小于或等于销售部门向客户承诺的销售合同周期。由上文可知，不同的生产模式会导致不同的计划方式：完全执行 MTS 模式，显然不符合市场经济发展的需要，且极易造成滞销品的积压；完全执行 MTO 模式，理论上没有库存风险，但由于销售部门不愿意丧失任何市场机会，所以他们提报的市场预测数量往往会大于实际发生数，因此也会导致成品积压；即使采用折中的 MTA 模式，但到底先启动多少数量的半成品生产，依然是生产企业的采购部门必须做出的决定。

因此，许多生产企业采用如下的方式来制订生产计划：

$$D = \alpha Q_f + (1 - \alpha) Q_s$$

式中　D——本期计划采购的数量；

　　　α——经验系数，可取 0.6、0.7 等值；

　　　Q_f——本期客户需求的预测数量，一般由销售部门提供；

　　　Q_s——上期实际的需求数量，一般由生产部门提供。

上述公式的实质是通过 α 经验系数调整掉本期预测数量中的"水分"，并通过 $(1-\alpha)$ 的值来优化计划采购数量的准确性。

需要注意的是，客户的订单每天都在随机地送达生产企业，因此生产企业在制订采购计划的时候，必须要设定一个冻结期，在冻结期内的需求应纳入计划对象，在冻结期外，哪怕迟到一天，也应纳入下一个计划周期。

三、采购物料的库存控制

（一）库存的概念及目的

库存是企业用于今后销售或使用的储备物料。一般来说，设置库存出于以下三个目的：①预防不确定性、随机的需求变动而设置库存，因为市场需求总是不确定的；②为了保持生产的连续性和稳定性而设置库存；③为了节省订购成本，以经济批量订货，形成多余的库存。

企业除了手头在库的库存（Stock on hand），还有 ERP 系统在线的已下单数量（Open PO Online）和批量补货的数量（Replenishment of a Lot Size）作为物料需求计划中的可供消耗资源。

（二）库存的种类

（1）按库存在生产过程和配送过程中所处的状态，可以分为原材料库存、在制品或半成品库存和成品库存。

（2）按库存的作用可分为周转库存、安全库存、调节库存和在途库存。

（3）按用户对库存的需求特性可分为独立需求库存和相关（或称为"非独立需求"）库存。独立需求是指对某种库存物品的需求与其他种类的库存无关，表现出对这种物料需求的独立性。具体来说，独立需求是指那些随机的、企业自身不能控制而是由市场所决定的需

第七章 采购运作管理

求。这种需求与企业对其他库存产品所做的生产决策没有关系，如客户对生产企业的成品、维修备件等的需求。而根据物料清单（BOM）分解开的半成品或原材料需求则构成了非独立需求，其需求数量符合BOM表内上下级物料的比例关系，如1台计算机中有2个内置风扇，那么作为成品的计算机和作为需要采购的零部件风扇，非独立需求的采购需要遵从与独立需求2:1的比例关系。

（三）库存量的控制

库存量的控制一直是库存管理的重点。库存管理的参数主要包括库存水平（Stock Level）、安全库存（Safety Stock）、再订购点（Reorder Point，ROP）、最小订购量（Minimum Order Quantity，MOQ）、最小包装量（Min. Package Volume）、批次量（Lot Size）、经济订购量（Economy Order Quantity）等。一般认为，库存水平、安全库存、再订购点是由采购方单边决定的参数，而最小订购量、最小包装量、批次量是由供应方决定的参数。但是，从策略性采购条件下采供双方合作的视角出发，以上参数都应由供需双方协商决定。具体概念介绍如下：

如图7-2所示，假设某企业某物料的最大库存量为 a，经过一段时间的生产物料消耗，库存水平降低到 b 点，这时候企业必须向供应商发出采购订单——因为供应商基于MTO模式，在接到采购方的订单后也需要一个备货、生产和交付的时间。经过 cd 这段供应商的供应周期，假设运行到 d 点时，供应商也恰好到货了，某物料的库存水平增至 f 点，恢复到原先 a 点的水平。这样就形成了供应商和采购方之间的即时采购，而 b 点也因此被称为再订购点。

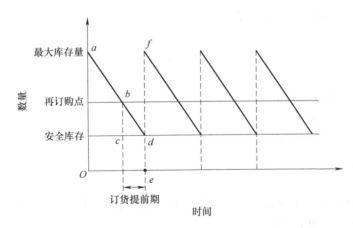

图7-2 再订购点和安全库存

如果上述的 d 点库存量正好为0，则是一种最理想的补货状态。其实从 b 点到 d 点的过程中，有许多不确定的因素。例如：①供应商是否能如所预计的那样准时到货？一旦供应商因故推迟了到货时间，采购方将面临缺料停工，也就是说到达 d 时点的时候，供应商没有准时到货。②依据历史数据测算的从 b 点到 d 点的日均消耗量是否准确？事实上市场的需求总是时常波动而很难预测的，因此一旦实际的物料日均消耗量大于预测的日均消耗量，采购方将面对缺料的风险，也就是说，有可能还没有到达 d 时点的时候，企业的物料已经消耗完了。

全球采购与供应管理

因此，为了最大限度地消除外部市场对采购供应的影响，企业会在零库存的基础上设置一部分安全库存。也就是说，企业在 ROP 发出采购订单之后，如果出现了供应商备货超期或企业物料消耗过快的情况，企业可以使用 de 之间的安全库存量来冲抵缺货风险。

需要注意的是，安全库存的初次采购形成原始采购需求，而且安全库存一旦设立，如果没有发生缺货，则该库存量基本就是一个长期不变的储备量。过高的安全库存会给企业带来资金成本的压力。因此安全库存的设置数要参考客户期望的服务水平或者实际缺货概率 δ 来计算。

（四）经济订购量

库存管理中还有一个重要问题是确定每次补充库存所需的订购量。但是，要想选择一个最优订购量并不是一件容易的事情，需要寻找一个可以使得库存成本和订货成本之和最小的订购量。而经济订购量就是在一定假设条件下计算所得的最为经济的订货批量。

1. 经济订购量的基本模式（理论模式）

假设条件：

（1）采购方能够及时补充存货，即需要采购时便可立即取得存货。
（2）能集中到货，而不是陆续入库。
（3）采购方现金充足，不会因买不到需要的产品而影响其他。
（4）物料的消耗非常稳定，且均匀分布在整个周期。
（5）物料的配送时间是固定不变的。
（6）每个订单的订货成本是固定的。
（7）库存成本不取决于订货数量。

则有

$$Q = \sqrt{\frac{2KD}{K_c}}$$

式中　K——每次采购的变动成本（差旅费、邮资等）；
　　　D——产品年需用量；
　　　K_c——单位产品存储成本。

2. 基本模型的扩展

假设条件：

（1）有采购提前期要求的情况，即采购方再次发出订单时，尚有存货。
（2）存货陆续供应和使用。

则有

$$Q = \sqrt{\frac{2KD\left(\frac{p}{p-d}\right)}{K_c}}$$

式中　K——每次采购的变动成本（差旅费、邮资等）；
　　　D——产品年需用量；
　　　K_c——单位产品存储成本；
　　　p——每日送货量；
　　　d——每日耗用量。

第七章　采购运作管理

有安全库存要求的情况则更为复杂，有兴趣的读者可以自己进行运算。

（五）两种不同的独立需求库存控制系统及其比较

为了控制库存水平，全球采购人员一般会采用以下两种下单方式之一进行采购补货：

（1）P（Period）系统：固定下单的周期。由于市场需求的波动会带来物料消耗的不确定性，因此造成每个固定周期内下达采购订单给供应商的数量会有多有少。

（2）Q（Quantity）系统：固定每次下单的数量。同样由于市场需求的波动会带来物料消耗的波动，因此固定数量的物料库存水平，导致可保证持续供应的周期会有长有短。

毫无疑问，采购方只可能采用以上下单方式中的一种进行采购。两种方式的比较见表7-1。

表7-1　两种不同的独立需求库存控制系统的比较

特性	P系统的优势	Q系统的优势
1	固定补充间隔	补充间隔是变化的
2	可以将若干订货组合起来给一个供应商	更适于有订购批量折扣或能力限制的情况
3	没必要连续观测	安全库存较少
说明	当一个库存系统被计算机化（如ERP），每一项进货出货的记录的查询都十分迅速和方便时，P系统的第3个优势特性就不再存在	使用MRPⅡ或ERP的企业，推荐使用Q系统

（六）库存管理的衡量指标

（1）平均库存值。其计算公式为

$$平均库存值 = \frac{期初库存值 + 期末库存值}{2}$$

（2）可供应时间。其计算公式为

$$可供应时间 = \frac{平均库存值}{期间的平均库存消耗值}$$

（3）库存周转率。其计算公式为

$$库存周转率 = \frac{年销售额}{年平均库存值}$$

第二节　运用ERP的MRP功能下达并跟踪采购订单

一、MRP、MRPⅡ和ERP

（一）物料需求计划（MRP）

社会化大生产促使生产规模和产品种类不断扩大，随着信息技术的不断发展，原先手工编制的物料需求计划逐渐被计算机程序软件所替代，复杂的人工运算被计算机运算所代替。20世纪60年代，人们为解决订购点法的缺陷，提出了物料需求计划（Material Requirement Planning，MRP）理论。MRP是一种保证既不出现短缺，也不积压库存的计划方法，是MRPⅡ及ERP系统的核心功能模块。MRP的涵盖范围仅仅为物料管理这一块。

1. MRP的工作流程

第一，根据客户需求（Customer Requirement）向系统录入销售订单和必要的销售预测

全球采购与供应管理

（Forecast）；第二，在原型（Prototype）设计的工程物料清单（Bill of Material of Engineering）的基础上，如果客户有特殊设计要求，则添加一次性非标件后，形成生产用物料清单（Bill of Material of Production）；第三，在运行 MRP 之前，需要维护好相关的采购和物流数据（Purchasing and Logistics Data Maintain），如供应商资料、交付交期（Delivery Lead Time）等；第四，运行 MRP 后，系统会根据录入的客户独立需求，依据 BOM 逐级分解后，产生生产物料需求，在扣减已有物料库存后，就产生了实际需要购买的物料需求（Material Requirement）；第五，需要购买的物料需求经确认后转化为采购订单（Purchase Order）以 EDI、电子邮件或传真的形式有效地传递给供应商。

2. 关于 MRP 原理的"一二三四"

（1）一个基础：MRP 的制订不是基于过去的统计数据，而是基于未来的需求。

（2）两条基本原理：①从最终产品的主生产计划（MPS）导出相关物料（原材料、零部件、组件等）的需求量和需求时间；②根据物料的需求时间和生产（订货）周期来确定其开始生产（订货）的时间。

（3）三个关键因素：①主生产计划（MPS）；②物料清单（BOM）；③库存记录，即现有库存量（Projected on-hand Inventory，POH）。

（4）四个要回答的问题：①要生产什么（根据 MPS）；②要用到什么（根据 BOM）；③已经有了什么（根据 POH）；④还缺什么？何时生产或订购（MRP 运算后得出的结果）。

（二）制造资源计划（MRPⅡ）

20 世纪 70 年代在 MRP 基础上发展成了闭环 MRP。这一时期出现了著名的丰田生产方式（看板管理等）、TQM（全面质量管理）、JIT（准时制生产）等控制生产流程的方式。仅仅对物料需求进行规划已经不能满足大规模生产和运作的需要，20 世纪 80 年代，人们提出对企业的制造资源（人力、机器设备、物料、工艺）进行一体化管理的制造资源计划（Manufacture Resource Planning，MRPⅡ，因其三个英文首写字母与物料资源计划的英文首写字母相同，故加注"Ⅱ"以示区别），把企业的采购、库存、生产、销售、财务、工程技术管理整合在一起。MRPⅡ是以计划与控制为主线，通过系统性的管理与控制，实现企业整体效益的管理信息系统。MRPⅡ是由 Wight 于 1981 年推出的，它虽然是从 MRP 发展出来的，但并不是仅仅取代传统的 MRP，而是在生产规划的同时，涵盖范围包含了企业的整个生产经营体系，包括经营目标、销售策划、财务策划、生产策划、物料需求计划、采购管理、现场管理、运输管理、绩效评价等各个方面，融合各部门作业所需考虑的实务需求，而非局限于单纯的产销供需，以使企业整体运作能更加有效及制度化。MRP 解决了企业物料供需信息的集成，但没有说明企业的经营效益。MRPⅡ采用管理会计的概念，实现物料信息和资金信息的集成。MRPⅡ以产品结构为基础，从最底层的采购成本开始，逐层向上累计材料费、制造费用、人工费用，得到零部件直到最终产品的成本，再进一步接合营销和销售，分析产品的获利情况。

（三）企业资源计划（ERP）

企业资源计划（Enterprise Resource Planning，ERP）是由美国加特纳公司（Gartner Group Inc.）在 20 世纪 90 年代初首先提出的一整套企业管理系统体系标准，其实质是在 MRPⅡ基础上进一步发展成面向供应链的管理思想。除了制造、供销、财务、质量、人力资源、研发等功能外，ERP 还支持物料流通体系的运输管理、仓库管理、在线分析、售后服

第七章 采购运作管理

务、备品备件管理;支持多语言、多币种、复杂的跨国组织、混合型生产制造类型;支持远程通信、电子商务、工作流的集成;支持企业资本管理。ERP 实际上已经超越制造业的范围,成为具有广泛适应性的企业管理信息系统。ERP 比 MRP Ⅱ 使用更先进的网络或计算机技术,MRP Ⅱ 已经融入 ERP 并成为其有机组成。MRP、MRP Ⅱ 和 ERP 的比较见表7-2。

表7-2 MRP、MRP Ⅱ 和 ERP 的比较

	MRP	MRP Ⅱ	ERP
英文全称	Material Requirement Planning	Manufacture Resource Planning	Enterprise Resource Planning
中文翻译	物料需求计划	制造资源计划	企业资源计划
涵盖范围	物料资源	工人+机器设备+物料+工艺路线	MRP Ⅱ +销售+质量+财务+人力资源等,涵盖整个企业经营活动的数据流

世界上知名的 ERP 名牌有:德国 SAP 公司开发的 SAP(System Applications and Products)软件,约占全球 ERP 软件市场 50% 的份额,大量跨国公司都使用该品牌;美国甲骨文公司开发的 Oracle 约占全球 ERP 软件市场 20% 的份额,美国的公司较多使用该品牌。但上述两 ERP 软件品牌,无论是一次性投资,还是日后的日常使用和维护费用,都非常昂贵。国内 ERP 品牌中,金蝶和用友都起步于财务软件,逐渐开发并完善为 ERP 软件,它们对于才起步、规模不大但有管理信息系统需要的中小企业来说,是不错的选择。但国内一些跨区域的连锁企业,也都逐渐上马了 SAP,如国内民营企业 2018 年 500 强排名第二的苏宁集团。

二、下达并跟踪采购订单

全球采购订单管理人员根据物料计划下达采购订单,跨国公司大多安装了 ERP 系统,因此采购人员可以依据 ERP 系统中 MRP 的运算结果提示来向供应商下达采购订单。

对于非系统产生的物料需求,如设备采购、非生产性采购(NPP)等,应由使用部门提出采购申请,合规的公司一般都会严格规定:采购部门不得自行产生采购需求!采购人员必须根据使用部门提出的采购申请,经过使用部门主管和采购部门主管批准后,方能执行采购任务。

采购订单的下达,从法律意义上来说是一种要约,因此它需要被有效地传递到达供应商,并且需要供应商做出明确的承诺表示。全球采购由于时差、通信方式、语言等方面的原因,往往出现供应商没有收到订单,或收到了订单没有及时回复确认订单,或由于需要修改部分订单信息而被采购方误认为拒绝接受订单。所以,订单执行人员在下达订单后,还需要始终跟踪未决订单的最新状况,直到供应商确定并回传订单才能算完成该笔交易。对于供应商要修改到货时间或送货数量的要求,要及时与己方物料控制人员或生产计划人员协商,以便确认是否可以接受或采取其他替补方案。

为了提高采购数据传输的效率和准确性,使用 ERP 的采购方会向供应商提供 EDI 软件,双方通过 EDI 系统交换和确认采购信息。EDI 是由国际标准化组织(ISO)推出的国际标准,它是一种结构化的商业或行政事务处理或消息报文格式,采用从计算机到计算机的电子传输方法,也是计算机可识别的商业语言。例如,国际贸易中的采购订单、装箱单、提货单等数据的交换。

三、采购订单的内容

全球采购团队找到了合适的供应商并通过供应商评审之后,由双方签订采购合同(Purchase Contract)或采购协议(Purchase Agreement)。对于长期合作的采供双方而言,大部分都会采取签署采购框架协议(Purchase Frame Agreement)的方式来约定双方的权利和义务,如,货款结算方式和周期、商品验收方法、违约责任、合同的变更及解除条件、合同的效力等。而对于协议期间的日常交易,则采取下达采购订单(Purchase Order)的方式来形成要约。自然地,采购订单具有同采购合同或采购协议同样的法律地位。

采购订单所传递的采购内容相对简洁,但基本信息完备,主要包括:

(1)订单编号。
(2)供应商联系人及联系方式。
(3)采购商品名称及对应的物料编号。
(4)贸易术语。
(5)采购价格和采购数量。
(6)到货时间及地点。
(7)备注栏,以便添加需要额外约定的内容。
(8)采购方联系人及联系方式。
(9)本订单归属的采购合同或协议编号。

第三节 进货检验与发票管理

一、进货检验

到货和收货是两个不同的概念。到货只是表示供应商品到达采购方指定的地点,但是否收货尚处于未决状态(Pending)。只有经过采购方授权人员对数量和质量的确认,并进行签收后,供应商的到货才正式转变为采购方的收货,完成了一次物权的转移。

供应商到货的商品,必须符合采购合同或协议的质量检验标准。一般情况下,采购方技术人员会根据技术规范转换生成物料采购规范(Purchase Specification)和图样,在供应商签署了保密协议(Confidentiality Agreement)之后,由全球采购部门下发给供应商。供应商根据物料采购规范和图样组织生产和发货,采购方质量管理部门的进料检验人员同样根据物料采购规范和图样的要求开展商品检验活动。

但是在国际贸易过程中,大多数场合下买卖双方不是当面交接商品,而且在长途运输和装卸过程中,又可能由于各种风险和承运人的责任而造成货损。为了便于分清责任,确认事实,常常需要由权威的、公正的商检机构对商品进行检验并出具检验证明。这种由商检机构出具的检验证书,已经成为国际贸易中买卖双方交接货物、结算货款、索赔和理赔的主要依据。

国际上的检验机构有官方的,也有民间私人或社团经营的。官方的检验机构只对特定商品如药品、食品进行检验,如美国食品药品监督管理局(Food and Drug Administration,FDA)。国际贸易中的商品检验主要由民间机构承担,具有公证机构的法律地位。世界上比

第七章 采购运作管理

较著名的有：瑞士通用公证行（SGS）、美国保险人实验室（Underwriters Laboratories Inc.，UL）、英国劳合氏公证行（Lloyd's Surveyor）、法国船级社以及我国的香港天祥公证化验行等。中国检验认证集团（CCIC）及其分公司，是接受中国政府委托从事进出口商品检验的具有法人资格的公司。

《联合国国际货物销售合同公约》和各国都对买方的检验权做了类似的规定。如果买方发现货物与合同规定不符，而且确属卖方责任的，买方有权向卖方表示拒收，并有权索赔。但是这一法定的检验权，服从于合同的约定，即买卖双方通常都在合同中对如何行使检验权做出约定，规定好检验的时间和地点。通常的做法有以下五种：

1. 出口国产地检验

发货前，由卖方检验人员会同买方检验人员对货物进行检验，卖方只对商品离开产地前的品质负责。离开产地后运输途中的风险，由买方负责。有些买方为了对购买商品进行原产地的溯源，会要求卖方提供有效力的原产地证明（Certificate of Origin）。

2. 装运港（地）检验

货物在装运前或装运时由双方约定的商检机构检验，并出具检验证明，作为确认交货品质和数量的依据，这种规定被称为以"离岸品质和离岸数量"为准。

3. 目的港（地）检验

货物在目的港（地）卸货后，由双方约定的商检机构检验，并出具检验证明，作为确认交货品质和数量的依据，这种规定被称为以"到岸品质和到岸数量"为准。

4. 买方营业处所或用户所在地检验

对于那些密封包装、精密复杂的商品，不宜在使用前拆包检验或需要安装调试后才能检验的商品，可将检验推迟至用户所在地，由双方认可的检验机构检验并出具证明。

5. 出口国检验，进口国复检

按照这种做法，转运前的检验证书作为卖方收取货款的出口单据之一，但货到目的地后，买方有复验权。如经双方认可的商检机构复验后，发现货物不符合合同规定且系卖方责任，买方可在规定时间内向卖方提出异议和索赔，直至拒收货物。

二、发票管理

1. 形式发票

形式发票（Proforma Invoice）也称预开发票。出口商有时应进口商的要求，将准备出口货物的名称、规格、数量、单价、估计总值等开立一种非正式的参考性发票，以供进口商向其本国金融或外贸管理当局申领进口许可证和核批外汇之用，由于它不是一种正式单据，既不能用作交易双方的记账依据，也不能用于托收议付，对交易双方更无最终约束力，当正式成交履行合同时仍需按照有关规定内容另开正式发票。

2. 海关发票

海关发票（Customs Invoice）是出口商应进口国海关要求出具的一种单据，基本内容同普通的商业发票类似，其格式一般由进口国海关统一制定并提供，主要是用于进口国海关统计、核实原产地、查核进口商品价格的构成等。

3. 商业发票

商业发票（Commercial Invoice）是卖方开立的载有货物名称、数量、价格等内容的清单,作为买卖双方交接货物和结算货款的主要单证,是进口国确定征收进口关税的依据,也是买卖双方索赔、理赔的依据。国内正式发票统一由国家税务总局监制印刷,发票表面除了载有正式发票内容信息外还有可用于买方抵扣增值税的发票密码验证区,此外还要求卖方加盖公司发票专用章。与国内正式发票形式较为正规不同,国外的商业发票基本没有上述形式,主要由带有公司标志(Logo)的信笺打印,载有商业发票应列明的信息,最后由卖方授权人手签,如买方需要盖章,也可加盖卖方公司公章。卖方所在国的相关纳税事宜由卖方事后申报。

4. 电子发票

电子发票(E-invoice)同普通纸质发票一样,采用全国统一编码、统一防伪技术,由税务局统一发放给商家使用。电子发票上附有电子税务局的签名机制,可通过开票方发送电子文档或链接发票服务平台的方式由买方保存或自助打印发票,并通过发票认证系统辨别发票真伪。发行电子发票可以大幅度节省企业成本,提高企业管理效率,并且与企业内部的企业资源计划(ERP)、客户关系管理(CRM)、电子数据交换(EDI)等系统进行对接。2012年,国家税务总局开展网络(电子)发票应用试点,中国海关启动无纸化作业试点,2013年正式施行。统计数据显示,2017年我国电子发票开具量达到13.1亿张。

补充知识:增值税在中国国内的抵扣方法(线上电子资源7-1)

第四节 供应商质量管理和交期管理

全球采购包括了前期的战略采购(Strategic Sourcing)以及签订采购合同后的采购运作(Procurement)两大部分,因此供应商管理也被分解为了供应商发展管理和供应商日常管理两大部分。供应商发展管理在第六章第三至第五节已经做了介绍,它包括了供应商寻找、选择、评审、商务谈判以及从战略采购层面开展的供应商发展和淘汰职责,由战略采购团队负责;而供应商日常管理的内容主要聚焦在既定采购合同条件下每笔订单的交期管理和质量管理上,由采购运作团队负责,采购方对供应商每笔交易评价的积累,将构成供应商的年度绩效以及采购方对供应商进行年度评价的依据。

一、供应商质量管理

生产企业的质量控制,包括了进料质量控制(Incoming QC)、过程质量控制(in Process QC)和完工产品质量控制(Final QC)。

对于供应商质量控制来说,主要集中在进料质量检验上,最为常用的考核指标是首次检验合格率(First Pass Yield for Incoming Inspection)。它是指供应商按照采购方要求的订单数量,将该批次货物送达采购方仓库,首次检验后被判定为合格品的数量与订单数量的比率。对于首次检验不合格的商品,即使返修后再次送检合格,也不能再纳入首次检验合格商品统计的数量之内。

除了质量控制手段外,还可以采取质量保证的手段来保证到货商品的质量。譬如,采购方可以要求供应商获得生产或服务的质量体系 ISO 9000 认证;要求供应商提供 SGS 出具的不含有害物质的物质安全数据单(MSDS);要求供应商提供原产地证明等。通过外部第三

第七章　采购运作管理

方认证机构的质量保证来管控供应商的质量水平。

二、供应商交期管理

供应商交期最为常用的考核指标是准时到货率（On Time Delivery Rate，简称为 OTD Rate），它是指在一定考核期内，供应商按照采购方要求的到货时间，如期将货物送达指定地点的比率。OTD Rate 测算的单位，可以是准时送达的订单数量，也可以是每一张订单上每个 Item 被准时送达的数量；而考核的周期，可以是月度，也可以是季度或年度。

准时到货率往往被忽略的是如何定义准时的概念。一般采购方会以类似（-3，0）的格式定义准时到货的时间段：以采购方要求的订单到货日为基准，逗号前为最早允许到货时间，逗号后为最晚允许到货时间。（-3，0）即表示以采购方要求的订单到货日为基准，往前推 3 个工作日，凡是在此时间段内送达的货物都算准时，否则该批次货物即被判定为未准时交货。

对于迟到的货物被判定为未准时交货容易被接受，但实际提前到达的日期多于定义的可提前天数即被判定为未准时交货一般不容易被理解。其实，卖方过早到达买方仓库的货物，既造成买方仓储费用的增加，又导致买方提前支付货款，也不符合 JIT 的精益思想。因此一些注重供应链绩效的公司都对此进行了特别的要求。

三、供应商管理体系

对于供应商的管理，主要集中在到货阶段，但是对于采购方整个生产制造和供应链管理来说，对供应商的管理应该贯穿整个过程。

企业生产阶段，采购执行人员通过查看 ERP 中 MRP 运行后的提示，可以监控物料的消耗状况并及时补货；在制品质量控制人员可以通过产线质量检验实施过程控制，当半成品出现问题，如果是由于对供应商商品漏检或与检验规范不符导致的质量问题，依然可以责成供应商提供必要的解决措施。

到了完工阶段，物流人员可以通过仓库盘点来确认各类库存是否账实相符，是否有超过保质期的商品库存，以保证不出现缺货待料状况；成品质量控制人员通过成品抽检或全检来保证出货成品的质量达到客户的标准。

此外，无论是采购物流管理人员，还是质量管理人员，都可以就交期或质量控制问题召集内部会议或外部供应商会议。上述供应商日常管理体系参见表 7-3。

表 7-3　供应商日常管理体系

阶段	交期管理	质量管理	供应商管理月度报告
原材料到货阶段	准时到货率	首次检验合格率	纳入业绩考核
生产阶段	MRP 系统监控	产线质量检验	纳入配合度考核
完工阶段	库存盘点	成品检验	纳入配合度考核
问题显现阶段	采购物流管理人员可以就交期问题召集紧急会议进行商讨	质量管理人员可以就质量控制问题召集紧急会议进行商讨	纳入月度报告特别说明栏

全球采购与供应管理

[本章案例讨论] 波音公司的全球采购运作

新闻1：中航材与波音公司签署采购300架波音飞机的协议

2017年11月9日，波音公司与中国航空器材集团公司在北京签署了300架波音飞机的批量采购协议，其中包括260架737系列、40架787系列和777系列飞机，总价值超过370亿美元。两国领导人共同见证了协议的签署。

波音民用飞机集团总裁兼首席执行官凯文·迈卡利斯特（Kevin McAllister）表示："中国既是我们珍视的客户，也是我们关键的合作伙伴。我们非常自豪波音飞机可以成为中国民航机队未来蓬勃发展的一部分。波音与中国在互相尊重基础上有非常良好的合作历史，这些订单进一步夯实了双方合作的基础。"

近年来，我国航空运输市场增长较快。为适应航空运输市场形势，满足企业发展需要，统筹考虑国产飞机生产进度安排，相关企业持续扩充运力，优化机队结构，批量采购一批波音飞机。

波音公司充分认识到了中国民航未来发展的广阔空间，预测未来20年中国将需要7240架新飞机，总价值达1.1万亿美元。与2016年度发布的预测相比，新飞机需求数量调高了6.3%。

波音称未来将与中国继续开展互利合作，以支持和促进航空市场的发展。这些努力包括工业合作、航空环保技术研发，以及支持中国航空运输体系安全性、效率和容量的持续合作。

据公开数据显示，目前波音飞机是中国航空公司客货运输体系中的主力机型。中国运营的所有民用喷气机中，超过50%是波音飞机。同时，中国参与了所有波音机型的制造，包括737、747、767、777和最具创新意义的787梦想飞机。超过9000架飞行在世界各地的波音飞机上安装了中国制造的零部件和组件。

新闻2：波音运用甲骨文公司Oracle电子商务套件构建全球航空库存网络，以实现对航空备用零配件物流分配的高效率管理

波音公司是世界上最大的航空航天公司，用户遍布145个国家和地区，业务部门分布于美国的26个州和全球60多个国家，为全球用户提供一整套国际水准的工程、改装和支持保障服务，服务对象包括经营客、货运业务的航空公司，以及飞机维护、修理和大修厂商。此次波音公司采用Oracle电子商务套件部署的全球航空库存网络（GAIN），将为小型航空公司提供采购代理功能，能够针对每个用户的不同需求，在双方达成一致的基础上为客户提供航空专用零配件，同时，还可以针对不同地区提供物流库存清单，以满足目标用户的服务需求。

实现经营管理的高效率、低成本是每个企业的共同愿望。如何充分利用全球化资源，高效率地为遍及全球的客户服务？这是跨国公司和正在向跨国公司发展的企业所面临的共同问题。世界最大的航空航天公司波音公司的做法是引进具有全球运作能力和内置集成性等独到优势的Oracle电子商务套件（Oracle E-Business Suite），目前，这家大型跨国公司正在利用Oracle电子商务套件构建GAIN，有效管理航空备用零配件的采购、分配和发货进程，以实现对航空备用零配件物流分配的高效率管理，进一步提升波音公司享有国际声誉的服务

第七章 采购运作管理

品质。

目前，波音公司已经选用了 Oracle 电子商务套件中的财务管理、存货管理和采购管理作为 GAIN 的主要组件，根据计划，在完成 GAIN 的部署之后，波音公司将能够对全球所有的零配件物流进行有效的管理，同时波音还借助 Oracle 强大的咨询力量来为全球的航空客户提供优质服务。GAIN 将扮演供应商销售代理的角色，在销售过程中的详情预测、需求汇总、物流分配计划和详细的库存清单等经营管理业务都可以通过 Oracle 电子商务套件来完成。波音公司的目标是实现库存管理的最优化，通过在全球范围内同步分配物流，有效降低物流分配成本，提高经营管理效益。

波音公司选用 Oracle 电子商务套件所获得的优势是显而易见的，因为 Oracle 电子商务套件的集成性和完整性使波音公司能够有效地降低交易成本、减少库存、优化资源利用和消除价值链中的浪费，仅这几项就可以为企业节省大量资源。同时，由于 Oracle 电子商务套件全面采用 Internet 架构，因此，从采购到支付的整个交易过程都可以在网上自动实现，采购人员和财务人员不再为烦琐的杂务所困扰，从而能够在自己的专业上充分发挥专业才能。

讨论：
1. 研读案例，了解波音公司是如何实现全球化采购运作的？
2. 分析波音公司加大在中国采购飞机零部件和组件的主要动因。
3. 跨国公司运用 ERP 软件对实施全球采购具有哪些帮助？

扩展案例讨论： 大众公司的全球采购（线上电子资源 7-2）

◇ **【本章小结】**

全球采购组织在落实了战略采购管理的步骤之后，转入采购运作执行阶段。采购计划和库存控制受到不同生产模式的影响。下达采购订单并不只是一个简单的操作行为，它涉及要约和承诺、权利和义务等许多法律问题，同样地，到货检验和发票管理的规范化操作，使得全球业务得以顺畅进行。对供应商的日常管理，在先期已经完成评审、商务谈判、合同签署的条件下，主要聚焦在交期管理和质量管理两个方面，并通过构建供应商管理体系来有效管控全球采购的运作执行效果和效率。

◇ **【本章思考题】**

1. 在 MTO、MTA 和 MTS 三种生产模式下，企业销售人员对客户承诺的成品交货时间，哪个会最短？为什么？
2. 为什么跨国公司一般都采用战略采购团队和采购运作团队两个平行组织来管理供应商？
3. 在 ERP 系统中，哪些变量构成物料需求计划的需求，哪些变量构成物料需求计划的资源？
4. 请描述经济订购量的意义。

第四部分
控 制 篇

❖ 第八章　全球采购内控管理

❖ 第九章　全球采购绩效管理

第八章　全球采购内控管理

◇【学习目标】

了解全球采购预算管理的基本含义及全球采购预算的编制方法；了解采购报价审核的内容；掌握采购成本的核算流程与执行标准；掌握全球采购合同的内容；理解全球采购数据管理的必要性；掌握用 ERP 系统进行数据管理的方法；了解全球采购面临的风险及应对措施。

◇【教学重点难点】

1. 全球采购预算的编制方法
2. 采购成本核算流程与执行标准
3. 全球采购合同的内容
4. 全球采购数据管理的内容
5. 全球采购面临的风险及应对措施

第一节　全球采购预算管理

一、全球采购预算及预算管理概述

（一）全球采购预算概述

全球采购预算是企业未来一定时期内的全球采购决策目标通过有关数据系统地反映出来的计划，是全球采购决策具体化、数量化的表现。一般来说，企业制定全球采购预算主要是为了促进企业全球采购计划工作的展开与完善、减小企业的全球采购风险、合理安排有限资源、保证资源分配的有效性、进行成本控制等。

全球采购预算与采购计划是密不可分的，采购预算是在采购计划的基础上制定的。在编制全球采购预算时，必须体现科学性、严肃性、可行性，克服随意性，绝不可用"拍脑袋"的方法来做预算。为此，必须高度重视全球预算决策活动，了解企业本年度预算的实施情况，了解全球采购市场，做到知己知彼，百战不殆。同时，企业要从实际出发，瞄准影响企业全球采购成本的关键问题，从而保证制定合理、准确的预算。

预算的时间范围要与企业的计划期保持一致，绝不能过长或过短。长于计划期的预算没有实际意义，会导致人力、物力和财力的浪费，而过短的预算又不能保证全球采购计划的顺利实施。一个良好的企业不仅要赚取合理的利润，还要保证有良好的资金流；完善的预算既要注重实际，又要强调财务绩效。

（二）采购预算管理的含义

预算管理是指企业内部通过编制预算、预算差异分析和预算考核来管理其经济活动，反映

全球采购与供应管理

企业的管理成绩,确保管理政策的落实和目标的实现,不断提高效率和效益及企业管理水平。

全球采购预算是根据企业年度销售计划或生产计划,由相关部门对所需求的原料、物料、零件、劳务等数量及成本编制的用货币形式进行具体、系统反映的数量计划,以利于单位整体目标的实现及资源的合理配置。全球采购预算管理是企业预算管理的一个分支,应与预算系统的其他系统相互协调。

企业应当加强对全球采购业务的预算管理,对预算内的全球采购项目,具有请购权的部门应当严格按照执行进度办理请购手续;对于超预算和预算外的全球采购项目,应当由审批人对请购申请进行审批,设置请购部门的,应当由请购部门对需求部门提出的申请进行审核后再行办理请购手续。

(三) 全球采购预算管理的作用

(1) 促进企业全球采购计划的执行,减小企业的经营风险与财务风险。全球采购预算的基础是企业的全球采购计划,全球采购预算能促使采购经理提前制订全球采购计划,避免盲目采购,避免不必要的经营风险和财务风险。

(2) 便于企业各个部门之间的协调,有利于企业总体目标的实现。企业通过编制全球采购预算,为采购部门和其他职能部门在计划期间的工作分别制定目标,明确各部门的权利义务和责任;各部门通过执行预算,可明确自己在整个企业所处的地位和作用,使各部门在工作时能从全局出发,协调合作,有利于企业总体经营目标的实现。

(3) 有利于部门之间合理安排有限资源,保证资源分配的效率。受到各种条件的限制,企业所获得的可分配的资源和资金是有限的,企业通过编制全球采购预算和其他业务预算,能够充分考虑各部门的资金需求,并合理安排,保证企业资源得到最充分的利用,实现以最少的投入获得尽可能多的经济效益。

(4) 有利于企业对全球采购成本进行监督、控制。业务预算是分析、控制各项经济活动的工具。采购部门认真编制切实可行的全球采购预算并严格执行,可以避免不必要的开支,降低全球采购成本。

二、全球采购预算的项目类型

企业全球采购预算项目类别包括原材料费用、维护修理和供应费用、资金预算及全球采购运作预算。全球采购预算的项目见表8-1。

表8-1 全球采购预算的项目

全球采购预算项目	具体内容说明
原材料费用	以企业进行生产所需的原材料采购为主,原材料预算是销售预测推断出的用于原材料采购的所有资金额度
维护修理和供应的费用	主要包括维护、修理及辅助用料成本,通过使用过去的比率完成预算,并依据对库存和总的价格水平的预测变化进行调整。(注:设备更新、基本建设所需的机器和工程材料等应另外单独编制预算,不包括在计划期内的全球采购预算内)
资金预算	依据生产需求、现有设备的淘汰、设备更新需求和拓展计划制订资金需求计划。资金预算必须考虑供应商的提前期、资金成本、预期的价格上升及预付款等情况
采购运作预算	依据企业预期的工作负荷和年度经营情况,准备出所有的用于全球采购的费用,如工资的上涨、采购人员的增减及与采购计划相关的其他费用

第八章 全球采购内控管理

明确了全球采购预算的项目内容，企业在进行全球采购预算时，还应遵循以下原则：

（1）全面性原则。即全球采购预算必须结合企业战略目标，与企业整体预算相适应，同时还应满足企业各部门、下属单位及项目的全球采购需求。

（2）现金流预算原则。即采购预算应以付款金额编订，而非全球采购的金额。规划采购预算时，采购部应将重点放在现金流上，这有利于企业内外部资金的统筹安排。

（3）趋势预算原则。企业应建立以数据资料为基础的趋势模型，反映服务和产品需求变化，以便能够预测企业期望的产出，进而制定清晰、有效的全球采购预算。

（4）预算评估原则。在评估采购预算编制业绩时，企业领导应根据影响预算的因素再综合考察并给以客观公正的评价。

（5）真实透明原则。全球采购预算应切实符合企业实际，坚决杜绝虚报、瞒报等情况的发生。

三、全球采购预算的编制

编制全球采购预算的主要依据是某一计划期间（年度、季度、月度）内生产和经营所需物资的计划总需求量。由生产部门根据企业和营销部门制订的销售计划，结合生产部门的自身特点编制相应的生产计划表，随后，生产部门综合本部门的剩余物资和物资管理部门的库存水平，编制物资计划单。采购部门根据生产部门的物资计划单、各类非生产性物资计划制订总体计划需求。

（一）编制全球采购预算的影响因素

1. 物料标准成本的设定

在编制全球采购预算时，由于全球采购活动的复杂性和国际市场高风险等因素，拟购物料的价格不容易预测，因此多以标准成本代替。若标准成本的设定缺乏以往的采购资料为依据，也无工程人员严密精确地计算其原料、人工及制造费用等组合生产成本，则标准成本的设定就有一定的困难。因此，标准成本与实际购入价格的差额即购价差异（Purchase Price Variance）会影响采购预算的准确性。

2. 生产效率

企业生产效率的高低将使预计的物料需求量与实际的耗用量产生误差。产品的生产效率降低，会导致原物料的单位耗用量提高，而使全球采购预算中的预计数量不能满足生产所需。过低的产出率（Yield Rate）则会导致经常进行业务更改（Rework），而使零部件的损耗超出正常水平。所以，当生产效率降低时，企业在进行全球采购预算时必须将这部分额外的耗用率计算进去，才不会发生原材料预算资金短缺的现象。

3. 预期价格

在编制全球采购预算时，经常需要对物料价格涨跌幅度、市场景气与否、汇率变动等加以预测，因为个人主观判断与事实的变化常有差距，就可能会造成采购预算的偏差。

此外，供应的季节性、最低订购量等因素将使全球采购数量超过正常的需求数量，而且企业财务状况的好坏也将影响全球采购数量（安全库存量）的多少及全球采购预算（付款时间）的准确性。

由于影响全球采购预算的因素很多，故全球采购预算拟定好后，必须与产、销部门经常保持联系，并针对实际状况做必要的调整与修订，才能实现维持正常产销活动的目标，并协

全球采购与供应管理

助财务部门妥善规划资金的来源。

（二）全球采购预算的编制方法

企业在编制全球采购预算时应选对方法，以确保预算的准确性。主要编制方法见表 8-2。

表 8-2　全球采购预算的编制方法

方法名称	定　义	优　缺　点	适用范围
固定预算法	以预算期内正常的、可实现的某一业务量水平为基础来编制预算的方法	优点：简便易行、较为直观 缺点：机械呆板，可比性差；不利于正确控制、评价采购预算的执行	适用于固定费用或数额比较稳定的预算项目
定期预算法	以不变的会计期间作为预算期的预算编制方法	优点：预算期间与会计期间相对应，便于考核、评价预算的执行结果 缺点：周期长，具有一定的盲目性和滞后性	适用于服务性质的、经常性的全球采购项目的预算
滚动预算法	编制预算时，将预算期与会计年度脱离，随着预算的执行不断地补充预算，逐级向后滚动，使预算期间始终保持在一个固定的长度（一般为 12 个月）	优点：保证采购支出的连续性、完整性，有利于根据前期预算执行情况及时调整和修订近期预算，充分发挥预算的指导和控制作用 缺点：操作复杂，工作量大	适用于规模较大、时间较长的工程类、大型设备等的全球采购项目预算
弹性预算法	在成本（费用）习惯性分类的基础上，根据量、本、利之间的依存关系，以计划期间可能发生的多种业务量水平为基础，分别确定与各业务水平相适应的费用预算方法	优点：预算的适用范围广泛，有利于客观地对预算执行情况进行控制、考核、评价，避免由于业务量发生变化而对预算进行频繁修订 缺点：操作复杂，工作量大	适用于采购数量随着业务量的变化而变化的采购或市场价格及市场份额不确定的企业
零基预算法	以预算起始日为零起点，从实际需要角度逐项审议预算期内各项费用的内容及开支标准是否合理，在综合平衡的基础上编制费用预算的方法	优点：确保重点采购项目的实现，有利于合理配置资源，切实提高企业采购资金的使用效益 缺点：预算工作量大，需要投入大量的人力资源	适用于各种全球采购预算
增量预算法	在上期成本费用基础上，据预计的业务情况及企业经营管理需求调整有关费用项目的预算方法	优点：方法简便、容易操作 缺点：使预算中的某些不合理因素被长期沿袭	适用于为实现某些采购计划而必须增加采购费用的全球采购项目

在实际的全球采购预算编制过程中，企业应根据自身的实际需要、业务情况等选择合适的方法，或者将以上几种方法结合起来使用，以确保预算的准确性、合理性。

为了确保全球采购预算与企业战略目标相一致，管理者在编制采购预算时，应使预算更具灵活性和适应性，以应付可能发生的不可控事件，以减少预算的失误及由此带来的损失。因此在编制全球采购预算时应避免以下几个问题：

第八章 全球采购内控管理

（1）企业目标不协调。企业要想恰当地对采购预算进行控制，那么在编制预算时就要注意企业内部和外部环境发生的变化，要根据企业目标的要求，使预算具有一定的灵活性和现实性，在预算较好地体现计划要求的同时，适当掌握预算控制的度。

（2）预算太过琐碎。要加强采购活动的可操作性，预算就要更具体，数量更明确，但如果预算对极细微的支出都做出了琐碎的规定，就可能使各职能部门缺乏应有的灵活性，造成主次难辨、轻重不分，预算也就抓不住关键环节，从而影响到企业运营的效率。

（3）不能及时调整预算。为了避免因企业采购环境发生变化致使采购预算发生冲突或混乱，达不到预期的目标，就要在预算执行过程中根据采购活动的实际情况对预测定期进行检查，如有变化，能够及时对采购预算进行修订或调整。

（三）企业预算编制结构及采购预算编制流程

1. 企业预算编制结构

通常制造企业是根据企业的销售计划来制订生产计划的，生产计划包括采购预算、直接人工预算及制造费用预算。可以说，采购预算是采购部门为配合年度的销售预测或生产数量，对需求的原料、物料和零件等的数量及成本进行的评估。企业大致的预算编制结构如图 8-1 所示。

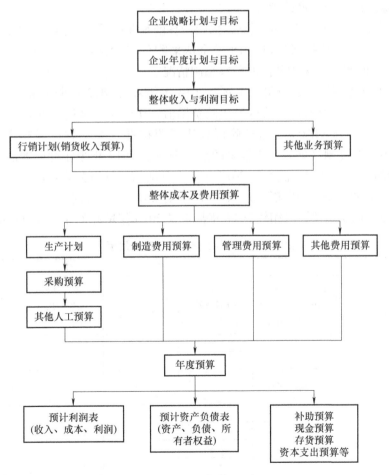

图 8-1 企业预算编制结构

全球采购与供应管理

2. 全球采购预算编制的步骤

全球采购预算的编制同其他类型预算的编制过程一样,主要包括以下几个步骤:

(1) 审查企业以及部门的战略目标。全球采购预算的最终目的是保证企业全球采购目标的实现,企业在编制全球采购预算前,首先要审视本部门和企业总体的目标,以确保它们之间的相互协调。

(2) 制订明确的工作计划。采购管理者必须了解本部门的业务活动,制订出详细的计划表,从而确定部门实施这些活动所需要的资源。

(3) 确定所需的资源。有了详细的工作计划表,采购管理者就可以对支出做出切合实际的估计,从而确定为了实现目标所需要的人力、物力和财力资源。

(4) 提出准确的预算数字。要保证准确性,可以通过以往的经验来推断,也可以借助数学工具和统计资料通过科学分析和计算来实现。

(5) 汇总。汇总各分部门、各分单位的预算。最初的预算总是来自每个分单元,经过层层提交、汇总,最后形成总预算。

(6) 提交预算。全球采购预算通常是由采购部门会同其他部门共同编制的,全球采购预算编制后要提交企业财务部门及相关管理部门,为企业资金筹集和管理决策提供支持。

(四) 全球采购部门预算的编制

公司预算下面即各职能部门的预算,部门预算的编制既受公司预算的约束,又有各自部门的需求特性。下面以某跨国公司2018年全球采购部门的预算编制模板(基期为2017年10月)为例,来说明全球采购部门的预算编制情况。

表8-3中A列为费用科目分类;B列为2016年年末为2017年全年制定的部门费用预算值;C列为2017年1—10月已经实际发生的费用值;D列为C列值除以B列值后的百分比,合理的状况是占比达到83.3%,超过此百分比说明按照预算进程已经超支,应在余下的11月和12月中注意控制(如果超支较多的话,理应在2017年半年度回顾后进行控制);E列是按照C列的预算实施进度测算的2017年年末预测值,计算公式:E列值=C列值×12/计算基期月份;F列为2016年实际发生值,供制定2018年预算时做历史趋势参考;H列需要对G列制定的2018年预算值相较2017年甚至是2016年增减的原因进行说明。

表8-3 基于科目分类的管理费用预算

A	B	C	D	E	F	G	H
科目	2017年年初预算(万元)	2017年1—10月实际发生费用(万元)	2017年1—10月预算执行状况(%)	2017年年末预测(万元)	2016年实际发生费用(万元)	2018年预算制定(万元)	增减说明
办公费							
保险费							
差旅费							
服务费							
其他费用							
人员费用							
税金							
招待及礼品费							
合计							

第八章 全球采购内控管理

表 8-4 中 B 列按照物料归属将 A 列的物料进行分类；D 列是 2017 年某物料所有采购成交单价基于 C 列采购数量的加权平均数；F 列采集的是某物料 2017 年所有采购成交单价中年末最后一笔的成交价格，供预测 2018 年的采购单价参考；J 列可对 2018 年预算中采购单价和采购数量的升降和增减做出备注说明。2017 年的实际发生值可以从 ERP 数据库中直接导出。需要说明的是，采购材料成本的预算供公司总成本预算使用，采购的材料主要供生产制造部门使用，并非由全球采购部门直接消耗。

表 8-4 基于物料分类的采购材料成本预算

A	B	C	D	E	F	G	H	I	J
		\multicolumn{4}{c}{2017 年实际}		\multicolumn{3}{c}{2018 年预算}	
料号	采购材料物料归类	采购数量	全年平均单价	全年采购总价值	年终单价	采购数量	单价	全年采购总价值	备注说明
									新增物料
合计									

表 8-5 主要对新增的固定资产投资进行预算规划，各部门的固定资产投资汇总后集成公司的固定资产投资总额。投资发生后的折旧年限由相关财务法规进行规定，资产折旧后的净值由财务部门计算，反映在每期的月度财务报表中。需要说明的是，一些工厂自用模具的投资主要供生产制造部门或研发部门使用，并非由全球采购部门使用。此外，由于有的采购物料需要同时由供应商开发模具，但模具所有权归采购方投资所有，因此该类模具也由全球采购部门组织集中采购。

表 8-5 基于科目分类的固定资产投资预算

资产类别	2017 年	2017 年 1—10 月	2017 年年末	2018 年预测	
	预算	实际发生	预测	新增	用途说明
机器或设备					
汽车及吊车					
计算机设备					
标准测试设备					
模具					
其他工厂或办公设备					
合计					

表 8-6 中 2018 年预测的计划新增人头数，由于应聘人员进入部门的全年时点不同，人力资源部门采取全年分季规划的方法。第二季度入职的员工按照 3/4 的人头数计，第三季度入职的员工按照 2/4 的人头数计，以此类推。需要说明的是，尽管人员工资数据可以像物料一样从 ERP 系统导出，但出于工资保密和个人隐私的考虑，公司人力资源部门只会提供每个部门的人均工资福利标准供预算制定参考，而办公室白领、操作一线的蓝领（采购部此

全球采购与供应管理

行可忽略不填）或由劳务派遣的外包人员，由于工资水平差异较大，为了避免部门内不必要的"平均数陷阱"，必须分类进行测算。

表 8-6　人员费用预算

	2017 年年初	2017 年年末	2018 年预测				
	工资福利预算总额	实际人头数	工资福利实际总额	计划新增人头数	增减说明	年末人头数	人均工资福利标准	工资福利总额
白领								
蓝领								
劳务派遣								
合计								

第二节　采购价格审核与成本核算

企业要想在采购过程中获得合理的价格，就必须制定完善的内控制度，认真进行市场调研，采取合适的采购方式，确定合适的供应商，签订规范的合同，严格规范验收手续等。而采购价格的审核不仅仅是对价格这个数据进行审核，而是对获得价格的全过程进行审核，包括对采购政策、采购计划、采购程序以及采购管理等各个方面进行审核。

为了保证供需双方的合理利益，同时防止个别供应商的恶意竞争，报价应该首先被审核。针对供应商的报价，审核的主要方面包括报价产品与采购产品是否相符、是否为重复报价、是否为广告信息、是否含违禁产品、是否只有供方公司网址而无任何报价信息等情况。从确定价格的全过程来分，又可以分为采购方询价、供应商报价，以及双方的议价。

一、询价

询价由采购方做出。全球采购中对于"报价请求"有专门的术语 RFQ。RFQ 意味着采购方应将充分完备和标准化的采购需求信息制作成为标准的询价文件或文件包在统一的时间段内有效地发送给所有参与报价的供应商。以上采购需求信息包括但不仅限于：

（1）保密协议。所有参与报价的供应商都将获得采购方提供的采购部件技术图，于是没有中标的企业无形中掌握了采购方的商业秘密。因此采购方都会要求报价方在获得 RFQ 前先签署保密协议，一般情况下，保密周期为 2~5 年。

（2）采购方自我介绍。

（3）询价文件。一般会详细地说明采购的需求、报价要求、联系方式及截止时间等。

（4）采购规范。采购规范是对采购部件的材料、技术和质量等做出详尽说明的文件。

（5）采购技术图。

（6）技术图参照的国别技术标准。例如，国际标准化组织的 ISO 标准，中国的 GB 标准，美国国家标准学会的 ANSI 标准、美国机械工程师协会的 ASME 标准、美国材料与试验协会的 ASTM 标准、美国军用标准 MIL、德国的 DIN 标准、英国的 BSI 标准、日本工业的 JIS 标准等。对于全球采购活动，尤其要高度关注所采用技术标准的国别差异。

（7）需要供应商填制的企业情况介绍及报价文件。一般情况下采购方会制作具有标准格式的模板以保证将所有报价方的报价放置在同一个比较平台上进行比价。报价文件中除了价格外，如果在询价文件中没有规定付款周期、最小订购量（MOQ）等影响采购定价的贸易条件，报价方可以在报价文件中加以注明。

（8）附件。

二、报价

作为对询价的回应，报价由供应商做出。根据《国际贸易术语解释通则》的规定，一份完整的报价至少应包含商品描述、单价及其构成明细、货币单位、到货地点、价格说明（如是否包含税款、运费、保险）、报价有效期等。

下面以采购的生产部件为例，介绍产品报价的基本构成：

1. 材料成本

生产部件的原材料包括板材、铜箔、聚乙烯（PE）塑料粒子等。材料成本是产品报价的主要组成部分，因此是价格控制的重点。但是，一些大宗商品在国际期货市场和场外交易市场都有标准合约，例如精铜、ϕ6.5mm盘条等，因此这些原材料的国际价格逐渐趋于透明，采购方能快捷地获取价格信息且信息来源的渠道较为丰富。

2. 制造费用

生产部件成本所包含的制造费用包括了工人的劳动成本、机器设备的折旧、用于生产的间接费用如水电能源等的摊销。该项报价是采供双方议价的重点，但从理论上来讲，应该以同行业的费用水平为上限，即如无特殊原因，供应商不应报出比行业内其他企业更高的费用水平。

3. 专用费用

该项报价专业性强。例如模具报价，不同的模具材料，不同的精度，不同的冲压次数，价格差异非常大。因此需要采购方的专业人员参与报价审核与采购谈判。

4. 管理费用

管理费用即供应商进行生产经营管理活动所产生的费用在供应产品上的摊销。通常情况下，供应商为了隐藏高于行业平均水平的利润率，往往将超额利润放置在管理费用名下，因此该项报价往往成为供应商的"黑洞"。

5. 财务费用

财务费用主要是供应商用于生产经营活动产生的经营性贷款利息费用，如供应商为采购方备货产生的贷款利息等。由于贷款利率在公开市场可以获得，因此该项报价比较容易核定。

6. 销售费用

销售费用即供应商进行销售活动所产生的费用在供应产品上的摊销，例如产品外包装费用、送达采购方的运费、供应商的促销费用等。销售费用与管理费用一样，供应商为了隐藏高于行业平均水平的利润率，往往将超额利润放置在销售费用、佣金或折扣的名下，因此该项报价需要全球采购人员仔细审核。

7. 产品利润

该项比较透明，应以供应商的行业利润水平为上限，它是采供双方议价的重点。

8. 税收

涉及全球采购产品报价的税收，主要有：供应商所在国的企业所得税和出口关税，采购方所在国海关收缴的进口关税和增值税。企业所得税和增值税税率各国水平不同，可向所在国税务机关查询，关税税率和贸易监管条件可通过海关商品税目表查询获得。

三、议价

从广义上讲，议价包括了采购方比价、采供双方价格谈判和采购方的核价行为。

（一）比价

询价有效期截止后，采购方需要对提交了报价的供应商的报价文件进行审核。由于采购规范基本框定了采购商品的技术标准和质量要求，因此对价格进行比较就成为报价后采购方的一项主要工作。跨国公司的比价流程一般在采购决策委员会（Sourcing Committee）的主持下进行。

（二）价格谈判

供应商报价没有达到采购方的预期目标，或者采购方对供应商报价中的个别条款如付款条件尚有异议的话，可以启动采供双方的价格谈判。价格谈判可以被看作一种狭义上的议价行为。价格谈判技巧请参见第六章第四节。

（三）核价

采购方专业的核价行为被看作比"比价行为""价格谈判"更为积极主动的企业内控行为。它是指采购审核人员，根据供应商报价的明细构成，根据已知供应商信息，逐一对报价项目进行复核审核的管理控制过程。该项工作要求全球采购人员专业知识和经验丰富，能较全面地掌握国际市场行情、报价产品行业各项费用水平以及报价方的生产运营管理信息。表8-7 提供了某跨国公司对其生产部件供应商出具的核价表以及供应商回馈的价格构成明细数字。

表8-7 采购部件核价表

供应商编号：	42134423	供应商名称：	吴江××电器零配件厂	零件名称：		挡件
图号：	512012601	材料标准：		SAP 物料号：		100089264

报价基于的基本条件	年用量（件）	200000	交货周期（天）	7	付款条件（天）	90
	最小订单量（件）	1000	运输方式	汽运	交货地点	苏州××公司
	标准包装量（件）	200				
	备注					

	零件成本结构（元/百件）		销售费用（元/百件）		费用分配率分析		
			项目	金额（元）	项目	费用总额（元）	总工时（h）	分配率（元/h）
1	材料成本	2.43						
2	制造费用	4.32						
3	专用费用	0.50	包装费	0.01	直接工资	588004	97440	6.03
4	管理费用	3.38	运费	0.01	制造费用	935424	97440	9.60
5	财务费用	0.93			管理费用	732845	97440	7.52
6	销售费用	0.02			财务费用	200566	97440	2.06
7	产品利润	1.16			合计	3015187		
8	采购单价	12.74			公司年销售总额（万元）		1508.00	
9	增值税	1.66	其他		公司产品平均利润率		10.0%	
10	含税单价	14.4	合计	0.02	同类公司平均利润率		10.0%	

第八章 全球采购内控管理

(续)

材料成本分析								
材料名称	材料供应商	计量单位	材料单价（元）	零件净重	废料净重	废料单价（元）	成品废品率	合计
PA66 A4 7035	深圳××化学	kg	25	0.00034	0.00081	6	2%	2.43

生产工艺分析									
工序	设备	设备原值（万元）	购置日期	设备功率/kW	设备使用费（元）	操作人数（人）	班产量（件/8h）	直接工资（元/8h）	百件制造费（元/百件）
烘料	干燥机	0.7	2019.4	4.6	23.18	1	20000	48.24	0.36
注塑	注塑机	30	2019.4	16.5	83.16	1	5600	48.24	2.35
修整						1	3000	48.24	1.61
合计									4.32

专用费用分析						
工模具名称	使用材质	外形尺寸（cm×cm×cm）	金额（元）	件（模）	使用寿命（模）	百件推销金额（元）
注塑模	SKD61	60×40×60	20000	8	500000	0.50

备注	1. 深色区域请不要填写和修改，如各栏目不够用时，需另外附纸补充清楚 2. 所有价格信息请使用不含增值税价格，并以百件为计价单位 3. 核价单必须是电子版和纸质版各一份，纸质版需有供应商经办人的签名并盖公司章

四、采购成本核算

（一）采购成本核算的含义

采购成本的核算是企业对材料、物资、商品等必需的生产经营物资，在采购、供应过程中的成本核算，是以采购对象为费用承担者计算其成本的。采购成本核算旨在加强采购、供应过程中的成本费用控制，努力挖掘采购成本、存储成本的降低潜力，为切实做好成本会计

全球采购与供应管理

工作奠定基础。

(二) 采购成本核算流程与执行标准

采购成本核算流程如图 8-2 所示。

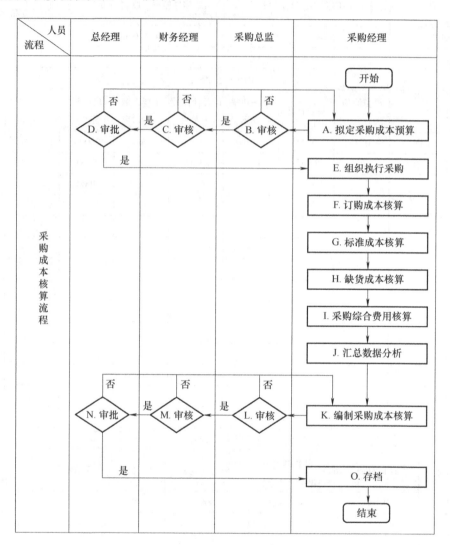

图 8-2 采购成本核算流程

采购成本核算是企业预算管理中的重要构成部分，它的管理是否合理、有效，直接影响企业整个预算体系。所以，遵循一定的核算流程可更加科学、高效地处理采购成本管理工作。采购成本核算的执行标准见表 8-8。

表 8-8 采购成本核算的执行标准

节点序号	工作说明
A	采购经理根据企业采购成本管理相关规定及条例拟订采购成本预算计划，并由采购成本主管协调工作，如要求相关部门负责人制订生产计划与销售计划，调查本部门物资需求，形成报告，作为预算参考资料

第八章 全球采购内控管理

（续）

节点序号	工作说明
B	采购总监对采购成本预算计划进行审核，符合规定的予以批准，否则不予批准
C	财务经理对采购成本预算计划进行审核，符合规定的予以提交，否则不予提交
D	总经理对采购成本预算计划进行审批，符合规定的予以批准，否则不予批准
E	采购经理根据审批结果，组织执行采购。采购中一般涉及订购成本核算、标准成本核算、缺货成本核算以及采购综合费用预算等方面
F	采购经理对订购成本进行核算，通常情况下，订购成本包括往来沟通成本和相关手续成本
G	采购经理对标准成本进行核算，材料的数量标准、材料的单价标准、人工工资率标准及工时数量的标准等方面的分析费用都属于标准成本
H	采购经理对缺货成本进行核算，缺货成本包括失去客户成本、安全存货成本和延期交货成本等方面
I	采购经理对采购中涉及的费用进行综合核算，主要包括物料耗损费用和人工保险费用等方面
J	采购经理负责将采购过程中涉及的各种数据进行汇总分析，成本控制主管负责收集往年采购预算的详尽报告与市场相关信息，进行分析，综合平衡相关信息，以便协助采购经理做出完善的数据分析
K	采购经理根据分析结果编制采购成本核算报表，其中预算编制方法应根据企业实际情况来选择，其基本方法主要有固定预算、弹性预算、滚动预算、零基预算与概率预算
L	采购总监对采购成本核算报表进行审核，符合规定的予以批准，否则不予批准，并提出相关整改意见
M	财务经理对采购成本核算报表进行审核，符合规定的予以提交，否则不予提交
N	总经理对提交的采购成本核算报表进行审批，符合规定的予以批准，否则不予批准
O	采购经理将相关材料进行存档处理

第三节 全球采购合同管理

一、全球采购合同概述

（一）采购合同的含义与签订形式

采购合同是买方（采购方）与卖方（供应商）在双方谈判协商一致同意的基础上签订的，反映"供需关系"的法律性文件，受法律保护，具有法律约束力。

全球采购合同就是企业在全球采购活动中与供应商签订的合同。采购是指产品和服务的所有权从卖方向买方的转移，而采购合同作为所有权转移的见证，当采购合同如约履行，所有权转移成功，交易成功；当一方或双方问题导致合同履行失败，所有权转移失败，交易失败。

全球采购合同签订的形式多种多样，最为人熟知的有两种，即口头合同和书面合同。口头合同是指当事人以直接对话的方式或者通信设备（如电话）交谈订立的合同。其优点是不受时间空间约束，缔约方便；其缺点在于发生纠纷时取证困难，难以进行责任认定。口头合同适用范围较窄，多用于可以即时结清、关系比较简单的交易，或者基于供需双方长期稳定合作关系上的小额临时性交易。在实践操作上，有的国家法律承认口头合同，但中国目前

全球采购与供应管理

的法律并不支持口头合同。相对而言，书面合同更为正规，是目前全球采购实践中采用最广泛的一种合同形式。书面合同是指以文字为表现形式的合同，多以合同书、信件和数据电文（包括电报、电传、传真、电子数据交换和电子邮件）等有形地表现。其优点在于有据可查，权利义务记载清楚，便于履行，发生纠纷时容易进行取证和责任认定，一般全球采购业务都会选择此种合同形式。

采购书面合同中最为常见的是采购条款合同（见附件8-1）和采购框架协议（见附件8-2）。除了采购合同外，在全球采购业务中居于强势地位的采购方还会要求供应商追加签署质量协议（Quality Agreement）、质量目标协议（Quality Goal Agreement）、技术保密协议（Confidential Agreement）、寄售协议（Consignment Contract，对于采购方而言就是零库存协议）、供应商管理库存（VMI）协议等。

（二）全球采购合同的内容

一般而言，采购合同分为首部、正文和尾部三个部分，全球采购合同也是如此。

1. 首部

合同首部应包括合同名称、合同编号、签订日期、签订地点、买卖双方的名称。

2. 正文

合同正文是合同的主体部分，应包括商品名称、品质规格、数量、价格、包装、运输、到货期限、到货地点、付款方式、保险、商品检验、违约责任、纷争与仲裁、不可抗力等。

（1）商品名称。商品名称是指采购方需采购的物资名称。需要注意的是，在合同中必须注明商品的全称，采用国际编码。

（2）品质规格。品质规格作为质量的参考标准，与后期的各种质量问题、追偿等情况息息相关。因此，品质规格条款中需要包含技术规范、质量标准、规格、品牌等内容，尽量做到规格清晰明确。供应商按照确定的规格条款备货，采购方按照确定的规格条款验货，能够最大限度地减少摩擦。一旦发生产品质量纠纷，可参考其条款进行责任认定。

（3）数量。数量条款是指按一定度量制度来确定的采购合同中货物的重量、个数、长度、面积、容积等。其规定必须要具体明确，避免使用"大约""左右"等字眼。

（4）价格。价格包括单价和总价。一般情况下，合同的价格一旦确定就很少更改，为固定价格。价格条款是采购合同中最容易发生舞弊现象的部分。例如，采购人员在订立采购合同时，接受供应商的回扣，没有在价格条款中明确所采购商品的价格，而是约定"商品价格不得超过当地市场供应的最低价格，如有违反价格协议需要进行赔偿"，这一约定只是文字游戏，并无实际约束作用。针对此种情况，采购方需要进行价格控制和市场调查分析，了解价格底线，在合同中明确规定产品单价和总价。

（5）包装。包装条款的内容应包括包装标志、包装方法、包装材料要求、包装质量和包装成本等。包装费用一般包含在货物总价内，不再另外计价。

（6）运输。此条款包括运输方式、装运地点与目的地、承运方等。其中运输方式有海洋运输、铁路运输、航空运输和公路运输等。最为关键的是确定装运方，由供应商、采购方或者第三方物流公司装运。如果货物在运输途中损坏，需追究承运方责任。

（7）到货期限。到货期限是指最晚到货时间，由双方协商后确定，原则是在供应商的能力范围内不影响采购方的正常生产经营。一旦超过到货期限会有相关违约责任产生，有一定的处罚措施。

第八章 全球采购内控管理

（8）到货地点。到货地点是指货物送达的地点，由采购方确定。

（9）付款方式。此条款应包含付款方式、付款时间、支付地点和支付工具等。其中支付工具包括货币、汇票、本票和支票。

（10）保险。此条款主要包括投保人、保险类型及保险金额等，主要目的是减少货物在运输过程中的损失，一般适用于进出口货物采购。

（11）商品检验。商品检验可以发生在供应商交货前，由供应商组织进行；也可以在采购方收货后入库前，由采购方组织进行。关于由哪一方进行检验，以及商品检验的手段和方法等，需要在此条款中注明。

（12）违约责任。违约责任的设置是合同风险控制的重要手段。在合同的执行过程中，由于多方面因素影响，合同的一方或双方可能会有违约行为的出现。违约行为是指当事人一方不履行合同义务或者履行合同义务不符合约定条件的行为，包括不能履行、延迟履行、不完全履行和拒绝履行等。其中不完全履行是指卖方虽然履行了合同，但其履行不符合合同的本旨，包括标的物的品种、规格、型号、数量、质量、运输的方法、包装方法等不符合合同约定等。例如，交付的货物数量不够、质量过差。不完全履行是最有可能出现的违约行为。

为了保护合同缔约方的合法权益，《中华人民共和国合同法》第一百零七条规定：当事人一方不履行合同义务或者履行合同义务不符合约定的，应当承担继续履行、采取补救措施或者赔偿损失等违约责任。

（13）纷争与仲裁。一般而言，处理合同纠纷的方式有和解、调解、仲裁和诉讼。

（14）不可抗力。不可抗力是指在合同执行过程中发生的不可预见的、不能避免且不能克服的客观情况，如地震、台风、洪水、战争等。《中华人民共和国合同法》规定，因不可抗力而导致合同难以履行时，根据不可抗力的影响，部分或者全部免除责任，但法律另有规定的除外。当事人迟延履行后发生不可抗力的，不能免除责任。

3. 尾部

合同尾部包括合同的份数、合同使用的语言和效力、附件、合同生效日期和双方的签字盖章。

与国内贸易不同，国际贸易争端中，国际贸易惯例的法律效力优先于当事方的国内法，根据国际法的原则，法院或仲裁机构会优先依据国际贸易惯例做出法律判决或仲裁决议。

二、全球采购合同管理概述

全球采购合同管理是指企业对以自身为当事人的全球采购合同依法进行订立、履行、变更、解除、转让、终止以及审查、监督、控制等一系列行为的总称。简单来说，全球采购合同的管理主要包括采购合同的签订、采购合同的执行和采购合同的变更与解除三个主要方面。

（一）采购合同的签订

全球采购合同的签订，是买方和卖方双方当事人在自愿平等的基础上，就合同的主要条款经过协商取得一致意见，最终建立起物品或服务采购合同关系的法律行为。

1. 采购合同签订前的准备工作

合同依法订立以后，双方必须严格执行。因此，采购人员在签订采购合同前，必须严格审查卖方当事人的合同资格、资信及履约能力,按照国际贸易惯例和《中华人民共和国合同法》的要求,逐条订立采购合同的各项必需条款。

(1) 卖方当事人的合同资格审查。为了避免和减少采购合同执行过程中的纠纷,在正式签订合同之前,采购人员应首先审查卖方当事人作为合同主体的资格,主要包括:

1)法人资格审查。采购人员应认真审查卖方当事人是否为依法成立的法人组织。

2)法人能力审查。采购人员应审查卖方当事人的经营活动是否超出其营业执照载明的范围。

(2) 卖方当事人的资信及履约能力审查。资信就是资金和信用的总称。审查卖方当事人的资信情况,了解其对采购合同的履行能力,对于在采购合同中确定权利义务条款具有重要的作用。

1)资信审查。采购人员应审查卖方当事人是否具有固定的生产经营场所、生产设备以及与生产经营规模相适应的资金,特别是审查其是否拥有一定比例的自有资金,这是一个法人对外签订采购合同起码的物质基础。

2)履约能力审查。履约能力是指卖方当事人除资信以外的技术和生产能力、原材料与能源供应、工艺流程、加工能力、产品质量、信用高低等方面的综合情况。总之,履约能力的审查就是要了解卖方当事人是否有履行合同的人力、物力、财力和信誉保障。

2. 采购合同的签订流程

采购合同的签订流程根据不同的采购方式有所不同,现主要针对签订采购合同的一般程序进行介绍。总的来说,签订过程主要分为签订要约和承诺两个阶段。

(1) 要约阶段。要约是指一方当事人以缔结合同为目的,向对方当事人所做的意思表示。发出要约的人称为要约人,接受要约的人则称为受要约人或相对人。要约阶段是采购合同签订的第一个阶段。

(2) 承诺阶段。承诺标志着当事人一方完全接收要约人签订采购合同的建议,同意签订采购合同的意思的表示。

(二) 采购合同的执行

采购合同的执行过程中,如果不出现意外情况,则一切按照合同约定执行,顺利完成采购合同。因此本节内容仅针对采购合同执行过程中出现争议与索赔、仲裁处理的问题进行分析。

1. 争议与索赔的处理

在全球采购过程中,买卖双方有可能因为彼此间的责任和权利问题引起争议,并由此引发索赔、理赔、仲裁和诉讼等,在采购合同的执行过程中,处理好争议和索赔是一项重要工作。索赔一般有三种情况:买卖双方间的贸易索赔、向承运人的运输索赔以及向保险人的保险索赔。

在采购合同执行过程中发生争议时,应首先分清责任的归属,即责任是应该属于供方、需方还是运输方。索赔和理赔既是一项维护当事人权益和信誉的重要工作,又是一项涉及面广、业务技术性强的细致工作,因此,在提出索赔和理赔时应注意以下问题:

(1) 出具强有力的索赔依据。索赔方按照合同规定提供必要的索赔证件,其中包括商检机构出具的检验证书。

(2) 注意索赔期限。索赔期限是指索赔方向违约方提起索赔要求的有效期限。例如,买方在该期限内，在交货的品质、数量等不符合合同规定时，可以行使索赔权；卖方根据买方提出的索赔要求是否合理、证据是否充足，决定是否赔付。超过索赔期限，买方即失去要求损害赔偿或其他补救措施或宣告合同无效的权利。

（3）恰当的索赔金额。根据自身蒙受的损失提出适当的索赔金额有助于问题的快速解决。特别要注意过高的索赔金额有可能使简单的事态复杂化，为生产带来不必要的损失。

2. 仲裁处理

经济仲裁是一种和平解决经济纠纷的方法，是指双方当事人自愿将争议的事项或问题提交给公正的第三者审理，由其做出对双方均有约束力的裁决。该第三者成为双方选定的仲裁人（亦称公断人），或为仲裁机构。

当采购方与供应商发生纠纷需要仲裁时，可按照一般的仲裁程序到相应的受理机构提出仲裁申请，仲裁机构受理后，经过调查取证，先行调解，如果调解不成功，则进行庭审，开庭裁决。

诉讼和仲裁虽然都是解决合同纠纷和其他财产权益纠纷的法律形式，但是有明显的区别：

（1）管辖权的取得不同。诉讼过程中，一方当事人只要向有管辖权的法院起诉，法院依法受理后，另一方必须应诉；而仲裁则需要当事人双方在合同中订立仲裁条款或纠纷发生后双方当事人达成请求仲裁的协议。

（2）审理方式不同。诉讼案件的审判庭由法院指定，不能由当事人选择，一般采用公开审理的方式；而仲裁案件当事人有权选定仲裁员并一般采取不公开审理的方式。

（3）监督程序不同。大部分法院采用二审（如我国）或三审终审制度，可适用审判监督程序；而仲裁实行一裁终局制度，可适用司法监督程序，即当事人对裁决不服的，仍可申请司法做出裁定。

（三）采购合同的变更与解除

当采购合同中的一方要求变更或解除采购合同时，在新的协议尚未达成之前，原有合同仍然有效。但要求变更或解除合同的一方应采取书面的形式（文书、电报等）及时通知对方，对方在接收到通知后15日内（另有规定或当事人另行商定期限者除外）予以答复，预期不答复的视为默认。

变更或解除合同的日期，以双方达成协议的日期为准，需报经行政主管部门审批的，以批准日期为准。另外，签订的采购合同中如果发现笔误需要纠正的，需经过双方协商同意后方可生效。

三、全球采购合同管理的方法

全球采购合同的管理对合同双方都十分重要，合同的管理直接关系到采购项目实施是否顺利，合同双方各自自身的利益是否能得到保护，是否能最终实现自己的目标效益。因此，对采购合同实行科学有效的管理有着十分重要的作用。

通过大量实践经验的总结，做好全球采购合同管理工作，最终目的就是合同双方在已达成合同条款的基础上，明确各自的责任和义务，并采用严密的合同管理手段，从而将合同履行中可能遇到的漏洞、扯皮、责任交叉等现象事先加以防范。

全球采购与供应管理

（一）明确各方的责任和义务

1. 采购方的主要责任与义务

（1）提供采购清单。

（2）按合同支付有关款项。

（3）协助供应商办理相关手续，并协助供应商解决在商品供应过程中出现的问题。

（4）在发生供应商违约的情况下，负责处理中止、终止或撤销合同等事务。

（5）解决合同中的纠纷，如需对合同条款进行必要的变更，需要与供应商协商并取得一致意见。

2. 供应商的主要责任与义务

（1）在合同规定的时间内提交采购合同要求的商品。

（2）及时提供出货的支撑性文件，如发票、原产地证明、装箱单等。

（3）制订供应计划并保证其稳妥性、可靠性和安全性。

（4）在供应过程中遇到不可抗力的特殊情况下，应及时通知采购方。

（5）在有需要检测、安装及售后服务的商品采购中，应配合采购方进行相关的作业。

（二）严密的管理手段

采购合同管理工作，既要有明确的责任分工，又要有一系列严密的行之有效的管理手段，包括严格的审批程序以及健全的合同文件管理系统。

1. 严格的审批程序

进行合同管理，就必须按照惯例制定出各个条款中所规定的报批程序和审查批复的时限，如若不然，就会构成不同程度的违约。任何无理拖延都是不允许的，都有损于履行合同的严肃性。

2. 健全的合同文件管理系统

采购合同管理是合同管理的基础工作之一，也是合同管理中的重要环节。合同签署后，管理合同的负责人应马上派专人建立自己的文件管理系统，尽快开始所有合同文件的整理分类和归档工作。合同文件管理系统建立之后，要建立严格的接收和发出合同文件的登记和借阅制度。不允许随意将任何文件私自带走，也不能在查阅时打乱文件原来存放的手续。为了稳妥起见，可以将所有正式签署的合同文本复印一份作为"阅视件"，当合同管理人员或者其他人员需要查阅合同文本时，只允许查"阅视件"。

补充知识：采购条款合同（线上电子资源8-1）

补充知识：采购框架协议（线上电子资源8-2）

第四节　全球采购数据管理

一、全球采购数据管理的必要性

采购是企业经营管理的一个重要环节，特别是近年来随着经济全球化的发展，全球采购也成为一种新的采购模式，是企业获取利润的重要来源。全球采购成本作为企业成本管理的重要的组成部分，是"最有价值的部分"。据统计，采购成本每下降1%，平均可以给企业增加10%的利润，而全球采购作为企业采购的组成部分，也在企业整个供应链管理过程中

第八章 全球采购内控管理

具有举足轻重的作用。

在全球采购业务活动中,业务人员经常需要与大量的数据打交道,这些数据涵盖了物料清单、原材料价格、供应商联系信息、运输费率等诸多内容。如何管理并有效利用这些纷繁复杂的数据,对于企业来说是一个很有意义的课题。因此对数据进行挖掘分析是决策层经常提出的一个需求:近几年物料采购金额的变化趋势如何?哪些供应商对企业的影响最大?每个项目所需物料的品种有哪些?这些物料在全球采购中所占的比重又是多少?诸如此类的问题都是决策人员所感兴趣的,一些比较大的分析需要大量的基础数据来支持,对这些基础数据进行搜集、清洗和整理往往会占用较多的时间。以汽车零件单价为例,作为分析时经常使用的数据项,由于供应商在报价时所基于的货币和物流条件不同,对零件单价直接进行比较分析是欠妥的,这就要求先将进口零件单价统一换算成以人民币为基准的到厂价(DDP),而在换算过程中会涉及汇率、运输费率等多个要素,有些供应商针对不同的物料品类还会采用不同的运输费率,这使得计算过程极为复杂,诸如此类的计算将花费业务人员较多的时间和精力。基础数据的质量直接决定着分析结果的质量,一份低质量的分析报告通常会影响到决策的制定,有时甚至会让决策层做出错误的判断,因此开发出一套采购数据管理与分析系统就显得十分重要。

二、通过数据库管理全球采购信息

1. 全球采购业务数据流程分析

全球采购业务数据流程如图 8-3 所示。

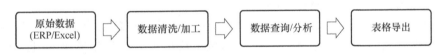

图 8-3 全球采购业务数据流程

全球采购业务原始数据的获取主要通过两个途径:一是 ERP 系统,如物料清单(BOM)、采购订单(PO)等,这些数据由相关业务人员输入系统,具有标准化、格式规整的特点;二是以 Word、Excel 等格式保存的文件,包括销售计划、供应商调研报告等,文件中的数据具有非标准化、格式多样等特点。获取原始数据后还不能对其直接进行分析利用,需要对数据进行清洗,将"脏数据"过滤掉,提高数据质量。这些所谓的"脏数据"由多种原因产生,由于 ERP 系统在用户输入环节设计有一定的约束机制,因此从 ERP 中获取的数据质量一般比较高,而外部文件中的数据则是清洗的重点,如供应商调研报告是由供应商填写完毕后发给采购部,虽然调研之前业务人员已与供应商进行充分的沟通说明,但还是难免会出现格式不统一、信息无意义或无效等情况,对这些数据需要采用留空、匹配等方法进行清洗加工,以提高数据质量。数据清洗工作完成后,用户可以根据自身需要对数据进行查询与分析,报表需求主要来源于决策层,他们通常希望将分析的结果以简洁便携的方式展现,所以报表的格式以 PDF、PPT 为主。

2. 系统设计

首先需要建立一个基础数据库,包括物料清单、供应商联系信息和原材料价格等与全球采购业务有关的数据,再设计采购数据管理模块、采购数据分析模块和供应商信息管理模

全球采购与供应管理

块,使它们与基础数据库进行关联。在基础数据管理模块,采购业务人员负责维护本人所属项目下采购数据信息,其他业务人员只拥有查看的权限,这样既保证了数据的安全性,也提高了数据的及时性和准确性。主要功能模块如图8-4所示。

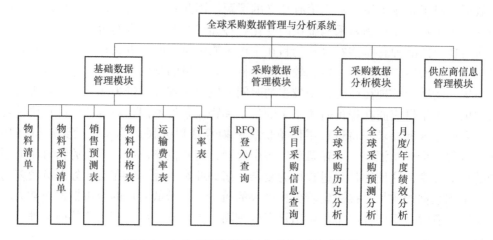

图8-4 全球采购数据管理与分析系统功能模块

3. 系统实现

(1)采购数据管理模块。该模块可对项目单个物件的采购信息进行查询,如年用量、供应商、价格等,在系统的界面上会显示所查询物件在项目的每款约束中的需求量,并且系统还支持对项目中所有物件的批量采购。

(2)采购数据分析模块。拥有"全球采购历史分析""全球采购预测分析"和"月度/年度绩效分析"三个子模块。其中,通过"全球采购历史分析"子模块,用户可以对过去五年的物品全球采购信息进行查询,还能从历史年份、供应商、物料种类和生产工厂四个维度进行单向/交叉分析。"全球采购预测分析"子模块提供了对未来五年物品全球采购预测信息的查询功能,用户可以对预测年份、供应商、生产项目、物料种类和生产工厂做单向/交叉分析。"月度/年度绩效分析"主要从国产化率和成本比较这两个方面进行绩效分析:国产化是企业降低采购成本的一个重要途径,也是考核全球采购业务绩效的一个重要方面,通过对国产化率进行分析可以把握每个月所采购零件的国产化情况;成本比较是考察物品的单位成本与上一月度/年度的差异情况,它同样也是全球采购业务绩效考核的重点之一,通过绩效分析,指导业务人员及时发现问题,并对采购业务活动进行调整和改进。此外,用户还可以快速定制并创建自己所需的PDF报表,为业务人员和决策人员更好地浏览和使用信息提供了便利,并减轻了制作月度报表的工作量。

三、ERP系统中的全球采购数据管理

1. ERP中的主数据

ERP知名品牌SAP的采购物资管理模块设计的主数据包括:物料主数据、供应商主数据、客户主数据、物资相关价格全球采购信息等记录。这几类主数据是实施SAP采购物料管理模块最基本的主数据:物料主数据具体又包括常规物料数据、物料的工厂数据、仓储位置数据、计量单位、控制记录、物料评估、物料说明、物料销售数据、物料主记录状态等信

息；供应商主数据包括供应商一般地区主数据、供应商主记录信息、购买组织数据与财务信息等；客户主数据包括基本数据及相关价格数据等信息。

2. ERP 中的业务数据

核心业务流程的核心业务在 SAP 系统中实现，其业务管理数据包括：物料需求计划、预留备库、临时编码需求计划、全球采购申请、全球采购凭证、物料凭证、更新单据审批控制表、外观检验结果数据、质检数据、库存盘点、批次数据、销售业务数据、发票等数据。

3. 全球采购数据应用分析

在 ERP 系统总体目标的基础上，搭建成一套集决策支持、经营管理和业务数据于一体的 ERP 业务管理平台，通过接口方式实时读取、接收全球采购业务数据，实现相应数据的本地化，同时将读取的数据重点结合业务需求实现对 ERP 数据的分析应用。

第五节 全球采购风险管理

一、全球采购的风险及其分类

一般来说，按照风险产生的来源将商业风险划分为两大类：第一类，公司风险，又被称为非系统风险、可化解风险或可分散风险；第二类，市场风险，又被称为系统性风险、不可化解风险或不可分散风险。

具体来说，全球采购活动作为一项复杂动态的跨国经营活动，势必面临许多商业风险。全球采购活动中既存在国内采购同样会面临的风险，又存在由于国际交易产生的其他风险，这些风险可以按照发生的原因大致分为三类：

1. 由全球采购方产生的经营管理风险

由全球采购方产生的经营管理风险，可被归入公司风险一类。例如：

（1）供应商选择的风险。可能由于全球采购团队专业性不够，或者供应商现场考察疏忽等原因，选择了不能满足供应要求的国外供应商，带来后续一系列的供应风险。

（2）隐含成本的风险。全球采购方在将国内采购成本与全球采购成本进行比较的时候，可能会疏忽全球采购中某些成本的计算，造成全球采购活动的隐性亏损。

2. 由全球采购供应商产生的经营管理风险

由全球采购的供应商产生的经营管理风险，也可被归入公司风险一类。例如：

（1）国际交货不及时的风险。这是指由于供应商没有及时提供采购货物，或者由于没有准备应急预案以防备国际运输中的延迟而造成的实际损失。

（2）质量风险。这是指由于供应商没有进行质量控制，或者由于国际仓储和运输过程中的商品破损而造成的合格品短缺损失。

3. 跨国交易产生的系统性风险

跨国交易产生的系统性风险。例如：

（1）汇率波动风险。这是指全球采购交易双方协议采用当事国一方的货币或第三国货币进行结算，但当全球采购交易过程中协议结算货币发生剧烈的波动时，有可能造成全球采购方的采购成本上涨或全球采购供应商的供应亏损。

（2）付款方式风险。这是指由于双方协议的付款方式，在实际操作过程中出现了不可

全球采购与供应管理

预见的状况,使得付款请求暂缓或终止,造成事实上的欠款或中止发货。

(3) 政治风险。这是指由于全球采购交易当事国之间或一方,或全球采购交易的第三方关联国国内政治动荡造成全球采购活动受阻或遭受损失的风险。

(4) 法律风险。这是指由于全球采购交易当事国,或全球采购交易的第三方关联国在适用法律或对于同一争议不同法律裁定所产生的风险和损失。

上述政治风险和法律风险虽然不属于商业风险,但显然也属于系统性风险,很难完全避免。

二、风险管理的基本措施

风险管理的基本措施包括:

(1) 风险回避。这是指有意识地放弃风险行为,完全避免特定的损失风险。

(2) 损失控制。损失控制不是放弃风险,而是制订计划和采取措施降低损失的可能性或者减少实际损失。

(3) 风险转移。这是将让渡人的风险转移给受让人承担的行为,风险转移的主要形式是通过合同和保险来实现的。

(4) 风险承担,或称为风险保留。如果损失发生,经济主体将以当时可利用的资产进行支付。

三、全球采购风险的规避

鉴于风险无法从根本上消除,而全球采购活动又是一个复杂而动态的交易过程,因此基于风险管理的基本措施,针对上述全球采购活动所面临的主要风险,可以采取的规避方法如下:

(1) 由全球采购方产生的公司风险。这类非系统性风险可以通过提高全球采购方的经营管控能力而加以分散或化解。例如,对于供应商选择风险,采购方可以采取增加备选供应商、实施供应商的分级管理、制作供应商现场考察标准模板、完善供应商审核流程、加强全球采购人员素质和能力培训等措施来规避风险;又如,对于隐含成本风险,采购方可以通过建立多部门参与的价格比较机制和完善价格审批制度来规避相应的风险。

(2) 由全球采购的供应商产生的公司风险。这类非系统性风险也可以通过提高全球采购供应商的经营管控能力来加以分散或化解。例如,对于国际交货不及时的风险,供应商可以通过强化本企业生产供应能力、设置安全库存、理顺国际供应链流程等方法来最大限度地减少交货延迟。又如,对于质量风险,供应商可以通过建立 ISO 9000 体系来制订质量计划(QP),进行事前、事中和事后的质量控制(QC),实施质量保证(QA)等手段来规避质量风险和损失。当然,对于那些由跨国交易活动产生的系统性风险,超出了全球采购供应商的管控范围,譬如运往非洲的集装箱货轮在索马里海域遭受海盗抢劫,造成事实上的交货延迟或缺失,这一类风险就不属于公司风险,而应纳入系统性风险的管控范围,可能采取的风险应对方法包括购买国际海上货物运输保险或支付额外费用请求海上武装押运等。

(3) 由跨国交易产生的系统性风险。这类风险很难通过提高全球采购采供双方的经营管控能力来获得化解。为了回避此类风险,主要采用风险转移和损失控制的措施。例如,可以通过购买保险或共同约定损失分担比例的方法来转移系统性风险。而风险控制的阶段包括事前、事中和事后控制三个阶段。事前控制的目的主要是降低损失的概率，事中控制和事后控制主要是为了减少实际发生的损失。

[本章案例讨论]　宜家采购的内部管理体系

1. 宜家及其生产运营简介

宜家（IKEA）是由创始人英格瓦·坎普拉德（Ingvar Kamprad）先生的姓氏及名字的首写字母（IK）和他所在的农场（Elmtaryd）以及村庄（Agunnaryd）的第一个字母组合而成的。

宜家公司的家居产品的设计、生产和销售已经形成一整套严密的流程，分别由不同的公司加以管理。宜家产品的设计通常是在宜家总部完成，这样能够保证宜家产品的独特风格。期间为了保证宜家产品的顺利生产，设计人员也会邀请供应商进行协商，尽量调整和优化产品设计流程以适于生产。产品在设计完成后，交由宜家集团下属的公司——宜家采购有限公司来负责所需原材料的全球采购，与供应商的合作也由其单独完成。当所需原材料从全球各地采购完成以后，其分配和销售则交由宜家零售有限公司完成，宜家零售有限公司就是所谓的"宜家家居"。

具体说来，位于阿姆霍特的"IKEA of Sweden"负责研发宜家产品系列，宜家家居产品系列包括约10000多种产品。"IKEA of Sweden"的基本经营思想是低价，以使设计精良、实用性强的家居产品为人人所有。由来自企业内部和外部的设计师所设计的新产品，在其仍处于绘图设计阶段时，就接受分析和评估，从而确保这些产品能够达到功能完善、高效分销、质量上乘、绿色环保和价格低廉等要求。同时，"IKEA of Sweden"还负责为这些产品进行独特命名，如GUSTAVA、STOLLE等。不同的产品按照不同的规则进行命名，例如棉纺产品和窗帘通常取女性化的名字，地毯以丹麦的地名命名，沙发则以瑞典的地名来称呼。Swedwood集团是宜家工业集团，负责生产木制家具和木制家具配件，Swedwood在9个国家拥有32个工业部门。从某种意义上言，IKEA是世界唯一——家既进行渠道经营又进行产品经营并且能取得成功的企业。

然而，宜家并不满足于仅仅控制家居产品的销售渠道，更希望其品牌及专利产品能够最终覆盖全球。基于此种理念，宜家一直坚持由自己亲自设计所有产品并拥有其专利，每年有100多名设计师夜以继日地工作以保证"全部产品+全部专利"。所以对于宜家而言，绝不会存在所谓的"上游制造商"的压力，也没有任何一家制造商能对其进行所谓的"分销管理"。宜家作为全球最有名的家居公司，其独特的研发设计、覆盖面广的全球采购、数量庞大的零售连锁商店以及温馨的购物环境使其经久经营而不衰，反而越发壮大。宜家的全球采购、供应商选择与管理模式以及绿色环保经营理念反映并引领了采购与供应链管理的发展趋势。

2. 宜家公司的全球采购

为了协调原材料采购市场和销售市场的空间矛盾，保证宜家公司全球业务的正常运作和发展，保持宜家在全球市场廉价而时尚的品牌形象，宜家公司努力构建高效、敏捷、低成本的全球供应链，以培育自身竞争优势。宜家在全球的五个最大的采购地分别是：中国第一（18%）、波兰第二（12%）、瑞典第三（8%）、意大利第四（7%）、德国第五（6%）。但

全球采购与供应管理

销售量最大的国家分别是：德国第一（19%）、英国第二（11%）、美国第三（10%）、法国第四（9%）、瑞典第五（8%），目前宜家在俄罗斯的市场拓展速度也非常快。为了便于进行全球采购管理，宜家将全球采购范围划分为17个采购区域，这17个采购区域的管理者根据本地区的独特优势，建议总部采购本地物品，如硬木等原料或产品。总部根据每个区域管理者的汇报权衡利弊，确定哪种产品在哪些区域具有较强的竞争力，然后分配区域。某一种产品或原材料可能只由一个国家来供应，也可能同一种商品由不同的国家供应。例如，在瑞典的宜家家居零售店里，能经常看到一种小碗，标价4美元。而在上海宜家，该类型小碗的标价只有2美元。不同之处在于，瑞典宜家出售的小碗上著有"Made in Poland"的标识，而上海宜家的小碗上则刻有"Made in China"的标识。正常情况下，我国的劳动力和原材料都比波兰低很多，为什么瑞典宜家没有选择我国供应厂商，而是选择波兰的厂商作为供应商呢？其原因在于，从波兰到瑞典要比我国到瑞典的距离近很多，综合考虑产品的价格和运费，加以权衡后发现，波兰生产的这种小碗运抵瑞典的成本要比我国生产并运抵瑞典的成本低很多。产品成本较低是相对于销售地区而言的，与产品的采购区域有关，在采购时必须综合考虑产品从采购区域运抵销售区域的各种费用，毕竟不同运输方式产生的运输费用不同，采购时各地支付的货币不同，关税也不尽相同，这会导致产品的最终售价不同。宜家会将各种成本因素列成一个矩阵，通过矩阵方式来确定和选择采购区域。

3. 宜家的"模块"式研发和设计体系

宜家的研发体系非常独特，能够把低成本与高效率融合在一起。宜家发明了"模块"式家具研发与设计方法，这样不仅可以降低研发与设计成本（因为基本每一种设计都具有生产的可行性，不会因为大量的设计方案不具备可实施性而造成设计成本增加），而且也大大降低了产品的成本（模块化意味着大规模生产和大规模物流）。宜家的设计理念是"同样价格产品的设计成本更低"，因而，设计师在设计过程中往往就是否少用一个螺钉或能否更经济地利用一根铁棍而展开竞争，这样不仅能够降低成本，而且会产生大量的杰出创意。因此，很多业界人士认为，宜家是唯一能深刻理解"简单即美"的企业，用"简单"来降低顾客让渡成本，用"美"来提高顾客让渡价值。

4. 严格的供应商选择与管理以及 OEM 管理措施

尽管所有的产品设计工作由宜家自己进行，但为了最大限度地降低制造成本，IKEA 在全球范围内实施生产外包，每年会有2000多家供应商为获得宜家的外包活动而展开激烈的竞争，只有在保证质量的同时能达到成本最低的供应商才有可能得到大额订单，而且这些供应商在接到订单之后也并非可以"高枕无忧"和"一劳永逸"，因为宜家会时常去考核供应商的供货及时性与质量水平以及经营理念的吻合性。不仅如此，宜家每年都会重新评估其供应商的供应绩效。另外，IKEA 每年会对其供应商提出固定的降低生产成本的指标，使得其制造成本能够进入持续下降的良性循环。

供应价格水平仅仅是宜家选择供应商的众多指标之一，要成为宜家的供应商必须首先通过宜家制定的2000多条考核条目，包括价格、环保、质量、物流、环境、发货准时性、员工工作条件、劳动时间和强度、安全性因素和供应商管理方式等方面。

宜家选择供应商的基本标准是全球统一的。例如，西欧和我国对环保的要求是不一样的。但宜家在选择供应商是否符合环保条件时，不会考虑西欧和我国之间的地域性差别，一视同仁，两个地区的供应商必须要达到宜家统一的环保标准。如果同样的产品在不同的国家

第八章　全球采购内控管理

生产，必须要保证不同国家生产出来的产品完全一样。同时，由于各国发展水平不一样，宜家会综合考虑各个地区的特点，根据其优势选择供应商。例如西欧和我国的设备情况不一样，相对来说，西欧的机器等设备情况较好，自动化程度较高，而我国由于很多人从事手工制造业，所以宜家在选择供应商的时候就会考虑，需要机器生产的产品会倾向于选择西欧供应商，而需要手工制作的产品，选择我国供应商的机会就会多一些。因此，像木马这种完全依赖手工制作的商品，宜家选择了我国供应商。实际上，由于我国劳动力相对便宜，并且质量水平提高很快，现在在宜家已有的 2000 多家供应商中，我国供应商所占比例达 80% 之多。

宜家和经过严格筛选的供应商之间实施的都是长期供货政策。在达成供货协议以前，宜家会对供货商进行非常严格的选择，在达成协议后就会采取相互谅解的态度。供货商在开始阶段有可能会达不到宜家的要求，但是宜家会继续给其一些机会，帮助其弥补不足以达到应有的生产水平，或者找寻原因进行协调，以设法找到可以平衡的方法。

针对同一种产品，宜家倾向于只选择一家供应商，当需要供应的数量很多时，宜家会考虑选择第二家供应商。由于开发新的供应商的成本非常高，宜家会倾向于发展现有供应商。在选择好了供应商之后，宜家会根据每种产品在每个地区的历史销售量，为供应商提供一份该产品的需求预测，让供应商依据需求预测生产该产品，以保证宜家具有安全存货量。安全存货量通常是宜家 4 个星期的售货量，也是宜家最小规模的销售量。由于每种产品的需求预测数量会有所不同，通常宜家是按照产品的价格进行区分，价格相对高的产品，需求数量会少一些；价格相对低的产品，需求数量会多一些。对于新产品，宜家通常是按照价格水平相类似产品的销售情况进行预测，例如宜家在推出沙发时，就会考虑与其定价一样但是形状不同的沙发的销售情况；对于那些没有可参照商品的新产品，宜家通常是按照零售商方面提供的预测结果进行需求预测。

5. 精心设计的物流体系

（1）宜家物流的硬件设施。宜家总部的第一个物流中心建于 1964 年，其在瑞典总部的三个物流配送中心通过铁路线相互连接。宜家于 2000 年建成了 DC008 物流中心，其库容约为 8 万 m^2，其中 5 万 m^2 采用全自动化仓库（AS/RS），其余 3 万 m^2 则属于普通货架仓库。宜家配送中心基于功能可以分为两个部分：一部分是 DC（直接配送中心），主要负责对销售网点的货物配送；另外一部分是 CDC（辅助配送中心），辅助网上销售，直接面向顾客提供送货上门服务，通过地下隧道与 DC 相连接。宜家的 CDC 平均每天处理 1200 多份订单，生成约 300 多个货物单元，每天大概会有 65 辆货车从配送中心出发以公路运输的方式送货抵达北欧客户。宜家总部设有专业运输部门，控制全球的 10000 多辆货车，其中 3000 多辆货车为宜家所拥有。DC008 配送中心有 1000 名员工，每天要处理 12000m^3 的家居物品，每年合计处理 230 多万 m^3 的货物。

尽管物流成本占据了家居类产品成本的很大比重，但是宜家创造的著名"平板包装"不仅可以实现商品储运过程中的集装单元化，降低了运输成本，而且在物流中心的现场作业中也大大提高了装卸效率，而且使自动化存储成为可能。

宜家在全球的采购和销售过程中都是采用集装箱运输。在集装箱的装卸过程中，如果使用托盘作业，每只集装箱的装卸时间就只需要 30~40min；不使用托盘的话，则需 3~4h，托盘的使用无疑大大降低了综合物流成本。托盘的运用是物流中心高效运作的基础。物流中

全球采购与供应管理

心使用的托盘规格也非常多,管理上也非常细致。欧洲的托盘标准体系有 10 种不同的规格,编号为 E0～E9,但使用最普遍的是 800mm×1200mm 这一规格。根据货物的不同规格,可以选择相应尺寸的托盘,宜家在供应分布于欧盟国家的零售商店时都使用标准托盘运输。

宜家仓库货位架的结构和尺寸是按照不同的托盘规格来设计的。除了欧洲标准体系中的 10 种规格之外,宜家还规划了自己的托盘标准(I1～I9),它是依据欧洲的货盘标准,再结合宜家自身情况而制定的。宜家仓库中 60% 的货物是放在欧洲标准托盘 E3、E4 和宜家标准托盘 I3、I4 中的。宜家的仓库管理中对托盘的质量有着严格的要求。

DC008 的自动化立体库,货架高 26m,有 11 台堆垛机,22 个巷道,存储着 8000～9000 种货物,整个自动化立体库可以存放 57000 个标准托盘。整个系统由 SWISSLOG 提供设备和系统集成,整个自动化立体库无人操作,值班人员只负责解决各种突发事件。事实上,由于堆垛机运行平稳,基本不需要特殊的维护。

DC008 仓库分为内外两个部分。由于不同种类货物的周转速度不同,而且要使用叉车进行装卸作业,需要尽可能地减少货物的运输距离,因此在仓库进门处设计一个工作室,相关技术人员在这里通过系统对仓库的各项作业进行周期性分析,实时调整货物的存储位置。

商品周转率是宜家衡量其物流绩效水平一个非常重要的指标。仓库管理系统和现场调度要根据该指标来合理安排货物的存储区域和运输路线,以最大限度地减少搬运距离,提高效率、降低成本。货品以周转快慢为指标进行分类,周转速度为 8 周以内的,尽量靠近出入库区,周转速度为 8～16 周的商品次之,商品在 DC008 存放的最长时限为两年。整个中心可以存放 10 万个托盘,一年的周转率是 5～6 次。

DC008 有 19 个进货门,22 个出货门,其中"230 门"是指 2 号楼的第 30 门,首个数字"1""2"是用来区别进货和出货的。区分进货门和出货门的目的在于进一步减少总的货物运输距离,提高仓库的整体运作效率。

物流中心的一侧是一个接一个的装卸单元,配备完整的装卸门封、雨篷、滑升门。货柜车可与之平滑衔接,卸货时,能进入集装箱货柜作业的叉车将货柜里的货物卸载至暂存区,再由蓄电池堆高叉车将从货柜里卸出的货物,按照货位信息分别送抵后面 10 多米高的货架上。部分需要进入自动化仓库存储的货物则按照系统发出的指令,由输送线传送到堆垛机作业区。

DC008 仓库内共有 65 台电动叉车往返穿梭作业,而且都有备用蓄电池。通常一般蓄电池的工作时间为 7～8h,在电力耗尽时,采用直接更换蓄电池的方法,这在很大程度上提高了叉车的工作效率。

(2)宜家物流中心的软件设施——IT 系统。宜家的 DC008 物流中心配有完善的计算机系统,是宜家配送中心运营有条不紊的奥秘所在。该系统是宜家和软件供应商一起开发的,"量身定做"的系统在很大程度上适应了宜家的特殊需求。

该系统包括自动订货系统,需要订货的商店通过该自动订货系统进行订货。如果订单确认,系统会把相应的信息传递至仓库的数据管理系统,仓库的计算机控制系统就会自动按订单完成取货作业,整个订货过程自动完成。

宜家仓库还有一个完善的仓库作业安全管理系统。该系统能够在作业过程出现差错时,发出相应警告。例如托盘未放好或者未放到位,系统会亮出红色警示;闪灯或者发出报警蜂鸣声,以确保现场高效而又准确地运作。

第八章　全球采购内控管理

宜家仓库管理系统的另一个重要作用就是进行良好的库存面积管理。系统将仓库的每一个位置进行编号，以便于通过计算机迅速准确地找出指定位置。为了保证适当的周转速度，系统会有意识地留有 15% 的空位，而且系统会依据不同的编号对货物进行分区库存管理，由于货物的性质以及客户的需求不尽相同，系统会根据相关的数据信息及系统算法，区分货物出库的轻重缓急，通过系统配置最适宜的存放位置，从而保证仓库既拥有较高水平的库存，又具备较快的周转速度。

DC008 仓库内的现场装卸作业也是通过仓库的控制中心加以控制的。叉车都装有车载终端，入库作业时，都需要读取货位编号及货物条码信息进行核对；出货时，经过反向核对相应的信息后才出货。此外，系统也具备管理叉车装卸作业的功能，通过系统控制车辆装载的重量，还可以调整货物装载的重心，以确保作业的安全。

宜家的仓库管理系统功能完善而又运行稳定，全球的宜家仓库都使用相同的管理系统。2006 年，系统运作的准确率达到了 99.9%。

宜家在全球有 28 个类似 DC008 这样的物流中心，需要大量的资金投入。宜家每一个类似的物流中心都需要投资人民币约 100 亿元，建设周期为 9 个月。

调度中心在入库作业中的作用至关重要，系统根据相关信息报告，提前获悉货车进入物流中心的时间，调度中心可以提前计算出货车装载货物所需要的货位数和具体位置以及现场作业的区域，提前下达现场作业指令和车辆的现场调度信息，整个过程都是通过程序自动执行的，相应的指令会发送到叉车和货车的数据终端上，在调度中心的系统中用简单的数字区分各种入库作业的状态。例如，"2" 表示货车在仓库外还未到达门口，"20" 表示货车到达仓库门口，"30" 表示开始装货，"70" 表示货物已经装好，车辆出库。宜家物流中心的存储效率也很高。在一般情况下，每台堆垛机从仓库调取一件货物的时间最长需要 2min，而最短仅需 10s。

（3）宜家物流配送要求与原则。宜家对物流配送服务中心有三条最基本的要求：一是要保证覆盖区域内家具商店有充足的货量；二是要保证宜家公司不断地扩张发展的需求；三是要保证物流的效率和最低成本的运作。

宜家同时还为物流配送作业制定了如下程序和周期控制原则：第一天商店卖出了一件货物，马上通过计算机网络系统显示给计划部门，第二天就要安排供货，第三天所需货品一定要完成从仓库出货，第四天运到商店，第五天新商品上架。无论在世界任何地区，都必须保证这样的货物流转速度和流程。为了进一步降低物流成本，宜家把全球近 20 家配送中心和中央仓库集中于交通要道和集散重镇，以方便与各门店的物流联系。

从门店提供的实时销售记录开始，反馈到产品中心，再到 OEM 商、物流公司、仓储中心，直到转回到门店，整个物流链的运转在 IT 技术的支持下极为顺畅。

（4）宜家物流中心的员工管理。宜家 DC008 物流中心的工作环境温度被设定在最适宜的 14℃。员工在工作时表情相当轻松，其驾驶的叉车上载有收音机和电视，驾驶者可以在音乐的伴奏下工作，工作间隙还可以看电视，但这丝毫不影响员工的工作效率。

宜家公司实行员工终身雇佣制度，而且每个人都要必须经过严格的培训，要求在两年之内，每个工人必须在仓库里的所有岗位都工作过。因为公司认为如果员工总是做同一种工作，不仅效率低下，而且人也容易疲劳，容易患职业病，所以在 DC008 工作的员工通常平均每两周就更换一次工作岗位。

全球采购与供应管理

宜家公司每三个月进行一次全员的身体检查，保证员工的身心健康。员工也可以参与物流中心管理的改善计划，物流中心也会给员工很多发展自己的机会，并鼓励员工去学习，并且员工可以通过网上申请较高一级的工作，这也是对员工一种极大的激励。宜家最愿意招聘的员工是30岁左右的工人，但在招聘过程中并没有做特别要求，宜家对员工年龄的要求也非常简单，低于退休年龄的65岁就可以，这属于典型的瑞典模式。实际工作中，操作人员的工作效率会有差别，但是通常情况下这种效率的差别不会产生工资差异。宜家只会鼓励工作人员想办法提高工作效率，尽量保证工人的效率保持一致。由于仓库的管理系统功能很强大，它可以统计分析每一个操作者的工作绩效。若是出现效率低的情况，中心会采取相应的措施帮助其提高工作效率，并且有专门的人员给予辅导，而且会给予多次机会，但是如果始终不改善，那么该工人也会被解雇。

6. 宜家的绿色采购与供应理念

尽管宜家每年都要消耗大量的木材，但宜家从来没有受到环保组织的谴责。这是因为宜家一直倡导自然和节俭的生活方式。宜家的绿色采购与供应理念首先表现为在原材料使用、能源消耗和其他资源的利用上厉行节约、减少浪费和减低损耗。宜家曾经生产过一种名为OGLA的座椅。20世纪60年代，OGLA是由榉木材经过热模加工制成的；1983年，为了便于运输和仓储，座椅被改装成易组装的组装件，顾客可以自行组装；后来，制作座椅的榉木又被换成可以循环使用的塑料，于是，OGLA不但比以前更坚固而且可以在户外使用了；1994年，公司开始用酸奶杯的下脚废料来生产这种座椅；1999年，宜家又用塑料管来代替实心塑料，这种新技术在使用后又可以节约30%的原料。

宜家对环保的重视还表现在尽量使用天然及可循环使用的原料，生产出来的产品在使用后能够被回收利用。宜家曾经生产过一种很有名的杯子，这个杯子是设计人员和供应商在耐克的生产厂中共同完成的，采用的原料是耐克生产运动鞋剩下的边角料。宜家先确定了要生产一种非常便宜的杯子，杯子的价格被事先确定下来。为了实现如此之低的价格，设计人员和供应商开始遍寻原料，最后在耐克的生产厂里发现一些制作运动鞋剩下的边角料符合要求，于是根据这些边角料的情况设计出了相应的杯子。杯子因为采用的原料很便宜，成本被控制得很低，而且节约了大量原材料。

宜家并不仅仅对自己的运营工作力求环保，还将环保意识贯彻到对供应商的选择上，要求供应商也必须符合相应的环保标准，生产出来并投放到市场的所有产品都严格遵照相关环保和安全规定，并将此定为所有市场的宜家标准。

作为原料，木材因其所具备的再生性、再循环性及生物上的可降解性而成为宜家的首选。每年宜家的生产都需要供应大量木材。但是过度开采木材，会导致森林的严重匮乏，破坏地球上本来就很有限的森林资源。于是宜家规定供应商供应的木材必须产自那些得到良好管理的林场，必须是来自存活五年以上的再生林，很多供应商在给宜家供应木材的同时，经常顺便也自己开始种植树木经营林场，以满足宜家庞大数量的木材供应。

宜家的成功离不开其独特的研发和设计体系、全球采购模式、特殊的物流系统以及直销的国际分销模式。基于经营理念、研发体系、采购和分销模式等环节的管理思想为企业获取竞争优势做出了重要贡献。总之，宜家凭借其模块式的研发和设计体系、全球采购模式、独特的物流体系、全世界连锁的家居零售和贯穿于运营过程的绿色环保理念确保其能够在家居产业中独领风骚。我国以及世界上其他国家的家居企业应该取其精华，实现自我发展和不断壮大。

（本案例根据斯琴的《宜家的全球采购》、中国采购与物流网的《宜家缔造家具供应链王国》以及宜家网站的相关信息整合改编而成）

讨论：
1. 与其他家居公司相比，宜家研发与设计的特殊性表现在什么地方？
2. 宜家在选择供应商时的评估标准有哪些？宜家如何对供应商进行评估？
3. 你认为宜家的竞争优势在哪里？为什么？
4. 宜家如何将其内部控制与设计、采购、生产、物流等一系列运营管理有机地结合起来？
5. 宜家集团内部各公司的分工状况如何？如何实现这些公司的分工与协作？

◇ 【本章小结】

本章主要介绍了全球采购的内控管理，主要包括全球采购预算管理、采购价格审核及成本核算、全球采购合同、数据及风险管理，这些内容是企业在进行全球采购活动中必须面临的问题，加强内控管理可以提高企业全球采购的效率，降低采购成本，实现企业效益的最大化。

◇ 【本章思考题】

1. 在全球采购活动中，企业进行预算管理将会面临哪些困难？
2. 举例说明采购价格审核的具体流程。
3. 本章介绍了 ERP 系统管理全球采购数据，分组讨论还有哪些采购数据的管理方法。
4. 除了本书介绍的风险，企业在全球采购时还会面临哪些风险？如何应对这些风险？
5. 结合教材章节，讨论全球采购管理应对哪些领域进行内控。

第九章　全球采购绩效管理

◇ 【学习目标】

了解绩效考核的必要性；能运用平衡计分卡设置关键绩效指标，实施世界级的供应管理；通过跨国公司实践案例，掌握如何通过构建高效采购机制来实施全球供应链管理。

◇ 【教学重点难点】

1. 平衡计分卡的四个维度
2. 世界级供应管理的内容
3. 全球采购的关键绩效指标

第一节　绩效考核的必要性

松下幸之助曾尖锐地指出：不管有无制度，经营上总是要经常对人进行考核；如果缺少对业绩、能力的制度性考核，我们只能依赖一线监督者的意见做出人事安排，稍有疏忽，稍有不注意就会出现不平、不公，导致不满，损害士气和效率等。所以，有作为的经营者都会采用人事考核制度，努力对职工的能力和业绩做出客观而公正的评价。因此对绩效进行考核就显得尤为重要。

1. 绩效考核作为组织战略落地的工具具有战略意义
（1）绩效管理系统能将员工的工作活动与组织的战略目标联系在一起。
（2）可以通过提高员工的个人绩效来提高公司整体绩效。

2. 绩效考核作为决策依据具有管理意义
（1）对员工的绩效表现给予评价并给予相应的奖惩，可以激励员工。
（2）通过绩效考核可以发现、培养和提拔专业骨干和管理人才。
（3）绩效考核的结果是企业进行薪资决策、晋升决策和解雇决策的重要依据。

3. 绩效考核能改进绩效因而具有开发意义
（1）通过绩效考核可以发现员工工作中的不足之处，对员工进行针对性的培训，使他们能够更加有效地完成工作。
（2）通过绩效考核能帮助提高员工的知识、技能和素质，促进员工个人发展。
（3）通过绩效考核，不仅能指出绩效不佳的方面，更重要的是找出导致绩效不佳的原因。

因此，绩效考核不仅是要"知人"，进而是要"用人"，包含如下的目的：
（1）据以订立绩效目标。
（2）评估过往绩效。

(3) 帮助改善现时绩效。
(4) 据以任用员工。
(5) 据以调配和升降员工。
(6) 据以评估培训和发展。
(7) 检验员工招聘和培训的效果。
(8) 确定薪酬。
(9) 激励员工。
(10) 协助员工制订职业生涯发展规划。
(11) 收集管理信息。

第二节　平衡计分卡

平衡计分卡（Balanced Score Card，BSC）的概念最早由哈佛大学商学院会计系罗伯特·卡普兰（Robert S. Kaplan）教授和复兴方案公司总裁戴维·诺顿（David P. Norton）于 1992 年在《哈佛商业评论》杂志上提出，并于 1996 年撰写成《平衡计分卡——化战略为行动》一书。根据 Gartner Group 的调查资料显示，到 2000 年为止，在《财富》杂志公布的世界前 1000 位公司中，有 40% 的公司采用了平衡计分卡，88% 的公司提出平衡计分卡对于员工绩效方案的设计和实施是有帮助的。进入 21 世纪后，我国大量企业接受并且逐渐开始实施平衡计分卡。

技术娴熟的飞行员可以在飞机驾驶过程中处理大量仪表提供的信息。然而在复杂的竞争环境中管理现代企业，其难度并不亚于驾驶一架飞机。像飞行员一样，管理者必须掌握关于环境和业绩因素的"仪器"，这些"仪器"引导他们飞向光辉的未来。平衡计分卡为管理者提供了引导他们在未来竞争中获得成功所需要的"仪器"。

平衡计分卡将企业的使命和战略化为一套全面的指标，这些指标为战略衡量和管理系统提供了架构。平衡计分卡仍然重视实现财务目标，但是也兼顾了财务目标的业绩驱动要素。卡普兰和诺顿建议企业在保留财务指标以概括已采取行动的结果的同时，还应通过另外三个层面的非财务指标来平衡结果指标。这三个层面是客户、内部业务流程、学习与成长，如图 9-1 所示，它们是未来财务业绩的动因和先导指标。平衡计分卡通过财务与非财务考核手段之间的相互补充，不仅使绩效考核的地位上升到组织的战略层面，使之成为组织战略的实施工具，同时也在结果与动因、长期与短期、外部与内部、客观与主观、有形资产与无形资产、领先指标与滞后指标之间，及组织的各个利益相关者之间寻求"平衡"的基础上完成了绩效管理与战略实施过程。因此，平衡计分卡使各公司在追求财务结果的同时，监控公司为了未来的成长而培养能力和获得无形资产的过程。

战略的成功执行需要三个要素：如何描述战略、如何从多个视角衡量战略目标、如何管理战略。而平衡计分卡主要着重回答第二个问题：如何从多个视角衡量战略目标。正是基于此，采纳平衡计分卡的公司，大多又将其作为战略实施过程中，期初目标设置和期末绩效考核的工具。平衡计分卡四个层面指标间应有明确的因果关系，如图 9-2 所示：要实现企业的财务目标，就需要高度关注客户；而为了满足客户需要就要求企业从客户需求出发，不断变革内部业务流程来提供多样化的客户解决方案；而内部业务流程的改变，就迫使员工需要不断地进行学习以获取与企业同步的成长。

全球采购与供应管理

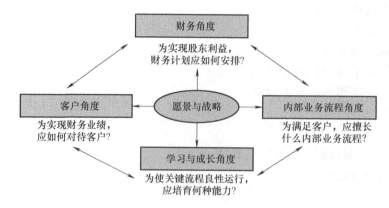

图 9-1 平衡计分卡四个层面指标的相互平衡

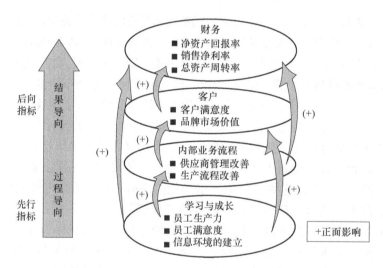

图 9-2 平衡计分卡四个层面指标的因果关系

下面以招商银行收入增长战略为例来说明平衡计分卡四个层面指标的因果关系。招商银行（China Merchants Bank）于 1987 年成立于深圳蛇口，是中国境内第一家完全由企业法人持股的股份制商业银行。招商银行的发展目标是成为中国领先的零售银行。基于这个发展战略，1995 年 7 月推出银行卡一卡通，1999 年 9 月启动中国首家网上银行一网通，成为众多企业和电子商务网站广泛使用的网上支付工具。对此，2001 年 CCTV 中国经济年度人物马蔚华行长解释道，"招商银行成立之初是六大商业银行中的一个'小弟弟'，如果继续沿用开设营业网点的旧经营模式，招商银行一方面没有那么多的营运资金，另一方面即使投资建设了营业网点，也不可能超越'工农中建'四大行的规模，因此招商银行转而将服务重点放在网上银行开发上。但网上银行的一个先天缺陷是与客户的交互性差，因此就需要为招商银行建设一个强大的服务热线。"从上述访谈内容可以看出，招商银行出色地平衡好了企业资源能力与企业发展和企业绩效之间的关系：为了给股东提供高回报的财务业绩，招商银行推出了网上银行服务，使得客户可以足不出户地享受银行的各类金融服务，但是这一新的服务模式需要招商银行把主要的内部业务流程从人工柜员服务转向柜员终端机服务，为此招

第九章　全球采购绩效管理

商银行需要进行热线电话中心服务应答培训、终端机操作服务辅导培训以及银行大堂人工值班技能培训等一系列的员工学习与成长计划。

下面再以某制造企业应用平衡计分卡对管理行为进行考核的过程，来说明平衡计分卡四个层面之间的逻辑关系（见图9-3）。企业从战略层面分析了自身的能力与面临的机会和威胁，并制定了相应的管理措施。例如，为了实现降低成本的目标，从财务层就要求企业成为所在行业的成本领先者，为此企业采取了外包策略，而这一内部业务流程的改变，使得企业的采购部门需要实现从直接采购者向分包商的角色转变，从而需要加强对原先采购人员谈判和合同管理能力的强化训练，并列为年终的重点考核内容。而要实现增加收入的目标，有两条路径：如果希望通过增加现有收入来实现目标，就需要提供快速的服务来满足客户的需要，因此可以效仿招商银行建立服务呼叫中心，为此需要培养员工的服务意识与行为规范；如果希望通过增加新业务收入来实现目标，就需要提供顾问式服务或客户解决方案来满足客户需要，因此可以建立客户关系管理（CRM）系统，为此需要培养和考核员工运用信息技术的能力。

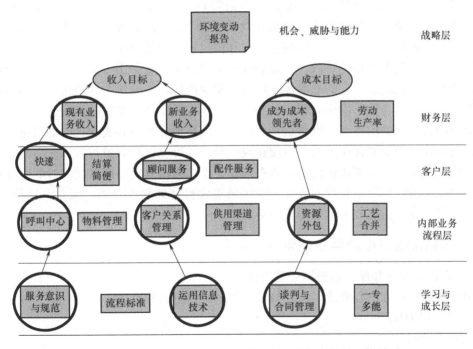

图9-3　平衡计分卡四个层面对管理行为进行考核的逻辑关系

平衡计分卡在财务、客户、内部业务流程、学习与成长四个层面所设计的管理行为考核应该具有必然的逻辑关系，并在企业战略的统领下实现各项指标的平衡而不是冲突。例如，对于采购部门来说，准时到货率是一个重要的考核指标，因为材料是否准备齐全直接影响对终端客户的发货准时率。但对于质量部门来说，首次检验合格率是一个重要的考核指标，而且为了避免后续的风险，质量部门一般会对来料从严把控，但材料是否准时到货并不是质量部门的职责。所以，采购部门与质量部门会像一对"冤家"整天为到底是"让步接收"还是"拒收退货"而犯难。在采纳平衡计分卡考核的条件下，就需要从满足客户这一角度，结合实际情况，做出"拒收退货"还是"让步接收"的决定：假设原材料存在的瑕疵并不影响成品的整体品质，而向客户交单的时间又比较紧急的情况下，应该可以考虑"让步接收"，但质量部门的业绩指标会受到影响；而如果来料出现的问题恰巧是客户所要求的关键质量控制点，那么就应从客户需求出发，做出"拒收退货"的决定，而采购部门的业绩指标会受到影响。

第三节　世界级供应管理

"世界级（World Class）"这个术语是从1986年Viktor Mayer-Schonberger的《世界级制造》出版后开始普遍使用的。Mayer-Schonberger采用了奥林匹克运动的格言"Citius，Altius，Fortius"（翻译为更快、更高、更强）来定义世界级制造持续且快速地改善。

一、世界级供应链管理

世界级供应链管理（World Class Supply Chain Management，WCSCM）由三个关键部分组成：世界级供应管理（WCSM）、世界级物流管理（WCLM）和世界级需求管理（WCDM）。一般来说，企业会循序投入资源来经营下述三个供应链管理阶段：①以内部供应链为中心；②以供应商管理为中心；③以包括客户和供应商在内的企业网络的管理为中心。

在以内部供应链为中心的阶段，商业企业试图将供应链扩展到"城门之外"，但在使外部供应链实现合理化之前，它的绝对优先项目是实现内部运作的整合和最优化。在以供应商为中心的阶段，强调与重要供应商建立长期合作关系的重要性。与供应商进行合作是许多供应管理和合同管理文献的焦点，推行这种思想的原因是消除买方和卖方之间的对抗性，与少数合格供应商建立长期的合作关系，以便在规模经济、可靠性和质量等方面获得利益。在以网络管理为中心阶段，需要认识到商业关系的复杂性，强调对公司的非战略性职能和过程实行外包。高水平的外包常常导致业务和职能区域更大程度地物理分离，因此在这种环境中，为了维持业务交流，信息技术就显得尤为重要。

二、世界级供应管理中的供应商管理

（一）世界级供应管理中供应商管理特征

美国高级采购研究中心确认了世界级供应管理中供应商管理的12个特征：

（1）投入到TQM。

（2）投入到系统。

（3）投入到全程时间的减少。

（4）长期战略计划应该是多维的，应该将包括组织机构供应策略在内的和与客户需求相关的整体共同计划充分集成。

（5）供应商关系（包括网络、合作伙伴和联盟）应包括供应商数据库（Supplier Database）的合理化以及把供应商划分成"战略的""有优先权的"和"保持一定距离的"。与战略供应商的关系包括高度的信任、共担风险、共享回报、数据共享以及供应商在介入生产方面的改进。

（6）战略成本管理涉及用于评估投标的全程生命获取法和信息技术的应用，以达到贯穿整个供应链的天衣无缝的采购过程。

第九章　全球采购绩效管理

（7）工作表现的衡量包括用于且贯穿于整个工业界的水准（Baseline）。工作表现的衡量尺度应在咨询其客户、其他组织机构单位和供应商的基础上来制定。

（8）培训和职业发展应包括高级采购职位所需技能的确认以及维持员工的技能储备。

（9）优质服务，采购应该是主动的，应先于客户的需求并表现出灵活性。

（10）承担社会责任，应特别考虑职业道德、环境保护、安全措施以及支持本地供应商。

（11）学习。世界级采购应认识到学习和教育是事业持续改进和发展中生死攸关的因素。

（12）在管理和领导方面，领导者应该具有战略眼光，鼓励公开交流，与他人平等相处以及努力开发他的员工和供应商的潜力。

（二）世界级供应管理依赖于世界级供应商

世界级供应商所应有的特征正是上述所列世界级供应管理特征的镜像。世界级的供应商必须在价格、质量、提前期方面具有竞争力。因此，世界级供应商必须具有以下三个特征：

（1）持续改进和发展。世界级供应商必须有一个正规的或验证过的承诺，使产品和过程实现逐年改进。

（2）技术和革新。世界级供应商在其各自的产业中是技术的领先者，把新一代技术提供给用户，在竞争中助他们一臂之力。

（3）适应性。世界级供应商应能投资新的设备，开发新的技术，并重新组织其业务。

因此，世界级供应商的管理应涉及以下方面：

（1）搜寻带有上述特征或潜力达到上述特征的供应商。

（2）向这些供应商提供采购方期望的与产品和服务有关的技术规范，并就如何依据期望的要求来衡量供应商的表现达成协议。

（3）认可外包供应商的工作表现，这可以通过一些手段来实现，例如，奖励长期合同，共享旨在加强供应商竞争力的合作、革新和任务的获利。

（4）对一个在客户服务中达到了世界级标准的企业来说，必须在控制和管理其供应商网络中也达到世界级的标准。

第四节　高效采购机制的构建

一、构建高效采购机制的必要性

1. 能以客户需求为导向，在企业价值链中扮演重要角色

毫无疑问，客户的需求是企业获得边际利润的必要条件，两者应该是统一的。按照波特的价值链理论，采购作为企业价值链管理中重要的辅助活动，应该紧紧围绕客户需求这一根本性的目标来开展活动。凡是对企业的相对成本地位有巨大贡献的，都应该被当作价值链中的重要环节予以特别关注，因为这类活动奠定了差异化的基础，并能据此赢得战略上的竞争优势。

2. 能确保采购战略与企业战略相契合

企业战略是企业为实现其宗旨和目标而确定的组织行动方向和资源配置纲要,它决定了所有可能影响到组织总体和长期发展方向的重大事项。而采购战略是企业为采购管理工作确立的行为准则,采购战略衍生出具体的采购策略,包括采购物品战略定位、自制与外购决策、全球采购战略、供应商发展战略、采购成本战略、采购人员发展战略等。

采购战略应该是对企业战略的支持和体现,它应该围绕企业如何采购物资和服务、提高绩效水平来规范业务实践、政策、优先考虑的事情和做事情的方法。当然,采购战略也可以从既定的企业战略中演绎出来。总之,采购战略应该和企业战略相契合。例如,当企业的战略是扩大本企业产品的产量,那么采购部门的战略重点就应该落实在如何做好配套供应服务上;当企业的战略是低成本抢占市场,那么采购部门的战略重点就应该落实在如何削减成本、构筑成本优势上。

3. 能促成采购要素之间的柔性配合

全球采购的基本要求包括供应商的配合度、质量、价格、交期、库存水平和客户的满意度等。在供应的过程中,每一个要素都能对采购的有效性起到重要的作用。但是,过分强调或过分忽视某一个要素的作用,都将影响到采购的整体绩效。例如,过高的、不切合企业实际需要的质量要求会拉高产品的价格水平;为了保证原材料的供应,设置超出实际需要的安全库存会抬高企业整体的库存水平……这些要素就好比木偶戏里的牵线,每一根牵线都能拉动木偶,但拉动得过重或过轻都会影响木偶的整体形象。只有各个牵线互相配合、互相平衡,才能演出一台好看的木偶戏。

4. 能整合各类资源并促成跨部门合作或业务流程再造

以往制造企业的基本流程是:采购部门通过简单的买卖关系从供应商那儿获得生产原材料,然后企业内部按照各自清晰而明确的分工关系完成产品的制造,最后销售部门通过一定的买卖关系出售产品。但是,高效采购机制除了要求各个要素有效配合之外,还要求这个机制的执行者——被传统或人为分割开来、分处在各个不同节点的人也要能有效地进行工作配合。于是,从企业资源整合的角度来讲,产生了供应链管理、企业资源计划和客户关系管理。这些管理的理念,要求摒弃以往简单的劳动分工关系,将与企业活动有关的一切资源(包括相关的人力、物流、资金流、信息流等),通过有效的手段纳入企业可以掌控和管理的范围,并最终促成本企业的竞争优势。与之相适应,就需要产生新型的工作关系和业务关系,甚至传统的部门将会被打破。例如由包括供应商、采购、物料计划、信息技术、生产计划、技术和工艺等人员组成的企业资源计划项目组;由包括销售、市场、订单控制、售后服务、信息技术等人员以及分销商和最终用户代表参与的客户关系管理工作团队;由供应商、采购、进料检验工程师、设计和工艺技术人员组成的供应商评审组。又如,许多公司把采购和物流职能都整合到了供应链管理部门。以上这些活动都需要跨部门的协作,或者针对工作的需要进行业务流程的再造。当然,整合只是一种形式和手段,而且这种整合也会支付相应的成本,关键是整合的效果必须大大优于未整合前的状况,那么它才会有力地促进采购的高效性。

5. 能通过信息化促成供应链管理、企业资源计划和客户关系管理的有效结合

进入 21 世纪,管理技术和信息技术在日新月异地更新发展,信息已成为越来越重要的生产要素。对企业来讲,需要一个有效的管理信息系统来实现供应链上"五流"(物流、资

第九章　全球采购绩效管理

金流、信息流、增值流和工作流）的高度集成，以便使得企业管理环境越来越信息化、标准化和透明化。

同时越来越多的跨部门合作或业务流程再造（BPR），也需要管理的信息化来打破因信息不对称造成的合作障碍和困难，并通过信息共享来提高效率、促成高效协同的实现。例如，通过ERP系统，企业各种管理业务数据经过统一设计存放在一个统一的数据库中，实现了制造-分销-财务-外协-决策支持等业务过程的集成和信息共享。ERP系统甚至还增强了与外部企业直接联系的手段（如通过EDI传输实现的SCM和CRM），它不仅在企业自己系统中记录和反映了供应商和客户的资料，而且其更长远的管理目标是要实现与供应商和客户的信息共享，使产、供、销三方两头都能借助信息技术提供的功能及时对进/出货计划做出全面检查，并对供应商和客户的能力及合作效果做出评价。

二、高效采购机制的含义

一方面，在全球采购管理的实施过程中，需要消耗人力、物力和财力，承受来自管理、组织和产品的风险，因此必须进行严格的核算和绩效考核，才能实现企业资源的最大效用。只有充分了解执行战略的成本和实施效果，才能使管理者做出正确决策，因此绩效考核作为保持战略层次和执行层次迈向共同目标的黏合剂，具有不容忽视的价值。

另一方面，如果说一套管理机制是高效的，但又没有一系列绩效考核指标体系来衡量它，那么这套管理机制就很难被称为是有效的，也谈不上科学性。因此在构建高效采购机制的同时，我们必须同时构建一个关键绩效指标体系来与之相配套。

因此我们将高效采购机制定义为：一套以关键绩效评价理论和指标为核心的，能满足各个高效采购要素的，相互协调和不断发展的采购管理体系。如果把"高效采购要素"看作"点"，而把"高效采购机制"看作"面"，那么绩效考核指标体系就构成了"线条和框架结构"，它们有力地支撑了"点"和"面"。

三、高效采购机制构成要素

（一）多渠道达成具有竞争性的采购价格

价格因素始终是采购工作需要密切关注的对象。采购成本是企业管理中的主体和核心部分，采购是企业管理中"最有价值"的部分。曾经有专家做过测算，一家企业如果其采购材料成本占到其销售产品成本的55%，那么采购费用每下降1%，对利润增长所做出的贡献，相当于销售额增加12%~18%所带来的利润增长。这项财务核算结果从一个侧面论证了降低采购价格的重要性。

低廉的采购价格建立在以下三项工作的基础上：

（1）尽力扩大在供应市场上的选择范围，挑选适合企业需要并且具有价格优势的供应商。随着供应市场的不断扩大，企业搜寻供应商的范围也从国内转向全球供应市场。相应地，在国内对资源进行采购已经转化为全球采购。

（2）精确地估算供应商的成本并注重谈判技巧。战场上经常使用的谚语"知己知彼，百战不殆"同样适用于商场。如果采购人员不能非常内行地了解所购材料的成本或供应商的底线，就很难从根本上来钳制住供应商的价格。同样，不注重商务谈判的技巧，即便知道了对方的底线，但就像好的战略没有正确的战术来配合一样，最终也拿不下低廉的采购

全球采购与供应管理

价格。

（3）建立在信任基础上的长期合作。如果对供应商缺乏信任，不断频繁更换供应商，久而久之，每一茬供应商都会产生"捞一票就走"的想法，这样会从根本上动摇企业供应的稳定性和长期发展。而建立在互信基础上的供应关系，将促成双方的长期合作和双赢局面，并通过多渠道的合作（如技术改造和工艺改进等）来达成采购价格的持续下降——这是短期购买行为所无法达到的效果。

（二）质量水平符合企业需要并持续改进

IBM公司对质量下了如此的定义：质量是客户要求被满足的程度。当供应者和消费者对产品的要求达成一致并且要求被满足，我们就认为产品或服务满足质量要求。质量好具有以下三层含义：

（1）采购来的物料应该符合采购规范，因为采购规范是客户要求的直接反映和体现。如果企业外部沟通渠道和内部沟通效果是良好的，那么符合采购规范将最终演变成符合客户的要求。

（2）质量好的程度，该如何来衡量。这需要引进持续改进的概念，即客户的需求是不断提高的，因此质量好也应该是一个不断提高的过程。"精益求精""没有最好，只有更好"说的都是根据客户的潜在需要持续改进的意思。

（3）质量对企业而言，并不是越高越好。现代企业管理理论认为，"一分价钱一分货"，那种远远超出实际需要的质量要求，会给企业带来过高的采购成本，并最终削弱产品在市场上的竞争力。这一点，在汽车行业的设计改善中尤其明显：汽车制造行业通常会使用"价值分析"（Value Analysis）方法来寻求"最佳性能价格比"。

（三）交货周期短并且具有可靠性

从由客户处接到订单到将货物送到客户手上，交货周期大致由三部分组成：供应商交货周期、企业制造周期和送货周期。在企业制造周期和送货周期基本固定的情况下，供应商交货周期短就意味着整个交货流程的有效缩短，这一点在当前"客户的需求需要快速地得到满足、时间能够赢得市场"的信息时代，尤其具有竞争优势。因此许多执行全球采购战略的企业都试图在这一领域求得改善。

而交货的可靠性则是指供应商对交货周期的执行力，特别是在应对突发事件上的应变能力。由于供应商在协调原料、产能、设备、生产、运输、不可抗力等保供因素上能力不够，缺乏柔性，造成准时到货率时好时差，那么再短的交期也是不值得信赖的。而专业的供应商在这方面就做得很好：它们通过准备原料或成品库存来应对突发事件，并动用应急预案或应急程序来把供应风险降低到用户可以接受的程度。

（四）库存合理

库存可以说是一把双刃剑，它既帮助制造企业解决困难，也给制造企业带来问题。

1. 库存的作用

（1）改善服务质量。

（2）节省订货费用。

（3）节省作业交换费用——生产过程中更换批量时调整设备、进行作业准备所产生的费用。

（4）提高人员和设备的利用率。

2. 库存带来的弊端

（1）占用大量资金。

（2）发生库存成本，包括占用资金的利息、储藏保管费用、保险费、库存物品价值损失费用等。

（3）危害最大的是，掩盖了企业生产经营中存在的问题，如图9-4所示。

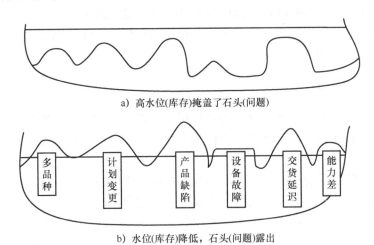

图9-4 高库存掩盖生产经营中的问题

例如，高库存可以掩盖出现设备故障后的产量下降，也可以掩盖出现产品质量问题后的出货延迟，还可以掩盖计划变更能力弱导致的推迟交货……

因此，如何有效地发挥库存的作用，规避或减少因库存带来的弊端，关键在于执行全球采购的企业如何建立一个适合企业的合理库存水平，并随着企业内外部条件的发展不断调整这个水平。而在这个过程中，全球采购人员的职责和经验将起到积极的作用：采购对内可以通过向相关部门提供采购统计数据来支持对库存水平的决策，对外可以通过和供应商的谈判来改善妨碍供应效率的瓶颈问题，并通过VMI等方式来减少企业自身的库存。

（五）客户满意度高

如果为了全球采购而采购，但却离开了满足客户需要这一根本性的大前提，那么即便全球采购自身的绩效做得再好，对企业而言也是没有达到最终目标。只有企业各个部门共同协作，以客户的需求为目标而共同行动，那么客户的满意度才会不断提高。在这个过程中，需要引进外部客户和内部客户的概念。通俗地讲，外部客户就是指企业自身要面对的客户，而内部客户就是指企业内各个部门因为分工协作关系而衍生出互为服务对象的虚拟客户关系。如果全球采购部门采购来的生产性物料用于制造部门的活动，那么制造部门就是全球采购部门的内部客户；而制造部门生产的产成品将用于市场部门的销售活动，那么市场部门就是制造部门的内部客户。这种内部客户概念的出现，有利于促成内部的有效分工和责、权、利的统一，并最终推动企业整体对外服务水平的提高。因此，提高外部客户满意度是目标，而提高内部客户满意度是实现目标的必要条件，两者都要加以重点关注。

（六）供应商配合度高

供应商的配合度看似是供应商的服务态度问题。但在实践过程中，大部分的供应商基于竞争的压力，是愿意积极配合采购企业做好供应服务的。但为什么还是有大量的企业对供应商的配合度评价不高呢？除了能力问题，其实还有沟通或信息传递的问题。首先，采购人员是否把企业的实际需要（采购需求）和潜在的长期要求（采购政策）充分而全面地告诉给了供应商？在这方面，许多采购企业做得还不够。其次，在有效执行之前，供应商是否都充分而全面地理解了采购需求和政策？在信息传递过程中是否有其他"噪声"干扰了供应商的理解能力？事实上，许多问题往往都出现在执行前的政策理解上。最后，才是供应商是否积极响应配合的问题。如果企业能给予供应商足够的信任和基于共同发展的良好愿景，那么必将大大提高供应商的配合度。

四、高效采购的新趋势

当前，许多公司正面临着逐渐减少的增长机会，以至于营业额的增长只能通过竞争的代价和极大的努力才能获得。这导致产品价格和由此产生的成本价格和毛利方面的压力，这会引起两方面的问题：

一方面，它将导致采购和销售双方之间在许多市场中的力量转换。基于市场已经由卖方市场向买方市场转换的事实，买方比以前更具有支配地位。

另一方面，在产品销售和毛利方面逐渐增长的压力已经导致在直接材料成本方面越来越大的压力。因为在制造行业，采购价格在很大程度上决定了销售价格，公司必须持续寻求保持价格尽可能低的机会。

基于以上原因，企业的采购和供应战略经历了较大的转变。这些改变引发了在高效采购上的新趋势：

（1）协作采购需求。在拥有数家制造厂的公司中，重要的采购优势可以通过合并共同采购需求加以实现。在很多这种类型的跨国公司中，都显现出这样一种协作方针的趋势。有些地方，它也被称作为集中采购。

（2）物流中采购的整合。自动化使得公司能够改进材料计划和供应系统。此外它还能够在材料领域极大地提高生产率。材料管理一体化方法要求生产计划、库存控制、质量检查和采购之间紧密合作。采购不光要遵循自身的路线，为了确保不同的相关材料领域的有效整合，采购和供应链管理的关系越来越紧密。

（3）工程和生产计划中采购的整合。在实践中，供应商选择在很大程度上是由技术部门制定的采购规范和生产计划部门排定的交期决定的。通常，采购规范和交期一旦确立就很难改变。对于一些高约束条件的商品，采购经常结束于垄断者，这严重阻碍了买卖谈判。为了防止这一点，在前期就将采购纳入发展过程中是可取的。目标就是为了有利于产品设计而最优化使用全球采购人员对产品和市场的专业知识。为此，很多卓有成效的公司已经引进了专家，如具有工科背景的采购工程师。

（4）外包（Outsourcing）。实践证明，一些生产活动可以由专业供应商更快、更便宜地完成。而且，公司能够在质量方面对供应商比对其内部的生产部门提出更高的要求。这就是为什么在一些生产部门中采购额占销售额的比例一直在稳定上升。对有的公司而言，这一结论导致详细的制造和购买研究。采购应该总是紧密参与到这种研究之中，因为它们是市场信息的逻辑来源（以价格、替代的供应商等形式）。

（5）TQM和JIT。在一些公司中，可以发现其对质量提高和生产率增长的兴趣正在增

第九章 全球采购绩效管理

加。任何企业想在本行业领域内保持竞争力,就必须对成本水平和最终产品的质量水平做出改进。

上述新趋势在全球经济发展相对缓慢、竞争压力相对增强的大背景下应运而生,并且在具体实践中显示了其独到的优越性。因此,这些做法将为构建高效采购提供新的思路。

第五节 有效的绩效考核工具 KPI 体系

一、KPI 的特点

结合高效采购的构成要素,许多执行全球采购的企业成功实施了一套应用广泛且行之有效的关键绩效指标(Key Performance Indicator,KPI)体系,图 9-5 所示为采购绩效评定的关键领域。KPI 具有如下的特点:

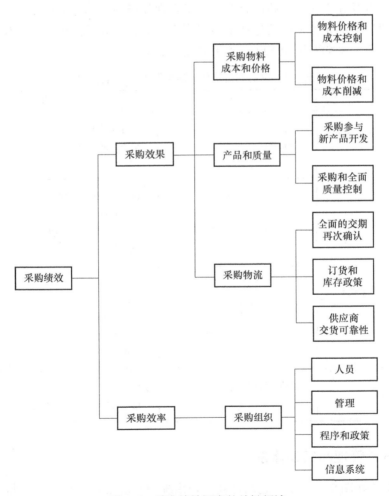

图 9-5 采购绩效评定的关键领域

1. 标准化的定义

它使企业不同工作领域都实现了定量化,便于部门业绩和企业整体业绩的考核。

全球采购与供应管理

2. 规范化的格式
它使得集团公司的管理控制变得有效、及时、有据可查。

3. 体系化的设计
由于在指标体系设计中贯穿了全局观念,因此各相关指标互为衔接和联系,避免了部门间的各自为政,从而在制度上保证了有效合作和高效的执行。

4. 目标化的管理
KPI 的实现途径遵循这样的路径:设立目标——建立预算——滚动预测——最终实现——业绩考核。这一路径以目标为中心,预算为起点,通过滚动预测来不断调整行动计划,以确保关键指标的实现。这些指标的系统性既保证了企业整体目标的最终实现,又从各个部门、各个职能上使具体工作得以贯彻和落实。

5. 理论与实践的相互促进
KPI 体系既是一个成功的理论框架,同时也是一种有效的实践做法。这种来自于实践的对管理理论的提升是建立在众多跨国企业的日常管理和经验总结之上的。

高效采购机制最终是为采购目标和采购职责服务的,而高效的机制又有赖于 KPI 的运用和考核。采购职责、采购对策及 KPI 三者关系见表 9-1。

表 9-1 采购职责、采购对策及 KPI 三者关系

采购职责	采购对策	KPI
控制和降低所有与采购相关的成本	价格策略	全球采购基准 成本削减行动 国产化率
对产品和工艺革新做出贡献	质量策略	ISO 质量体系管理 首次检验合格率 综合质量成本(NQC)控制 月度质量报告
对保持公司主要活动的连续性做出贡献	保证供应策略	合理库存指标 准时到货率 月度服务水平报告
降低公司暴露于供应市场的风险	供应商管理策略	评审打分表 供应商的价格、质量、交货和服务(PQDS)管理 供应商管理策略和评审制度

二、KPI 的日常管理和组织体系

KPI 体系结构如图 9-6 所示。它的月度报告系统和季度报告系统无形中将 KPI 以目标管理的方式融入了企业的日常管理。

而图 9-7 所示的某跨国公司中国区 KPI 管理组织结构则保证了 KPI 体系在日常管理中获得有效的贯彻和执行。

第九章 全球采购绩效管理

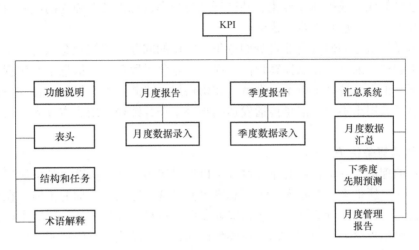

图 9-6　KPI 体系结构

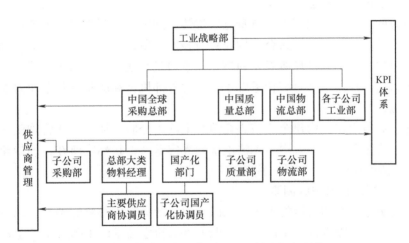

图 9-7　某跨国公司中国区 KPI 管理组织结构

三、当前采购管理与 KPI 管理的差距

（一）在竞争定位和构建企业核心竞争力上经验不足

迈克尔·波特 2004 年 6 月底中国之行，他在央视的《对话》节目中，建议中国企业在制定战略时，尤其要注意三点：①以经济效益为目标；②远离价格战；③竞争形式要成熟化。那么他为什么要这样说呢？

1. 关于竞争力定位

波特认为，使企业获得竞争优势的三个基本点是成本领先、差异化和专一化，而这些基本点被称为一般性战略（Generic Strategies）。成本领先战略强调以很低的单位成本价格为对价格敏感的用户生产标准化的产品。差异化战略旨在为对价格相对不敏感的用户提供某产业中独特的产品与服务。专一化战略是指专门提供满足小用户群体需求的产品和服务。波特强调战略制定者需要进行成本-收益分析，以评估公司现有的和潜在的经营单位"分享机会"

的状况。通过降低成本或提高差异化、共同行动与分享资源以及在独立的经营单位之间有效地传输技能和专长，以便获得竞争优势。

波特这里说的就是如何对企业自身的竞争力定位的问题。传统观念认为，企业的首选战略应该是成本领先。的确，在以往客户需求简单、竞争手段单一、信息不对称程度相对较大的市场条件下，谁有效控制了成本，谁就会在价格战中略胜一筹。但是，在客户需求越来越多样化、竞争手段层出不穷、信息传播发达的当今市场，纯粹采用成本领先战略的企业变得越来越过时。

2. 关于构建竞争优势

根据波特的理论，一个企业的业务过程可以被描述为一条价值链，其中所有开发和营销产品或服务的活动所带来的总收入减去其总支出便是这一链条所增加的价值。在某一产业中的所有公司都具有类似的价值链，它包括诸如获取原材料、设计产品、建造生产设施、制定合作协议及提供用户服务等增值活动。只要生产和销售产品或提供服务所带来的总收入超过其总支出，公司就盈利。企业应当明白，不仅仅是自己的价值链在运营之中，竞争者、供应商和销售商的价值链也都在运营之中。

波特这里说的就是企业如何构建自身竞争优势的问题。按照现代管理理论，在整个价值链上的任何一个环节，都可以成为企业构建自身核心竞争力的要素。事实上，每个企业都有自己的核心竞争力。但是，自身所确立的核心竞争力是否适合企业的实际情况，以及在确立企业核心竞争力的过程中，是否综合考虑了企业的外部机会和威胁以及企业内部的优势和劣势，许多企业做得并不理想。

一旦企业在竞争定位和构建企业核心竞争力上缺乏经验，那么 KPI 管理就成为无源之水和无本之木。因为企业的管理者根本无法准确地界定 KPI 的目标之所在，即使建立了一些所谓的 KPI，也无法抓住问题的要领，往往事倍功半。

（二）没能很好地整合关键因素

组织环境是组织生存和发展的土壤，它既为组织活动提供必要的条件，同时也对组织活动起着制约的作用。伴随着社会生产力的不断发展和科学技术的不断进步，全球信息化网络和全球经济一体化的逐步形成，市场竞争日趋激烈，科技进步和需求多样化使得产品生命周期不断缩短，企业面临着缩短产品的交货期、提高产品的质量、降低成本、改进服务等多方面的压力。就拿全球采购来说，那种缺乏采购重点和采购战略、缺少系统规划和协调、呆板而硬化的工作模式已经越来越难以适应这些压力，企业需要用首尾一贯的业务体系或者说有效的采购机制把关键因素重新统合起来。而在市场条件相对平稳的条件下，企业的主要获利条件表现为在综合成本上的优势，而这一优势的保持又有赖于建立高效的采购机制，这既是企业获得快速和高效反应的理由，也是实现体系重组的目标。而事实上，能做到以上要求的企业实在不多。

（三）对 KPI 的执行力不够

可以看到，有许多企业，其外部机会不少，内部优势也很多，既具备切合实际的战略，又找到了自身的竞争优势。但是几经周折，始终没能获得令人满意的业绩。究其原因，有的说是缺乏沟通，有的说是缺乏协同，也有的说是缺乏有效的激励，但在管理者看来，大部分是因为执行力不够。它需要有一系列的标准来考核执行者的执行情况。

以下第六节将以施耐德的全球采购实践为例，详细介绍全球采购的主要绩效指标。

第九章 全球采购绩效管理

第六节 全球采购的主要绩效指标

一、价格策略及其关键指标

(一) 全球采购的形成

当前的世界正变成一个商品在各国之间飞速流动的世界。全球正在变成一个单一的市场，哪里成本低，就在哪里生产。在经济全球化的大背景下，供应链和采购的全球化显得越来越重要。20世纪50、60年代，一些公司把原来的出口战略改为在海外市场建立分支公司。到了70年代和80年代，这些公司变成越来越复杂的跨国公司。一些在许多国家拥有分支机构的公司便开始组织它们的全球性采购。进入21世纪，全球采购无论在形式上还是在手段上，都日趋成熟。

(二) 建立采购基准，进行集中采购

越来越多的公司采取了集中采购的策略，即把分散的采购活动集合起来进行整体规划和统一谈判，并把集中采购的绩效同它们的竞争对手或那些被认定为一流公司的采购绩效进行对比，通过确定一个采购标杆（Benchmark）来评价采购组织的效果和效率。例如，施耐德用整个集团的铜加工订单去和德国KME公司谈判，就会有很强的议价能力，并且能获得逐年的价格改善计划。

(三) 建立可行的年度成本削减行动计划

削减成本应该始终是采购工作的重点。对于新建立的企业，由于采购量小、采购人员的经验不足以及可选择的供应商范围小等原因，原料采购的单位成本一般比较高。这事实上为采购人员逐年降低采购成本奠定了工作的基础和工作的方向。而对于建厂三年以上的企业，一般前三年都已经有了较大幅度的成本削减行动，如果再一味地增加硬性指标，极有可能造成供应商偷工减料、降低质量水平或终止供应关系等不良后果。

因此，建立可行的年度成本削减行动计划势在必行。采购部门应该召集公司内部相关部门（如财务、质量、设计、技术或工艺）的人员，和供应商一道，通过充分的沟通和交流，以协商方式达成一致的年度成本削减计划。而行动的侧重点应该放在：

(1) 对现有供应商，应通过有效确定经济订购量、减少物流费用、整合订购总量给单一供应商以获取规模效益、寻求技术或工艺革新等途径来削减成本。

(2) 对有替换供应商计划的，则应该扩大供应商寻找范围，寻找国产化或本地化的机会。

(四) 全球采购的成本削减行动

对通过全球采购达成的成本削减效果，许多公司缺乏有效的管理。而施耐德电气中国投资公司利用一个叫作"Action Base"（见表9-2）的采购管理软件，对麾下13家制造企业的削减成本行动进行了有效的管理和滚动监控。现就以它为例说明如下：

(1) 通过该表可以建立采购价格成本指数：

$$\text{第 } N+1 \text{ 年采购价格成本指数} = \frac{\sum(\text{第 } N+1 \text{ 年实现的采购单价} \times \text{第 } N+1 \text{ 年实现的采购量})}{\sum(\text{第 } N \text{ 年年终采购单价} \times \text{第 } N+1 \text{ 年实现的采购量})} \times 100\%$$

全球采购与供应管理

表 9-2 Action Base 模拟简易模板

| 制造企业名称 | 料号 | 采购产品归类 | 第 N 年 ||| 第 N+1 年 |||||| 行动计划 |
| | | | 采购总量 | 全年平均价 | 年终单价 | 预算 || 预测 || 实现 || |
						采购量	单价	采购量	单价	采购量	单价	
企业 A	Aa…	RM	100	120.6	125	120	126					简单议价
	Ab…	EE	200	231.7	228	240	230					设立谈判计划
	⋮											
	An…	FC	300	784.2	665	360	664					在相同国家更换供应商
企业 B	Ba…	RM	200	673	673	220	673					从别国更换供应商
	Bb…	EE	400	438	422	440	420					国产化
	Bc…	NPP	500	36.1	35	550	32					更换原料
	⋮											
	Bn…	FC	600	524	524	660	524					招标
企业 N	Na	RM	700	921	907	700	900					改进工艺和技术
	⋮											

（2）采购总部下设四个大类物料经理，通过对采购产品进行归类（有具体的产品归类方法和说明），把分处在各个不同制造企业内的相同产品整合到一起去谈判和议价。

（3）采购参数分为预算、预测和实现三类。"预算"是去年年底对下一年的计划，一经确定，当年就不再变更；"预测"则需要对当年的采购参数在每个月份进行预测更新；而"实现"则需要将最新的采购参数进行实时更新，以便于决策和跟踪。

（4）行动计划的方式包括了"简单议价""设立谈判计划""在相同国家转换供应商""从别国转换供应商""招标""国产化"和"改进工艺和技术"等。通过对行动计划的分类，可以得出结论，对于某个企业而言，在特定的时期，采取何种行动是最为有效的。

（5）当然，Action Base 不断更新的数据等于同时又构建了一个数据库，从中可以调阅和分析有关全球采购的历史数据，这对于加强全球采购工作和全球采购人员的绩效管理具有十分重要的作用。

二、质量策略及其关键指标

（一）采购自身和供应商都需要先期导入

采购虽然是一个职能部门，但是企业组织内各部门的协同参与对于成功的采购是必不可少的。特别是在产品设计的早期阶段能够实现采购成本的节约。研究结果显示，多达 80% 的总成本是在产品设计阶段决定的。因而，要做出对产品的成本、质量、结构或装配最有效的决策，工程和采购人员在最初的采购阶段进行协作至关重要，具体内容参见第三章第五节的相关内容。

（二）通过 ISO 9000 质量管理体系认证

ISO 9000 是国际标准化组织所制定的质量管理和质量保证的一系列国际标准。它是在总

第九章　全球采购绩效管理

结了世界各国许多企业现代管理实践的基础上，尤其是总结了各种不同经营环境下企业质量体系运行的经验，以科学原理为指导，制定出的质量管理和质量保证系列标准。

一旦通过质量体系认证，既有利于把企业的质量管理纳入国际规范化的轨道，促进全面质量管理的深化，又使得质量管理程序化、标准化，并获得持续的改进。

施耐德除了制造企业自身需要在两年内通过 ISO 9000 体系以外，还要求主要原材料供应商具有 ISO 9000 体系证书，辅料供应商在成为施耐德供应商的三年内获得体系认证。这一规定既提高了供应商的质量管理水平，又便于供应商和采购企业自身的质量管理进行对接。

（三）全程控制管理

在质量、价格和服务水平的三大考核因素中，施耐德给予质量 60% 的权重，可见对质量的重视。施耐德坚持认为，"绝不能因为控制成本而放弃对质量的追求，任何时候都不能因为成本而在质量上退而求其次。质量关系到一个企业的信誉，牺牲质量而追求暂时的低成本是舍本逐末的做法"。为此，质量部在质量控制中十分注重全程管理。它建立了以进料检验为核心的事前控制线，以制成检验为重点的事中控制线，以及以成品检验为导向的事后控制线。通过全程管理，再结合对上游供应商的质量控制和对下游客户的质量服务，构筑起了比较完善的质量管理体系。

（四）质量考核指标

对于采购质量而言，首次检验合格率具有十分重要的意义。其计算公式如下：

$$供应商首次检验合格率 = \frac{供应商供应物料首次检验合格批次数}{供应商送货总批次数} \times 100\%$$

目标值是 95%。首次检验合格，说明供应商提供了符合采购规范所要求的物料。如果在 JIT 模式下，物料可以马上进库待产，而不会因为不符合质量要求的退货造成停工待料现象。在施耐德，还要求该项指标要高于施耐德对其客户承诺的成品合格率指标。因为没有高质量的采购，就没有高质量的产成品。

对于遭到退货处理的，全球采购人员将责成供应商立即改善并反馈改善措施。此外，每月质量部的进料检验工程师会将没有达到质量目标的供应商质量状况填制在报告内，随后提交该《供应商质量月度报告》给全球采购人员。采购人员会和进料检验工程师一起分析原因，制订改善行动计划，落实责任人和完成改善计划的时间。对于连续出现三次质量不达标，质量部有权召开紧急会议商讨对策，对于涉及企业内部责任的，同样可以要求尽快改正。

此外，主要指标还有综合质量成本 NQC（Non-Quality Costs），它是指为恢复达到客户所要求的产品质量或产品业绩所发生的一切成本。它又由 NQCEv（企业外部的 NQC，主要是由改善外部客户的质量而生成的成本）、NQCIv（企业内部的 NQC，主要是由改善企业内部质量而生成的成本）和 NQCAv（在采购上的 NQC，主要是由改善供应商产品质量而生成的成本）这三个子项指标构成。这项指标的设立使得"质量"这一传统上定性的指标实现了量化，既便于明确各个部门的责任，又便于实行业绩考核，具有很强的操作性。

三、保证供应策略及其关键指标

（一）供应链条件下的全球采购管理

供应链实质上就是从扩大的生产概念出发，将企业的生产活动进行前伸和后延，通过一

全球采购与供应管理

系列活动在客户、企业、供应商之间形成一种链接,相邻单位之间构成一种供应与需求的密切关系,在具体运作过程中,针对供应链系统的各环节进行优化设计,降低物流成本,来满足最终客户日益个性化、多样化的需求。具体而言,供应链环境下的采购和传统采购的对比见表9-3。

表9-3 供应链环境下的采购和传统采购的对比

项 目	供应链环境下的采购	传统采购
采购批量	小批量,送货频率高	大批量,送货频率低
双方关系	长期合作,战略协作	短期合作,多维竞争
供应商评价	多标准并行考虑	强调价格
质量检查	买方参与实时控制	事后把关
协商内容	共同控制成本、质量	获得最低价格
信息交流	快速、可靠,信息共享	一般要求,信息专有

供应链环境下的采购模式对供应和采购双方是典型的"双赢",对于采购方来说,可以降低采购成本,在获得稳定且具有竞争力的价格的同时,提高产品质量和降低库存水平,通过与供应商的合作,还能取得更好的产品设计和对产品变化更快的反应速度;对于供应方来说,在保证有稳定的市场需求的同时,由于同采购方的长期合作伙伴关系,能更好地了解采购方的需求,改善产品生产流程,提高运作质量,降低生产成本,获得比传统采购模式下更高的利润。

(二)供应链环境下的库存管理

传统的库存管理一般通过设置ROP来保证供应,但库存水平设置是否合理、是否用高库存掩盖了矛盾就很难衡量了。

而在供应链环境下的库存管理,会通过和供应商的充分协商,综合考虑供需双方的实际能力,运用EOQ、ABC分类法、MOQ、SS、VMI等库存管理手段,将库存水平设置在既定条件下的最优点。

VMI是供应链条件下一种新型的库存管理方法,即供应方在需方的厂区或附近设置仓库,但所有物料为供应商所有,并由供应商管理,当需方实际使用了该物料后再实现所有权转移。其目的在于减少需方的库存费用,同时也便于供应商掌握库存状态和安排补充库存计划。考虑到供应市场的风险和销售市场的波动,许多优秀的公司会设置三条库存安全线,即先是VMI,然后是ROP,最后是SS。这三条线通过供需双方的沟通和协作,有效确保需方以最合理的成本和代价获取稳定且具有抗风险能力的供货保证。

(三)供应链环境下的订单管理

在传统的采购模式下,首先,需方同供应方经过洽谈后下达采购订单,供应方接受订单(把采购订单转化为客户订单)后要安排和协调计划进行加工制造。在这个过程中,需方要不断跟踪(比如派人员驻供方监督生产)。其次,供方要检验产品质量,储存成品在自己的仓库,最后根据订单时间发货到需方。最后,需方接到货物后还要进行一次检验,然后收进自己的原材料或配套件仓库,等生产需要时发送到生产线上。换言之,在传统采购模式中,采购的目的是为了补充库存,即为库存采购。但在库存采购的模式下,常常为"牛鞭效应"所累。

第九章 全球采购绩效管理

补充知识：牛鞭效应（线上电子资源9-1）

而在供应链管理的环境下，采购活动是以JIT生产模式进行的，制造订单是在用户需求订单的驱动下产生的。JIT采购是指供应商在合适的时间内、向合适的地点、以可靠的质量，向需方（制造商）提供合适的物料。在JIT采购模式下，需方和供方是供应链上的合作伙伴关系，这意味着供应商的资格认证、产品质量、信用程度都是可靠的，值得信赖的。采购作业通过电子商务技术如EDI，直接把需方的采购订单自动转换为供方的销售订单，质量标准经过双方协议，由供方完全负责保证，不需要两次检验。由于信息的通畅和集成，采用设在需方的VMI方式，把供方的产品直接发货到需方的生产线，并进行支付结算，减少供需双方各自分别入库的流程。换言之，在JIT采购模式中，减少了需方的"订单下达、接受转换、生产跟踪、质量检验、入库出库和库存积压"等环节，采购是为了生产线上的需要，同时还可以降低采购成本、库存成本。

（四）保证供应的业绩指标

对于采购交期而言，准时到货率具有十分重要的意义。其计算公式如下：

$$供应商的准时到货率 = \frac{供应商当月实际准时供应的订单行数}{供应商当月需要交货的订单行数} \times 100\%$$

每月物流部的跟单人员会将没有达到交期目标的供应商交货状况填制在《供应商交期月度报告》内，并提交给全球采购人员。采购人员会和物流一起分析原因，制订改善行动计划，落实责任人和完成改善计划的时间。需要指出的是，与出现质量问题的原因主要集中在供应商不同，造成供应商不能准时交货可能有许多原因：有可能是采购订单下达后采购企业的客户又修改产品需求或设计人员变更设计要求造成供应商延迟交货；也有可能是采购企业自身的物料计划没有安排好，所给的交货期小于供应商的标准交期延误了交货；更有可能是供应商遇到了不可抗力如区域性的限电等情况造成延误交货。如果一味责怪供应商，会掩盖许多矛盾和问题。基于供应链的管理思路，就需要采购企业与供应商一道，从延误交货的表象中发现问题，并共同实施改善。此外，主要考核指标还有库存水平和库存周转天数等。

四、供应商管理策略及其关键指标

（一）波特的五力模型悖论

图2-2中，波特将行业中的竞争力量划分为五种，分别是现有产业内的企业间的竞争、潜在入侵者的威胁、替代品的威胁、供应商的议价能力、购买者的议价能力。人们经常借助它系统地分析市场上主要的竞争压力，判断每一种竞争压力的强大程度。

但是，迈克尔·波特的"五力模型"仅注重如何通过提高市场壁垒进入来限制竞争，以提高企业利润，没有集中在增加客户福利方面。从这个角度看，波特的模型缺乏从公司层面上进行详细的讨论，对战略的定义也不够全面。根据特洛·瑞伍提出的新战略管理理论，通过将组织间结构的合作形式与波特的"五力模型"放在一起，形成了一个修正的战略合作模型，如图9-8所示。

该模型反映了企业战略网络概念，各种力量都可以成为企业的战略伙伴，通过新产品的开发进一步可以与供应商发展为上游联盟。因此，不应仅仅认为供应商是企业发展中的竞争对手，而应将其作为战略合作伙伴考虑。

(二) 四种基本供应商战略

通过分析可以发现，公司花在每种产品上的采购金额和其供应商基数符合帕累托原则，即20%的主要零部件及对应的供应商约占到采购总额的80%。通过对采购额和供应商基数的分析，参照采购产品或供应商对财务成果的影响和供应风险程度这两项标准，就可以得到采购产品组合和供应商组合，如图9-9所示。

上述采购组合方法的运用将导致采购战略的差别化，并展现供应商对公司而言的不同重要性。表9-4总结了四种不同的供应商战略，制造企业需要根据产品分类和供应风险的不同，采纳不同的供应商战略或构建采购组合管理。

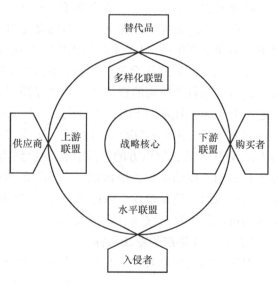

图9-8 修正的战略合作模型

表9-4 四种供应商战略的基本特征

特征\战略	合作伙伴战略	竞标战略	保障供应战略	系统地订立合同战略
目标	在长期关系中创造相互的承诺	获得短期的"最佳交易"	保证短期和长期供应 降低供应风险	降低物流复杂度 提高经营效率 减少供应商的数量
适应于	战略产品	杠杆产品	瓶颈产品	一般产品
行动	对未来需求精确预测 供应风险分析 仔细选择供应商 "可能的成本"分析 滚动材料清单 有效的订单改变程序 对供应商评级	增加产品/市场知识 寻求替代品/供应商 在供应商之间重新分配采购量 优化订货量 目标定价	对未来需求精确预测 供应风险分析 对供应商评级 发展防范措施（存货缓冲，委托存货）	每种产品类别/产品系列的转包 产品品种的标准化 制定有效的内部订购交货和开出发票程序 将订单处理委托给内部
决策层次	董事会层次 跨职能方式	董事会层次 采购部门	采购部门 跨职能部门	采购部门 跨职能方式

（三）进行长期扶植和长效管理

研究供应商管理问题，就不得不讨论基于"共同制造"（Co-makership）的供应商-合作伙伴关系。这种类型的合作主要目的是在以下三个方面达成重大的改善：

（1）物流：供应商深入了解采购方未来几个月的需求和材料计划，将能更好地对采购方未来的需求进行预计，这会给双方带来更高水平的服务和较低的物流成本。

（2）质量。关于质量要求的早期共同协议能够使零缺陷交货成为现实，然后会给采购方带来质量成本的降低。

第九章 全球采购绩效管理

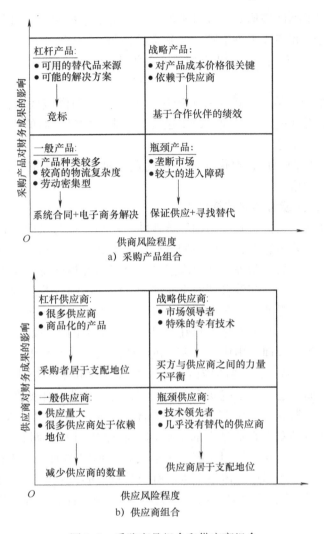

图 9-9 采购产品组合和供应商组合

注：每个象限内由上向下依次为产品或供应商分类、该产品或供应商的特点，箭头下的文字表述是该产品或供应商应该采取的采购策略。

（3）产品开发。通过将供应商的产品和工艺技术知识和经验尽早引入开发过程，可以缩短市场进入时间并降低启动成本。

基于上述合作伙伴关系产生的巨大益处，采购方需要对供应商进行长期扶植和长效管理。施耐德是这样做的：

（1）通过供应商考评小组的首次评审确认供应商的能力，包括了解供应商的成本构成和不可控因素。

（2）日常工作要求供应商指定专人和公司联络，如与采购部门核对物料计划，与物流部门核对存货信息或协商交期，与质量部门确认质量问题，以及与设计或技术部门讨论工艺改造等。通过充分沟通和信息共享，以达到最大限度地减少物流成本、质量成本和制造成本的目的。

（3）加强采购的全程管理。通过前期评审提示、发送供应商注意事项等实施事前控制；

全球采购与供应管理

通过电话、传真、电子邮件等形式加强日常沟通,实施事中控制;通过月度会议、紧急会议等手段进行阶段性总结和突发事件追踪,实施事后控制。

(4)定期走访供应商,提供与供应相关的各类指导。如发现问题,与供应商一起讨论解决。

(5)对于成本削减,给予合理而有可操作性的方案,和供应商共同去实现。譬如,通过增加年订购量以求得规模效益;通过减少送货批次来节省供应商的物流费用;通过工艺革新减少供应商的制造费用等。

(6)通过年度供应商评审,对供应商一年的业绩进行打分评定,并根据公司战略的调整,相应调整供应商战略。

(四)建立供应商业绩考评和选择体系

供应商的表现好坏直接关系到公司的经营业绩。产品质量与供应商息息相关,交货速度关系到市场份额和客户的满意度,供应商的价格与成本和利润指标密不可分,供应商的服务品质和合作态度等都与产品、服务、客户满意度及所有财务指标息息相关。如何管理好供应商的上述表现,就成为供应商绩效管理的重要课题。供应商绩效管理的内容很多,但主要集中在价格、质量、交货和服务,简称 PQDS(Price/Quality/Delivery/Service)。

实践经验证明:供应商并不是越大越好。对于不同能力的供应商,需要根据采购企业的实际需要,进行差异化的管理。IBM 就认为,供应商的大小并不是十分重要的,关键在于这家供应商是否能够提供 IBM 所需要的增值服务。在供应商和采购企业的博弈过程中,如果双方的信息不对称,那么这种关系就属于不完全信息动态的非合作博弈,其均衡的结果就是"客大欺店"或"店大欺客"。为了建立真正的合作关系,打破"客大欺店"或"店大欺客"的局面,就必须打破双方在信息上的不对称,通过共同的预期和承诺,求得一个互信合作和双赢的局面。而供应商的先期评审工作不仅具有加强沟通、打破信息不对称的作用,而且在整个供应商业绩考评和选择体系中也占有极其重要的位置。供应商考评和选择体系由供应商选择步骤、供应商评审的主要内容、打分表和供应商评审制度等组成,具体内容如下。

1. 供应商选择步骤

(1)寻找潜在供应商。
(2)供应商筛选。
(3)成立供应商评估和选择小组。
(4)确定评审供应商的名单。
(5)列出评估指标并确定权重。
(6)逐项评估供应商的履行能力。
(7)综合评分并确定供应商。

2. 供应商评审的主要内容

(1)供应商的经营状况。
(2)供应商的生产能力。
(3)技术能力。
(4)管理制度。
(5)质量管理。

第九章　全球采购绩效管理

3. 打分表

供应商打分表分为三大部分：第一部分是基本信息，包括企业名称、注册资金、法人代表、企业规模、联系方式等；第二部分是打分明细，按照PQDS的次序，结合各自的展开小项目，逐次打分；第三部分是结论部分，有参评人员的意见和结论，如果没通过审核，则还有整改意见等。

4. 供应商评审制度

施耐德的供应商考评和选择体系除了遵从上述的步骤和内容外，还具有自己的制度特色。

（1）分类审核，注意分析重点文件。根据物料的ABC分类，规定A类材料的供应商必须实地评审，B类材料的供应商必须形式评审，C类材料的供应商可以不评审。在评审过程中，需方评审人员十分注重对重点文件的审核。例如，对营业执照的核查可以验证供应商的资信，杜绝转包等现象；对质量文件或质量体系证书的核查可以验证供应商是否在有效的质量控制下进行生产；对供应商的供应情况进行检查，可以发现供应商在供应源头上的不可控因素；从供应商的主要客户清单可以推断出双方的贸易依存度；从制造和检验设备清单可以验证供应商的制造能力和质量监控能力；从供应商的组织结构图可以获悉供应商的日常运作流程和运作机构……

（2）对接沟通，双向交流。施耐德的评审小组在实地考察过程中，除了单方面的文件审核和实地验证外，还有一项双向交流的议程。需方评审小组的采购、物流、质量和技术人员会和供方的订单管理人员、发运人员、质量管理人员和技术人员一道，就双方关心的问题、注意事项、运作机制的衔接和预计会发生的问题展开讨论，寻求解决方法并达成备忘录。这种沟通也为今后的长期合作打下了坚实的基础。

（3）形成制度，长期管理。供应商的先期评审结束之后，这种沟通的渠道并没有就此中断。在供应商管理程序的规定下，日常管理、长期扶植计划、紧急会议、年度复审等作为供应商管理的重要部分，和供应商先期评审一起，构成了供应商管理的长效机制。

补充知识：施耐德电气中国制造工厂如何构建快速供应链管理体系（线上电子资源9-2）

［本章案例讨论］　欧莱雅的供应商评价

随着全球经济一体化的加速发展，全球资源的合理有效分配成为各个国家和公司的一个重要课题，全球采购随之成为一种潮流。跨国公司利用其本身的文化及有利资源成为全球采购的领头羊。近几十年来跨国公司及全球采购的发展对世界各国的经济发展产生了多方面的重要影响。采购是企业经营活动的第一步，下面将以欧莱雅集团为例，看看欧莱雅集团（简称欧莱雅）是如何解决如下问题的：如何划分采购领域获得可能的供应来源？如何对供应商进行评价？为适应全球采购如何制定采购政策？

采购可以按照不同的分类标准进行划分，要做好采购首先要做好采购领域的划分。

1. 欧莱雅如何划分采购领域？

欧莱雅将负责特定类型商品和服务采购的团队划分为六个采购领域。在各个采购部门内部，买家在技术规格方面整合了其内部客户的要求和期望，尤其是在运行情况方面，包括品质、物流、生产、包装、开发以及研究和创新。

全球采购与供应管理

（1）原材料采购。欧莱雅从各个供应商处采购各种原材料：聚合物、油脂、天然产物、香料、防晒剂和维生素，并利用以上原材料制作生产配方，但前提是这些供应商需持续参与质量和安全研究。质量和研发团队的积极参与确保了优质供应与新型原材料的开发。

（2）包装采购。包装的目的在于保护产品并提升产品价值。欧莱雅的包装必须同时具备创新性和环保性。集团已建立了一个广泛的供应商网络，供应的产品包括：塑料罐和塑料瓶、玻璃罐和玻璃瓶、注塑件、塑料管、铝管、气雾罐、喷头、标签、说明书、瓦楞纸板以及袋装包材。包装团队与供应商携手设计并优化产品包装，且共同研究创新理念。欧莱雅的包装研究和技术中心负责对供应商提出的标准方案进行调查、评估和批准。

（3）销售点广告&营销服务采购。产品推广是欧莱雅品牌的战略传播轴。销售点（POS）广告和附送赠品（促销）是赢得消费者青睐的重要方式。多材质POS供应商（金属、塑料和木材等）、纸板POS供应商（展示）、箱子、印刷材料（通知和小册子等）以及赠品（化妆盒、织物和配饰等）均要求富于创新并具备竞争力。在这个领域内，采购团队有赖于供应商的专业知识来形成共同的品质愿景。此外，品牌依据以产品介绍和面向销售点消费者为目的的营销服务对POS材料进行补充，因此供应商还包括设计和后期制作机构、广告商、上游市场调查公司和数字支持服务等供应商。

（4）资本支出性采购。资本支出是为了在全球41个工厂对生产线进行配备和运营，欧莱雅在日常运营中联合了众多专业化生产设备供应商（工艺设备、称重设备、清洗设备），并整合了包装机械（填料机、贴标签机、分电器和重组机械等）与工业设备（压缩机、加热器、冷却器、成粒机和消防安全设备）。职业安全和环境团队对设备进行观察，以改善集团的环境效益，并保持工作场所的安全健康。

（5）非生产性采购。采购不仅有直接采购，还包括间接采购。间接采购除了生产性间接采购外，还包括非生产性的综合采购。欧莱雅集团将综合采购整合成下列几个服务和供应大类：知识型服务、旅行和生活、会议和会展、设施管理、能源、人力资源服务（临时工及培训）、IT和通信、供应（办公室、实验室、工业和物流供应）、物流（运输和服务）。

（6）外包采购。此外，欧莱雅集团在自己进行国内生产的同时，也与一系列的分包企业合作对包装成品进行调整或精加工，以及具体成品制造等。

经过采购领域的划分，通过各种渠道和方法获得供应商之后，还要考虑此供应商是否能与公司建立长期合作关系，这时就需要对供应商进行评价。

2. 欧莱雅如何评价其供应商？

欧莱雅的供应商根据KPI接受例行考评。五项指标如下：社会与环境责任、创新、品质、物流和竞争力。

（1）社会与环境责任。欧莱雅希望在经济方面引领同行，同时也希望在社会与环境问题方面树立典范。因此，公司保证其供应商遵守现行法律法规，同时也保证供应商的行为均以保护环境及工人的职业健康安全为出发点。欧莱雅根据供应链的各个环节对供应商的社会责任、职业安全、健康、环境进行审计，旨在确保选择供应商的正确性，以及在现有供应商中推行最佳实践做出贡献。

（2）创新。供应商提出创新理念，与欧莱雅团队共同开发定制方案，同时也整合了环境标准；这些行为均为新产品的成功研发做出直接贡献。为了考评供应商在专业领域、产品周期和品质方面的业绩，集团已将一系列措施落实到位。举个例子，在包装方面，欧莱雅的

第九章　全球采购绩效管理

包装团队严格遵守一套由文档系统和评估体系组成的工作指导方针，据此可以清晰地锁定供应商有待提高的方面及对其进行业绩评估。

（3）品质。持续的品质与安全研究是欧莱雅及其供应商的共同目标。正是因为这样，双方与消费者建立了信任关系。受国际标准启发，根据顾客期望与新的法规要求，集团的质量监督系统一直处于不断发展和改进中。与此同时，这也得益于欧莱雅及其合作伙伴的共同品质政策，尤其是独特的质量监督系统：该系统适用于原材料和包装，同时也为欧莱雅全球的包装团队、工厂以及采购部门提供参考要点。质量审计贯穿整个供应链，以验证选用供应商的正确性，并提高了与供应商当前的合作关系。

（4）物流。从物流到信息流，欧莱雅遵循国际标准，在与其供应商的紧密合作中致力于供应链管理的持续改善，旨在改善反应速度、优化生产工具和物流系统，并缩短"上市时间"，（即新产品进入市场的时间），同时节约成本。整个供应链——采购、生产、配送中心和商店——是为了保证产品满足顾客、经销商和消费者的需求。

"欧莱雅供应商物流图表"是向集团工厂提供原材料和包装的共同参考框架。该图表规定了产品发布前的标准操作方法以及采购参数。与此同时，建立该图表是为了通过定期监督服务质量指标而改善合作供应商的业绩。

（5）竞争力。为促进发展，欧莱雅需要与具备竞争力的供应商建立长期关系。一旦启动一个项目，或者在投标程序的过程中，供应商的成本分析表和成本的深入分析便是评价其竞争力的依据。

欧莱雅的挑战在于与优质、稳固的供应商建立长期、透明的合作关系，从而在此基础上进行持续改进。考评结果会在讨论中传达给相关方。战略供应商的绩效在特定年会上进行讨论，即"业务回顾"。

为了维持与已有供应商之间的友好关系，和为公司进一步发展寻找优秀的供应商。这时公司需要制定符合企业战略的采购政策。

3. 欧莱雅的采购政策是什么？

（1）欧莱雅的可持续采购政策。在过去的几年里，欧莱雅已在全球计划中对其采购政策做出规定。欧莱雅并不是简单地购买其供应商的产品和服务。集团对供应商及其企业文化发展和员工怀有深深的敬意，因而在经济、道德和环境方面承担了特殊职责。欧莱雅一年的采购涉及100000多笔交易，其交易价值超过公司自身的资产。既然希望在环境和职业健康安全方面树立典范，欧莱雅自然应非常尊重供应商的员工工作环境。同样，其环保的足迹也超越了集团自身的边界，渗透到了整个产业的链条中。

（2）列入国际指南的价值观。欧莱雅与其供应商的关系质量有助于集团取得长期成功。双方的关系质量取决于"全球日常采购指南"所涵盖的价值，以及每个购买者必须遵守的集团的道德章程。而集团的道德章程清楚地对"全球日常采购指南"所涵盖的价值做出了规定，也涵盖了以尊重、信任和忠诚为特征的关系。欧莱雅与超过75%的供应商（本地或国际）之间已建立采购关系，这些供应商与集团合作了至少10年，有的甚至长达数十年。

（3）积极参与的供应商。通过进行建设性对话以及双方的共同努力，集团支持其合作伙伴的发展壮大。在所有采购分工中，供应商通过在品质、安全和竞争力方面的不断研究积极为欧莱雅的经济业绩做出贡献。它们为将来开发创新产品和服务起关键作用。同时，它们

全球采购与供应管理

也直接参与集团的社会与环境责任计划。它们根据客观标准做出选择，同时遵循国际先进标准的要求。

讨论：
1. 欧莱雅采购领域划分采用了哪些划分标准？
2. 欧莱雅对供应商的评价标准与一般的供应商评价标准有何不同和优势？
3. 请对欧莱雅的可持续采购政策做出评价。

◇【本章小结】

绩效管理较为成熟的做法是执行基于平衡计分卡原理的 KPI 考核。全球采购组织的工作应以世界级供应管理为标杆。因此，构建高效的采购机制，需要提炼实施全球采购的 KPI，这些指标最终能服务于一套快速精益的供应链管理体系。

◇【本章思考题】

1. 试举一例，由于业务流程的改变，平衡计分卡中四个层面需要做哪些相应的改变？
2. 请小组讨论：中国目前的全球采购团队离世界级供应管理的要求还有哪些差距？
3. 全球采购绩效评定的关键领域有哪些？
4. 试论述高效采购机制与快速供应链体系的关系。

第五部分
贸 易 篇

❖ 第十章 国际贸易和国际货物运输

❖ 第十一章 国际结算

第十章 国际贸易和国际货物运输

◇【学习目标】

掌握 11 种国际贸易术语的内涵；了解国际货物运输的各种方式；熟悉买卖合同中的运输条款；掌握国际货物保险的相关知识；能理解国际货物通关与商检的相关运作。

◇【教学重点难点】

1. 11 种国际贸易术语的划分依据及分类标准
2. 各种货物运输方式的比较
3. 国际货物保险的内容概述
4. 国际货物通关与商检的程序

第一节 国际贸易术语

一、国际贸易惯例与渊源

全球采购中的跨国采购业务，需要通过国际贸易方式来实现，因此了解并熟悉国际贸易常识对于开展全球采购的贸易活动，具有十分重要的意义。

一国的国际贸易法律渊源分别由国际法、国际贸易惯例和国内法组成。以中国为例，国际贸易惯例包括《2010 年国际贸易术语解释通则》（Incoterms 2010）、《托收统一规则》（Uniform Rules for Collection，国际商会第 522 号出版物，简称 URC522）、《跟单信用证统一惯例》（Uniform Customs and Practice for Documentary Credits，国际商会第 600 号出版物，简称 UCP600）等；国内法包括《中华人民共和国合同法》和《中华人民共和国外汇管理条例》等。一般来说，国际贸易惯例和国内法发生冲突，合同中有相关约定的，依据贸易合同；合同中双方没有约定的，优先选择国际贸易惯例作为裁判依据。

二、11 种国际贸易术语详解

《2010 年国际贸易术语解释通则》共有 11 种贸易术语，按照所适用的运输方式划分为两大组：

第一组：适用于任何运输方式的术语七种：EXW、FCA、CPT、CIP、DAT、DAP、DDP。

EXW（ex Works）：工厂交货。

FCA（Free Carrier）：货交承运人。

CPT（Carriage Paid to）：运费付至目的地。

全球采购与供应管理

CIP（Carriage and Insurance Paid to）：运费/保险费付至目的地。
DAT（Delivered at Terminal）：目的地或目的港的集散站交货。
DAP（Delivered at Place）：目的地交货。
DDP（Delivered Duty Paid）：完税后交货。
第二组：适用于水上运输方式的术语四种：FAS、FOB、CFR、CIF。
FAS（Free alongside Ship）：装运港船边交货。
FOB（Free on Board）：装运港船上交货。
CFR（Cost and Freight）：成本加运费。
CIF（Cost Insurance and Freight）：成本、保险费加运费。
C 组到 F 组主要术语中承运人和收货人的责任转移图解如图 10-1 所示。

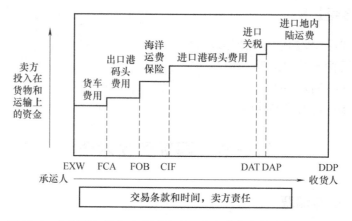

图 10-1　C 组到 F 组主要术语中承运人和收货人的责任转移图解

本书依据 Incoterms2010，根据出口方和进口方的权利与义务，对贸易术语的关键要求（后接地名、运输方式、风险划分、费用划分、进出口手续、装运或到达通知）做了概括性的解释。参见表 10-1~表 10-3。

表 10-1　E 组和 F 组术语解释

价格术语	分组	E 组	F 组		
	英文术语名称	EXW	FCA	FAS	FOB
	英文全称	ex Works	Free Carrier	Free alongside Ship	Free on Board
	中文译文	工厂交货	货交承运人	装运港船边交货	装运港船上交货
术语后面接何地名		工厂、矿山、发货仓库名称、地址	双方约定在卖方境内地点	卖方装运港	装运港
适用何种运输方式		各种方式的运输	海空陆集装箱运输和多式联运	海及内河	海及内河
风险划分界限		工厂、矿山、发货仓库、装上买方运输工具	交到承运人并取得货运单据	买方指定的装运港船边或驳船上	装运港买方指定船

第十章 国际贸易和国际货物运输

（续）

费用划分	运费	买方	买方	买方	买方
	保险费	买方	买方	买方	买方
	其他	买方	出口清关手续产生的关税和费用由卖方承担	买方	出口清关手续产生的关税和费用由卖方承担
手续由谁来办	运输手续	买方	卖方	买方	卖方或买方
	保险手续	买方	买方或卖方双方约定	买方	买方
	出口手续	买方	卖方	卖方可应买方要求代办/买方	卖方
	进口手续	买方	买方	买方	买方
装运或到达通知		不需	卖方电信发出	卖方通知	卖方通知

表 10-2 C 组术语解释

	分组	C 组			
	英文术语名称	CFR	CIF	CPT	CIP
价格术语	英文全称	Cost and Freight	Cost Insurance and Freight	Carriage Paid to	Carriage and Insurance Paid to
	中文译文	成本加运费	成本、保险费加运费	运费付至目的地	运费/保险费付至目的地
术语后面接何地名		目的港	目的港	目的地	目的地
适用何种运输方式		海及内河	海及内河	海空陆集装箱运输和多式联运	海空陆集装箱运输和多式联运
风险划分界限		装运港卖方所装船	装运港卖方所装船	交至第一承运人为止	交至第一承运人为止
费用划分	运费	卖方	卖方	卖方	卖方
	保险费	买方	卖方	买方	卖方
	其他	出口关税及费用由卖方承担	出口关税及费用由卖方承担	出口关税及费用由卖方承担	出口费用卖方承担 进口费用买方承担
手续由谁来办	运输手续	卖方	卖方	卖方	卖方
	保险手续	买方	卖方	买方	卖方
	出口手续	卖方	卖方	卖方	卖方
	进口手续	买方	买方	买方	买方
装运或到达通知		卖方及时电信通知	卖方通知	卖方及时电信通知	卖方及时电信通知

全球采购与供应管理

表 10-3　D 组术语解释

分组		D 组		
价格术语	英文术语名称	DAT	DAP	DDP
	英文全称	Delivered at Terminal	Delivered at Place	Delivered Duty Paid
	中文译文	目的地或目的港的集散站交货	目的地交货	完税后交货
术语后面接何地名		目的地或目的港的集散站	进口国目的地	进口国目的地
适用何种运输方式		海陆空及集装箱运输和多式联运	海陆空及集装箱运输和多式联运	海陆空及集装箱运输和多式联运
风险划分界限		目的地或目的港的集散站买方收货后	进口国目的地交买方收货后	进口国目的地交买方收货后
费用划分	运费	卖方	卖方	卖方
	保险费	卖方	卖方	卖方
	其他	出口关税及费用卖方承担	出口关税及费用卖方承担	出口税收及费用卖方承担
手续由谁来办	运输手续	卖方	卖方	卖方
	保险手续	卖方	卖方	卖方
	出口手续	卖方	卖方	卖方
	进口手续	买方	买方	卖方
装运或到达通知		通知到达目的港日期及卸完货时间	通知到达目的地正确日期	通知到达目的地日期

补充知识：Incoterms 2010 与 Incoterms 2000 的区别（线上电子资源 10-1）

补充知识：从关税和贸易总协定（GATT）到世界贸易组织（WTO）（线上电子资源 10-2）

第二节　国际货物运输

一、海洋运输

（一）概述

1. 概念

海洋运输，又称远洋运输，是指以船舶为运输工具，通过海上航道在不同国家（地区）进行货物或旅客运输的一种运输方式。海洋运输作为一种历史悠久的国际运输方式，被越来越多的国家所采用，并成为国际货物运输最主要的运输方式。目前国际货物运输总量的 80% 以上通过海洋运输的方式进行。

2. 特点

（1）运输量大。随着船舶技术的不断发展与进步，船舶也在逐步向大型化方向发展，其运载量远远大于铁路运输、公路运输、航空运输。目前巨轮载货量已达几十万吨以上，大型集装箱船的载运能力在未来几年内将超过 20000TEU（Twenty-foot Equivalent Unit，20 英尺[一]标准集装箱），这将使得海洋运输方式的运载能力得到不断提高与扩大。

（2）通行能力强。海洋运输可以通过全球四通八达的天然航道进行货物的运输，不易受到道路（公路、铁路轨道等）的限制，若遇到经济、政治、贸易及自然等条件的变化，可以随时改变既定航线进行货物的运输。

（3）单位运费较低。由于海洋运输运载量大，运输距离远，因此分摊到单位货物的运费成本较低，其单位运费约为公路运输单位运费的1/10、铁路运输单位运费的1/5、航空运输单位运费的1/30，可以有效地降低商品成本，同时，这也为大批量、低价值的货物运输提供了很好的运输条件，促进了海洋运输市场的繁荣。

同时，海洋运输也存在许多不足之处。例如，由于船舶的体积较大，水流阻力大，造成其运输速度较慢，一般运行速度在 $10 \sim 20\mathrm{n}$ mile/h 之间，并且受气候及自然条件的影响较大（如雷电、海啸、暴风雨、港口结冰等条件），导致运输的安全性和准时性相对较差。

（二）分类

1. 班轮运输

（1）概念。班轮运输又称定期船运输，是指船舶按照预定的航行时间表，在固定的航线和港口往返航行，从事客货运输业务，并按照事先公布的运输费率收取运费的一种运输方式。它主要用于零星、多批次、到港分散的货物运输。班轮运输属于公共运输，有关国际公约和国内法都对其做出了相关规定，目前班轮航线已遍布全球主要海港，促进了国际贸易与航运市场的发展。

（2）特点

1）四固定，即固定船期、固定航线、固定停靠港口、相对固定的费率。

2）一负责，即货物由班轮公司负责配载和装卸，班轮运费包括货物在装运港的装货费、在目的港的卸货费以及从装运港到目的港的运输费用和附加费用。班轮公司与托运人双方不计速遣费和滞期费。

3）船、货双方的权利、义务与责任豁免以船方签发的提单条款为依据。

4）运输货物灵活性较高，无论品种、数量如何，只要有舱位都可以接受，适用于杂货、零星货的运输。

5）一般在船公司指定的码头仓库进行货物的交接。

6）同一航线上的船型相似，并保持一定量的航次。

（3）运费的计算。班轮运费通常是按照班轮运费表的规定计收。运费表的内容包括运费适用的范围、货物的分类、计费标准、计费币种以及各种附加费的计算方法等。

在计算班轮运费时，首先从运价表的货物分级表中根据货物的名称查出货物所属的等级和计收运费的标准。然后，从航线划分的等级费率表中查出有关货物的基本运费率，再加上各项附加费用，其总和即为某种货物运往指定目的港的单位运费。

2. 租船运输

租船运输是指租船人向船东租赁船舶用于运输货物的业务。租船运输与班轮运输不同，

[一] $1\mathrm{ft}=0.3048\mathrm{m}$，习惯上，集装箱型号以英尺论。

既没有预定的船期表，也没有固定的航线和停靠的港口，而是按照租船人与船东签订的租船合同规定的条款行事。

目前，国际上将租船运输方式分为定程租船、定期租船、光船租船三种，租船运输主要用于大宗货物的运输。

补充知识：基本运费和附加运费的计费标准（线上电子资源10-3）

补充知识：定程租船、定期租船、光船租船三种租船运输方式的区别（线上电子资源10-4）

补充知识：海运提单的种类（线上电子资源10-5）

（三）运输单据

1. 海运提单

海运提单（Bill of Lading，B/L）简称提单，是指由船长或船公司或其代理人签发的，证明已收到特定货物，允诺将货物运到特定目的地并交付给收货人的凭证。

2. 电子提单

（1）定义。电子提单（E-B/L）是一种利用EDI系统对海运途中货物支配权进行转让的程序。

（2）特点。电子提单的载体和操作过程不同于传统书面提单。与传统提单相比，电子提单具有以下特点：

1）货物运输过程中所涉及的当事人均以承运人（或船舶）为中心，通过专有计算机密码告知运输途中货物所有权的转移时间和对象。承运人在收到托运人货物后，即会将一份货物收据连同一个密码传送给发货人，发货人就可以凭密码提货或指定收货人。在转让货物时，承运人会取消原由出让人所掌握的密码，并向受让人核发新的密码，从而谁持有密码，谁就持有货物的所有权。

2）在完成货物的运输过程后使用电子提单时，在通常情况下，不出现任何书面文件。目前，国际上使用的电子提单转移程序是利用EDI系统根据特定密码使用计算机实现的。收货人提货，只要出示有效证件证明身份，由船舶代理验明即可。

3）电子提单表现为储存于计算机存储器中的电子数据，其交换和处理也由计算机自动进行。应用EDI时，租船订舱由计算机自动进行。承运人在收到货物之后发给发货人一份收讯电，这相当于传统上的承运人签发提单；该收讯电除包含装运货物的说明外，还包括传统提单在反面所记载的条款内容。

（3）电子提单的使用主要涉及现行海商法中的两个具体法律问题：

1）电子提单的形式。各国现行海商法是适应"有纸贸易"的，都要求提单是书面的，而电子提单能否被承认为书面单证，需要各国法律对此做出规定，扩大"书面"一词的含义，使其能包括电子提单在内。国际商会通过的Incoterms 2010允许双方当事人通过电子数据交换系统提供各种单据，并在其贸易术语中规定，买卖双方约定使用电子通信条件的，凡卖方应出具提交的各种单据和凭证均可以具有同等效力的电子单证所代替。

2）电子提单的转让。在"有纸贸易"中，各国法律都规定，提单的转让须通过提单持有人的背书进行。而电子提单显然难以按此方式进行转让。那么，电子提单用何种方式转让才能有效地转让货物的所有权呢？许多国际组织和专家都已在探求解决这一棘手法律问题的途径。

二、铁路运输

（一）概述

铁路运输是指使用铁路设备、设施运送客货的一种运输方式。与其他运输方式相比，铁路运输具有以下特点：

（1）运输准确性和连续性强。铁路运输具有较高的准确性，运行时刻表按分钟编制，它受气候影响较小，可以全年正常连续地运行。

（2）运输量大，安全可靠。一组铁路列车，可运送5000t左右的货物，这比航空运输、汽车运输的运输量大得多。在货物运输的安全性方面，铁路运输也较海洋运输高。

（3）运输速度快，运输成本低。铁路货车行驶速度每小时可达100km，客车可达300km左右，超导磁悬浮列车甚至可达每小时500km；且运输成本比公路运输低得多。

（二）国际铁路联运

1. 定义

国际铁路联运是指使用一份统一的国际铁路联运票据，在跨及两个和两个以上国家铁路的货物运送中，由参加国铁路负责办理两个或两个以上国家铁路全程运送货物过程，由托运人支付全程运输费用的铁路货物运输组织形式。

2. 两个协定

1890年，欧洲各国在瑞士首都伯尔尼举行的各国铁路代表大会上，制定了"国家铁路货物运送规则"，即所谓《伯尔尼公约》，并自1893年1月起实行，后经多次修订。1934年在伯尔尼会议上重新修订，改称为《国际铁路货物运送公约》（即《国际货约》），并于1938年10月10日生效；1980年5月9日再次对该公约进行了较大修订，修订后的公约英文全称为 Convention Concerning International Carriage of Goods by Rail，简称COTIF，中文依旧是《国际铁路货物运送公约》，至今仍在使用。参加《国际货约》的国家目前有49个。

1951年11月1日，苏联、阿尔及利亚和已参加《国际货约》的民主德国、保加利亚、匈牙利、罗马尼亚、波兰、捷克斯洛伐克8国签订了《国际铁路货物联运协定》。1954年1月我国参加《国际铁路货物联运协定》，随后，朝鲜、蒙古、越南也加入进来。1991年苏联解体后，国际货协宣告解散，但铁路联运业务规则尚未有重大的改变。

3. 出口货物的一般程序

（1）托运与承运。发货人在托运货物时，向车站提交货物运单正、副本，车站接到运单后，审核通过，即交给签证车站在运单上签证表示受理托运。发货人按指定的日期将货物运到指定的货位，装车完毕，发运站在货物运单上加盖承运日期，即为承运。

（2）发运。即货物进站、请车、拨车、装车、加固和密封。

（3）取得运单正、副本。运单正本是发货人与铁路之间的运输契约，运单副本是贸易双方结算货款的依据，两者不能互相替代。

（三）国际铁路联运运单

国际铁路联运运单是国际铁路联运的主要运输单据，它是参加联运的发送国铁路与发货人之间订立的运输契约，其中规定了参加联运的各国铁路和收发货人的权利与义务，对收发货人和铁路都具有法律约束力。当发货人向始发站提交全部货物，并付清应向发货人支付的一切费用，经始发站在运单和运单副本上加盖始发站承运日期戳记，证明货物已被接管承运后,即认为运输合同已经生效。

运输正本随同货物到达终点站,并交给收货人,它既是铁路承运货物出具的凭证,也是铁路与货主交接货物、核收运杂费和处理索赔与理赔的依据。运输副本于运输合同缔结后交给发货人,是卖方凭以向收货人结算货款的主要证件。

三、航空运输

(一) 概述

航空运输简称空运,是指使用飞机运送客货的一种运输方式。航空运输具有以下特点:

1. 运输速度快

从航空业诞生之日起,航空运输就以快速而著称。到目前为止,飞机仍然是最快捷的交通工具。航空运输大大缩短了货物的在途时间,对于那些易腐烂、变质的鲜活商品,时效性、季节性强的报刊、节令性商品,抢险、救急品的运输,这一点显得尤为突出。由于运送速度快,在途时间短,也使货物的在途风险降低,因此许多贵重物品、精密仪器也往往采用航空运输的形式。

2. 不受地面条件影响,深入内陆地区

航空运输利用天空这一自然通道,不受地理条件的限制。对于地面条件恶劣、交通不便的内陆地区非常合适,有利于当地资源的出口,促进当地经济的发展。航空运输将本地与世界相连,辐射面广,而且航空运输相对于公路运输与铁路运输占用土地少,对寸土寸金、地域狭小的地区发展对外交通无疑是十分适合的。

3. 安全性、准确性较高

与其他运输方式相比,航空运输的安全性较高,同时,航空公司的运输管理制度也比较完善,能够保证货物的完整性。

4. 经济特性良好

单纯从经济方面来讲,航空运输的成本及运价高于其他运输方式。但是,如果考虑时间价值,航空运输又具有其独特的经济价值。

(二) 分类

1. 班机运输 (Scheduled Airline)

班机是指定期开航的定航机,有固定始发站、到达站和途经站的飞机。一般航空公司都使用客货混合型飞机,一些较大的航空公司也在某些航线上开辟有全货机航班运输。

2. 包机运输 (Chartered Carrier)

包机运输可分为整架包机和部分包机两种形式:整架包机是指航空公司按照事先约定的条件和费率,将整架飞机租给租机人,从一个或几个航空站装运货物至指定目的站的运输方式。它适合于运输大宗货物。部分包机是指由几家航空货运代理公司或发货人联合包租整架飞机,或者由包机公司把整架飞机的舱位分租给几家航空货运代理公司。它适合于 1t 以上不足整机的货物运输,运输费率较班机低,但运送时间较班机要长。

3. 航空集中托运 (Consolidation)

航空集中托运是指航空货运代理公司把若干批单独发运的货物组成一批向航空公司办理托运,填写一份总运单将货物发运到同一目的地,由航空货运代理公司在目的站的代理人负责收货、报关,并将货物分别拨交于各收货人的一种运输方式。这种托运方式可争取较低的运价,在航空运输中使用较为普遍。

4. 航空急件传送(Air Express Service)

航空急件传送是目前货机航空运输中最快捷的运输方式。它不同于航空邮寄和航空货运,而是由一个专门经营此项业务的机构与航空公司密切合作,设专人用最快的速度在货主、机场、收件人之间传送急件,特别适用于急需的药品、医疗器械、贵重物品、图纸资料、货样及单证等的传送,被称为"桌到桌运输"(Desk to Desk Service)。

(三) 航空运费与航空运单

1. 航空运费

(1) 计费标准。航空运输货物的运价是指从起运机场到目的地机场的运价,不包括其他额外费用(如提货费、仓储费等)。运价一般是按重量(公斤)或体积重量($6000cm^3$折合1kg)计算的,而以两者中的高者为准。空运货物是按一般货物、特种货物和货物的等级规定运价标准。

(2) 运价与费用的种类。航空公司按国际航空运输协会所制定的三个区划费率收取国际航空运费:一区主要是指南北美洲、格陵兰岛等;二区主要是指欧洲、非洲、伊朗等;三区主要是指亚洲、澳大利亚等。

2. 航空运单

(1) 概念及作用。航空运单(Airway Bill)是航空公司出具的承运货物的收据。它既是承运人承运货物的收据,又是发货人与承运人之间的运输契约。它也可以作为承运人核收运费的依据和海关查验放行的基本单据。但它不是物权凭证,不能通过背书转让。

(2) 分类。航空运单分为航空主运单和航空分运单。

航空主运单是由航空运输公司签发的航空货运单,是航空运输公司据以办理货物运输和交付的依据,是航空运输公司与托运人订立的运输合同,每一批航空运输的货物都有自己相对应的航空主运单。一张主运单只能用于一个托运人托运的从同一始发机场到同一目的机场,交付给同一收货人的一票货物的运输。

航空分运单是航空货运代理公司在办理集中托运业务时签发的航空运单。在集中托运时,航空运输公司签发主运单,航空货运代理公司签发航空分运单。航空分运单作为集中托运人与托运人之间的货物运输合同;航空主运单作为航空公司与集中托运人之间的货物运输合同,当事人则为集中托运人和航空运输公司。货主与航空运输公司没有直接的契约关系,因为在起运地货物由集中托运人交付给航空运输公司,在目的地由集中托运人或其代理从航空运输公司提取货物,再转交给收货人。

航空运单的正本一式三份,每份都印有背面条款,其中第一份(托运人联)交发货人,是承运人接收发货人或其代理人货物的收据;第二份(航空公司联)由承运人留存,作为记账凭证,也是承运人据以核收运费的账单;第三份(收货人联)随货物同行,在货物到达目的地交付给收货人时作为核收货物的依据。

四、集装箱运输

(一) 集装箱运输的概念和优势

集装箱运输是指以集装箱这种大型容器为载体,将货物集合组装成集装单元,以便在现代流通领域内运用大型装卸机械和大型载运车辆进行装卸、搬运作业并完成运输任务,从而更好地实现货物"门到门"运输的一种高效率和高效益的运输方式。集装箱运输是一种先进的现代化运输方式,是物流运输现代化的产物和重要标志,也是件杂货运输的发展方向。集装箱运输的核心工具是集装箱。集装箱运输有以下几点优势:

1. 提高装卸效率,减轻劳动强度

集装箱运输将单件货物集合成组,装入集装箱内完成全程运输,从而扩大了运输单元,规范了单元尺寸,便于机械操作,为实现货物的装卸机械化和搬运机械化提供了条件。在提高装卸效率的同时,工人的体力劳动强度也大幅度地降低。机械化和自动化作业方式的采用,使工人只需从事一些辅助性的体力劳动工作,肩扛人挑的装卸搬运方式已成为历史。同时,机械化程度提高对作业人员的专业知识和操作技能的要求也加强了。

2. 减少货损货差,提高货物运输的安全与质量

由于集装箱结构坚固,强度很大,水密性、气密性较好,对货物具有很好的保护作用,因此,采用集装箱运输方式,货物在运输、装卸和保管过程中不易受损,即使经过长距离运输或多次换装,货物的完好率也很高。同时,从发货人装箱、铅封到收货人收货,一票到底,货物在途中丢失的可能性大大减低。例如,采用普通火车装运玻璃器皿的一般破损率达30%,而改用集装箱运输后,破损率可下降到5%以下。

3. 缩短货物的在途时间,加快车船的周转

标准化的货物单元使装卸、搬运作业变得更加高效便捷,在作业过程中能充分发挥装卸、搬运机械设备的能力。一方面,采用集装箱运输方式,港口和场站的货物装卸、堆码的机械化和自动化程度大幅度地提高,有利于实现自动控制的作业过程。机械化和自动化又大大缩短了车船在港站的停留时间,加快了货物的送达速度。另一方面,集装箱运输方式减少了运输中转环节,简化了通关、理货、检验等手续,方便了货主,提高了运输服务质量。

4. 节省货物运输的包装,简化理货手续

由于集装箱具有一定的强度,对箱内货物起到很好的保护作用,从而大大减少了对货物的包装要求,降低了单位货物运输分摊的包装费用。有些商品甚至无须任何包装,如采用衣架箱来装运成衣服装,箱内设置衣架可直接吊挂服装,收货人在提取集装箱后,即可从箱内取出服装,直接上售货架,既节省包装成本,又使商品能及时供应市场。

采用集装箱运输方式,理货时只需按整箱清点,检查集装箱是否外表状况良好,铅封是否完整即可,大大缩短了检查时间,同时也节省了理货费用。此外,在运输场站,由于集装箱对环境要求不高,故也节省了场站在仓库方面的投资。

5. 减少营运费用,降低运输成本

由于集装箱运输提高了船舶的装卸效率,加速了车船的周转,故使得营运费用和装卸成本大大降低。同时,采用集装箱运输方式,货物运输的安全性和可靠性明显提高,保险费用也相应减少。例如,英国在大西洋航线上开展集装箱运输后,装卸成本减少了90%,营运费用减少了75%,运输成本仅为普通杂货船的1/9。

(二)拼箱方式

1. 整箱货装箱

由发货人或其货运代理人办理货物出口报关手续,在海关派员监装下自行负责装箱,施加船公司或货运代理集装箱货运站铅封和海关关封。发货人或其代理人缮制装箱单和场站收据,在装箱单上标明装卸货港口、提单号、集装箱号、铅封号、重量、件数、尺码等。若是

第十章　国际贸易和国际货物运输

在内陆（发货人仓库）装箱运输至集装箱码头的整箱货，应有内陆海关关封，并应向出境地海关办理转关手续。

2. 拼箱货装箱

拼箱货装箱是由货运代理人将接收有多个发货人运往不同收货人，而不足一整箱的零星货物集中起来交给集装箱货运站，货运站根据集装箱预配清单核对货主填写的场站收据，并负责接货，请海关派人监装，拼装整箱装箱、施封，并制作装箱单。其具体程序是：货主或其代理人将不足一整箱的货物连同事先缮制的场站收据，送交集装箱货运站，集装箱货运站核对由货主或其代理人缮制的场站收据和送交的货物，接收货物后，在场站收据上签收。如果接收货物时，发现货物外表状况有异，则应在场站收据上按货物的实际情况做出批注。集装箱货运站将拼箱货物装箱前，须由货主或其代理人办理货物出口报关手续，并在海关派人监督下将货物装箱。同时，还应按货物装箱的顺序从里到外地编制装箱单。

（三）交接方式

集装箱货运分为整箱和拼箱两种，因此在交接方式上有以下四类：

1. 整箱交/整箱接（FCL/FCL）

货主在工厂或仓库把装满货后的整箱交给承运人，收货人在目的地以同样整箱接货，换言之，承运人以整箱为单位负责交接。货物的装箱和拆箱均由货方负责。

以门到门为交接地点的这种运输方式，在整个运输过程中完全是集装箱运输，并无货物运输，故最适宜于整箱交/整箱接。

2. 拼箱交/拆箱接（LCL/LCL）

货主将不足整箱的小票托运货物在集装箱货运站或内陆转运站交给承运人，承运人负责拼箱和装箱运到目的地货运站或内陆货运站，由承运人负责拆箱，拆箱后，收货人凭单收货。货物的拼箱和拆箱均由承运人负责。

以场站到场站为交接地点的这种运输方式，除中间一段为集装箱运输外，两端的内陆运输均为货物运输，故适宜于拼箱交/拆箱接。

3. 整箱交/拆箱接（FCL/LCL）

货主在工厂或仓库把装满货物的整箱交给承运人，在目的地的集装箱货运站或内陆转运站由承运人负责拆箱后，各收货人凭单收货。

以门到场站为交接地点的这种运输方式，由门到场站为集装箱运输，由场站到门是货物运输，故适宜于整箱交/拆箱接。

4. 拼箱交/整箱接（LCL/FCL）

货主将不足整箱的小票托运货物在集装箱货运站或内陆转运站交给承运人，由承运人分类调整，把同一收货人的货集中拼装成整箱，运送到目的地后，承运人以整箱交，收货人以整箱接。

以场站到门为交接地点的这种运输方式，由门至场站是货物运输，由场站至门是集装箱运输，故适宜于拼箱交/整箱接。

（四）集装箱运输的关系方

（1）无船承运人。无船承运人专门经营集装货运的揽货、装箱、拆箱、内陆运输及经营中转站或内陆站业务，可以具备实际运输工具，也可不具备。

（2）集装箱实际承运人。集装箱实际承运人是掌握运输工具并参与集装箱运输的承运人。通常拥有大量的集装箱，以利于集装箱的周转、调拨、管理以及集装箱与车、船、机的衔接。

（3）集装箱租赁公司。集装箱租赁公司专门经营集装箱出租业务。集装箱租赁对象主要是一些较小的运输公司、无船承运人以及少数货主。这类公司业务包括集装箱的出租、回收、存放、保管以及维修等。

（4）集装箱堆场。集装箱堆场是指办理集装箱重箱或空箱装卸、转运、保管、交接的场所。

（5）集装箱货运站。集装箱货运站是指处理拼箱货的场所，它办理拼箱货的交接、配箱积载后，将箱子送往集装箱堆场，并接受集装箱堆场交来的进口货箱，进行拆箱、理货、保管，最后拨交给各收货人。同时也可按承运人的委托进行铅封和签发场站收据等业务。

（6）联运保赔协会。联运保赔协会是一种由船公司互保的保险组织，对集装箱运输中可能遭受的一切损害进行保险和赔偿。

五、大陆桥运输

（一）概述

大陆桥运输是指用横贯大陆的铁路（公路）运输系统作为中间桥梁，把大陆两端的海洋连接起来的集装箱连贯运输方式。国际货物使用大陆桥运输具有运费低廉、运输时间短、货损货差率小、手续简便等特点。因此，大陆桥运输是一种经济、快捷、高效的现代化运输方式。

（二）全球大陆桥运输路线

大陆桥运输一般以集装箱作为运输媒介，是集装箱运输开展以后的产物，大陆桥运输主要有以下三条运输路线：

1. 西伯利亚大陆桥

西伯利亚大陆桥是利用俄罗斯西伯利亚铁路作为陆地桥梁，把太平洋远东地区与波罗的海和黑海沿岸以及西欧大西洋口岸连接起来。此条大陆桥运输线东起符拉迪沃斯托克（海参崴）的纳霍特卡港口，横贯欧亚大陆，至莫斯科，然后分三路：一路自莫斯科至波罗的海沿岸的圣彼得堡港，转船往西欧、北欧港口；一路从莫斯科至俄罗斯的两个国境站，转欧洲其他国家铁路（公路）直运欧洲各国；另一路从莫斯科至黑海沿岸，转船往中东、地中海沿岸。所以，从远东地区至欧洲，通过西伯利亚大陆桥有海/铁/海、海/铁/公路和海/铁/铁三种运送方式。

2. 新亚欧大陆桥

新亚欧大陆桥于 1992 年投入运营，此条运输线东起我国连云港，经陇海线、兰新线，接北疆铁路，出阿拉山口，穿越哈萨克斯坦、俄罗斯，与西伯利亚大陆桥重合，最终抵达荷兰鹿特丹、阿姆斯特丹等欧洲主要港口。新亚欧大陆桥横跨两大洲，连接太平洋与大西洋，辐射 30 多个国家与地区，全长 10.8 万 km，在我国境内全长 4134km。

3. 北美大陆桥

北美的加拿大和美国都有横贯东西的铁路公路大陆桥，它的线路基本相似，其中美国大陆桥的作用更为突出。美国有两条大陆桥运输线：一条是从西部太平洋口岸至东部大西洋口岸的铁路（公路）运输系统，全长约 3200km，另一条是西部太平洋口岸至南部墨西哥湾口岸的铁路（公路）运输系统，全长 500~1000km。

（三）OCP 运输

OCP 称为内陆公共点或陆上公共点，英文全称为 Overland Common Points，它的含义是使用两种运输方式将卸至美国西海岸港口的货物通过铁路转运抵美国的内陆公共点地区，并享有优惠运价。美国的 OCP 地区只限于美国的中部和东部各州，它以落基山脉为界，在其东面的各州均为 OCP 地区，在其西面的各州均为非 OCP 地区。

从远东至美国西岸港口，而后再向东运往 OCP 地区的货物，不仅其海运运费可享受优惠的 OCP Rate（每吨运费约低 3~4 美元），而且进口方在支付从西岸至最终目的地的铁路（或公路）运费也较其本地运输费率低 3%~5%。因此，OCP 一词应视为美国运输业划分业务地区和收取优惠费率的专有运输名词，而不是大陆桥运输，更不是小陆桥运输或微型陆桥运输的别称。

1. OCP 的运输过程

OCP 的运输过程就是出口到美国的货物海运到美国西部港口（旧金山、西雅图等）卸货，再通过陆路交通（主要是铁路）向东运至指定的内陆地点。

2. OCP 运输的特点

OCP 运输是一种特殊的国际物流运输方式。它虽然由海运、陆运两种运输形式来完成，但并不属于国际多式联运。国际多式联运是由一个承运人负责的自始至终的全程运输，而 OCP 运输，海运、陆运段分别由两个承运人签发单据，运输与责任风险也是分段负责。因此，它并不符合国际多式联运的含义，而是一种国际多式联营运输。对于卖方来说，OCP 运输能够提前交货，提前收汇，减少风险。此种方式下，卖方只需将货物交至美国西海岸，即完成向买方交货的任务。对于买方，采用 OCP 运输能够节省运费，降低进口成本，提高运输速度，增强市场竞争力。

3. OCP 运输的注意事项

OCP 运输的单据和信用证上贸易术语后的内容有所不同，应写成：CIF 美国西岸港口（OCP），备注栏写：OCP 美国内陆地区城市。

六、国际多式联运

（一）含义

国际多式联运又称国际联合运输，是指在集装箱运输的基础上产生和发展起来的，由多式联运经营人按照多式联运合同，以至少两种不同的运输方式，将货物从一国境内接管货物的地点运至另一国境内指定交付地点的一种运输方式。

（二）优点

（1）运输速度快、时间短，安全性较高。一般采用集装箱连贯运输，中途无须拆箱换箱，并且可以降低其他运输成本。

（2）责任统一，手续简单，费用结算方便。由一个承运人负责全程运输，托运人只需办理一次托运手续，只签订一份运输合同、一次付费，只使用一份多式联运单据。

（3）提前结汇。卖方将货物交给多式联运经营人之后可凭其签发的多式联运单据议付结汇，一般可比海洋运输货物提前 7~10 天结汇。

（三）基本条件

根据多式联运公约的规定和现行的多式联运业务特点，多式联运应具备以下条件：

全球采购与供应管理

（1）货物在全程运输过程中无论使用多少种运输方式，作为负责全程运输的多式联运经营人必须与发货人订立多式联运合同。

（2）多式联运经营人必须对全程运输负责。多式联运经营人不仅仅是订立多式联运合同的当事人，也是多式联运单证的签发人，在履行多式联运合同所规定的运输责任的同时，可将全部或部分运输委托他人（分运承运人）完成，并订立分运合同，但分运合同的承运人与发货人之间不存在任何合同关系。

（3）多式联运经营人接管的货物必须是国际货物运输，这不仅有别于国内货物运输，主要还涉及国际运输法规的适用问题。

（4）多式联运需使用两种及以上的连续运输方式进行作业。

（5）货物全程运输由多式联运经营人签发一张多式联运单证，且应满足不同运输方式的需要，并计收全程运费。

（四）国际多式联运单据

多式联运单据是指表明或证明多式联运合同和承运人在起运地点接管货物，以及在目的地据以交付货物的凭证。

1. 多式联运单据的作用

（1）表明合同或证明合同的功能。多式联运单据是多式联运经营人与托运人之间的多式联运合同的重要组成部分，是与多式联运单据持有人之间的运输合同。

（2）货物收据功能。多式联运单据是多式联运经营人接管货物的证明。多式联运经营人向托运人签发了多式联运单据即表明他已从托运人手中接管了货物，并开始对货物负责。

（3）货物交付凭证功能。收货人或多式联运单据的持有人在目的地必须出具多式联运单据才能提货。多式联运单据是多式联运经营人及其代理人凭以交付货物的证据。

（4）可转让多式联运单据的物权凭证功能。商人通过转让多式联运单据可以实现货物所有权的转让；银行、承运人可以通过占有多式联运单据取得有条件的货物占有权。

2. 国际多式联运单据的主要内容

国际多式联运单据是当事人之间进行国际多式联运业务活动的凭证。因此，要求单据的内容必须准确、完整、清楚。该单据的主要内容包括：货物的外表状况、名称、数量、质量、包装、标志等；多式联运经营人的名称和主要营业场所；收发货人的地址、名称；多式联运经营人接管货物的时间、地点；经双方明确议定的交付货物的时间、地点；多式联运经营人或经其授权人的签字；表示多式联运单据可转让或不可转让的声明；多式联运单据的签发时间、地点；相关支付运费的说明；相关运输方式、运输路线、特殊运输要求的说明等。

同时，多式联运单据除按规定的内容、要求填写外，还可根据双方的实际需要，在不违背单据签发国法律的情况下，加注其他项目，如：关于运输货物批注的说明；相关特种货物运输的说明；不同运输方式下承运人之间的临时洽商批注等。

多式联运单据所记载的内容，通常由货物托运人填写，或由多式联运经营人或其代表根据托运人提供的有关托运文件制成。但在多式联运经营人接管货物时，被认为货物托运人或发货人已向多式联运经营人保证其在多式联运单据中所提供的货物品类、标志、件数、尺码、数量等情况准确无误。

若货物的损失、损坏是由于发货人或货物托运人在单据中所提供的内容不准确或不当所造成的，发货人应对多式联运经营人负责。若货物的损失、损坏是由于多式联运经营人在多式联运单据中列入不实资料，或漏列有关内容所致，则该多式联运经营人无权享受赔偿责任限制，而应按货物的实际损害负责赔偿。

七、公路、内河、邮政和管道运输

（一）公路运输

公路运输是指使用公路设施、设备运送客货的一种运输方式。它是一种现代化运输方式，也是车站、港口和机场集散进出口货物的重要手段。它具有机动灵活、快速、方便等特点，但其载货量有限，运输成本高，易造成货损货差事故。公路运输适于同周边国家的货物输送以及我国内地同港、澳地区的部分货物运输。

（二）内河运输

内河运输（Inland Water Transportation）是指使用船舶通过国内江、湖、河、川等天然或人工水道，运送货物的一种运输方式。它是水上运输的一个组成部分，是内陆腹地和沿海地区的纽带，也是边疆地区与邻国边境河流的连接线，在现代化的运输中起着重要的辅助作用。

内河运输与沿海运输和远洋运输相比，船舶吨位较小；与铁路运输和公路运输相比，速度慢。但由于它具有投资少、运力大、成本低、能耗低、价格低的优势，内河航运的地位在某些国家和地区越来越重要。例如，欧洲地域小，大多数国家位于内陆，很多国家通过内河运输连接远洋运输，因此欧洲国家的内河运输逐渐呈现出内河船舶大型化、内河集装箱运输网络化和内河运输物流链化的趋势；又如，中国拥有四通八达的内河航运网，与海相通，航道畅通，有港口对外开放的内河为长江和珠江，它们在我国对外贸易中的作用日益明显。

（三）邮政运输

邮政运输是一种最简便的运输方式，手续简便、费用不高。它包括普通邮包和航空邮包两种，适于量轻体小的货物。托运人按照邮局规章办理托运，付清定额邮资后取得邮政包裹收据，这时交货手续即告完成。邮件到达目的地后，收件人可凭邮局到件通知提取。各国邮政部门之间订有协定和公约，如万国邮政联盟（Universal Postal Union，UPU），从而保证了邮件包裹传递的畅通无阻、四通八达，形成了全球性的邮政运输网，遂使国际邮政运输得以在国际贸易中被广泛使用。近年来，特快专递业务迅速发展，目前，主要有国际特快专递（International Express Mail Service，EMS）和DHL信使专递（DHL Courier Service）。

（四）管道运输

管道运输（Pipeline Transportation）是液体和气体货物在管道内借助于高压气泵的压力输往目的地的运输方式。它具有运量大、占地少、运输建设周期短、费用低、成本低、效益好、运输安全可靠、连续性强、运输能耗少的优点，缺点是灵活性差，在运输量明显不足时，运输成本会显著增大。它主要适用于单向、定点、量大的流体或气体状货物（如石油、天然气、煤浆、某些化学制品原料等）运输。

八、买卖合同中的运输条款

（一）装运时间

装运时间又称装运期，是指卖方将合同规定的货物装上运输工具或交给承运人的期限。它是国际货物买卖合同的主要交易条款。

全球采购与供应管理

在国际货物运输中,装运时间主要有以下四种规定方法:

(1) 规定某月装运。在国际货物买卖合同中,通常规定一段日期装运。规定在某月装运的方式使用最多。例如,20××年9月装运(Shipment during September, 20××),则卖方可以在20××年9月1日到20××年9月30日期间的任何时候装运。

(2) 规定跨月装运。对于船舶较少去的偏僻港口,最好争取跨月装运,以便于安排船舶。例如,20××年8/9月装运(Shipment during Aug/Sep., 20××),则卖方可以在20××年8月1号到20××年9月30日期间的任何时候装运。

(3) 规定在某月底或某日前装运。可以在合同中规定一个最迟装运的期限,此最迟装运期限可以是某一月份的月底,也可以是具体某一天。例如,20××年7月底或之前装运(Shipment at or before the end of July, 20××),即自签订合同之日起,在20××年7月31日或之前的任何日期装运。20××年9月15日或之前装运(Shipment on or before September 15th, 20××),即从签订合同之日起,最迟不晚于20××年9月15日装运。

(4) 规定在收到信用证后若干天内装运。为了防止买方不按时履行合同而造成损失,在出口合同中可以采用在收到信用证后若干天内装运的方法规定装运时间。例如,收到信用证后30天内装运(Shipment within 30 days after receipt of L/C)。但采用此规定方法时,必须同时规定有关信用证开到的期限。

(二)装运港(起始港)和目的港

装运港是指货物起始装运的港口。目的港是指最终卸货的港口。在国际贸易与运输中,装运港一般由卖方提出,经买方同意后确认。目的港一般由买方提出,经卖方同意后确认。

在买卖合同中,装运港和目的港的规定方法有以下几种:

(1) 在一般情况下,装运港和目的港分别规定各为一个。

(2) 有时按实际业务的需要,也可规定两个或两个以上。

(3) 在磋商交易时,如明确规定一个或几个装卸港有困难,可以采用选择港办法。

此外,在采用"选择港"的办法时,须按运费最高的港口为基础核算售价。同时"选择港"必须以同一航线的班轮直航港为限,并明确选择附加费由买方负担;规定"选择港"的港口数目一般不超过三个。

确定国外装运港和目的港应当注意以下问题:

(1) 不能接受收货方政策不允许往来的港口为装卸港。

(2) 对国外装卸港的规定应力求具体明确。

(3) 货物运往没有直达船或虽有直达船而航次很少的港口,合同中应规定"允许转船"的条款,以利装运。

(4) 如果接受内陆城市为装卸港条件,则须承担从港口到内陆城市这段路程的运费和风险。

(5) 要注意装卸港的具体条件,须是船舶可以安全停泊的港口。

(6) 应注意国外港口有无重名问题。

(三)分批装运和转运

1. 分批装运

分批装运是指一个合同项下的货物,先后分若干期或分若干批次于不同的航次、车次、班次装运。买卖合同中往往都规定分批装运条款。出现分批装运的原因很多,如:运输工具

第十章　国际贸易和国际货物运输

的限制，目的港卸货条件差，船源紧张，市场销售需要，卖方一次备货有困难，期货成交后需要逐批生产等。对于分批装运，从卖方来说，成交数量大、货源不充分或国内运输紧张或租船有困难时，总是希望允许分批装运。对买方来说，除非市场销售需要，一般都不希望分批装运。所以，是否允许分批装运的问题应该在洽商交易和签订合同时予以明确规定。

分批装运通常有以下三种规定方法：

(1) 只规定"允许分批装运"，对批次、时间、数量不加任何限制。如："Shipment during March/April, 2019, with partial shipment allowed"（2019年3/4月份装运，允许分批。）值得注意的是：准许分批装运并不等于必须分批装运。是否分批装运由卖方决定。

(2) 订明分若干批次装运，而不规定每批装运的数量。如："during March/April, 2019, in two shipments"（2019年3/4月份分两批装运。）

(3) 订明每批装运的时间和数量，即定期、定量分批装运。这种做法对卖方的限制非常严格。《跟单信用证统一惯例》（UCP600）第三十二条做了如下规定："如信用证规定在指定的时间段内分期支款或分期装运，任何一期未按信用证规定期限支取或装运时，信用证对该期及以后各期均告失效。"

有必要指出，UCP600第三十一条b款规定："表明使用同一运输工具并经由同次航程运输的数套运输单据在同一次提交时，只要显示相同目的地，将不视为分批装运，即使运输单据上标明的装运日期不同或装卸港、接管地或发运地点不同。如果交单由数套运输单据构成，其中最晚的一个装运日将被视为装运日。含有一套或数套运输单据的交单，如果标明在同一种运输方式下经由数件运输工具运输，即使运输工具在同一天出发运往同一目的地，仍将被视为分批装运。"另外，第三十一条c款又规定："含有一份以上快递收据、邮政收据或投邮证明的交单，如果单据显示由同一快递或邮政机构在同一地点和日期加盖印戳或签字并且表明同一目的地，将不视为分批装运。"

2. 转运

转运是指自装货港或装运地至卸货港或目的地的货运过程中，货物从一运输工具上卸下，再装上同一运输方式的运输工具或在不同运输方式的运输情况下，从一种运输工具上卸下，再装上另一种运输工具的行为。

货物在中途转运，容易受损和散失，延迟到达目的地的时间，所以是否允许转运，必须在合同中加以明确规定，甚至还要规定转运地和转运方式。但是，随着运输工具的不断改进和大型化，集装箱船、滚装船、母子船的不断涌现，以及各种新的运输方式广泛运用，转运在实际业务中已变得不可避免。为了促进国际贸易的顺利发展，减少转运可能引发的纠纷，UCP600对此做了淡化和从宽处理（参见第二十条b款、第二十一条b款、第二十三条b款、第二十四条d款的有关规定）。按照规定，装于海运中集装箱、装在滚装船上的拖车、母子船上的驳船的装运不被视作转运；海运以外的其他各种运输方式下的同种运输方式转运，也均不被视作转运。UCP600在各种运输单据的条款中均分别明确：即使信用证不准转运，银行也可接受表明转运或将予转运的运输单据，只要有关单据包括全程运输。简言之，所谓"禁止转运"，实际上仅指禁止海运除集装箱以外的货物"港至港运输"的转运。但以上解释仅适用于信用证业务的处理。因此，在实际业务中，尤其在出口合同中，还是以明确规定允许转运条款为宜，这使卖方较为主动。

（四）装运通知

买卖双方为了互相配合，共同推动船、车、货的衔接和办理货运保险，不论采用何种贸易术语成交，交易双方都要承担相互通知的义务。因此，装运通知（Advice of Shipment）也是装运条款的一项重要内容，是在采用租船运输大宗进出口货物的情况下，在合同中加以约定的条款。规定这个条款的目的在于明确买卖双方责任，促使买卖双方互相合作，共同做好船货衔接工作。

如按 FOB、CFR 术语签订的合同，卖方应在货物装船后，按约定的时间，将合同、货物的品名、件数、重量、发票金额、船名及装船日期等几项内容电告买方；如按 FCA、CPT 和 CIP 术语签订的合同，卖方应在把货物交付承运人接管后，将交付货物的具体情况及交付日期电告买方，以便买方办理保险并做好接卸货物的准备，即时办理进口报关手续。

（五）滞期费和速遣费

滞期费和速遣费一般是航次租船合同中的条款内容。滞期费是指未按规定的装卸时间和装卸率完成装卸任务，延误了船期，应向船方支付的相应金额的罚款。而如果按规定的装卸时间和装卸率，提前完成装卸任务，使船方节省船舶在港的费用开支，船方将其获取的利益一部分给租船人作为奖励，此种奖励就称为速遣费。

第三节　国际货物保险

一、保险概述

在国际货物运输的过程中可能会遇到许多不可控的自然灾害或意外事故，从而导致货物及财产的损失，一旦发生货物的风险与损失，买卖双方就会完全失去或减少贸易中的所得利益。在长期的贸易活动中，人们创造了一种转嫁货物在运输过程中风险损失的办法，即货物运输保险。保险是分摊意外事故损失的一种财务安排，货物通过投保，将不定的损失变为固定的费用，在货物遭到承保范围内的损失时，可以从保险公司及时得到经济上的补偿，这不仅有利于进出口企业加强经济核算，而且也有利于进出口企业保持正常的经营活动，从而有效地促进国际贸易的发展。

（一）种类

按照保险标的，保险可以分为人身保险、责任保险、财产保险、信用保证保险四大类。

1. 人身保险

人身保险是以人的寿命和身体为保险标的的保险。保险人对被保险人在保险期间因意外事故、疾病等原因导致的死亡、伤残，或者在保险期满后，根据保险条款的规定给付保险金。

2. 责任保险

责任保险是以被保险人依法应负的民事损害赔偿责任或经过特别约定的合同责任作为保险标的的保险。被保险人由于疏忽、过失行为而造成他人的财产损失或人身伤亡，根据法律或合同的规定，应对受害人承担的经济赔偿责任，由保险人提供经济赔偿。

3. 财产保险

广义的财产保险是指以财产及其有关的经济利益和损害赔偿责任为保险标的的保险；狭

义的财产保险则是指以物质财产为保险标的的保险。国际货物运输保险属于广义的财产保险,当保险财产遭受保险责任范围内的损失时,由保险人提供经济补偿。

4. 信用保证保险

信用保证保险是指权利人向保险人投保债务人的信用风险的一种保险,是一种投保人用于风险管理的保险。其主要功能是保障投保人经济财产的安全。其原理是把债务人的保证责任转移给保险人,当债务人不能履行其义务时,由保险人承担赔偿责任。

(二) 原则

1. 可保利益原则

可保利益原则是指只有对保险标的具有可保利益的投保人与保险人签订的保险合同才有法律效力,保险人才承担保险责任。这一原则为大多数国家的保险法所确认,并将其作为保险合同成立的法定条件,当事人不得协商变更。可保利益是保险合同生效的依据,也是保险人履行保险责任的前提。

2. 最大诚信原则

最大诚信原则是指签订保险合同的各方当事人必须最大限度地按照诚实与信用精神协商签约。根据这一原则,对保险合同当事人的要求主要有以下三个方面:

(1) 告知,也称"披露"。这是指被保险人在签订保险合同时,应该将其知道的或推定应该知道的有关保险标的的重要情况如实向保险人进行说明。

(2) 申报,也称"陈述"。这是指在洽谈签约过程中,被保险人对于保险人提出的问题,进行的如实答复。申报的内容也关系到保险人决定是否承保。

(3) 保证。这是指被保险人向保险人做出的履行某种特定义务的承诺。在保险合同中,表现为明示保证和默认保证两类。

3. 损失补偿原则

损失补偿原则是指当保险标的物发生保险责任范围内的损失时,保险人应按照合同条款的规定履行赔偿责任。

4. 近因原则

近因是指造成损失的最直接、最有效、起主导性作用的原因。近因原则是指当被保险人的损失是直接由于保险责任范围内的事故造成时,保险人才给予赔偿。这个原则是为了明确事故与损失之间的因果关系,认定保险责任而专门设立的一项基本原则。

5. 代位追偿原则

代位追偿是指当保险标的物发生了保险责任范围内的由第三者责任造成的损失,保险人向被保险人履行了损失赔偿的责任后,有权在其已赔付的金额限度内取得被保险人在该项损失中向第三责任方要求索赔的权利,保险人取得该权利后,即可站在被保险人的位置上向责任人进行追偿。

二、海运保险的承保范围

(一) 海运风险

1. 海上风险

海上风险又称海难,是指海上发生的自然灾害和意外事故。海上风险对所有货物都可能造成影响。

全球采购与供应管理

（1）自然灾害。自然灾害是指由于自然界变异而产生的具有破坏力量的现象，它不以人的意志为转移，如雷电、暴风雨、海啸、地震、洪水等。

（2）意外事故。意外事故是指由于偶然的难以预料的原因造成的事故，如船舶搁浅、触礁、沉没、互撞或遇流冰或其他固体物，如与码头碰撞以及失火、爆炸等原因造成的事故。

2. 外来风险

外来风险是指由于海上风险以外的其他外来原因引起的风险，外来风险只对特定货物造成影响，包括一般外来风险和特殊外来风险。

（1）一般外来风险。一般外来风险是指由一般外来原因所导致的风险，如偷窃、渗漏、短量、淡水雨淋、提货不着、串味、受潮受热等。

1）偷窃。偷窃是指整件货物或包装货物的一部分被人暗中窃取造成的损失。偷窃不包括公开的攻击性的劫夺。

2）短少和提货不着。短少和提货不着是指货物在运输途中由于不明原因被遗失，造成货物运抵目的地时整件短少，或货物未能运抵目的地交付给收货人的损失。

3）渗漏（Leakage）。渗漏是指流质或半流质的货物在运输途中因容器损坏而造成的损失。

4）短量。短量是指被保险货物在运输途中或货物到达目的地时发生的包装内货物数量短少或散装货物重量短缺的损失。

5）碰损。碰损主要是指金属和金属制品货物在运输途中因受震动、颠簸、碰撞、受压等而造成的凹瘪变形的损失。

6）破碎。破碎是指易碎物品在运输途中因受震动、颠簸、碰撞、受压等而造成货物的破碎损失。

7）钩损。钩损主要是指袋装、捆装货物在装卸、搬运过程中因使用手钩、吊钩不当而造成货物的损失。

8）淡水雨淋。淡水雨淋是指直接由于淡水、雨水以及冰雪融化造成货物的水渍损失。

9）生锈。生锈是金属或金属制品的一种氧化过程。海运货物保险中承保的生锈，是指货物在装运时无生锈现象，在保险期间生锈造成的货物损失。

10）沾污。沾污是指货物同其他物质接触而受污染造成的损失。例如，布匹、纸张、食物、服装等被油类或带色的物质污染，物品品质受损。

11）受潮受热。受潮受热是指由于气温变化或船上通风设备失灵而使船舱内水蒸气凝结，造成舱内货物发潮、发热的损失。

12）串味。串味是指被保险货物受其他异味货物的影响，引起串味，失去了原味，丧失了原有的用途和价值而造成的损失。例如，茶叶、香料、药材等在运输途中受到诸如樟脑丸等异味的影响，物品品质受损。

（2）特殊外来风险。特殊外来风险是指由于国家的政策、法令、行政命令、军事等原因所造成的风险和损失。具体有以下几种：

1）战争风险。战争风险包括战争、内乱、革命、造反、叛乱，任何交战方之间的敌对行为，如捕获、扣押、扣留、羁押、拘禁等。

2）罢工风险。罢工风险是工业革命以后才出现的新风险，现行"伦敦协会货物条款"

(Institute Cargo Clause，ICC）中仍规定罢工风险为除外责任，对罢工风险有专门的罢工险条款，被保险人可以另行安排投保。罢工风险包括罢工、暴动和民变。需要注意的是，保险人只承保上述罢工风险造成的保险标的的"实际损失或损害"，而对上述风险引起的间接损失，保险人并不赔偿。例如，因罢工造成劳动力短缺使货物不能及时卸下，而产生的额外费用和损失即为间接损失，保险人不予负责。

3）交货不到风险。交货不到风险是指由于政治行政因素而非运输原因引起的运输货物在一定时期内无法送达原目的地交货的风险。例如，由于禁运，被保险货物在中途被迫卸货而造成的损失。

4）进口关税损失风险。很多国家对进口货物征收关税时，无论货物是否完好，一律按完好时的价值征收进口关税，这样货主有可能遭受关税损失。进口关税损失风险经特别约定可以由保险公司承保。

5）拒收风险。拒收风险是指货物在进口时，由于各种原因被进口国有关当局拒绝进口或没收所形成的风险。这类风险主要发生在食品、饮料、药品等与人体健康有关的货物上。

(二) 海运损失

海运损失是指被保险人因保险标的在货物运输途中遭遇海上风险而造成的相关损失。按各国保险惯例，海运损失也包括与海运相连接的陆上或内河运输中所发生的损失。根据损失的程度不同，海运损失可分为全部损失、部分损失两大类。

1. 全部损失

全部损失简称全损，是指整批或不可分割的一批被保险货物在运输途中全部遭受损失。根据情况不同，它又分为实际全损和推定全损。

(1) 实际全损。实际全损又称绝对全损，是指保险标的物运输途中完全灭失，或损失已无法挽回，或受到严重损坏完全失去原有的形体或效用，如果载货船舶失踪，经过相当长的时间仍杳无音讯，视为实际全损。

(2) 推定全损。推定全损是指被保险货物实际全损已不可避免，或者为避免全损发生所支付的抢救费用、修理费用再加上将货物继续运至原定目的地的费用之和超过该货物的保险价或者其在目的地的价值，这种情况下，即可推定被保险人遭受了全部损失。在发生推定全损时，被保险人可以要求保险人按投保货物的部分进行损失赔偿，也可以要求按推定全损赔付，若想采用后者，必须对保险人进行委付并经保险人同意，将其对保险标的的一切权利转让给保险人。

2. 部分损失

部分损失是指保险货物没有达到全损程度的损失。按照其性质的不同，又可分为共同海损和单独海损。

(1) 共同海损。共同海损是指载货船舶在航行途中遭遇自然灾害或意外事故，威胁到船、货等各方面的共同安全，为了解除这种危险，或者为了使航行能够继续完成，船方有意且合理地采取挽救措施所造成的某些特殊牺牲或支付的额外费用。共同海损的损失和费用由船方、货方和运费支付方按获救财产价值或获益大小比例分摊。构成共同海损，需要满足以下条件：

1）共同海损所做的牺牲必须是特殊性质的、是额外的，即支付的费用是船舶营运所应支付的正常费用以外的。

2）共同海损的发生必须是危及船舶和货物双方的共同利益，采取的措施也必须是为了解救船货双方的共同危险；船方在采取紧急措施时，共同海损的危险必须是真实存在的。只凭主观臆测可能会有危险发生或相信其他人传播的消息就认为危险会发生而采取某些措施，或由可以预测的常见事故所造成的损失都不能构成共同海损。

3）所采取的施救和救助措施必须是为了解救船货双方的共同危险，并且是有意识的、合理的。所谓合理的，是指在采取共同海损行为时，必须符合当时实际情况的需要，并能在节约的情况下较好地解除危及船货双方的共同危险。

（2）单独海损。单独海损是指被保险货物遭遇海上风险受损后，其损失未达到全损程度，该损失应由受损方单独承担的部分损失。可见共同海损和单独海损主要在损失的原因和补偿方式方面有差别：前者是因采取人为的故意的措施而导致的损失，由各受益方按获救财产价值的比例分担损失；后者则是由海上风险直接造成的货物损失，由受损方自行承担损失。

（三）海运费用

海运风险除了使货物本身受到损毁导致经济损失外，还会造成费用上的损失。海运费用主要包括施救费用和救助费用两种。

1. 施救费用

施救费用是指保险标的遭受保险责任范围内的灾害事故时，由被保险人或他的代理人、雇佣人和受让人等，为了防止损失的扩大，采取各种措施抢救保险标的所支付的合理费用。保险人对这种施救费用负责赔偿。

2. 救助费用

救助费用是指保险标的遭受了保险责任范围内的灾害事故时，由保险人和被保险人以外的第三者采取救助行动并获成功，而向他支付的劳务报酬。

3. 续运费用

续运费用是指承保的运输航程在保险单规定的目的港（地）之外因承保风险而终止时，被保险人因此而产生的卸货、储存及继续运送到保险单指明的目的港（地）的有关费用。

除上述各种风险损失外，保险货物在运输途中还可能发生其他损失，如运输途中的自然损耗以及由货物本身特点和内在缺陷所造成的货损等，这些损失不属于保险公司承保的范围。

补充知识：中国海洋运输货物的保险险别（线上电子资源10-6）

三、英国伦敦保险人协会海洋运输货物保险条款和期限

对于海上保险业，英国有其悠久的历史，英国伦敦保险人协会所制定的ICC对世界各国有着广泛的影响。目前，世界上许多国家在海运保险业中直接采用该条款，还有一些国家在制定本国保险条款时参考或采用该条款内容。中国出口企业和保险公司对国外商人提出的投保ICC的要求，一般均可接受。

ICC最早制定于1912年，它是为了补充、修正沿用已久、内容陈旧、用语过时及古老的"船、货保险单"（The S. G. Policy Form，1779）而制定的。为了适应不同时期法律、判例、商业、贸易、航运等方面的变化和发展，ICC经常进行修订和补充。2009年1月1日，联合货物保险委员会（Joint Cargo Committee）推出了新的条款ICC2009。新的条款扩展了保

险责任起讫期，对保险人援引免责条款做出了一定的限制，对条款中易于产生争议的用词做出了更加明确的规定；新条款中的文字、结构等更加简洁、严密，便于阅读和理解。

ICC 包括：协会货物 A 条款，即 ICC（A）；协会货物 B 条款，即 ICC（B）；协会货物 C 条款，即 ICC（C）；协会货物战争险条款（Institute War Clauses—Cargo）；协会货物罢工险条款（Institute Strikes Clauses—Cargo）；协会恶意损害险条款（Institute Malicious Damage Clauses）和协会偷窃、提货不着险条款（Institute Theft, Pilferage and Non-delivery Clause）。前五个险别条款结构统一，系统清晰，都包含承保范围、除外责任、保险期间、索赔、保险的利益、减少损失、防止迟延和法律与惯例这八项内容，可以单独投保。而恶意损害险和偷窃、提货不着险属于附加险，不能单独投保。

（一）伦敦保险人协会海洋运输货物保险条款

1. ICC（A）的承保范围与除外责任

（1）承保范围。该保险条款大致相当于中国人民保险集团股份有限公司所规定的一切险，在所有的条款中，本条款的承保范围是最广的，它采用"一切风险减去除外责任"的方式，即除不适航、不适货、战争、罢工外，对其他一切风险所造成的损失（包括共同海损和救助费用）都予以承保。

1）承保"除外责任"各条款规定以外的一切风险所造成的保险标的损失。

2）承保共同海损和救助费用。

3）承保根据运输合同订有"船舶互撞"条款应由保险人偿还船方的损失。

（2）除外责任。ICC（A）条款的除外责任有以下四类：

1）一般除外责任。例如：归因于被保险人故意的不法行为造成的损失或费用；自然损耗、自然渗漏、自然磨损、包装不足或不当所造成的损失或费用；直接由于延迟所引起的损失或费用；由于船舶所有人、租船人经营破产或不履行债务所造成的损失或费用；由于使用任何原子弹或其他核武器所造成的损失或费用。

2）不适航、不适货除外责任。这是指被保险人在保险标的装船时已经知道船舶不适航或船舶、装运工具、集装箱等不适货，由此而导致的损失，保险人不负责赔偿责任。

3）战争除外责任。这主要是指如由于战争、内战、敌对行为等造成的损失或费用，由于捕获、拘留、扣留等（海盗除外）所造成的损失或费用，由于漂流水雷、鱼雷等造成的损失或费用。

4）罢工除外责任。这主要是指罢工者、被迫停工工人造成的损失或费用以及由于罢工、被迫停工所造成的损失或费用等。

2. ICC（B）的承保范围与除外责任

（1）承保范围。ICC（B）条款大概相当于中国人民保险集团股份有限公司所规定的水渍险，对承保风险的规定采用"除外责任"之外列明风险的方法，即将其承保的风险一一列出。其承保如下风险：

1）火灾或爆炸。

2）船舶或驳船搁浅、触礁、沉没或颠覆。

3）在避难港卸货。

4）船舶、驳船或运输工具同除水以外的任何外界物体碰撞。

5）陆上运输工具的倾覆或出轨。

6）地震、火山爆发、雷电。
7）共同海损牺牲。
8）抛货或浪击落海。
9）海水、湖水或河水进入船舶、驳船、运输工具、集装箱、大型海运箱或储存处所。
10）货物在装卸时落海或摔落造成整件货物的全损。

（2）除外责任。该条款的除外责任与ICC（A）条款的除外责任基本相同，但有两点区别：

1）ICC（A）条款只对被保险人的故意不法行为造成的损失、费用不负赔偿责任，但对于被保险人之外的任何个人或数人故意损害和破坏标的物或其他任何部分的损害要负赔偿责任。但在ICC（B）条款下，保险人对此也不负赔偿责任。

2）ICC（A）条款把海盗行为列入保险范围，而ICC（B）条款对海盗行为不负保险责任。

3. ICC（C）的承保范围与除外责任

（1）承保范围。ICC（C）条款的承保范围比ICC（B）条款还要小些，它只承保"重大意外事故"的风险，而不承保ICC（B）中的自然灾害（如地震、雷电、火山爆发等）和非重大意外事故（如装卸过程中的整件灭失等）的风险。对承保风险的规定也采用列明风险的方法，其具体承保的风险有：

1）火灾、爆炸。
2）船舶或驳船触礁、搁浅、沉没或倾覆。
3）陆上运输工具倾覆或出轨。
4）船舶、驳船或运输工具同除水以外的任何外界物体碰撞。
5）在避难港卸货。
6）共同海损牺牲。
7）抛货。

（2）除外责任。ICC（C）条款的除外责任与ICC（B）条款的相同，但因为这两个险别的风险条款都采用列明方式，而两者所列明的风险条款不同，所以保险公司承保的风险也就不同。

4. 协会货物战争险条款

（1）承保范围。协会货物战争险主要承保由于下列原因造成的保险标的的损失：

1）战争、内战、革命、叛乱、造反或由此引起的内乱，或交战国或针对交战国的任何敌对行为。

2）由于上述承保风险引起的捕获、拘留、扣留、禁止或扣押及其后果，或任何进行这种行为的有关企图。

3）遗弃的水雷、鱼雷、炸弹或其他遗弃的战争武器。

此外，保险人还负责承保根据运输合同或有关的法律和惯例理赔或决定的共同海损和救助费用。但上述共同海损和救助费用仅限于为了避免或避免有关该条款项下的承保危险所致的损失。

（2）除外责任。在除外责任方面，协会货物战争险条款与ICC（A）的"一般除外责任"及"不适航、不适货除外责任"基本相同。

1）在"一般除外责任"中，协会货物战争险条款增加了"航程挫折条款"，规定由于战争原因造成航程终止，货物未能运达保险单所规定的目的地，而引起的间接损失，保险人不负赔偿责任。也就是说，保险人对货物本身没有受损，但由于航程受阻或海上的损失，而引起的货物的索赔不予负责。正是由于有了这个条款，保险人对于所有因战争原因导致航程挫折而引起的保险标的的间接损失都不赔偿，因而协会货物战争险条款中也就没有续运费用条款。另外，对由于敌对行为使用原子武器等所致的灭失或损害，不负赔偿责任。但此处将核战争武器使用的除外责任限于"敌对性"使用。换言之，协会货物战争险条款承保核战争武器的非敌对性使用（如试验）而造成的保险标的的损失。

2）协会货物战争险条款的"不适航、不适货除外责任"和ICC（A）中的有关规定完全一致。

5. 协会货物罢工险条款

（1）承保范围。协会货物罢工险的承保范围与我国海洋运输货物罢工险一样，也仅负责由于罢工等风险所直接造成的保险标的的物质损失，而不负责由于罢工等风险所产生的费用或间接损失。协会货物罢工险对承保范围的规定如下：

1）罢工者、被迫停工工人或参与工潮、暴动或民变人员所造成的损失。

2）任何恐怖分子或任何出于政治目的采取行为的人引起的灭失或损害。

3）此外，协会货物罢工险还负责为了避免以上承保风险所造成的共同海损和救助费用。

（2）除外责任。协会货物罢工险的除外责任包括"一般除外责任"及"不适航、不适货除外责任"，与ICC（A）规定的除外责任及协会货物战争险条款的除外责任基本相同，但由于协会货物罢工险只负责由于承保风险直接造成的损失，对于下列损失与费用，保险人不负赔偿责任：

1）由于罢工、停工、工潮、暴动和民变等造成劳动力缺乏、缺少或扣押所引起的损失或费用。

2）由于航程挫折而引起的损失。

3）由于战争、内战、革命、叛乱或由此引起的内乱，或交战国或针对交战国的任何敌对行为所造成的损失和费用。

6. 协会恶意损害险条款

协会恶意损害险条款的承保范围是，由于被保险人之外的其他人（如船长、船员等）的故意破坏行为导致的保险标的的灭失和损害，但破坏人如果出于政治动机的除外。ICC（A）险包括恶意损害险，但在ICC（B）、ICC（C）险中，则被列为"除外责任"，所以在投保ICC（B）险或ICC（C）险时，若还想要免除该风险，就需要另行投保恶意损害险。由于在ICC（B）、ICC（C）险中，恶意损害造成损失已被除外，所以在这两种险别基础上加保该险种，实际上将其相应"除外责任"做取消处理即可。例如可在保险合同上加上如下条款：兹经双方同意，鉴于被保险人已缴付了附加的保险费，删除本保险中的除外事项"由任何人的不法行为对保险标的或其组成部分的故意损害或故意毁坏"，并进一步承保由于恶意行为、任意毁坏财产的行为导致的保险标的的灭失和损害，但仍须受本保险其他除外责任的限制。

7. 协会偷窃、提货不着险条款

1983年12月11日开始实施的协会偷窃、提货不着险条款规定："以支付附加保险费为对价,兹同意本保险承保由偷窃或整件货物提货不着造成的保险标的灭失或损害,但须受本保险包含的除外责任的限制。"

协会偷窃、提货不着险条款同协会恶意损害险条款一样,投保ICC(A)时被保险人无须加保。

本条款承保两类风险:一是偷窃(Theft, Pilferage),二是提货不着(Non-delivery)。

(1)偷窃。依据英国《1906年海上保险法》的规定,所谓"偷"(Theft)是指海上袭击性偷窃,须伴有暴力或暴力威胁,不包括暗中的小偷小摸;而"窃"(Pilferage)是指暗中进行的小偷小摸。

(2)提货不着。提货不着是指由于任何不明原因造成整件货物不知去向,或者误交给不知姓名的其他提货人而无法追回。而货物短量或件数不足的不属于这个范畴。另外,如果交货不到的原因和货物所在的处所是明确的,那么也不属于"提货不着"的范畴。

(二)英国伦敦保险人协会海洋运输货物保险的保险期限

英国伦敦保险人协会海洋运输货物保险期限与中国人民保险集团股份有限公司的"仓至仓"保险条款规定的保险期限基本相同,但做了以下补充规定:

(1)货物在运抵保险单上所载明目的地收货人仓库之前,被保险人如果要求将货物存储于其他地点,则该地应视为最后目的地点,保险责任在货物运抵该地点时即告终止。

(2)一批货物如需运往若干目的地,且货物在卸货港卸货之后,需先运往某一地点进行分配或分派,则除非被保险人与保险人事先另有协议,货物在运抵分配地点时,保险责任即告终止,货物在分配或分派期间以及其后的风险均不在保险人承保责任范围之内。

(3)如果被保险货物在卸离海轮60天以内,需转运到非保险单所载明目的地,则保险责任在该项货物开始转运时终止。

以上三条都要受被保险货物卸离海轮60天的限制。

四、陆运、空运货物与邮包运输保险

(一)陆上运输货物保险

陆上运输(简称陆运)过程中,常见的风险主要有车辆碰撞、倾覆出轨、路基塌陷、桥梁折断、道路损毁、火灾和爆炸等意外事故,雷电、洪水、地震、火山爆发、暴风雨以及霜雪冰雹等自然灾害,战争、罢工、偷窃、货物残损、短少、渗漏等外来原因所造成的风险。各种风险的显现会使货物遭受损失。货物所有人为转嫁风险,应办理陆运货物保险。

陆运货物保险的基本险别有陆运险和陆运一切险两种,同时还包括陆运冷藏货物险,该险别也具有基本险的性质。陆运险的承保范围与海运水渍险相似,陆运一切险的承保范围与海运一切险相似,这些责任均适用于公路运输和铁路运输。陆运货物保险责任的起讫,同样采用"仓至仓"条款。

陆运货物保险险别中,也有附加险。附加险包括一般附加险和特殊附加险。在投保基本险的基础上,可根据需要加保附加险。陆运一切险中包括一般附加险,所以在投保了一切险后,无须再加投一般附加险。特殊附加险中有战争险、罢工险等险别。加保战争险后再加保罢工险,不另行收取保险费。陆运战争险的责任的起讫以货物置于运输工具时为限。

(二)空运货物保险

货物在空运中,常见的风险有雷电、火灾、爆炸、飞机遭受碰撞、倾覆、坠落、失踪、战争破坏以及被保险货物由于飞机遇险而被抛弃等。

空运货物保险的险别有基本险别和附加险别。基本险别中包括航空运输险和航空运输一切险。这两种险别可单独投保，在投保其中之一的基础上，可加保战争险等特殊附加险，加保时另付保险费。若加保战争险又加保罢工险则不另行收费。

航空运输险和航空运输一切险责任的起讫采用"仓至仓"条款。航空运输战争险的责任期限是以货物装上飞机开始至卸离保单载明的目的地的飞机时为止。

（三）邮包运输保险

寄件人为了转嫁邮包在运送当中的风险损失，故须办理邮包运输保险，以便在发生损失时能从保险公司得到承保范围内的经济补偿。

根据中国人民保险集团股份有限公司制定的《邮政包裹保险条款》的规定，有邮包险和邮包一切险两种基本险，其责任起讫是，自被保险邮包离开保险单所载起运地点寄件人的处所运往邮局时开始生效，直至被保险邮包运达保险单所载明的目的地邮局发出通知书给收件人当日午夜起算为止，但在此期限内，邮包一经递交到收件人处所时，保险责任即告终止。

在投保邮包运输基本险的基础上，经投保人与保险公司协商可以加保邮包战争险等附加险。邮包战争险承保责任起讫，是自被保险邮包经邮政机构收讫后自储存处所开始运送时生效，直至该项邮包运达保险单所载明的目的地邮政机构送交收件人为止。

五、买卖合同中的保险条款

（一）保险投保人

在国际贸易中，每笔交易的货运保险究竟由哪方投保，完全取决于买卖双方约定的交货条件和所使用的贸易术语。由于每笔交易所使用的交货条件和贸易术语不同，故对投保人的规定也略有差别。如采用 FOB 或 CFR 条件成交，则在买卖合同的保险条款中，一般只订明"保险由买方自理"。如果买方要求卖方代办保险，则应在合同保险条款中订明："由买方委托卖方按发票金额 XXX 代为投保 YY 险别，保险费由买方负担"。凡按 CIF 或 CIP 条件成交时，由于货价中包括保险费，故在合同保险条款中，需要详细约定卖方负责办理货运保险的有关事项，如约定投保的险别、支付保险费和向买方提供有效的保险凭证等。

在办理保险的方式方面，我国出口货物一般采取逐笔投保的办法。在进口货物中，大多采取预约保险的办法，各专业进出口公司或其收货代理人同保险公司事先签有预约保险合同，等贸易合同签订以后，保险公司负有自动承保的责任。

（二）保险类别

按 CIF 或 CIP 条件成交时，运输途中的风险本应由买方承担，但一般保险费则约定由卖方负担，因货价中包括保险费。买卖双方约定的保险通常为平安险、水渍险或一切险三种基本险种中的一种。但有时也可根据货物特性和实际情况加保一种或若干种附加险。如约定采取 ICC，也应根据货物特性和实际需要约定该条款的具体险别。在双方未约定险别的情况下，按惯例，卖方可按最低的险别予以投保。

在 CIF 或 CIP 货价中，一般不包括加保战争险等特殊附加险的费用，因此，如买方要求加保战争险并由其负担保险费时，卖方为了避免承担战争险的费率上涨的风险，他往往要求在合同中规定："货物出运时，如保险公司增加战争险的费率，则其增加部分的保险费，应由买方负担。"

交易双方在约定采取何种险别时，一般应考虑下列因素：

（1）应考虑货物的品类和特性。由于货物的品类不同，在运输途中，即使遭遇同一风险事故，也可能引起不同损失后果。因此，为了获得相关保障，需要针对被保险货物的特性，选择适当的险别。

（2）应考虑运输方面的各种因素。货物受损情况易受运输方式、运输工具、运输路线、运输时间的长短、运输距离的远近、运输季节和装、卸、转运车站及港口的环境等因素的影响，因此，选择运输保险的险别，必须注意运输方面的上述各种因素。

（3）需要考虑货物的包装条件。货物的包装方式和包装材料直接影响货物在运输途中的安全和损失程度，所以，在选择相关险别时应参照包装条件而定。

（4）需要考虑货物的使用价值和价值。为使被保险货物的使用价值与价值均能获得全面保障，应依据被保险货物的特定用途和价值贵重程度来确定保险险别。

（三）保险条款与保险公司

保险公司的实力和资信直接影响货物投保的安全性和理赔的便利，因此，挑选合适的保险公司对于合同的签订和顺利进行十分重要。

根据所使用的术语不同，保险的受益人一般会在保险公司的挑选过程中掌握决定权。例如，在CIF术语成交的合同中，根据相关解释，卖方投保是为买方采取的行为，最终的受益人是买方，所以，一般是由卖方推荐保险公司，而由买方最终决定；在送货上门的交货条件下，卖方投保是为自身的利益，所以卖方就有选择保险公司的决定权。但不论由谁决定，在合同中最好明确写明由某个具体的保险公司作为该合同的保险人。

一旦保险公司确定下来，则保险条款也就随之确定了。

（四）保险单据

保险单据既是保险公司对被保险人的承保证明，也是保险公司和被保险人之间的保险契约，它具体规定了保险公司和被保险人的权利和义务。在被保险货物遭受损失时，保险单据是被保险人索赔的依据，也是保险公司理赔的主要依据，在国际贸易中，保险单据可以背书转让。常用的保险单据如下：

1. 保险单

保险单又称"大保单"，是投保人和保险公司之间订立的正式的保险合同。它除了正面载明保险双方当事人建立保险关系的文字、被保险货物的情况、承保险别、理赔地点以及保险公司关于所保货物如遇险可凭本保险单及有关证件给付赔款的声明等内容外，在背面还对保险人和被保险人的权利和义务做了规定。目前，我国国内的保险公司大都出具保险单作为进出口保险凭证。

2. 保险凭证

保险凭证俗称"小保单"，是一种简化了的保险合同，它与正式的保险单具有同等法律效力。保险凭证只有正面的内容，无背面条款，但它一般标明按照正式保险单上所载保险条款办理。目前，各国在信用证上的保险条款中，一般都有保险单和保险凭证均可接受的规定，但规定在提交保险单时，一般不能以保险单的简化形式来代替。

3. 预约保险单

预约保险单又称为"开口保险单"，是经常有相同类型货物需要陆续分批装运时所采用

第十章　国际贸易和国际货物运输

的一种保险单。严格地讲，它是一种没有总保险金额限制的预约保险总合同，是保险人对被保险人将要装运的，属于约定范围内的一切货物自动承保责任的总合同。在实际业务中，预约保险单常用于进口的货物保险，这样可以防止因漏保或迟保而造成无法弥补的损失。

（五）保险金额与保险费费率

1. 保险金额

保险金额也可以称为"投保金额"，是被保险人向保险公司投保的金额，也是保险人计收保险费的依据和承担赔偿责任的最大限额。保险金额一般应由买卖双方经过协商确定。按 CIF 或 CIP 术语成交，买卖双方应该在合同中约定保险金额，如未约定，按惯例，保险金额通常按 CIF 价或 CIP 价加 10% 计算。按 CIF 价计算主要是为了使被保险人在货物发生损失时，不仅货价的损失可获补偿，已支出的运费和保险费也能获得补偿；加成 10% 是作为买方的经营管理费用和预期利润。由于不同货物、不同地区、不同时期的预期利润不一，因此，在洽商交易时，如买方要求保险加成超过 10% 时，卖方也可酌情接受。如买方要求保险加成率过高，则卖方应同有关保险公司商妥后方可接受。一般情况下，保险金额的计算公式如下：

$$保险金额 = CIF 价（或 CIP 价）\times (1 + 投保加成率)$$

2. 保险费

保险费是保险公司经营业务的基本收入，是保险合同生效的前提条件。保险费是根据投保人选择所投保险事故和保险金额来决定的，在选择保险事故的内容后，保险人就可以提供一个保险费费率，再乘以保险金额就得出了保险费的数值。从法律的角度看，保险费是保险人分担相应风险的对价。保险费费率是按照不同货物、不同目的地、不同运输工具和保险险别由保险公司根据货物损失率和赔付率，在此基础上参照国际保险费水平，结合本国情况制定的。保险费的计算公式如下：

$$保险费 = CIF 价（或 CIP 价）\times (1 + 投保加成率) \times 保险费费率$$
$$保险费 = 保险金额 \times 保险费费率$$

（六）保险索赔与理赔

当被保险货物发生属于保险责任范围内的损失时，被保险人按保险单的有关规定向保险人提出赔偿要求，称为保险索赔。

当被保险人得知或发现被保险货物遭受损失时，应立即通知保险公司或其代理人，并申请检验。如果是提货时发现被保险货物整件短少或有明显的残损痕迹，除向保险公司或其代理人报损外，还应立即向承运人或有关方面索取货损或货差证明；如果货损或货差涉及承运人及责任人，还应及时以书面形式向有关责任人索赔。同时，当被保险货物受损后，为防止损失进一步扩大，被保险人应迅速采取合理而有效的施救措施。如果是属于保险责任范围的风险所造成的损失，被保险人可备齐索赔单证向保险公司索赔。索赔单证包括损失的检验鉴定报告、保险单或保险凭证正本、运输单据、发票、装箱单或重量单、货损或货差证明、向承运人等责任方索赔的函件、索赔清单等。

索赔应当在保险有效期内提出并办理，否则保险公司可以不予办理。

对易碎和易短量货物的索赔，被保险人还应了解是否有免赔的规定。对于无免赔规定的货物，保险公司不论损失程度，均予以赔偿。而对于有免赔规定的货物，如果损失额没有超过免赔率，保险公司则不予赔偿。如果超过免赔率，则分为两种情况：①相对免赔率，即不扣除免赔率全部予以赔偿；②绝对免赔率，即扣除免赔率，只赔超过的部分。我国保险公司目前实行的是绝对免赔率。

第四节　国际货物通关与商检

一、国际货物通关

（一）通关的概念

通关即结关、清关，是指进出口货物和转运货物，进出入一国海关关境或国境必须办理的海关规定手续。

根据《海关法》的有关规定，国家在对外开放的口岸和海关监管业务集中的地点设立海关，进出境运输工具、货物、物品都必须通过设立海关的地点进境或出境。在特殊情况下，经国务院或国务院授权的机关批准，可在未设立海关的地点临时进境或出境，但也必须依法办理海关通关手续。

（二）一般进出口货物的通关程序

根据《海关法》的有关规定，办理通关手续是货运当事人的法定义务。进出口货物的通关程序一般来说可以分为四个环节，如图10-2所示：

图10-2　进出口货物通关程序

1. 申报

申报是指进出境运输工具的负责人、货物和物品的收发货人或其代理人，在进出口货物时，在海关规定的期限内，以书面或者EDI方式向海关报告进出口货物的情况，并随附有关货运和商业单据，申请海关审查放行，并对所报告内容的真实性、准确性承担法律责任的行为。

申报是进出境货物通关的第一个环节。目前，海关接受申报的方式一般有三种：口头申报、书面申报和EDI申报。为了保证申报行为的合法性，海关在进出口货物的申报资格、申报时间、申报单证、申报内容等方面做了明确规定。申报与否以及是否如实申报，是判定走私、违规等的重要依据之一。

2. 查验

查验是指海关对已接受申报的进出境货物、运输工具和物品，依法审查申报的内容是否属实，单证是否相符。这是海关监管的关键环节。除了国家规定、国际惯例以及海关总署特准的免检货物、运输工具和进出境人员携带的物品外，其他均应接受海关查验。这包括一般的常规检查以及一些针对性的检查，例如，海关总署在一定时期内明文规定的须重点检查的敏感货物、有重大走私嫌疑的货物以及机动抽查等。

3. 征税

税费计征是海关根据国家的有关政策、法规对进出口货物征收关税及进口环节的税费。在我国，关税由海关依照《中华人民共和国海关进出口税则》征收。对进出口货物除征收关税外，还要征收进口环节增值税，对少数商品征收消费税。

4. 放行

放行是口岸海关对进出境的货物、运输工具、物品监管过程的最后环节。通过对前述各关节的复核，在有关的单证上签印放行。所有进出境的货物、物品只有经过海关放行后，才能被提取或装运出境，有关运输工具也才能驶离海关。海关对进出境的货物、运输工具和物品的放行方式主要有正常放行、担保放行和信任放行。

（1）正常放行。这是最基本的放行方式。对于无税费的货物，一般只要单证齐全，原则上经查验即可直接放行；对于应税货物、物品和应征吨位的船舶，以我国为例，则必须由海关的税收部门，按照《中华人民共和国进出口关税条例》和《中华人民共和国海关进出口税则》的规定，根据"一票一证"的方式对这些货物的收发货人征收有关税费，然后签印放行。

（2）担保放行。以我国为例，海关对符合《中华人民共和国海关关于进出口货物申请担保的管理办法》的进出境货物暂不征收关税，而是以接受担保的形式予以放行。在这种方式下，担保人通过事先向海关支付相当于有关货物税费之和的保证金或提交保证函，保证在一定期限内履行其承诺的义务。若担保人兑现了承诺，则海关退还已交纳的保证金或注销已提交的保证函。担保期限通常不得超过20天，否则海关对有关进出口货物按规定进行处理。担保放行是为了确保海关监管货物的安全性，避免因纳税人无偿付能力或不履行义务而对海关造成的风险。

（3）信任放行。这是海关给予资信好的企业的通关便利，即对其进出口货物先放行，后通过分批或集中定期纳税来完备海关手续。这种放行方式的采取，要求海关事先对企业的通关信用状况、经营情况、管理水平等因素进行监测、定期评估，仅对符合标准的企业给予信任放行。当然，对经海关批准的资信好的企业，如发现信誉降级，海关可随时警告，情节严重的，可取消其享受的这种通关便利。

5. 结关

结关是指对经口岸放行后仍需继续实施后续管理的货物，海关在规定的期限内进行核查，对需要补证、补税的货物做出处理，直至完全结束海关监管程序。

加工贸易进口货物的结关是指海关在加工贸易合同规定的期限内对其进出口、复出口及余料的情况进行核对，并由经营单位申请办理了批准内销部分货物的补证、补税手续，对原备案的加工贸易合同予以销案。

暂时进出口货物的结关是指在海关规定的期限内（含经批准延期的）暂时运出口或者暂时出口货物复运进口，并办理了有关纳税销案的手续，完全结束海关监管的工作程序。

特定减免税货物的结关是指有关进口货物的海关监管年限期满并向海关申请解除监督，领取了主管海关核发的"海关对减免进口货物解除监管证明"，完全结束海关监管的工作程序。

（三）保税货物的通关程序

保税货物的通关程序与一般进出口货物有着明显区别。保税货物的一般含义是指"进入一国国境，在海关监管下未缴纳进口税捐，存放后再复运出口的货物"。《中华人民共和国海关法》对"保税货物"的定义是："经海关批准未办理纳税手续进境，在境内储存、加工、装配后复运出境的货物"。从这个定义出发，保税区通俗地讲就是"国境之内，关境之外"。保税货物通关程序包括四个环节：合同登记备案→进口货物→复运出口→核销结案，如图10-3所示。

图10-3 保税货物通关程序

1. 合同登记备案

合同登记备案是指经营保税货物的单位持有关批件、对外签约的合同及其他有关单证，向主管海关申请办理合同登记备案手续，海关核准后，签发有关登记手册。合同登记备案是向海关办理的第一个手续，须在保税货物进口前办妥，它是保税业务的开始，也是经营者与海关建立承担法律责任和履行监管职责的法律关系的起点。

2. 进口货物

进口货物是指已在海关办理合同登记备案的保税货物实际进境时，经营单位或其代理人应持海关核发的该批保税货物的登记手册及其他单证，向进境地海关申报，办理进口手续。

3. 复运出口

复运出口是指保税货物进境后，应储存于海关指定的场所或交付给海关核准的加工生产企业进行加工制造，在储存期满或加工产品后再复运出境。经营单位或其代理人应持该批保税货物的登记手册及其他单证，向出境地海关申报办理出口手续。

4. 核销结案

核销结案是指在备案合同期满或加工产品出口后的一定期限内，经营单位应持有关加工贸易登记手册、进出口货物报关单及其他有关资料，向合同备案海关办理核销手续，海关对保税货物的进口、储存、加工、使用和出口情况进行核实并确定最终征免税意见后，对该备案合同予以核销结案。这一环节是保税货物整个通关程序的终点，意味着海关与经营单位之间的监管法律关系最终解除。

（四）其他进出口货物的通关

其他进出口货物的通关主要包括暂时进出口货物的通关、特定减免税货物的通关、转关运输、过境转运及通运货物的通关、无代价抵偿货物的通关。

二、国际货物商检

（一）商品检验的概述

1. 定义与重要性

商品检验（Commodity Inspection）简称商检，又称货物检验，是指对卖方交付或拟予交付的商品的品质、数量/重量、包装等进行检验和鉴定，以确定其是否符合买卖合同中的有关规定；或对装运技术、货物残损短缺等情况进行检验和鉴定，以明确事故的起因和责任的归属。

商品检验是国际贸易发展的产物，它随着国际贸易的发展成为商品买卖的一个重要环节和买卖合同中不可缺少的一项内容，是买卖双方能顺利履行合同的保证。

2. 检验范围

进出口商品检验的范围包括各国相关法律、法规和进出口双方签订的国际货物买卖合同规定的需要商检机构实施检验的进出口商品。

3. 检验依据

检验依据是进出口商品检验的根据,也是据以衡量进出口货物是否合格的标准。在国际贸易买卖合同中,即便是同一批次的商品,检验的依据不同,检验的结果也有可能大不一样。因此,交易双方在合同中,除了规定商品检验的时间、地点、机构、检验证书等要素外,还要明确检验的依据。在进出口业务中,商品的检验依据主要有买卖合同、信用证和标准等。

国际贸易中的商品检验标准通常有贸易相关国家制定的强制执行的法规标准(包括商品生产国、出口国、进口国或过境国所制定的法规标准),国际通用标准,以及进出口双方约定的商品标准。国际通用标准主要包括国际标准化组织(ISO)、国际电工委员会(IEC)和国际食品法典委员会(CAC)等国际组织制定的国际标准,也包括如欧洲标准化委员会(CEN)、欧洲电工标准化委员会(CENELEC)、泛美技术标准委员会(COPANT)等区域性组织所制定的标准,另外一些国际性商品行业协会所制定的标准也在国际贸易商品检验中发挥着重要的作用,如国际橡胶会议组织(IRCO)、国际羊毛局(IWS)等。一些发达国家所制定的某些标准,虽然是国家标准,但却在国际贸易中被广泛采用,如英国的 BSI 标准,美国的 ANSI 标准,法国的 NF 标准,德国的 DIN 标准,日本的 JIS 标准、JAS 标准等。

检验进出口商品,首先要明确检验依据,进而根据检验依据实施检验,对符合检验依据规定要求的评定为合格,不符合检验依据规定要求的评定为不合格。由于买卖合同是进出口商品检验的重要依据,除买卖合同检验条款中通常要约定检验标准外,根据业务需要,合理并明确订立作为检验依据的质量、数量、包装条款也是十分重要的。

4. 检验方法

检验方法是指对进出口商品的质量、数量、包装等进行检验的做法,包括抽样的数量及方法。在实践中,商品的检验方法主要有感官检验、化学检验、物理检验、微生物学检验等。

商品检验的方法与依据不是唯一的,采用不同的检验方法和标准,将会得到不同的结果。为避免事后发生争议,必要时可在合同中对采用的检验标准和检验方法做出明确的规定。

5. 检验证书

检验证书是检验机构对进出口货物进行检验、鉴定后签发的书面证明文件。在实际业务中,检验证书分类及用途主要有以下几种:

(1)品质检验证书。它是运用合同规定的各种检验方法,对报检商品的质量、规格和等级进行检验后出具的书面证明文件。

(2)数量检验证书。它是证明商品实际数量的书面文件。

(3)重量检验证书。它是利用合同规定的计重方法对商品的重量予以鉴定后出具的书面证明文件。

(4)消毒检验证书。它是证明某些出口的动物产品已经消毒处理,符合安全、卫生要求的书面文件。在猪鬃、马尾、皮张、羽绒和羽毛等商品的贸易中,经常会要求这种检验证书。

(5)卫生证明书。它是对出口的食用动物产品,如罐头食品、蛋制品、乳制品和冷冻食品等商品实施卫生检验后出具的,证明货物已经检验和检疫合格、可供食用的书面文件。

全球采购与供应管理

（6）财产价值鉴定证书。它是作为对外贸易关系人和司法、仲裁、验资等有关部门索赔、理赔、评估或裁判的重要依据。

（7）兽医检验证书。它是对动物商品进行检验，表明其未受任何传染病感染的书面证明。例如，皮、毛、绒及冻畜肉等货物的出口都必须进行此项检验。

（8）价值检验证书。它是证明出口商品的价格真实、可靠的书面证明，可作为进口国进行外汇管理和对进口商品征收关税的依据。

（9）熏蒸检验证书。它是证明谷物、油菜籽、豆类和皮张等出口商品及包装用木材与植物性填充物等，已经过熏蒸杀虫，达到出口要求的书面报告，其中还要记录熏蒸使用的药物种类和熏蒸时间。

（10）产地检验证书。它是对出口产品的原产地的书面证明，包括一般的产地检验证书、普惠制产地证书和野生动物产地证书等几种。

（11）残损检验证书。它是证明进口商品的残损情况、判断残损原因和估定残损价值的书面文件，供有关当事人对外索赔使用。

（12）验舱证书。有时需要对准备装货的船舱的现状和设备条件进行检验，如冷藏舱室检验、油轮密固检验、干货舱清洁法检验和油舱清洁法检验等，合格的签发证书。

（13）货载衡量单。商品检验局有时根据承运人或托运人的申请，对进出口船运货物的尺码吨位和重量吨位进行衡量，并签发此种证书。

6. 检验机构

在国际货物买卖中，商品检验工作通常都由专业的检验机构负责办理。各国的检验机构，从组织性质来分，有官方的，有同业公会、协会或私人设立的，也有半官方的；从经营的业务来分，有综合性的，也有只限于检验特定商品的。总之，从事商品检验的机构多种多样，归纳起来，国际上的商品检验机构常用的有下列几种：

（1）官方商检机构。这一类机构由政府出资设立，依据国家有关法律、法规对进出口商品进行强制性检验、检疫和监督管理。例如我国的海关总署及其设在各地的分支结构，以及国家认可的独立检验机构，美国FDA，日本产业经济省下属检验所（原通商产业省检验所）等。

（2）半官方商检机构。这类机构就其性质而言应属于民间机构，但却由政府授权，代表政府进行某项商品检验或某一方面的检验管理工作。例如美国保险人实验室，美国政府规定，凡是进口与防盗信号、化学危险品以及电器、供暖、防水等有关的产品，必须经该实验室检验并加贴"UL"标志方可进入美国市场。

（3）非官方机构。这类机构是由私人开设，具有专业检验、鉴定技术能力的公证行和检验公司，并被当地法律所认可，如同业公会、协会开办的公证行、检验公司等。例如瑞士通用公证行。

在具体确定检验机构时，应考虑有关国家的法律法规、商品的性质、交易条件和交易习惯。检验机构的选定还与检验时间、地点有一定的关系。一般来讲，规定在出口国检验时，应由出口国的检验机构进行检验；在进口国检验时，则由进口国的检验机构负责。但是，在某些情况下，双方也可以约定由买方派出检验人员到产地或出口地点验货，或者约定由双方派员进行联合检验。总之，双方在交易前应就此在合同中进行具体规定。

第十章　国际贸易和国际货物运输

7. 进出口商品检验的程序

凡属法定检验检疫商品或合同规定需要检疫机构进行检验检疫并出具检验检疫证书的商品，对外贸易关系人均应及时提请检疫机构检验。在我国出入境检验检疫职能划入海关总署之前，我国进出口商品的检验程序主要包括：

（1）报检。报检是进出口商等向出入境检验检疫机构申请对进出口货物进行检验或检疫，检验检疫机构负责受理。这是检验检疫工作的第一个环节。报检单位首次报检时须先办理登记备案手续，取得报检单位代码，而后由其报检人员或委托代理报检单位进行报检。

1）出口检验手续：

① 填写"出境货物报检单"。报检人必须按报检单的要求详细填写，每份"出境货物报检单"仅限填报一个合同、一份信用证的商品。对同一合同、同一信用证，但标记号码不同者，应分别填写。报检一般在运输前7天提出。

② 应提供的其他单证和资料。出口报检时应提供下列资料：贸易双方签订的贸易合同及合同附件；信用证；生产经营部门自检合格后出具的厂检单正本；法定检验出口商品报检时，提供商检机构签发的运输包装容器性质检验合格单正本；实行卫生注册的商品，提供商检机构签发的卫生注册证书；实行质量许可证的出口商品，必须提供检验机构质量许可证书；凭样成交的应提供双方确认的样品。

2）进口报检手续：进口商品的报检人应在一定期限内填写"入境货物报检单"，填明申请检验鉴定项目的要求，并附合同、发票、海运提单（或铁路、航空、邮包运单）、品质证书、装箱单，用货部门已验收的应附验收记录等资料，向当地检验部门申请检验。如货物有残损、短缺，还须随附理货公司与轮船大副共同签署的货物残损报告单、大副批注或铁路商务记录等有关证明材料。

（2）检验。商检机构接受报验之后，根据抽样和现场检验记录，认真研究申报的检验项目，确定检验内容。仔细核对合同（信用证）对品质、规格、包装的规定，弄清检验的依据，确定检验标准、方法，然后进行抽样检验、仪器分析检验、物理检验、感官检验、微生物检验等。

（3）签发证书与放行。

1）对于出口货物，经检验部门检验合格后，凭"出境货物通关单"进行通关。如合同、信用证规定由检疫部门检验出证，或国外要求签发商检证书的，应根据规定签发所需证书。

2）对于进口商品，经检验后签发"入境货物通关单"进行通关。凡由收、用货单位自行验收的进口商品，如发现问题，应及时向检验检疫机构申请复验。如复验不合格，检验机构即签发商检证书，以供对外索赔。

2018年4月，我国出入境检验检疫职能正式从国家质量监督检验检疫总局划入海关总署。

自2018年6月1日起，海关总署全面取消"入/出境货物通关单"。通关单是原出入境检验检疫机构对法定检验检疫商品签发的已办理报验手续证明文书，是原出入境检验检疫机构用于与海关工作联系的业务单证，主要目的用于防范和打击逃漏检行为。关检融合后，出入境检验检疫职责纳入海关现有通关流程，通关单已失去了原有的职能和意义。

从2018年8月1日起，报关单、报检单合并为一张报关单，简化企业申报、减少通关环节、加速货物放行，为守法企业提供了通关便利、降低了通关成本。

（二）买卖合同中的检验条款

进出口货物的检验条款是贸易合同中非常重要的条款，涉及双方的商检权、拒收权和索赔权。双方应该在公平合理的基础上，使检验条款尽量符合国际惯例规定，保证合同的顺利进行。

1. 合同中的检验条款

在贸易合同检验条款中，一般采用出口国检验并签发检验证书、进口国复验的方法。例如，合同中规定："双方同意以装运港……（检验机构名称）签发的品质和数（重）量检验证书作为信用证项下议付单据的一部分。买方有权对货物的品质、数（重）量进行复验。复验费由买方负担。买方对于装运货物的任何索赔，须于货物到达目的港（地）后××天内提出，并须提供经卖方同意的公证机构出具的公证报告。"

2. 订立进出口商品检验条款的注意事项

（1）考虑合同中的品质条款。品质条款应定得明确、具体，不能含混不清，致使检验工作失去确切依据而无法进行；凡以地名、品牌名、商标表示品质时，卖方所交合同货物既要符合传统优质的要求，又要有确切的质量指标说明，为检验提供依据。

（2）考虑商品及其包装的特点。进出口商品的包装应与商品的性质、运输方式的要求相适应，并详列包装容器所使用的材料、结构及包装方法等，防止采用诸如合理包装、习惯包装等定法。如果采用这种定法，检验工作将难以进行。

（3）检验条款应明确具体。出口商品的抽样、检验方法，一般均按我国的有关标准规定和商检部门统一规定的方法办理，如买方要求使用他的抽样、检验方法时，应在合同中具体定明。

（4）特殊情况。对于一些规格复杂的商品和机器设备等进口合同，应根据商品的不同特点，在条款中加列一些特殊规定，如详细具体的检验标准、考核及测试方法、产品所使用的材料及其质量标准，样品及技术说明书等，以便货到后对照检验与验收。凡以样品成交的进口货，合同中应加订买方复验权条款。

补充知识：中国进出口商品检验的范围、标准及机构（线上电子资源10-7）

［本章案例讨论］ 恒科公司出口贸易实务

供应商（简称恒科公司）：苏州恒科纺织服装公司，Suzhou Hengke Textile Garment Co., Ltd.

Hengke Mansion RM1804 NO. 88 Nanyuan Road, Suzhou Jiangsu 215004, China

Tel：+86-512-65230592　　Fax：+86-512-65230595

采购商（简称F. F. 公司）：Fashion Force Co., Ltd.

P. O. Box 8935 New TERMINAL, ALTA, VISTA OTTAWA, CANADA

Tel：+1-613-4563508　　Fax：+1-613-4562421

采购商品：Cotton Blazer 全棉运动上衣

成交方式：CIF

付款方式：即期信用证（L/C at Sight）

通知行：中国银行苏州分行营业部

第十章　国际贸易和国际货物运输

出口口岸：上海
服装加工厂：吴江七都制衣有限公司（以下简称七都制衣）
面辅料工厂：吴江桃源纺织有限公司（以下简称桃源纺织）
货运代理公司：上海申科国际货运代理有限公司（以下简称上海申科）
承运船公司：中国远洋集装箱运输有限公司（以下简称中远集装箱运输公司）

1. 交易磋商

恒科公司成立于1994年，是专业从事纺织服装等产品出口供应的国际贸易公司。公司拥有多家下属工厂，产品主要销往欧洲和北美地区及日本等国家和地区。

加拿大采购商F.F.公司与恒科公司是合作多年的业务伙伴。2016年2月2日，F.F.公司传真一份制作女式全棉上衣的指示书，并邮寄面料、色样及两件成衣样品给恒科公司，要求恒科公司于2016年5月25日前交样：回寄面料、色样及两件不同型号的成衣样品确认。

2016年2月8日上午，恒科公司收到该样件后，立即联络桃源纺织，根据F.F.公司提供的面料样件打品质样和色卡，然后用DHL邮寄给F.F.公司确认。

2016年2月12日，F.F.公司收到恒科公司寄去的面料样件，回复确认合格，要求恒科公司再寄两件不同型号的成衣样品供其确认。接此通知，恒科公司立即联络七都制衣赶制成衣样品。2月17日，服装加工厂将两件不同型号的成衣样品送到恒科公司。当天，恒科公司又将该成衣样品用DHL邮寄给F.F.公司确认。

2月22日，F.F.公司收到恒科公司寄去的成衣样品，确认合格，要求恒科公司报价。当天，恒科公司根据指示书要求，以面辅料工厂和服装厂的报价、公司利润等为基础向F.F.公司报价。

经过多次磋商，2月26日，双方最终确认以每件USD22.80的报价成交。F.F.公司要求恒科公司根据该份报价单制作合同传真其会签，同时传真形式发票供其开具信用证。

合同签订后，双方就成衣细节进行修改，并对以下文件进行最终确认：
1）指示书。
2）报价单。
3）购销合同。
4）形式发票。

2. 落实信用证

2016年3月31日，中国银行苏州分行营业部通知恒科公司收到F.F.公司通过BNP PARIBAS（CANADA）MONTREAL银行开来的编号为63211020049的信用证电开本。

3. 出口备货

收到信用证后，2016年4月1日，恒科公司立即与早已联络好的服装加工厂签订订购合同，指定服装厂使用桃源纺织的面辅料。4月5日，服装厂正式投产。

根据信用证规定，5月3日，恒科公司寄出四件不同型号的成衣样品给F.F.公司检验。5月6日，F.F.公司收到后，经检验合格，签发合格证正本一份并用DHL寄回给恒科公司。

4. 租船订舱

本批出口商品采用集装箱运输，故在落实信用证及备货时，恒科公司即向上海各家货运代理公司询价，最终确定委托上海申科代为订舱，以便及时履行合同及信用证项下的交货和交单义务。

全球采购与供应管理

2016年5月9日，服装全部生产、包装完毕，工厂制作装箱单传真给恒科公司。恒科公司根据工厂报来的装箱单，结合合同及信用证货物明细描述，开列出仓通知单，单证储运部门根据出仓通知单、工厂制的装箱单、信用证统一缮制全套的出运单据。出运单据包括出口货物明细单、出口货物报关单、商业发票、装箱单。

单证储运部门先将出口货物明细单传真上海申科配船订舱，确认配船和费用后，准备全套报关单据（出口货物明细单、报关委托单、出口货物报关单、商业发票、装箱单等）寄到上海申科用于报关、出运。同时，准备普惠制产地证用于出运后寄客户做进口清关。

上海申科在确认配船和费用后，传真送货通知给恒科公司，要求恒科公司于5月16日中午前将货物运至指定仓库。

5. 出口报验

由于恒科公司出口的全棉运动上衣属于法定检验的商品范围，在商品报关时，报关单上必须有商检机构的检验放行章方可报关。因此，2016年5月9日，恒科公司寄出商业发票、装箱单、报检委托书，委托服装加工厂向苏州市商检局申请出口检验。

申请出口商品检验时，工厂必须填写出口商品检验申请单，并随附报检委托书、购销合同、信用证复印件、商业发票、装箱单、纸箱证等单据。

6. 出口报关

2016年5月13日，将上海申科报关所需的报关委托书、出口货物报关单、商业发票、装箱单、购销合同等单证用快件寄出。

7. 出口保险

由于是按CIF条件成交，保险由恒科公司办理。因此2016年5月16日，恒科公司按约定的保险险别和保险金额，向保险公司投保。投保时应填制投保单和支付保险费（保险费＝保险金额×保险费费率），并随附商业发票，保险公司凭此出具保险单。

8. 装船出运

上海申科接受恒科公司订舱委托后，于2016年5月12日，根据恒科公司提供的出口货物明细单缮制集装箱货物托运单。该托运单一式数联，分别用于货主留底、船代留底、运费通知、装箱单、缴纳出口货物港务费申请书、场站收据、货代留底、配舱回单、场站收据副本（大副联）等。其中比较重要的单据有：装箱单（Shipping Order，S/O）和场站收据副本（Mate's Receipt，M/R）。

9. 制单结汇

在办理货物出运工作的同时，恒科公司也开始了议付单据的制作。2016年5月20日，上海申科作为承运人（中远集装箱运输公司的代理），签发了COS6314623142号提单。根据信用证的规定，恒科公司备齐了全套议付单据（3/3海运提单正本、商业发票、装箱单、普惠制产地证、受益人证明、商检证、货物运输保险单），于6月2日向议付银行——中国银行苏州分行营业部交单议付。

10. 财务付款

5月23日，恒科公司的财务人员收到上海申科寄来的海运费发票和港杂费发票。

5月27日，收到服装厂寄来的增值税发票和出口专用缴款书。

议付单据交单后，5月30日，财务人员向服装厂支付货款，并和上海申科结清海运费、港杂费等费用。

第十章 国际贸易和国际货物运输

11. 收汇

2016年6月23日，恒科公司收到银行的收汇水单，开证行已经如数付款。

12. 出口退税

2016年6月24日，恒科公司的财务办税人员将公司需要办理认证的增值税发票整理后一并申报国税局进行发票认证。当天拿到国税局认证结果通知书和认证清单。

2016年6月27日，恒科公司的财务办税人员将退税要用的单据收集齐全无误后装订成册。其中，报关单、商业发票为一册，增值税发票抵扣联、出口专用缴款书、认证结果通知书、认证清单为一册，并在退税申报软件中逐条录入进货明细及申报退税明细。录入完毕，核对无误后打印并生成退税处所需的表格及软盘，连同"企业出口货物退税汇总申报审批表"送交政府相关部门加盖稽核章。

讨论：

1. 请详细解释贸易术语CIF。
2. 简述本案信用证支付的流程。
3. 请分析出于哪些可能的原因，七都制衣没有自行组织出口供应。

◇【本章小结】

全球采购与国际贸易相互影响与制约，在采购的过程中涉及许多贸易条件及商务谈判的相关知识，如Incoterms 2010，商务谈判中的价格技术及合同谈判等。掌握这些要点对于完成所需的采购任务至关重要，我们在学习的过程中需要重点掌握这些贸易条件及谈判沟通知识，从而促进国际贸易与采购的发展。

国际货物运输是实现国际贸易往来的一个重要环节，国际货物运输方式众多，不同运输方式各有其特点，在进出口贸易时应根据不同条件及影响因素选择合适的运输方式，同时考虑相应运输条款；由于运输方式的不同，货物保险具有不同的保险类别，掌握保险的相关承保范围及相关保险条款对于处理好相关保险业务至关重要；此外，国际货物通关与商检也需要给予充分的重视，例如，一般进出口货物及保税货物的通关程序，商品检验的机构、内容、范围等，这些条款的实施共同促进了国际货物贸易的蓬勃发展。

◇【本章思考题】

1. 11种国际贸易术语的划分依据是什么？
2. 简述国际货物运输与国际货物保险之间的关系。
3. 简述国际货物通关与商品检验之间的关系。
4. 请分组讨论：在国际贸易中我国的贸易地位如何在这些国际条款中得到进一步的发展？

第十一章 国际结算

◇【学习目标】

通过本章的学习，掌握汇率的含义及其标价法；了解汇款的含义、当事人、方式及业务流程；掌握托收的含义、当事人、种类及业务流程；理解跟单信用证的含义、当事人、种类及业务流程。

◇【教学重点难点】

1. 汇率的性质及其标价法
2. 电汇、信汇、票汇的比较
3. 托收的种类
4. 信用证的业务流程及其性质

第一节 汇　　率

一、汇率的含义

一种货币与另一种货币之间的兑换比率，即为这两种货币间的汇率。如果将货币视为一种特殊商品，那么也可把汇率看作以一种货币表示的另一种货币的价格，故汇率又被称为汇价。

汇率的本质是两国货币以各自所具有的或者所代表的价值量为基础而形成的一种交换比率。理论上来说，如果某个时期，1 美元在美国的购买力与 10 元人民币在中国的购买力相当，那么，该时期两国的名义汇率即为 1∶10。

当然，也存在外汇管制，即外汇不能自由交易的国家，汇率水平是由政府根据国内外的经济形势及本国经济政策的需要来确定的；此外，大量国际货币的汇率主要受外汇市场供求因素影响，具体表现为由各大国际外汇交易市场上的成交价来决定市场汇率。

全球采购活动中，涉及国际货物贸易或资本流动的汇率变动，无论采用采购国货币还是供应国货币结算，都会给双方带来一定的结算风险。

二、汇率的标价法

汇率水平通常以下面两种方式表示：

1. 直接标价法

直接标价法（Direct Quotation）是以一定单位的外国货币为标准，折算成若干单位的本国货币的汇率表示方法。例如在我国，美元的标价为：100USD = 689CNY，或表示为 $1 = ￥6.89，此即为美元的直接标价法。在任一汇率标价中，对于等式左边的货币而言是直接标价，该货币往往以某个标准单位数显示。

人民币 China Yuan 代码 CNY，是国际标准化组织 ISO 分配给中国的币种表示符号。以往人民币 RenMinBi 简写用的是人民币汉语拼音开头字母组合 RMB。但作为标准货币符号的 CNY，在国际贸易中是表示人民币元的唯一规范符号。

直接标价法又称应付标价法（Giving Quotation），它表明银行购买一定单位的外币应支付的本国货币数额。各国外汇市场上的外汇报价一般均采用此法。

在采用直接标价法时，本国货币的价值升降与其汇率数值的变化是反方向的。汇率数值的上升反映了本国货币价值的下降，即外国货币的升值。因为一定数额的外国货币目前可以换到更多数额的本国货币。反之，如果汇率数值下降，则表示本国货币价值上升，或称外国货币贬值了。例如，如果美元兑人民币汇率从 \$1 = ¥6.89 变为 \$1 = ¥7，则表示美元对人民币升值了，或称人民币对美元贬值了。

2. 间接标价法

间接标价法（Indirect Quotation）是以一定单位的本国货币能够兑换的某种外币的数额来表示该外币的汇率标价方法。仍沿用上例：¥1 = \$0.145，此即美元的间接标价法。换言之，任一汇率标价对列于右边、以非标准单位显现的货币来说都是间接标价。

间接标价法又称应收标价法（Receiving Quotation），它表示银行支付一定数额本国货币应收入的外币数量。不难看出，直接标价和间接标价是倒数关系。在任一汇率标价中，对等式左边的货币而言是直接标价，对等式右边的货币而言就是间接标价。

采用间接标价法时本国货币的价值变动与其汇率数值变动是同方向的，这一点与直接标价法恰恰相反。汇率数值的上升就表示本国货币价值的上升，即外国货币的贬值。因为一定数额的本国货币目前能兑换到比先前数额多的外国货币。反之，如果汇率数值下降，则表示本国货币价值下降，或称外国货币升值了。仍以前述人民币对美元的汇率为例，如果人民币间接标价从 ¥1 = \$0.145 下降为 ¥1 = \$0.143，则表示人民币价值的下降，或美元货币的升值。

三、现汇价和现钞价

现汇指的是从国外银行汇到国内的外汇存款，以及外币汇票、本票、旅行支票等银行可以通过电子划算直接入账的国际结算凭证。

现钞指的是国内居民手持的外汇钞票。银行收入外币现钞后要经过一定时间，积累到一定数额后，才能将其运送并存入外国银行调拨使用。在此之前，买进外钞的银行要承担一定的利息损失；将现钞运送并存入外国银行的过程中，还有运费、保险费等支出，银行要将这些损失及费用转嫁给出卖现钞的顾客，所以银行买入现钞所出的价格低于买入现汇的价格。而银行卖出外汇现钞时，价格与卖出现汇一致。

四、汇率与国际收支

（一）国际收支平衡表

为了及时而全面地反映国际收支状况，各个国家大都会定期编制国际收支平衡表，以系统地统计在某个时期内各种国际收支的项目及其金额。国际经济交易的形式很多，在编制国际收支平衡表时通常把它们归结为三个大类。每一种国际经济交易都分别记录在有关的项目之下，通过各类项目的总差额来反映一国国际收支状况。

1. 经常项目

全球采购活动中商品和服务的国际收支一般都计入该项目下。经常项目包括的分支项目有：

（1）贸易收支。贸易收支即商品进出口所产生的收入和支出。它是国际收支平衡表中最重要的经常项目。由于商品进出口而形成的顺差或逆差对一国国际收益状况有举足轻重的影响。

（2）劳务收支。劳务收支主要包括：运输、通信、保险、旅游、劳务的收入与支出；投资收益，如股息、利润的结转；国际性金融机构的服务费用等。

（3）单方面的转移。一是私人单方面转移，如侨民汇款、赠予等；二是政府间的经济、军事援助、捐款、战争赔偿等。该分支项目经济交易的特点是无须等价交换或偿还。

2. 资本项目

资本项目是指资本的输出和输入。事实上，随着全球化进程的不断深化和资本国际流动速度的加快，资本项目对国际收支的影响也越来越大。一般来说，资本项目可分为以下两个大类：

（1）长期资本。长期资本是指期限在一年以上或未规定期间的资本（如股票）。它可以是政府之间或私人之间的资本流动。前者主要有贷款、投资以及对国际金融机构的借款等；后者主要是 FDI、证券投资以及向企业提供的长期信贷等。

（2）短期资本。短期资本是指期限在一年以内的资本。它也可以分为政府和私人的短期资本流动，主要包括各国银行间的调拨、资金拆放、国际贸易中的短期融资、套汇套利、套期保值等外汇买卖，以及外汇市场的投资等。因此，短期资本的流动性很大。

3. 平衡或结算项目

具体包括以下三个项目：

（1）错误与遗漏。由于存在逃避海关监管的走私行为，以及统计口径不同、资料来源不一、资料不全或是资料本身的错漏，国际收支平衡表中的统计出现错漏是不可避免的。但根据会计原理，平衡表中的借方和贷方总额应该相等，所以应设立一个人为的平衡项目以轧平差额。

（2）分配的特别提款权。国际货币基金组织（IMF）根据各成员缴纳的份额分配给其一定数量的记账单位，这种记账单位可以作为储备资产用于弥补国际收支逆差，或用于偿还基金组织的贷款，因而特别提款权（SDR）成为一国的国际收入项目。

（3）官方储备。官方储备是指一国中央银行或其他专门机构持有的储备资产及其对外债权，包括货币黄金、外汇、在国际货币基金组织的普通提款权等。当一个国家的国际收支出现顺差或逆差时，将对官方储备或对外债权进行增减，这一项目通常放在国际收支平衡表的末尾。

了解国际收支项目，不仅有助于全球采购人员熟悉国际贸易、国际金融和国际结算的基本常识，而且对预测汇率变动趋势、降低全球采购活动的风险都具有积极的意义。

（二）汇率变动对经济的主要影响

由于货币贬值的结果与增值的结果相反，特别是国际收支调整的负担主要落在逆差国身上，所以人们一般会更加关注货币贬值对经济的影响。

1. 货币贬值对进出口贸易的影响

贬值不影响进出口商品本身的价值，但改变它们在国际贸易中的相对价格，进而提高或削弱它们在国外市场上的竞争能力。例如美国 A 公司向一家中国 C 公司采购电器部件，双方约定结算货币为美元，A 公司的采购价格为 7 美元，C 公司的产品成本价为 36 元人民币，签订采购合同时的人民币对美元汇率为 \$1 = ￥6，因此 C 公司实现 42 元人民币的销售收入并获得 6 元人民币的毛利。但是当双方进行购销结算时，人民币对美元汇率贬值为 \$1 = ￥7，这意味着 C 公司每件商品结算获得的 7 美元，实际可结汇获得 49 元，实际获得毛利 13 元，比原先规划的毛利多了 7 元人民币。显然，出口方从本国货币的贬值中获得了实际的收益。反之，如果按照原先的人民币售价 42 元，汇率变动后中国市场上实际采购价值只需要 6 美元，因此 A 公司按照 7 美元采购的产品在美国市场上的产品竞争力大大降低了。所以，贬值无疑将有利于一国扩大出口，抑制进口，改变进出口双方的贸易地位。

当然，判断贬值对进出口贸易产生的影响，还需要注意两大问题：①"时滞"问题。贬值后扩大出口和抑制进口的效果并不会立即显现出来，例如，国际采购合同早已经签订，其法律效应还将延续一段时间。②"弹性"问题，例如有些刚性产品并不会因为贬值而使得贬值国大量削减对该产品的进口。学者马歇尔和勒纳通过研究指出，只有在进口商品需求弹性和出口商品需求弹性的绝对值之和大于 1 时，贬值才能改善进出口贸易状况。

2. 贬值对国际资本流动的影响

国际资本流动主要是指货币资本通过在外汇市场的中介作用，从一个国家流向另一个国家，其目的是谋求资本的增值和安全。

对于长期资本流动而言，贬值造成的影响较小，因为长期资本流动遵循的是"高风险高收益""低风险低收益"的决策原则，因此会比较注重投资环境总体的好坏，贬值所造成的风险只是诸多环境因素中的一个，一般不起决定性的作用。

但对于短期资本流动来说，贬值造成的影响则比较大。因为短期资本流动性强，一旦贬值将使金融资产的相对价值降低，发生"资本抽逃"现象。例如，一国货币贬值时，该国资金持有者或外国投资者为避免损失，就会在外汇市场上把该国货币兑换成坚挺的货币，将资金调往国外；同时，货币贬值还会造成一种通货膨胀的预期，影响实际利率水平，进而诱发投机性资本的外流，造成相当一段时期内的短期资本净流出，从这个意义上讲，贬值不利于改善国际收支平衡表中的资本项目状况。

3. 贬值对国内物价的影响

一国货币贬值，有利于扩大出口、抑制进口。这意味着该国市场上的商品相对减少，而收兑外汇的本币投放相对增加，商品与货币的对比关系因此而改变，这种关系很可能会导致国内物价的全面上涨。

此外，贬值对社会产量、就业水平、国民收入、产业结构和国际经济关系都会产生相应的影响。

五、外汇管制

外汇管制（Foreign Exchange Control）是指一国政府为平衡国际收支，维持汇率稳定，以及其他政治经济目的，而对境内和其他管辖范围内的外汇交易实行的限制，包括对外汇的买卖、外汇汇价、国际结算、资本流动,以及银行的外汇账户等各方面外汇收支与交易所做出的规定。

在国际上,根据外汇管制的范围和松紧程度的不同,一般把实行外汇管制的国家分为三种类型。

(1) 实行全面外汇管制的国家。这类国家对贸易收支、非贸易收支和资本项目收支等进行严格的管制,其货币一般是不可自由兑换的。许多发展中国家如印度、缅甸、巴西、哥伦比亚、伊拉克、阿富汗、乍得、塞拉利昂属于这一类别,我国改革开放前也曾采用该管控手段。

(2) 实行部分外汇管制的国家。这类国家一般对贸易收支、非贸易收支原则上不加限制,准许外汇自由兑换和汇出汇入,但对资本项目的收支则仍加以限制。其货币一般是有限制的自由兑换货币。如法国、澳大利亚、丹麦、挪威等属于这一类别。我国自 2005 年 7 月 21 日起,实行的是以市场供求为基础,参考一篮子货币进行调节、有管理的浮动汇率制。

(3) 基本不实行外汇管制的国家。这类国家允许货币自由兑换,对贸易收支、非贸易收支和资本项目收支原则上均无限制。目前这类国家主要有美国、英国、德国、日本、科威特和沙特阿拉伯等国。

第二节 汇 款

一、汇款的含义

汇款又称"汇付"或"汇兑"(International Exchange),是指汇款人将款项交给所在国银行委托其将款项汇给国外的收款人,汇款人所在国银行通知收款人所在国的自己的联行或代理行,解付汇款给收款人的过程。简单地说,汇款是指付款人通过所在国银行和这家银行在国外的联行或代理行,将款项付给国外收款人的一种结算方式。

二、汇款的主要当事人

1. 汇款人

汇款人(Remitter)即委托所在国银行将款项支付给收款人的当事人。在国际商品买卖中,通常是指进口方(买方)。在汇款给收款人时要填写汇款申请书,交付一定款项和汇款费用给其委托的本国银行。

2. 汇出行

汇出行(Remitting Bank)是接受汇款人委托、办理汇出汇款业务的银行。

3. 汇入行

汇入行(Paying Bank)又称解付行,是接受汇出行委托、办理汇入汇款和解付汇款给收款人的银行。

4. 收款人

收款人(Payee)是指接受汇款款项的当事人,在国际商品买卖中是指出口商(卖方)。如果汇款的金额有问题或有些事项不明确时,不要立即收取汇款,可以向汇入行提出,由汇入行通知汇出行,再由汇出行向汇款人查询,直到没有问题,才可收款。如果在问题没得到

第十一章 国际结算

汇款人解决的情况下就收取了汇入行解付的汇款,则汇出行与汇入行就此免责。

三、汇款的方式

1. 电汇

电汇（Telegraphic Transfer，T/T）是指汇出行应汇款人请求,以加押电报、电传或 SWIFT 方式通知汇入行,请其向收款人支付款项的一种汇款方式。

现在银行在进行电汇方式汇款时一般使用 SWIFT 方式,因为它比电报和电传的费用低很多,并且更快捷、安全。电报、电传因费用高、较易产生错漏等原因而慢慢被淘汰。

电汇流程如图 11-1 所示。

① 汇款人填写汇款申请书,向汇出行交纳款项和支付汇款手续费。

② 汇出行审核后,将汇款申请书其中一联作为电汇回执交给汇款人。

③ 汇出行发出加押电报、电传或 SWIFT 的电汇委托书给汇入行。

④ 汇入行收到汇出行的加押电报、电传或 SWIFT 后,核对密押无误,缮制电汇通知书,通知收款人收款。

⑤ 收款人取款。

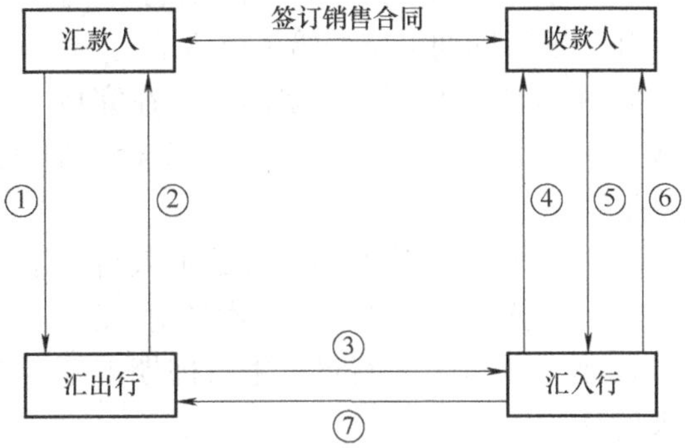

⑥ 汇入行解付款项给收款人。

⑦ 汇入行将付讫借记通知书寄给汇出行,通知款项已解付完毕,并取得汇出行的资金偿付。

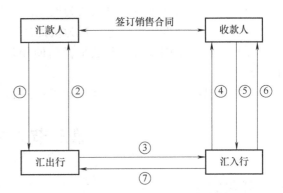

图 11-1　电汇流程

2. 信汇

信汇（Mail Transfer，M/T）是指汇出行应汇款人的申请,通过邮寄信汇委托书的方式通知汇入行,请其向收款人支付款项的一种汇款方式。

信汇流程如图 11-2 所示。

① 汇款人填写汇款申请书,在申请书上注明使用信汇方式,并将所汇款项和应支付的信汇费用交给汇出行。

② 汇出行审核汇款申请书并同意按信汇方式办理该笔汇款后,将信汇回执交给汇款人。

③ 汇出行根据汇款申请书缮制信汇委托书,并以信函的方式邮寄给汇入行,指示其解付款项给确定的收款人。

④ 汇入行收到信汇委托书,核对印鉴无误后,通知收款人取款。

⑤ 收款人凭收据取款。

⑥ 汇入行借记汇出行账户,并解付款项给收款人。

图 11-2　信汇流程

全球采购与供应管理

⑦ 汇入行将付讫借记通知书寄给汇出行,通知它款项已解付完毕,并取得汇出行的资金偿付。

3. 票汇

票汇(Banker's Demand Draft,D/D)是指汇出行应汇款人的申请,开立以汇入行为付款人的即期汇票,交汇款人自行寄送收款人,由收款人持票向汇入行取款的一种结算方式。

票汇流程如图 11-3 所示。

① 汇款人填写汇款申请书,说明使用票汇方式汇款,并将所汇款项和应支付的费用交给汇出行。

② 收到汇款人款项后,汇出行作为出票行,开立银行即期汇票交给汇款人。

③ 汇款人亲自携带汇票出国,在完成一手交钱、一手交货的交易后,将其交给收款人,或将汇票寄给收款人。

④ 汇出行将汇款通知书寄给汇入行。汇入行凭此与收款人提交的汇票正本核对。

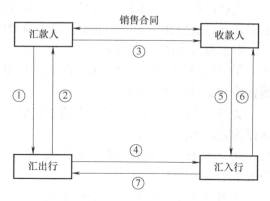

图 11-3 票汇流程

⑤ 收款人向汇入行提示银行即期汇票,并要求付款。

⑥ 汇入行核对银行即期汇票的真实性后,解付款项给收款人。

⑦ 汇入行将付讫借记通知书寄给汇出行,通知它款项已解付完毕,并取得汇出行的资金偿付。

四、汇款方式比较

(1) 从支付工具来看,电汇方式使用电报、电传或 SWIFT;信汇方式使用信汇委托书或支付委托书;票汇方式使用银行即期汇票。

(2) 从汇款人的成本费用来看,电汇收费较高。

(3) 从安全方面来看,电汇较为安全。

(4) 从汇款速度来看,电汇最为快捷。

(5) 从使用范围来看,电汇是目前使用最为广泛的方式;信汇方式很少使用;票汇介于二者之间。

补充知识:SWIFT Code(线上电子资源 11-1)

第三节 托　　收

一、托收的含义

托收是出口商(或债权人)开立金融票据或商业票据或两者兼有,委托托收行(本地银行)通过其联行或代理行(进口银行)向进口商(或债务人)提示票据收取贷款或劳务费用的结算方式。

第十一章 国际结算

国际商会的 URC 对托收所下的定义是指银行依据所受指示，处理资金单据（汇票、本票、支票等）和/或商业单据（发票、运输单据、物权单据等），以求获得付款和/或承兑，或凭付款和/或承兑而交付单据，或按其他条件交付单据。该定义是对用于国际贸易结算和国际非贸易结算的托收方式的广义概括。

二、托收的主要当事人

1. 委托人

委托人（Consignor Principal）又称出票人，是指开立汇票连同有关单据交给银行，委托银行代收债款的人，即出口商或债权人。

2. 托收行

托收行（Remitting Bank）是指应委托人委托转托国外银行（联行或代理行）代为收款的银行，即受委托人的委托而办理托收的银行，一般为出口商或债权人所在地的银行，又称出口方银行。

3. 付款人

付款人（Drawee）是指代收行接受托收行的委托向其提示单据和收取款项的当事人。在国际贸易中，通常是指进口商或买方。

4. 代收行

代收行（Collecting Bank）又称寄单行，是指接受委托人的委托受理托收业务，委托其国外分行或代理行向债务人收款的银行，一般为进口商或债务人所在地的银行，又称进口方银行。

5. 提示行

提示行（Presenting Bank）是指向付款人提示汇票和单据的银行，它在进口方所在地。一般情况下，代收行直接向付款人提示；当代收行与付款人无账户关系或不在同一城市时，则可转托另一家银行提示票据，通常委托与付款人有往来账户关系的银行作为提示行。

6. 需要时的代理

在托收业务中，如发生拒付，为了照料处理货物存仓、保险、重新议价、转售或运回等事宜，委托人可以指定一个在货物运出目的港的代理人办理，这个代理人叫作"需要时的代理（Customer's Representative in Case of Need）"。

三、托收的种类

托收方式依据汇票是否随附装运单据来分，可分为光票托收和跟单托收，国际贸易中货款的收取通常采用跟单托收。

（一）光票托收

光票托收（Clean Collection）是指出口商在收取货款时，仅凭汇票，不随附任何货运单据。在国际贸易中，光票托收主要适用于小额交易、预付货款、佣金、样品费、分期付款以及收取贸易从属费用等。

（二）跟单托收

跟单托收（Documentary Collection）是指出口商开具商业汇票，并将汇票连同货运单据一起交给银行委托代收货款的方式。按照向进口商交单条件的不同，又可分为付款交单和承

全球采购与供应管理

兑交单两种。

1. 付款交单

付款交单（Documents against Payment，D/P）是指被委托的代收行应在付款人付清货款后，才将商业单据交给付款人的一种交单方式。在这种交单方式下，由于交付商业单据是在付清货款之后，因此如果汇票遭到拒付，委托人仍然通过银行掌握着商业单据，享有对货物的支配权，故风险相对较小。

按付款时间的不同，付款交单又可以分为即期付款交单和远期付款交单。

（1）即期付款交单（D/P at Sight）。即期付款交单是指代收行提示单据给付款人要求付款时，付款人审核单据无误后，即向代收行支付货款赎回单据的交单方式。由于在即期付款方式下，货款的转移和单据的交接在同一时间内完成，因此，即期付款交单可以有汇票，也可以没有汇票。在没有汇票的情况下，托收金额以发票金额为准。

即期付款交单流程如图11-4所示。

首先，进出口双方要签订商品买卖合同，并且在合同中确定以即期付款交单的方式结算货款。

① 出口商在备货装运后取得货运单据，同时按贸易合同的内容缮制相关单据，然后填写托收申请书连同全套的单据和即期汇票交给托收行，委托其办理即期付款交单。

② 托收行在收到委托人的全套单据、即期汇票和托收申请书后，如果决定为其办理即期付款交单业务，则要根据托收申请书的内容认真核对单据是否齐全，然后给委托人

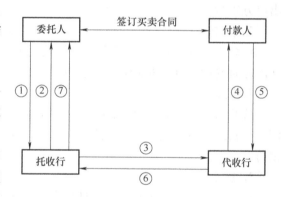

图11-4 即期付款交单流程

一份回执，代表托收行同意办理托收，并且已经收到全套单据和即期汇票。

③ 托收行根据托收申请书来缮制托收指示书，连同全套单据和即期汇票寄给国外的代收行，委托其代为收取货款。

④ 代收行收到托收指示书后要仔细核对单据是否齐全，然后将即期汇票连同全套单据向付款人（进口商）做付款提示。

⑤ 付款人审单无误后，付款给代收行赎取单据。代收行收到货款后，在汇票上加盖"付讫"章，连同单据一起交给付款人。

⑥ 代收行通知托收行款项已收妥，扣除自己应得的手续费和其他相应费用后，汇交货款给托收行。

⑦ 托收行将收到的款项贷记委托人账户。

（2）远期付款交单（D/P after Sight）。远期付款交单是指委托人开立远期汇票，连同有关单据交给托收行，由托收行通过代收行向付款人提示，付款人审核单据无误后，先在汇票上签字承兑（已承兑跟单汇票仍退还代收行保存），后于汇票到期时再进行付款赎单的一种交单方式。

远期付款交单流程如图11-5所示。

进出口双方要签订商品买卖合同，并且在合同中确定以远期付款交单的方式结算货款。

第十一章 国际结算

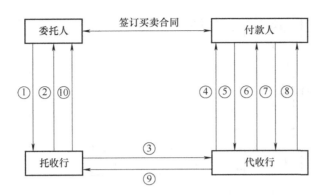

图 11-5 远期付款交单流程

① 出口商在备货装运后取得货运单据，同时按贸易合同的内容缮制相关单据，然后填写托收申请书连同全套的单据和远期汇票交给托收行，委托其办理远期付款交单。

② 托收行在收到委托人的全套单据、远期汇票和托收申请书后，如果决定为其办理远期付款交单业务，则要根据托收申请书的内容认真核对单据是否齐全，然后给委托人一份回执，代表托收行同意办理托收，而且已经收到全套单据和远期汇票。

③ 托收行根据托收申请书来缮制托收指示书，连同全套单据和远期汇票寄给国外的代收行，委托其代为收取货款。

④ 代收行收到托收指示书后要仔细核对单据是否齐全，然后将远期汇票连同全套单据向付款人（进口商）做第一次的提示，即承兑提示，要求付款人做出承兑。

⑤ 付款人审核单据无误后，做出承兑，然后将汇票和单据再交还给代收行。

⑥ 汇票到期，代收行会对付款人做第二次提示，即付款提示。

⑦ 付款人向代收行付款。

⑧ 代收行交单。在汇票上加盖"付讫"章，连同单据一起交给付款人。

⑨ 代收行通知托收行款项已收妥，扣除自己应得的手续费和其他相应费用后交货款给托收行。

⑩ 托收行将收到的款项贷记委托人账户。

2. 承兑交单

承兑交单（Documents against Acceptance，D/A）是指被委托的代收行以付款人的承兑为条件向付款人交单。也就是说，代收行向付款人提示远期汇票和单据时，付款人审单无误后签字承兑，代收行留下付款人已承兑的汇票，将全部单据交给付款人，付款人在汇票到期时再履行付款义务。单据凭着承兑汇票一经交出，则代收行对这样交出的单据不再承担进一步的责任。因为其已执行了代收行指示，履行了自己的义务。承兑交单流程如图 11-6 所示。

首先，进出口双方要签订商品买卖合同，并且在合同中确定以承兑交单的方式结算货款。

① 出口商在备货装运后取得货运单据，同时按贸易合同的内容缮制相关单据，然后填写托收申请书连同全套的单据和远期汇票交给托收行，委托其办理承兑交单。

② 托收行在收到委托人的全套单据、远期汇票和托收申请书后，如果决定为其办理承

全球采购与供应管理

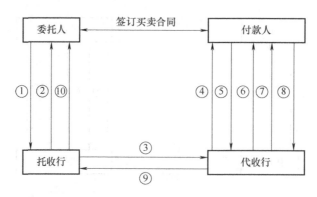

图 11-6 承兑交单流程

兑交单业务,则要根据托收申请书的内容认真核对单据是否齐全,然后给委托人一份回执,代表托收行同意办理托收,而且已经收到全套单据和远期汇票。

③ 托收行根据托收申请书来缮制托收指示书,连同全套单据和远期汇票寄给国外的代收行,委托其代为收取货款。

④ 代收行收到托收指示书后要仔细核对单据是否齐全,然后将远期汇票连同全套单据向付款人(进口商)做第一次的提示,即承兑提示,要求付款人做出承兑。

⑤ 付款人审核单据无误后,做出承兑。

⑥ 代收行交出全套单据。

⑦ 汇票到期,代收行会对付款人做第二次提示,即付款提示。

⑧ 付款人向代收行付款。在汇票上加盖"付讫"章,交给付款人。

⑨ 代收行通知托收行款项已收妥,扣除自己应得的手续费和其他相应费用后,汇交货款给托收行。

⑩ 托收行将收到的款项贷记委托人账户。

四、采用托收方式应当注意的问题

(1) 在交易前,必须加强对进口方资信的调查,选择资信好、有信誉的进口商作为自己的贸易伙伴,谨慎通盘考虑,不能因轻信进口商做出的承诺和保证而匆忙成交。

(2) 要求托收行注意选择有代理行关系的国外银行作为代收行,并注意与代收行保持沟通和信息畅通,加强双方的友好合作。

(3) 需要了解进口国家的有关规定,注意是否存在贸易禁令、外汇管制和配额限制,保证应收款项能顺利收回。

(4) 注意"D/P"远期方式的使用。通常来说,要防止因货到目的港长期滞留导致海关征收高昂的滞港费。

(5) 事先找好代理人,万一出现进口商无理拒收货物和拒收货款,由代理人帮助解决转卖或退运手续。

(6) 出口方应向政府信用保险机构办理出口信用保险,以转嫁信用风险,避免经济损失。

第四节　跟单信用证

一、跟单信用证的含义

跟单信用证简称信用证，国际商会在 UCP 600 中对其定义如下：

跟单信用证是指一项约定，不论其名称或描述如何，由一家银行（"开证行"）依照客户（"申请人"）的要求和指示或以自身的名义：

（1）在符合信用证条款的条件下，凭规定单据向第三者（受益人）或其指定人付款，或承兑并支付受益人出具的汇票。

（2）授权另一家银行在符合信用证条款的条件下，凭规定单据进行该项付款，或承兑并支付该汇票。

（3）授权另一家银行在符合信用证条款的条件下凭规定单据议付。

二、跟单信用证的特点

1. 信用证是一种银行信用

信用证款项下，开证行负第一性付款责任，开证行的付款依据是单证相符，单单一致。信用证的主旨在于向受益人提供了一个付款担保，受益人一旦提交了符合要求的单据，便能得到偿付。受益人无须也不得直接找进口商付款，而是凭单据直接向付款行或开证行索偿。信用证是独立于贸易合同之外的自主文件。

2. 信用证是一项独立的文件

信用证是根据买卖合同开立的，信用证一经开出，就成为独立于合同以外的文件。信用证是开证行与出口商之间的契约，开证行及其他信用证当事人只能根据信用证办事，不受合同约束。

3. 信用证本质是一种单据买卖业务

银行只凭单据付款而不管货物。银行不是销售合同的当事人，它只对受益人提交的单据表面上与信用证条款相符负责，而对于所装货物的实际情况如何、是否途中损失、能否到达目的地等均不负责。对于单据的真伪，单据在邮寄过程中丢失，银行也不负责任。

三、跟单信用证的主要当事人

1. 开证申请人

开证申请人（Applicant）是指向银行申请开立信用证的人。在货物贸易中，开证申请人通常是指买方（进口商），买方根据买卖合同所确定的付款条件，向往来银行申请开立信用证。

2. 开证行

开证行（Issuing Bank）是指接受申请人的委托，开出信用证的银行，它承担按信用证规定条款和条件保证付款的责任，一般是进口商所在地银行。

3. 通知行

通知行（Advising Bank）是指受开证行的委托，将信用证转递给受益人的银行。它通常

全球采购与供应管理

是开证行的代理行。卖方通常指定自己的开户行作为通知行。

4. 受益人

受益人（Beneficiary）是指信用证上指明有权使用该信用证的人，一般为出口商。

5. 议付行

议付行（Negotiating Bank）是指对受益人交来的汇票或单据办理议付的银行。议付行既可以是通知行，也可以是受益人选择的在当地的往来银行。

6. 付款行

付款行（Paying Bank）是指付款行为信用证中所规定担任付款的银行。因此在签发汇票时，又称为受票行。付款行可能是开证行，也可能是开证行所委托的另一银行。

7. 保兑行

保兑行（Confirming Bank）是指应开证行或受益人之请在信用证上加注承担保证兑付责任的银行，它和开证行处于相同的地位，即对于汇票及/或单据承担不可撤销的付款责任，保兑行有必须议付或代付的责任。在已经议付或代付之后，不论开证行是否倒闭或无理拒付，都不得向受益人追索。

8. 偿付行

偿付行（Reimbursing Bank）是指开证行的付款代理，但它不负责审单，只是代理开证行偿还议付行垫款的第三国银行，当开证行收到单据发现不符而拒绝付款时，可向索偿行（一般是议付行）追索。

四、跟单信用证业务流程

1. 开证申请人向开证行申请开立信用证

进口商与出口商签订完以信用证方式进行结算的商品买卖合同后，要在合理的时间内，作为开证申请人向开证行申请开立信用证。首先，填写开证申请书，开证申请书是开证申请人与开证行之间的契约，它包括两部分内容：一部分是依据合同内容确定的信用证的各项条款；另一部分是开证申请人对开证行的声明与保证。其次，开证行要根据开证申请人的资信状况来确定开证押金的比例，并要求开证申请人按此比例缴纳押金或提供其他担保，同时收取开证费。

2. 开证行开立信用证

开证行接到申请人开证申请，在审查申请人的授信额度、申请书上记载的信用证条件等内容后，决定接受申请时，便着手办理开立信用证的有关手续。

开证行委托通知行通知信用证的指示，通常以邮寄、电传方式传达。

3. 通知行向受益人通知信用证

通知行收到开证行通知的信用证后，确认信用证的表面真实性，编制信用证通知流水号，缮制信用证通知书，并在正本信用证上盖上通知行信用证通知专用章，再把它通知给受益人。

4. 受益人审证

受益人收到信用证后，要全面对照货物买卖合同，认真审慎地对信用证的内容进行严格审查，如发现与合同不符的地方要及时提出修改信用证，直至信用证的内容无误为止。然后备货装运并取得信用证规定的单据，要做到"单单相符、单证一致"，在信用证有效期内向议付行议付货款。

5. 议付行审单议付

议付行要严格审核受益人提供的信用证载明的各种单据，如果有信用证未做要求的单据，银行无义务审核，可以将其退还受益人或寄单行，也可以原样寄交开证行而不承担任何责任。银行应遵守 UCP600，对单据的表面状况进行审核，以判断单据是否在表面上与信用证要求相符。如果单据符合"单单相符，单证一致"的标准，就是合格的单据，银行应接受这些单据，并根据信用证规定做出即期付款、延期付款、承兑议付、担保议付或拒绝议付的决定；如果单据有不符点，则可以退单，让受益人修改单据。

6. 议付行向开证行索偿货款

议付行垫付货款给受益人后，按信用证规定向开证行寄单，请求开证行偿付货款。议付行议付货款后要在信用证背面做"背批"，然后按信用证的规定一次性寄单或分次寄单。分批寄单的好处是万一某一批单据被耽误或遗失，另一批单据仍能安全寄达开证行。

7. 开证行偿付货款

开证行在收到议付行寄来的单据后，应在 5 个工作日内完成审单工作，并在第 5 个工作日结束之前做出是否支付信用证款项的决定。如果单据合格，则开证行应对受益人做出付款安排，或向寄单行安排偿付。如果开证行在审单时发现有不符点，可以自行决定是否和开证申请人联系以要求开证申请人放弃不符点，但应在自开证行收到单据后的 5 个工作日内完成，开证行不能以正在要求开证申请人放弃不符点为由而违反审单的合理时间的限制，即在第 5 个工作日结束前仍未得到开证申请人放弃不符点并同意付款的回复，开证行必须对外提出拒付。开证行的货款一经付出，就无法追回，成为无追索权的付款。

8. 开证申请人付款赎单

开证行偿付完货款后，要求开证申请人付款赎单，开证申请人审慎地审核单据。如果认为单据合格，就要付清货款取得全套单据，并凭这些单据提货；如果认为单据不合格，则有权拒付货款，并在信用证到期时收回押金。

上述信用证流程如图 11-7 所示。

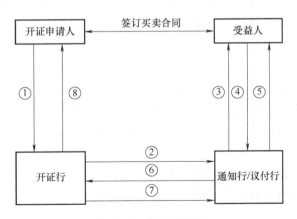

图 11-7 信用证流程

① 开证申请人填写开证申请书，缴纳押金和开证费后向开证行申请开立信用证。
② 开证行开出信用证，寄交通知行通知信用证。

全球采购与供应管理

③ 通知行证实信用证真实性后,将信用证交给受益人。

④ 受益人审查信用证无误后,备货装运并取得和缮制信用证规定的各种单据,开出汇票连同单据向议付行议付货款。

⑤ 议付行按信用证的内容审核单据合格后,扣除利息和手续费,有追索权地垫付货款给受益人。

⑥ 议付行将单据寄交开证行索偿货款。

⑦ 开证行审查合格后偿付货款给议付行。

⑧ 开证行通知开证申请人付款账单,开证申请人付款并取得货运单据。

五、跟单信用证的种类

(一)不可撤销与可撤销信用证

按开证行的保证责任是否可撤销,可以分为以下两种:

1. 不可撤销信用证

不可撤销信用证(Irrevocable L/C)是指信用证开出后,在有效期内未经受益人及有关当事人同意,开证行不得单方面修改和撤销的信用证。只要受益人提交与信用证条款相符的单据,开证行就必须承担其付款的义务。

2. 可撤销信用证

可撤销信用证(Revocable L/C)是指信用证开出后,不必征得受益人或有关当事人同意,开证行有权随时撤销的信用证。但在受益人已得到议付、承兑或延期付款保证时,该信用证就不能被撤销或修改。

(二)保兑信用证与不保兑信用证

按信用证是否由保兑行保兑,分为以下两种:

1. 保兑信用证

保兑信用证(Confirmed L/C)是指开证行开出的信用证,由另一银行应开证行请求和授权而以其自身信誉加具了付款承诺,保证对符合信用证条款规定的单据履行付款义务。保兑行加列保兑文句后,即与开证行处于同等的第一付款人的位置。保兑行通常为信用证的通知行,当然也可以是其他银行作为保兑行。

2. 不保兑信用证

不保兑信用证(Unconfirmed L/C)是指只有开证行的付款承诺,而没有开证行以外的其他银行以其自身信誉加具付款承诺的信用证。由于不可撤销信用证的银行付款承诺不够确定,而保兑信用证也只是在特别情况下才予以使用。所以,在国际贸易实务中使用最多的是不保兑的不可撤销信用证。

(三)即期付款信用证与远期付款信用证

按信用证上规定的付款时间的不同,可以分为以下两种:

1. 即期付款信用证

即期付款信用证(Sight Payment L/C)是指开证行或付款行收到符合信用证条款的跟单汇款或装运单据后,立即付款的信用证。即期付款信用证的最大优点是,只要提交的单据正确,受益人便可立即取得货款。

第十一章 国际结算

2. 远期付款信用证

远期付款信用证（Usance L/C）是指开证行或付款行收到符合信用证规定的单据后，不立即付款，而是待信用证规定的到期日再付款的信用证。使用远期信用证，一方面，双方都要承担汇价风险；另一方面，出口商收回货款之前要承担利息上的损失，如果出口商将利息加到货价上，则进口商就要支付较高价格。

远期付款信用证分为承兑信用证、延期付款信用证两种。

承兑信用证（Acceptance L/C）是指以开证行为远期汇票付款人的信用证。出口商开立远期汇票连同单据交给议付行，银行审单无误后，将汇票、单据寄给其在进口地的代理行或分行，由其向开证行提示请求承兑或直接寄开证行要求承兑，开证行承兑后，将单据留下，把"承兑书"寄给议付行或将汇票退给议付行在进口地的代理行保存，待到期时再向开证行要求付款。

延期付款信用证（Deferred Payment Credit）是指开证行在信用证中注明，在开证行收到单据后的若干天或提单签发后的若干天付款的信用证。这种信用证不需要受益人开出汇票，受益人只能在到期时，才能收到货款。

（四）可转让信用证与不可转让信用证

根据受益人对信用证的权利能否转让，分为以下两种：

1. 可转让信用证

可转让信用证（Transferable Credit）是指信用证的受益人（第一受益人）可以要求被授权付款、承担延期付款责任、承兑或议付的银行（转让行），或在自由议付信用证的情况下，在信用证中特别授权的转让行，将该信用证全部或部分转让给一个或数个受益人（第二受益人）使用的信用证。

2. 不可转让信用证

不可转让信用证（Non-transferable Credit）是指受益人不能将信用证的权利转让给他人的信用证。信用证项下的权利只能是受益人享有，不能以转让形式给他人使用。凡未注明"可转让"字样的信用证都是不可转让的信用证。

（五）循环信用证

循环信用证（Revolving Credit）是在信用证的部分金额或全部金额被使用后，能恢复原金额再被使用的信用证。买卖双方订立长期合同或分批交货，进口商为节省开证费用和减少手续，常利用循环信用证方式结算。对出口商来说，可以减少逐笔催证和审证手续，保证收回全部货款。它可以按时间循环，即按一定的时间周期循环使用信用证上约定的金额，直至达到信用证约定的期限或总金额为止；也可以按金额循环，即受益人在一定的金额使用完毕后，仍可在信用证规定的条件下恢复支取一定的金额。

1. 自动循环信用证

自动循环信用证是指金额在每次用完后，不必等待开证行通知，即自动恢复到原金额的信用证。

2. 半自动循环信用证

半自动循环信用证是指金额每次使用后须等待若干天，如在此期间，开证行未提出停止循环使用的通知，即自动恢复到原金额的信用证。

3. 非自动循环信用证

非自动循环信用证是指每期信用证金额用完后，须等待开证行通知到达后，才能使信用证恢复到原金额再次使用的信用证。

（六）背对背信用证

背对背信用证（Back to Back Credit）是指信用证的受益人要求原证的通知行或其他银行以原证为基础，另开一张内容相似的新信用证。这种信用证通常是中间商转售他人货物从中谋利，或两国不能直接办理出口，通过第三者来沟通贸易而开立的。

（七）对开信用证

对开信用证（Reciprocal Credit）是指在补偿贸易、易货贸易中，由双方分别向各自的开证行申请，开出以对方为受益人的两份信用证。

（八）付款信用证

付款信用证（Payment Credit）是指开证行在信用证中指定某一银行为信用证的付款行，并指示该行向受益人无追索地支付款项的信用证。被指定的付款行一般是信用证的通知行、保兑行或开证行本身。

（九）议付信用证

议付信用证（Negotiable Credit）是指受益人在发运货物后可将带汇票或不带汇票的全套单据交给议付行，请求垫付货款的信用证。议付行经审单无误后，则可根据受益人的申请购买汇票及单据，垫付扣除从议付到预计收款日的利息、议付费用、单据邮寄等费用后的净款给受益人，并背书批注信用证。然后按信用证规定将全套单据邮寄给开证行，向开证行或偿付行索偿。

［本章案例讨论］ 国际结算中的单证相符

某食品进出口公司对布朗贸易有限公司（Braun Trading Co.）出口一批冻虾仁，对方开来信用证的有关条款："3.990M/Tons（5% more or less）of Frozen Peeled Prawns, in counts of 13/15 pieces per lb. … shipment by air transport not later than May 15, 2015. Air Way Bill made out consigned to Braun Trading Co."（3.990公吨5%增减，冻虾仁，每磅13/15只。由航空运输，不得晚于2015年5月15日。航空运单收货人是布朗贸易有限公司）。

食品进出口公司根据合同和信用证要求于5月12日装运完毕，13日备妥信用证项下所要求的单据向议付行交单。议付行审单后于5月14日向开证行寄单。

货到目的地时，买方即办理提货，待单据到国外，买方却向开证行提出拒受单据。议付行转来开证行拒付电：

"第×××号信用证项下单据经审核，发现单证不符：我信用证规定数量为3.990公吨，你方所提交的包装单表示为3990公斤，即我信用证的数量单位为'M/tons'（公吨）；你包装单的数量单位为'kgs'（公斤）。我行无法接受单据，速告单据处理的意见。"

5月22日食品进出口公司接到开证行上述拒付电，认为对方完全是无理挑剔，故于23日做如下复电：

"你22日电悉。关于×××号信用证下的单据不符点的问题，我们认为其不符点不成立。信用证规定3.990公吨，我包装单上表示3990公斤，因3.990公吨等于3990公斤，两者没有丝毫的差别。UCP 600 第二条规定：'相符交单是指与信用证条款、本惯例的相关适用条款以及国际标准银行实务一致的交单。'如果'公斤'与'公吨'之别认为是不符点，则违背国际标准银行实务的审核标准。所以其不符点是不成立的，你行应按时付款。"

5 月 23 日开证行仍未接受单据，24 日复电如下：

"你 23 日电悉，关于第×××号信用证项下的不符点，我行仍然认为单据不符。请你方注意：在 UCP 600 第十四条 a 款规定：'按指定行事的指定银行、保兑行（如果有的话）及开证行须审核交单，并仅基于单据本身确定其是否在表面上构成相符交单。'根据上述条文的规定，我信用证规定'M/tons'（公吨），你包装单表示'kgs'（公斤），这就是单据'表面'与信用证条款明显不符。因此我行无法接受单据。"

5 月 24 日食品进出口公司经研究认为开证行完全与买方串通一气，问题主要在于买方，故又向买方反复交涉，但均无效果，只因一字之差，终以降价 25% 而结案。

讨论：
1. 航空运输单据与其他运输单据的作用有何不同？
2. 你认为本案例中，买方收到货物后，待单据到达之后是否与银行串通而拒付？
3. 若问题 2 成立，在航空运输中如何避免此类风险？
4. 本案例对你有什么启示？

◇【本章小结】

本章首先介绍了汇率，其中重点是汇率的标价法。然后系统地介绍了各种国际贸易结算方式，其中汇款和托收是以商业信用为基础的结算方式，在贸易实践中应根据实际情况慎重选择使用，并事先采取措施防范风险。信用证提供的是一种银行信用，在一定程度上解决了买卖双方之间互不信任的矛盾，并为双方提供了资金融通的便利，在国际贸易中得到广泛的应用。

在国际贸易货款的支付中，我们不仅可以选择一种支付方式，也可以将两种或两种以上的支付方式结合使用。总之，在坚持国际贸易惯例，保证我国贸易利益的原则下，科学灵活地运用各种支付方式，是我们学习本章的主要目的。

◇【本章思考题】

1. 比较直接标价法和间接标价法的区别。
2. 简述汇款的基本含义及其主要当事人。
3. 比较电汇、信汇、票汇三者的异同点。
4. 简述托收的基本含义及其业务流程。
5. 采用托收方式应当注意的问题有哪些？
6. 简述跟单信用证的基本含义及其业务流程。

第六部分
趋 势 篇

❖ 第十二章　新型采购模式
❖ 第十三章　全球采购职业道德规范和商业伦理

第十二章　新型采购模式

◇【学习目标】

了解各种新型采购模式的基本内涵，把握其基本特征，掌握项目采购管理的主要步骤，特别把握"互联网+电子采购"的相关内容，了解非营利性组织采购中的政府采购和非政府组织采购，掌握绿色采购的管理过程。

◇【教学重点难点】

1. "互联网+电子采购"的关键技术支撑
2. 政府采购和非政府组织采购
3. 绿色采购的管理过程
4. 跨境电商采购的一般流程

第一节　项目采购

一、项目和项目采购概述

（一）项目的定义

项目一词被广泛地应用在社会经济和文化生活的各个领域。关于项目的定义有很多种，美国项目管理学会（Project Management Institute，PMI）的 PMBOK（Project Management Body of Knowledge，项目管理知识体系）2017 年第 6 版将项目定义为"创造独特的产品、服务或成果而进行的临时性工作"。

项目具有一次性和独特性等特点。一次性是指项目有明确的开始时间和明确的结束时间，当项目目标已经实现，或因项目目标不能实现而终止时，就意味着项目的结束。项目的独特性是指要完成的某些工作是以前未曾做过的工作。

（二）项目采购

1. 项目采购的含义

项目采购与一般商品的购买不同，它包括通过自身努力以不同方式从外部获得货物、土建工程和服务的采购过程。

2. 项目采购的类型

根据采购形态、采购方式、采购人的不同，可以将项目采购分为不同的类型，见表 12-1。

3. 项目采购的业务范围

（1）确定所需采购货物、工程或服务的规模、种类、规格、性能、数量和合同等内容。

（2）分析调查供应市场的供需状况。

全球采购与供应管理

表 12-1 项目采购类型

分类标准	类型
采购形态	有形采购（工程采购、货物采购）、无形采购（服务采购）
采购方式	招标采购（国际竞争性招标、有限国际招标和国内竞争性招标）、非招标采购（询价采购、直接采购、自营工程等）
采购人	个人采购、家庭采购、企业采购、政府采购

（3）确定项目采购的方式。
（4）合理组织招标、评标、合同谈判及签订合同。
（5）对合同的实施过程进行监督。
（6）对合同中存在的问题采取必要的解决措施。
（7）支付合同款项。
（8）处理合同纠纷等。

二、项目采购管理

1. 项目采购管理的定义

PMBOK 将项目采购管理定义为：为达到项目范围而从执行组织外部获取货物和/或服务所需的过程。货物和/或服务即"产品"，"执行组织"即业主或业主的代表。

项目采购管理过程中，主要涉及四个主体的利益：项目业主/客户，项目实施组织（承包商或项目团队）；供应商、项目分包商；专家。

2. 项目采购管理过程

对于各式各样的项目采购，如工程项目采购、货物采购、咨询服务项目采购或 IT 项目采购，在采购程序上都有一定的相似性。根据 PMBOK 第 6 版，项目采购管理过程见表 12-2。

表 12-2 项目采购管理过程

项目	规划采购管理	实施采购	控制采购
输入	项目章程 商业文件 项目管理计划 项目文件 事业环境因素 组织过程资产	项目管理计划 项目文件 采购文档 卖方建议书 事业环境因素 组织过程资产	项目管理计划 项目文件 协议 采购文档 批准的变更请求 工作绩效数据 事业环境因素 组织过程资产
工具与技术	专家判断 数据收集 数据分析 供方选择分析 会议	专家判断 广告 投标人会议 数据分析 人际关系与团队技能	专家判断 赔偿管理 数据分析 检查 审计

第十二章 新型采购模式

（续）

项　目	规划采购管理	实施采购	控制采购
输出	采购管理计划 采购策略 招标文件 采购工作说明书 供方选择标准 自制或外购决策 独立成本估算 变更请求 项目文件更新 组织过程资产更新	投标人会议 协议 变更请求 项目管理计划更新 项目文件更新 组织过程资产更新	采购结束 工作绩效信息 采购文档更新 变更请求 项目管理计划更新 项目文件更新 组织过程资产更新

案例讨论：迪士尼的项目采购（线上电子资源12-1）

第二节　"互联网+"条件下的电子采购

一、"互联网+"基本概述

1．"互联网+"的概念

"互联网+"代表着一种新的经济形态，它指的是依托互联网信息技术实现互联网与传统产业的联合，以优化生产要素、更新业务体系、重构商业模式等途径来完成经济转型和升级。其目的在于充分发挥互联网的优势，将互联网与传统产业深入融合，以产业升级提升经济生产力，最终实现社会财富的增加。

国内"互联网+"理念的提出，最早可以追溯到2012年11月易观国际公司董事长兼首席执行官于扬在易观第五届移动互联网博览会上的发言。2015年3月，十二届全国人大三次会议上，全国人大代表马化腾提交了《关于以"互联网+"为驱动，推进我国经济社会创新发展的建议》的议案，表达了对经济社会创新的建议和看法。他呼吁，要持续以"互联网+"为驱动，鼓励产业创新、促进跨界融合、惠及社会民生，推动我国经济和社会的创新发展。2015年3月5日上午十二届全国人大三次会议上，李克强总理在《政府工作报告》中首次提出"互联网+"行动计划，推动移动互联网、云计算、大数据、物联网等与现代制造业的结合，促进电子商务、工业互联网和互联网金融健康发展，引导互联网企业拓展国际市场。

2．互联网+电子商务

电子商务是指通过以计算机为主要媒介的网络，进行产品和服务的买卖活动。买卖双方通过网络联系，具体的交易活动既可以在线上完成，也可以在线下完成。随着移动互联技术日益成熟，移动电子商务迅速发展。移动终端的本人性、位置性、及时性等特征，使人们可以随时随地、方便快捷地完成各种线上线下交易活动，进一步丰富了电子商务的功能和内涵。"互联网+电子商务"的崛起代表了一种新的经济形态，即充分发挥互联网在市场交易过程中资源要素配置的优化和集成作用,将互联网的创新成果深度融合于传统电子商务交易过程之中,提升传统电子商务的创新力和集聚力,形成更广泛的以互联网为基础设施和实现工具的经济发展新形态。而电子采购(E-Procurement)是电子商务(E-Business)在采购领域的应用,随着"互联网+电子商务"的发展,"互联网+"条件下的电子采购也会同步发展,本节主要以"互联网+"为背景,简要介绍电子采购的相关内容。

二、"互联网+"条件下的电子采购概述

互联网和计算机技术的飞跃发展,使许多商业流程从传统的手工方式变成了以计算机网络为基础的自动化流程。电子采购系统是伴随着互联网的兴起而发展起来的产物。电子采购是电子商务在采购领域的应用,它包括了 EDI 技术和 E-Bidding 流程等内容。

20 多年来,经济全球化使采购行业发生了巨大的变革。各种新概念、新思想、新理念和新方法涌现出来,如供应链管理、战略采购、采购外包、电子采购、电子竞价等。采购从传统的物流支持角色逐渐走到了令人注目的前台,地位较之前有了极大的提升,尤其是在采购成本占企业总成本 70%~80% 的电子机械制造与装配领域,采购成本的降低已成为企业新的利润源泉。

随着互联网和信息技术的突飞猛进,电子采购已成为一种有效的采购模式。它可以对企业的采购过程进行系统化与流程化管理,从根本上达到减少采购环节、提高工作效率和降低采购成本等目的。同时,电子采购还能帮助企业实现集中采购,全球 61% 的企业已开始筹划或考虑实施电子采购。雅马哈电子有限公司(苏州)通过实施电子采购,建立全球电子采购平台,建立了标准化的电子采购流程,整体效率得到了很大提高,大大简化了交易程序,缩短了采购周期,降低了采购过程成本,并为制订采购计划等决策提供了支持。表 12-3 清晰地显示了与传统采购相比实施电子采购的优势。

表 12-3 传统采购与电子采购的比较

采购类型 项目	传统采购	电子采购
支出	高	低
流程处理	手工	自动
处理费用	中	低
采购单周期	几天	几小时
错误率	中	低
订单状况	不可知	在线可得
数据	冗余	清晰可查

三、电子采购模式

电子采购突破了时间和空间的障碍,使采购部门可以足不出户就能完成采购任务。在国际上,不同的国家有不同的电子采购平台。例如,韩国的电子采购平台被选为联合国电子采购全球典型模式,其运作中的透明性和效率性得到业界的高度评价;英国中央政府的采购平台为采购商与供应商提供了自由交易的开放式服务平台;意大利的 Consip 电子采购平台提

第十二章 新型采购模式

供电子目录、网上拍卖、交易地带等不同方式实现买卖的功能。以此为基础，下文主要阐述综合型电子采购、垂直型电子采购和交易型电子采购三种模式。

1. 综合型电子采购

综合型电子采购是市场主要的运行模式，也称为水平型电子采购，是把各个行业中相近或相似的采购交易过程放在一个第三方网站平台上的采购模式。第三方网站平台上汇集了大量的交易信息，能够满足采购商的一般要求，但无法满足采购的个性化需求。综合型电子采购最大的特点是企业数量巨大，特别是中小型企业；其缺点是由于第三方采购平台上的信息数量巨大，采购方要花费大量时间去甄别信息，并且大量信息的可信度低。

目前，综合型电子采购模式运行最成功的企业之一是阿里巴巴公司（见图12-1），除此之外，慧聪网、环球资源网也具备一定的实力。该模式占据了电子采购市场的主要份额，因此，综合型电子采购模式是最为主要的运行模式。

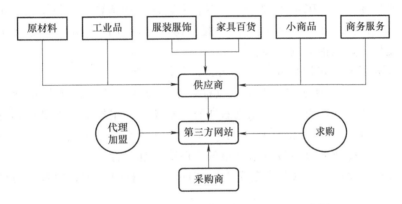

图 12-1 综合型电子采购模式（以阿里巴巴为例）

2. 垂直型电子采购

垂直型电子采购模式是另一种采购模式，它与综合型模式恰恰相反（见图12-2）。首先，综合型电子采购能为采购商提供大量市场信息，为采购商找到适合自己的交易类型提供平台；而垂直型电子采购是为采购商提供更为专业化的和个性化的采购服务，服务对象非常明确，针对性比较强，该服务更适合采购商的需求。其次，垂直型电子采购专注于某一行业，对该行业的上下游采购流程与业务有深入的了解。最后，综合型电子采购平台

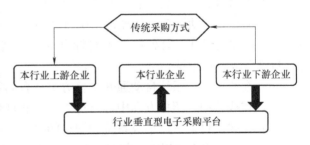

图 12-2 垂直型电子采购模式

是由第三方建立的；而垂直型电子采购平台由某一行业较强实力的企业或企业间战略联盟组建，能吸引的资金有限（只局限于某行业），市场开拓能力不足，难以实现平台的品牌优势，而且由于只涉及行业的上下游，产业链过短，往往会被传统的联系方式弱化其作用。

垂直型电子采购模式由于与综合型电子采购形成差异化竞争模式，因此在国内还是有比较广阔的发展前景和发展空间的。例如，医药行业的海虹医药网、以化工行业为主的中国化工网，都占有一定的市场份额。

3. 交易型电子采购

交易型电子采购与综合型电子采购有一定的相似之处，都是为供应商与采购商提供中介平台。但交易型电子采购模式是为供需双方沟通交流提供方便，其中沟通的内容包括产品信息、报价、库存信息、项目实施的标准、合作文件样本以及其他电子数据表格、图片等，功能类似于企业之间的 EDI，但在共享内容上比 EDI 更深入、更完善、更系统，因此供需双方的合作更紧密。例如，现今交易型电子采购的发展趋势是专有交易型电子采购模式，提供一对一的信息交流，甚至共享供应链流程（如库存管理、订单管理、生产计划）。一些企业利用专有交易型电子采购模式改善企业业务流程，建立电子采购交易平台。

四、实施电子采购方案

1. 电子招标采购流程

传统采购的步骤主要有确定采购方式、编制采购计划和预算、进行采购决策、编制采购任务实施方案、选择供货企业、签订合同、履行协议、检查合同执行情况、评价经济效益等。电子招标流程主要包括下列步骤：

（1）招标预告发布。可以发布招标预告，征集供应商。

（2）竞标。主要有两种方式：①竞价竞标。基本方式同"一口价"竞标，但投标方的报价一经提交就对外公开。投标人可以查看所有竞标单位的报价，并在截标前可以不断更改自己的报价，以获得有利的评标排位，形成类似于反向拍卖的竞争效果，获得更好的招标价格。②邀请招标。只邀请部分经过资格预审的供应商参加投标。

（3）在线投标。投标人可以在线提交投标文件，在截标时间内，投标人可以修改/补充/撤回投标文件。

（4）在线开标。在线开标有两种方式：①系统自动开标，即在规定的开标时间，系统自动完成开标，并将开标结果在网上公布；②人工开标，即投标书设有投标口令，开标时现场输入口令方能开标。

（5）在线评标。获得授权的评标专家经过身份认证后，可以在线阅读标书、提交评标意见；评标意见自动汇总，并经过系统自动判断，按照评标价最低原则形成评标结果和授标意见。或者项目经理汇总各位专家对标书的评标结果并提交系统，系统整体判断所有的投标，自动形成授标意见。

（6）在线授标。系统自动通知中标方进行合同签约。

（7）在线签约。招标方和中标方可以在线签订合同。

（8）在线支付。可以集成系统和银行的接口，进行在线付款或者移动支付。

此外，电子招标过程中还包含下列招标项目管理的内容：

（1）项目目录管理。可以建立三级目录，按照目录对项目进行分类管理，可以增加、删除或修改目录。但是，目前国际上电子采购产品目录标准很多，如产品分类标准有 UNSPSC、G2B（PPS）等，产品认定标准有 UCCR、EANB、GTIN（14）等。产品目录缺乏统一模板，在实际采购时如果不能完全满足采购的需要，就要进行更多研究。

（2）招标项目管理。包括招标项目计划录入和管理、业务安排和提醒、项目过程与进展跟踪。

（3）招标合同跟踪管理。跟踪招标项目签约合同执行的进展情况。

第十二章 新型采购模式

（4）评标专家管理。建立评标专家库，录入/维护评标专家信息；按照所选择的项目，设置评标专家通知、评标专家邮件列表、专家权威度管理等栏目。

电子招标流程如图12-3所示。

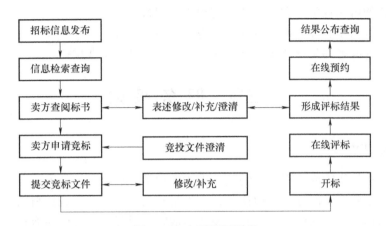

图12-3 电子招标流程

2. 电子招标采购的优越性

（1）引进更加有效的竞争机制，能够充分地进行价格比较和竞争，让真正有竞争力的供应商入围，并保护买家的利益。电子采购将大量买方和卖方聚集在一起，形成公平的市场交易价，供求双方必须在公平价格的基础上加强双方的业务联系，以保证双方共同的利益。为了降低生产成本，采购商会邀请供应商共同设计改造生产流程，开展多种形式的技术合作，帮助企业提高原材料和零部件的利用率，同时还会要求供应商在合适的时间、合适的地点，向采购商提供合适数量和质量的物资，使采购商做到零库存生产。电子采购使供需双方更好地形成利益共同体。

（2）有效缩短招标的周期，能进行短、平、快的招标采购。电子采购使得以前漫长而艰难的信息收集、认证、商务谈判、资金结算等工作流程大大简化，采购人员可以在很短的时间内得到比以前更广泛、更全面、更准确的采购资料，采购工作的效率必将大大提高。电子采购可使采购企业牢牢把握采购的主动权。

（3）增加招标的透明度，消除暗箱操作，实现阳光采购。在传统的采购活动中，交易透明度常常因为采购信息的不充分受到影响，有的交易是由人为原因造成的"暗箱操作"，不仅给企业造成损失，也使不少人犯了错误。电子采购对提高交易的透明度以及减少"暗箱操作"将起到重要的作用：①电子采购可提高供应商的透明度；②提高采购商品的透明度；③提高采购价格的透明度；④提高采购流程的透明度。

（4）保证采购质量，加强招标的自动化管理和统计分析。在电子采购中，采购商可以在很大范围内选择供应商，尽可能找到质量和价格较为理想的合作伙伴。通过电子采购，制造商只要直接登录零部件生产厂家的站点，选择所需要的零部件品种，再在网上或用其他支付方式支付一定数量的定金，当厂家确定订单后，即可为制造商安排货源，通过物流配送部门或设在制造商所在地的生产厂家的分支机构送货上门，即可使制造商采购到"正宗"的零部件，并且价格较为合理。

（5）供货商不需要亲临招标现场，坐在办公室中通过鼠标就可以轻松完成传统业务中的购买标书、标书澄清、递交投标书等繁杂的投标工作，适应电子商务的发展趋势。电子采购相对利用网络开展营销业务来说，投入少、难度小，而且见效十分明显，并且，通过实施电子采购对促进企业全方位实施电子商务有重要的意义。电子采购顺应了电子商务发展潮流，对提高企业的市场竞争力和经济效益有很大的促进作用。

补充知识：非电子招标采购实务（线上电子资源 12-2）

案例讨论：惠普内部耗材的集中电子采购（线上电子资源 12-3）

第三节 服务采购

一、服务采购的概念

服务采购是指除货物或工程以外的其他采购，包括专业服务、技术服务、维修、培训和劳务等。服务的主要组成部分是某项任务，而不是某项有形的商品或原材料，它是某种价值行为的表现，与销售商品的情形不一样，不会形成顾客对任何任务的所有权。

二、服务采购的特点

服务有别于一般的有形商品，因此，采购服务与采购商品相比，有很多异质性。服务采购的特点主要表现在以下几个方面：

1. 无存储性

从本质上来说，服务是不能存储的，许多服务不过是一种过程或者手段，供应商不可能提前预测到所需服务而先将其存储起来，用户也不能存储服务。这就需要将服务提供的时间、计划与采购方的要求保持一致。如果对服务的需求不确定或难以预知，就要求供应商有足够的资源和能力来满足客户的各种需求。

2. 偏外包性

有形的产品可以通过体积、材质、规格、密度等物理或化学方法进行衡量、测重、检验，从而确保产品符合双方或国家要求的规定。因此，采购有形产品时，企业是选择自制还是外包，都有一套明确的衡量方法。但服务通常很难进行测定，检验其质量的方法一般是通过"服务绩效"来衡量，同时，由于进入提供服务领域的成本和门槛较低，以及经济、环境等因素的复杂多变，企业进行服务采购时，更倾向于与外部组织签订外包合同。

3. 采购的复杂性

在实际采购中，有形产品和无形服务的采购是难以区分的，服务的价值行为表现不同于有形产品，但又依赖有形产品。例如，企业采购原材料或零部件时，不仅仅要考虑货物的供应，还要考虑运输、装卸搬运过程中的注意事项等无形因素；又如 IT 服务采购，也不只是服务的采购，也会涉及物资材料的采购。因此，服务采购比有形商品的采购更加复杂。

4. 易变性

产品能通过标准化的生产进行控制，从而确保其达到一定的标准水平，但服务是由人提供的，人是一个相对独立的个体，在不同时刻、不同地点会有不同的表现，在同一时刻、同一地点也会有不同的表现；另外，"服务绩效"评价的主体也是人（客户），客户自身的因

第十二章 新型采购模式

素（兴趣、爱好、价值观等）会直接影响服务的效果。因此，在提供服务方面，完全的一致性几乎不可能实现，标准化、趋向化和可重复性是服务采购的发展方向。

5. 供应与消费的同时性

有形商品从生产、流通到最终消费，往往需要经过一系列的中间环节，生产和消费之间存在一定的时间差，即先生产后消费。而服务的供应和消费是同时进行的，时间和地点是不可分离的，即服务开始消费也就开始，服务结束消费也就结束，并且服务的生产者和消费者会产生直接的联系，生产过程就是消费过程，服务采购的即时性决定了服务无法再销售，因此，许多服务只有服务供应者真正在场时才能获得。

6. 缺乏所有权

不同于有形商品的采购，服务采购不涉及所有权的转移。服务在交易完成之后立即消失，采购方并没有"真正"地拥有服务。例如，采购IT服务，采购方实际只拥有计算机的硬件和软件，但系统的调试、维护、升级、数据库的建立等核心服务并没有归采购方所有。

三、服务采购的主要类型

从政府采购层面，例如，中国《政府采购品目分类目录》将服务概括为信息技术服务、维修和保养服务、专业技术服务、工程咨询管理服务、房地产服务、交通运输和仓储服务、批发和零售服务等24类。

从企业采购层面，采购的服务主要有金融服务采购、IT服务采购、物流服务采购和人力资源（HR）服务采购等；还有许多企业采购一些服务类产品，如信息系统的建立、设备检修和维护、市场推广、财务审计等。

专业机构长期的在线调查结果显示，企业服务采购的三大类型是信息技术、运作和物流，见表12-4。其中，运作包括行政管理、客户服务、财务、人力资源、房地产和实物资产、销售和市场六大块；物流包括分销和运输两部分。

表12-4 服务采购的主要类型

类型		企业向供应商采购的服务	企业可能要采购的服务
信息技术		维护/修理、培训、应用开发、咨询和重构、上机数据中心	客户/服务器、网络、桌面系统、终端用户支持、全部IT资源
运作	行政管理	印刷和复印、收发室、咨询与培训	档案管理、行政管理信息系统、供应/存货、印数和复印
	客户服务	现场服务、现场服务派遣、客户热线支持	客户服务信息系统、现场服务派遣、客户热线支持
	财务	薪酬处理、交易处理	薪酬处理、税务事务
	人力资源	职位再安置、员工补贴、招聘和安置	咨询与培训、人力资源信息系统
	房地产和实物资产	食品和餐厅服务、设备维护、保安	设备管理、设备维护、设备信息系统
	销售和市场	邮寄广告、广告、电话推销	预订和销售运作、现场销售
物流	分销	货运审计、广告、电话推销	仓储、分销和物流信息系统
	运输	车队管理、车队运作、车队维护	车队管理、车队运作、车队维护

全球采购与供应管理

四、服务采购过程

(一) 确定采购需求

采购人员首先需要明确采购的一些基本问题,比如服务的必要性、服务中的关键因素、价格、服务质量、服务方式、服务质量的保证等。

(二) 供应方案分析

供应方案分析阶段包括服务来源选择、定价、自制还是外包决策。

1. 服务来源选择

一般服务的提供商或供应商的规模都较小,因此在选择服务单位时,要充分考虑供应商的服务特点。例如,在选择咨询顾问时需要考虑供方的声誉、经验、综合技能、有效性、个人素质和背景等因素。

2. 定价

服务的价格根据工作的性质或时间确定,既可以是固定的,也可以是浮动的。价格还可以通过招标方式竞争决定,当只有一家供应商时,谈判是确定价格较为普遍的方式;某些行业,可以总体费用的百分比为基础来获得报酬,如建筑工程师。

3. 自制还是外包决策

自制还是外包一直是服务采购的关键问题,目前的国际趋势是把原来由公司内部提供的服务外包出去,比较典型的例子是保安、餐饮、维修,还有法律咨询、软件开发、培训等其他专业化的服务项目。

(三) 采购协议签订

服务采购协议又被称为服务合同,是由客户和提供服务的供应商双方共同签订的,一般包括服务的金额、组织及过程。服务水平协议(Service Level Agreements,SLA)是采购协议的重要内容,一般包括服务的质量要求、应达到的客户满意度标准等。

合同的形式多样化,可长可短,既可以是规范化的,也可以是特定的文件。某些专业的服务提供商追求某些专业团体制定的规范合同,一般来说,这种团体有相应的制度来规范酬金的构成和特殊项目合同,采购方也较容易接受这种形式的合同,但由于服务的特殊性,各个组织都希望对特殊服务内容规定一定的特殊条款。例如,在建筑项目合同协议中的技术说明书中一般都包括通用条款和专用(特殊)条款。

合同的另一个重要内容就是付款方式。付款方式主要包括预付款、分期付款(常用于时间较长的服务合同)和定期付款(常用于建筑项目)。

(四) 服务合同管理

服务合同管理主要包括合同的执行、服务质量控制和供应商评价等。

1. 合同的执行

服务的使用部门对供应商的执行情况进行监督,从而确保自身的需求得到及时的反馈。

2. 服务质量控制和供应商评价

服务的无法存储性决定了服务的提供是即时的,必须在服务提供的同时进行质量的监督和控制,尽管服务质量的控制可以和提供服务的过程同时进行,但一般很难使服务质量中断,因此,与采购产品相比,服务质量控制的风险更高。一旦质量不合格,几乎不能全额退款。

第十二章 新型采购模式

可以通过以下方式减少质量风险：
（1）继续与合作过的供应商合作。
（2）拒绝与不良信誉的供应商进行合作。
（3）通过与自己有相似需求的企业进行合作对供应商的资质进行审查。
（4）和经常合作的供应商保持密切的联系，从而确保需求得到及时的满足。

对供应商的服务进行后评价也是非常重要的，可以为后续类似服务的需求提供决策支持，服务后的评价可以结合服务水平设定和回答问题的方式进行。例如，"是否对问题的解决感到满意？""将来是否还要聘请该供应商来处理类似问题？"

补充知识：采购外包实务（线上电子资源12-4）
案例讨论：耐克的外包采购（线上电子资源12-5）

第四节 非营利性组织采购

一、政府采购

（一）政府采购的含义

如何定义政府采购，学界有不同的观点。《中华人民共和国政府采购法》的定义是："政府采购，是指各级国家机关、事业单位和团体组织，使用财政性资金采购依法制定的集中采购目录以内的或者采购限额标准以上的货物、工程和服务的行为。"有的学者认为政府采购等同于政府的购买性支出，认为"政府采购是各级国家机关和实行预算管理的政党组织、社会团体、事业单位，使用财政性资金获取货物、工程或服务的行为"。还有学者将政府采购定义为受政府采购制度约束的政府购买行为，认为"政府采购，也称公共采购，是指各级政府及所属机构为了开展日常政务活动或为公众提供公共服务的需要，在财政的监督下，以法定的形式、方法和程序，对货物、工程或服务的购买"。

从以上的定义可以看出，学术界对政府采购的主体有比较一致的看法，认为政府采购的主体是公共机构，具体包括"各级国家机关、事业单位""团体组织""各级政府及其所属机构"；并且对政府采购的资金来源也无太大的分歧，大都认为政府采购资金的来源具有公共性，主要是"财政性资金"。

（二）政府采购的范围

由于国情不同，各国在采购范围上存在一定的差异，但总的来说，政府采购的范围可以从财政支出范围、空间范围、主体范围、资金范围、对象范围、集中程度等角度来考虑。

1. 政府采购的财政支出范围

政府的财政支出可以分为购买性支出和转移性支出两大类。转移性支出是各级政府间、政府与私人之间财政资金的转移，本级政府对该项资金没有消费和使用权，因此，在拨付时不应进行政府采购。购买性支出有一个共同的特点：政府一手交付资金，一手获得货物、工程和劳务，即在这一支出活动中政府如同其他经济主体一样从事等价交换活动。

在政府的购买性支出中，从办公设备、学校、公园等公共设施到飞机、导弹等的购买，甚至是公务员的工资都属于政府采购的范围。

（1）政府消费品的购买。政府消费品主要是指政府机关的日常公共用品和劳务服务，既包括一般办公用品、公共办公设备，也包括各种公共服务和劳务，如公用汽车及维修、会议接待和招待等。政府消费品的界定可以从以下几个方面考虑：一是看其是否为政府公共管理事务所需要，具有公共物品的性质；二是这些物品的购买和使用是不以营利为目的，不具有经营性；三是政府消费品在使用过程中应产生明显的社会效益。

（2）政府投资品的购买。凡是由政府提供的公共工程、公共基础设施，如水资源的开发和利用，能源、通信、交通等公共设施的提供，环境保护、安居工程等都应以政府采购的方式完成。

（3）公务员工资的发放。政府雇用公务员实际上也属于政府采购。从理论上来说，劳动力采购是政府采购中一项很重要的内容，工资是劳动力价值的表现。实际看来，政府在聘用公务员时是按照竞争上岗的原则确定的，这符合政府采购的竞争性原则，并且支付工资时也是以劳动力价值为依据的。

2. 政府采购的空间范围

政府采购制度规范的空间效力，只限于在本国国境内进行政府采购行为。以中国为例，发生在我国境内的政府采购，都必须遵守我国政府颁布的法律、法规，且政府采购的范围也仅限于我国境内。

3. 政府采购的主体范围

《中华人民共和国政府采购法》规定，政府采购的主体是指国家机关、事业单位、团体组织。国家机关是指各级党务机关、政府机关、人大机关、政协机关等；事业单位是指依法设立的履行公共事业发展职能的机构和单位，如学校、医院、科研机构等；团体组织是指依法设立的由财政供养的从事公共社会活动的组织，如企业联合会、行业协会、民主党派等。

另外，世界上某些国家和地区将公营企业，主要是带有公益性、垄断性的国有独资企业，如自来水公司、国家管理的电力公司等的采购纳入政府采购的范围之内。理由是公营企业的资产是政府投资形成的，且又具有公益性和垄断性，政府有责任提高其服务质量，降低社会公共服务的成本。

4. 政府采购的资金范围

采购资金的性质是确定采购行为是否属于政府采购制度规范范围的重要依据。在我国过去颁布的相关制度和政策中，一般将政府采购资金的性质界定为财政预算内资金和预算外资金，在《中华人民共和国政府采购法》中明确规定，政府采购资金为"财政性资金"。按照国家财政部的先行规定，财政性资金是指预算内资金、预算外资金以及与财政资金相配套的单位自筹资金的综合。而在国外，政府的采购资金范围只限于财政性预算内资金。

5. 政府采购的对象范围

为了能满足社会公共的需求，政府及相关组织单位需要进行各种各样的采购，所涉及的采购对象也是包罗万象，既包括有形产品的采购，也包括无形服务的采购。为了方便管理和统计，国际上通用的做法是将政府采购物资按其性质分为三大类：货物、工程和服务。

6. 政府采购的集中程度

《中华人民共和国政府采购法》明确规定，政府采购实行集中采购与分散采购相结合的方式，即对政府认为需集中采购的产品或服务及一次性采购数额较大的采购实行集中采购；对未列入采购目录，一次性采购数额在限额标准以下的采购，采用分散采购的方式。

对于政府采购集中和分散范围的处理，各国通常有以下两种方式：

第十二章　新型采购模式

（1）实行集中采购目录制，即由政府采购管理部门确定各部门、事业单位和团体组织采购的相关目录，如汽车、计算机、传真设备等。凡是纳入该项目的品目，不管采购金额多大，都必须实行集中统一采购，并且由政府采购监督管理部门统一组织、协调。

（2）实行政府采购限额标准制度。即规定政府各相关单位一次性采购的金额超过多少数额之上就必须实行统一集中采购。例如美国规定，凡采购金额在 2500 美元以下的，属于小额采购；2500~25000 美元之间的，实行询价采购；25000 美元以上的，实行公开竞争采购。

（三）政府采购方式

（1）按是否具备招标性质，可将采购方式分为招标采购和非招标采购。

采购金额是判定招标采购和非招标采购的重要标准之一。一般来讲，达到特定金额的采购项目，采用招标采购的方式；金额不足的采购项目，采用非招标采购。

1）招标采购方式。招标采购方式是通过招标的方式，邀请所有或一定范围的潜在供应商参加投标，采购主体根据事先确定并公布的标准，从所有投标单位中评选出中标供应商，并与之签订采购合同的一种采购方式。这种采购方式按照其公开的程度又分为竞争性招标（也叫作公开招标）和有限招标两大类。政府采购中推荐使用的招标方式是竞争性招标方式即公开招标方式。

2）非招标采购方式。非招标采购是指除了招标采购方式以外的采购方式。达到特定金额以上的采购项目一般要求采用招标采购方式，但在特定的情况下，招标采购并不可取。例如需要紧急采购或者采购来源单一时，需要采用招标采购以外的方式进行采购。非招标采购的方式很多，通常使用的主要有竞争性谈判采购、单一来源采购、询价采购等。

（2）按采购规模，可将采购方式分为小额采购、批量采购和大额采购。

1）小额采购。小额采购是指对单价不高、数量不大的零散货物的采购。具体的采购方式可以是询价，也可以直接到商店或工厂采购。

2）批量采购。批量采购即小额采购商品的集中采购，适用条件为：在招标限额以下的单一物品由个别单位购买，且数量不大，但政府部门单位经常需要；或单一物品价格不高，但数量大。具体采购方式可以是询价采购、招标采购或谈判采购。

3）大额采购。大额采购是单项采购金额达到一定标准的采购。适用的具体采购方式有招标采购、谈判采购等。

（3）按组织模式，可将采购方式分为集中采购和分散采购。

当把与采购相关的所有职能都交给一个采购首长控制的中央组织单位时，集中采购职能就产生了。相反，分散采购就是将采购职能分布在整个组织内，由各个部门分别实现政府采购职能。实际中，并没有 100% 的集中采购或分散采购，大多数的采购都是混合形式的采购。

从采购模式的发展历程来看，很多国家的采购模式都经历了从集中采购模式到半集中半分散模式的转化过程。例如，新加坡在 1995 年之前一直采用集中采购，由财政部中央采购处统一购买政府各部门所需的物品和服务，1995 年中央采购处关闭，除了少数物品考虑到经济效益依旧采用集中采购外，其他的则由各部门自行采购。

（4）按招标所经历的阶段，可将招标采购分为单阶段招标采购和两阶段招标采购。

单阶段招标采购就是一次性招标、让招标商提交价格标的的采购方式。两阶段招标采购

全球采购与供应管理

是一种特殊的招标采购方式,即对同一采购项目要进行两次招标:第一次招标是采购主体要求供应商提交不包括价格的技术标,目的是征求各家供应商对拟采购项目在技术、质量等方面的建议;第二次招标是采购主体根据第一次征求的建议修改招标文件,要求供应商按照修改后的招标文件提交最终的技术标和价格标。实际当中很少使用两阶段招标,只有对大型、复杂或升级换代快的货物(如大型计算机和通信系统等),以及特殊性质的土建工程才使用。

各国政府采购法为不同的采购环境制定了一系列的备选程序,对于在具体情况下使用何种采购方式都有较为明确的规定。选择的一般标准是采购方法的选择要最大限度地满足政府采购的基本目标和一般原则。国际政府采购规则中采用的采购方法见表12-5。

表12-5 国际政府采购规则中采用的采购方法

项 目	世界贸易组织的《政府采购协议》	欧盟的《政府采购指令》	联合国的《采购示范法》	世界银行的《采购指南》
竞争性招标	竞争性谈判	公开程序		国际竞争性招标
谈判	谈判	谈判程序	竞争性谈判	
两阶段招标			两阶段招标	两阶段招标
选择性招标	选择性招标	限制性程序	限制性招标	
询价采购			征求报价	询价
单一来源采购		相当于非竞争性谈判	单一来源采购	直接签订合同

二、非政府组织采购

(一)非政府组织的含义

非政府组织(Non-governmental Organization,NGO)是指政府以外的不以营利为目的并向社会提供公共物品和服务的部门。它主要致力于促进经济和社会发展的公益性活动,专门提供政府和企业不能、不愿或不能充分提供的公共服务。它的主要特征是组织性、民间性、非营利性、自治性、自愿性和公益性。

非政府组织从事的是社会公益事业,提供的是公共物品,涉及救灾、环境保护、社会救助、医疗、卫生、教育、文化等领域。非政府组织一词是在1945年6月签订的《联合国宪章》第七十一条正式使用的。该条款授权联合国经社理事会"为同那些与该理事会所管理的事务有关的非政府组织进行磋商做出适当安排"。1952年,联合国经社理事会在其决议中将非政府组织定义为"凡不是根据政府间协议建立的国际组织都可被看作非政府组织"。

补充知识:紧急救援物资采购的基本要求和风险(线上电子资源12-6)

(二)我国非政府组织参与政府购买的模式

随着我国经济发展中资本的不断流动,我国政府的职能也向事业单位、市场和非政府组织转移,因此非政府组织承接政府购买行为成为一种新的采购趋势。我国目前的非政府组织参与政府购买的模式主要有两种:竞争性购买和非竞争性购买。竞争性购买主要包括两种形式:一是公开招投标;二是建立在不同主体契约关系之上的购买程序和购买合同。非竞争性购买也包括两种模式:体制内吸模式及体制外非正式的按需购买模式。

第十二章 新型采购模式

1. 竞争性购买——江西模式

江西村级规划扶贫试点项目资金来自江西省1100万元人民币的财政扶贫资金，同时利用了亚洲开发银行资助的100万美元的技术救援资金，新加坡金鹰国际集团向中国扶贫基金会提供了近8万美元支持该项目的能力建设。该项目试点区包括江西省乐安县、兴国县和宁都县的6个乡镇中的26个重点贫困村，其中16个试点村由非政府组织主导实施扶贫项目，非政府组织是通过全国招投标遴选的。该项目委托中国扶贫基金会和澳大利亚咨询公司负责操作和评估（见图12-4）。

该项目主要满足以下五个原则：

（1）平等主体间契约原则。该项目框架设计的核心是政府与非政府组织之间的"契约关系"。

（2）公共服务供给的竞争性原则。在政府采购服务的过程中，政府、非政府组织及企业要在提供公共物品方面进行竞争，并且非政府组织之间、企业之间也会形成不同程度的竞争，从而提高政府的运作效率。

（3）参与的程序遵循公开透明的原则。具体体现在招投标的设计、执行及发布信息等方面。

（4）第三方监督原则。该试点项目设计的初衷是政府高层官员意识到扶贫工作的软肋，扶贫资源在体制内部封闭流动、运作和评价。这样就使得整个工作过程缺少外部参与、缺乏监督，很难解决民众贫困的根源问题，因此设计者认为向非政府组织开放扶贫资源，不仅可以转变政府职能，提高政府运作效率，而且可以让社会组织参与进来，对政府工作进行监督，从而实现较低成本下扶贫效果的最优化。

（5）公共利益为导向的共赢原则。公共组织参与的过程是基于各利益主体共赢的原则，这能够促进和实现公共服务的供给。

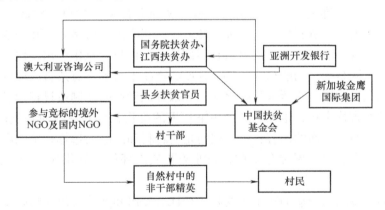

图12-4　江西购买扶贫服务项目试点参与主体关系图

2. 非竞争性购买

非竞争性购买意味着购买主体单位并不是通过招投标方式，而是通过指定、委托、协商等方式完成采购工作。指定、委托的对象可以是政府成立的非政府组织，也可以是真正民间意义上的非政府组织。

（1）体制内吸模式。体制内吸模式是指政府由于编制受限无法承担大量事务性工作的情况下，由政府出资建立社团或民办非企业单位，再由这些非政府组织行使政府转移的部分职能。在这种模式下，资金还是在政府体制内循环，人员通过社会进行招聘，非政府组织的项目是由政府"给"而非公开招投标。

政府大力支持这种模式的原因主要有两个：

1）参与这种购买服务的非政府组织是由政府主动成立的，其政治觉悟及合法性较高。

2）资金仍然在政府体制内运行，有助于政府控制和分配使用资金。

（2）体制外非正式的按需购买模式。与前两种模式相比较，该模式在运行模式上更加随意，购买的规模不是很大，而且购买双方对彼此有较深的了解及迫切需要合作。该模式主要有以下几个特点：

1）非政府组织参与政府购买服务需要在至少两个主体间按照契约缔结合同。但由于一些非政府组织并未获得合法身份，因此在一定程度上限制了其参与的可能性，即使能参与，也容易导致很多非政府组织的购买不符合政府规定的标准。

2）在购买过程中政府占据主导地位。

3）购买数额极小，一般在数千元到1万元之间；购买服务的种类多样，从购买服务的内容来看，目前政府多向国际非政府组织购买技术和能力培训等服务项目，向能力较强的民间组织购买社区服务等。

第五节　绿色采购

一、绿色采购的含义

绿色采购是指在原料采购过程中综合考虑环境因素，优先购买对环境负面影响较小或无危害的产品或服务，促进企业环境行为的改善，从而对社会的绿色消费起到推动和示范作用。绿色采购是绿色供应链管理源头的关键环节，其核心内容就是如何在采购环节融入环境要素，即只采购符合环境保护标准的材料和零部件，最终目标是生产出环保产品。

狭义的绿色采购是指采购的材料、零部件或者产品本身不含有危害人体健康的有害化学物质；广义的绿色采购还包括所采购的材料、零部件或者产品在制造过程中没有使用污染环境和危害人体的有害化学物，也没有产生污染环境的废物，没有造成对环境的污染。因此，绿色采购具体包括两个层面的内容：第一层面是对材料和产品的选择；第二层面是对供应商的选择。同时，为了有效开展绿色采购，企业需要从内部优化和供应商合作两个方面进行管理。

近年来国际财政结构变动的一个主要趋势是社会支出和环境支出在财政支出中所占的比重逐年增加，许多国家占50%~60%，甚至有国家高出70%。以"绿色采购"为例，欧美国家、日韩等发达国家都制定了相关的规定或法律，要求对通过环境认证的产品实施优先采购。我国在2008年北京夏季奥运会筹办过程中提出了"绿色奥运"的口号，我国政府的"绿色采购"占30%以上，2009年度政府采购金额达到5000亿元，其中的绿色采购至少达到1500亿元。为了使社会形态向资源节约型、环境友好型发展，激发市场配置资源的主导作用，推进绿色传播和可持续发展，指导企业尽快建立绿色供应链，落实绿色采购，商务部、环境保护部（现为生态环境部）、工业和信息化部于2014年12月22日联合制定了

《企业绿色采购指南（试行）》。

二、绿色采购管理的基本内容

如前所述，绿色采购主要包括对采购材料、产品的选择和对供应商的选择。

1. 绿色材料的采购

绿色材料主要包括以下几种类型：

（1）可更新材料。减少材料环境影响的一个重要方面就是尽量选择可更新材料。目前，越来越多的企业开始选择使用可更新能源，如采购风能、太阳能、潮汐能等发出的电和提供的热。

（2）低能源成分材料。在能源日益紧缺的今天，企业需要尽量选择低能源成分材料。高能源成分材料在挖掘和生产过程中需要消耗大量的能源，除非这些材料在产品的实际使用中能带来其他方面的正面环境特征，否则应该尽量避免选用这些材料。

（3）再生材料。再生材料是指以前在其他产品中使用过、又用于新的产品中的材料。尽量重复使用再生材料，可以减少原生材料的使用。

（4）可再循环的材料。可再循环材料是指可以循环利用的材料。对于企业来说，为了提高材料的可再循环性，生产产品时应尽量只选择一种材料或是可以兼容的材料，并且优先使用市场上现成已有的可再循环材料。

（5）高级材料与生物可降解材料。一些高级材料和生物可降解材料能够带来明显的环境收益。

2. 绿色产品的采购

绿色产品是指能满足用户使用要求，并在其整个生命周期中有利于保护生态环境、不产生环境污染或使污染最小化，同时有利于节约资源和能源的产品。

绿色产品应满足以下四个要求：

（1）满足用户的使用要求。这是产品被用户接受的前提。

（2）节约资源和能源。在满足特定的使用要求的前提下，绿色产品在整个生命周期内应尽可能少地消耗资源和能源。

（3）保护生态环境。绿色产品在整个生命周期内应对环境无影响或影响极小。

（4）绿色产品贯穿整个产品生命周期。即绿色产品的生命周期除涉及制造、使用外，还应包括废弃（或淘汰）产品的回收、重用及处理处置阶段，是对普通产品生命周期的扩展。

3. 选择绿色供应商

对原材料以及采购产品供应商的管理是绿色采购环节环境管理的重点。为了保证供应活动的绿色性，要对供应商、物流进行分析。选择供应商需要考虑的主要因素包括产品质量、价格、交货期、批量柔性、品种多样性和环境友好性等。也就是说，企业在选择绿色供应商时需要考虑以下问题：供应商所提供的材料在环保上是否有污染性？生产制造的过程是否清洁？运输过程是否节约能源？企业也可以根据不同供应商的绿色程度，对其进行区别管理。

在进行绿色采购的过程中，通过对供应商的有效评估，选择合适的供应商，并进行有效的供应商管理，最终建立稳定的供应链关系，是企业发展的必然趋势，也是企业同时获得环境效益和经济效益的重要保障。不仅可以使企业达到利润预期，还可以满足消费者和政府机构的环境期望，从而提高整个供应链的竞争力。采用绿色采购的企业可以通过选择和评估绿色供应商，与供应商建立战略合作伙伴关系，定期召开供应商会议，在获得较好的经济效益的基础上，提升供应链的环境效益。

三、绿色采购的管理过程

采购管理是指为了保障整个企业物资供应而对企业采购活动进行的管理活动，是整个物流活动的重要组成部分。采购管理过程包含了物流中的运输、仓储、包装等各个环节，而基于绿色物流的采购管理重点是企业内部各个部门协商决策，在采购行为中考虑环境因素，通过减少材料使用成本、末端处理成本，保护资源和提高企业声誉等方式提高企业绩效。

1. 绿色信息的收集和管理

采购不仅是商品空间的转移，也包括相关信息的收集、整理、储存和利用。信息的收集应该是采购的第一步，在绿色物流的大背景下，绿色信息收集和管理也是企业实施采购管理战略的依据。面对大量的绿色商机，企业应从市场需求出发，收集相关的绿色信息，并结合自身情况，采取相应措施，深入研究信息的真实性和可行性。绿色信息包括绿色消费信息、绿色科技信息、绿色资源和产品开发信息、绿色组织信息、绿色竞争信息、绿色市场规模信息等。绿色采购要求收集、整理、储存的都是各种绿色信息，并且要能结合采购管理的需要，筛选有利信息，排除无用信息，将信息及时运用到采购管理中，以促进采购管理的进一步绿色化。

2. 供应商的选择

供应商的选择是采购管理的一个重点，采购部门在收到企业内部采购请求并进行分析确定需求之后，就要进行选择供应商的工作。基于绿色物流的采购管理在供应商的选择上，除了要考虑传统的选择标准之外，更注重的是供应商提供的产品是否有环保认证，在采购过程中，采购人员更加注意原材料、产品的绿色化问题。采购部门通过加强与供应商的合作，减少采购难以处理或对生态系统有害的材料，提高材料的再循环率和再使用率，减少不必要的包装和更多使用可降解或可回收的包装等措施，控制材料和零部件的购买成本，降低末端环境治理成本，提高企业产品质量，获得权威认证的绿色产品，最终提高企业绩效。

3. 采购管理中的绿色运输

在确定了货物需求及供应商之后，就要进行相关的物流活动。企业采购管理中必不可少要涉及运输，传统的采购管理关注的重点是如何使运输费用最省，对于运输中的环保问题并不重视，基于绿色物流的采购管理更注重的是如何能够实行绿色运输，控制运输环节的污染，大幅度地减少对环境的污染。绿色运输指的是以节约能源、减少废气排放为特征的运输，绿色运输是基于绿色物流的采购管理的一项重要内容。根据运输环节对环境影响的特点，运输绿色化的关键原则就是降低行驶总里程。围绕这一原则的绿色运输途径主要有发展多式联运和共同配送、建立信息网络、选择环保型的运输工具等。

4. 采购管理中的绿色包装

包装在整个物流活动中具有特殊的地位，它既是生产的终点，又是物流的起点，包装将直接影响到物流系统中的装卸、搬运、存储、运输等各个基本功能实现的效率和质量，关系到整个物流的服务水平、经济效益和社会效益。采购管理活动也与包装密切相关，采购管理活动中涉及的运输、仓储、装卸搬运等环节都离不开包装，绿色包装会直接影响采购过程。

5. 采购管理中的绿色仓储

仓储是物流活动的重要构成要素，在物流活动中发挥着重要作用。企业在采购管理活动中不可避免地也会涉及仓储活动，货物购买回来到使用中间有一个时间差，而这个时间差就要依靠仓储活动来调节。仓储活动本身对周围环境也会产生重大影响。绿色仓储是在仓储环节为减低储存货物对周围环境的污染及人员的辐射侵蚀，同时避免物品在储存过程中的损耗而采取的科学合理的仓储策略体系。

6. 采购管理中的货物接收及生产环节的绿色化

通过运输、储存等物流活动之后，货物就进入交接验收阶段。在这个阶段，交接人员要认真进行货物接收工作，除了要核对货物的规格型号数量外，更重要的是要严格审查货物是否具备采购时所要求的绿色环保资质，是否属于绿色环保产品。货物经过检验之后，采购者将采购的物品投入使用，生产过程中会产生废弃物，包括废品和副品，这些物品如果可以利用的要合理进行再循环，若是出于技术上或经济上的原因无法再利用的，则要进行合理的销毁。

补充知识：日本的《绿色采购法》（线上电子资源12-7）

案例讨论：松下中国应对绿色采购的挑战（线上电子资源12-8）

案例讨论：佳能的绿色采购（线上电子资源12-9）

案例讨论：百安居，成功源于高效物流管理（线上电子资源12-10）

第六节 跨境电商采购

一、跨境电子商务的概述

跨境电子商务简称跨境电商，是指分属不同关境的交易主体，通过电子商务平台达成交易、进行支付结算，并通过跨境物流送达商品、完成交易的一种国际商业活动。

从业务模式角度可以将跨境电商分为跨境零售（B2C、C2C）及跨境一般贸易（B2B）。从货物的流向看，跨境电商可分为跨境出口和跨境进口。而主要的跨境进口模式有"直购进口"模式和"保税进口"模式。"直购进口"模式是指符合条件的电商平台与海关联网，境内消费者跨境网购后，电子订单、支付凭证、电子运单等由企业实时传输给海关，商品通过海关跨境电商专门监管场所入境；"保税进口"模式则是指国外商品整批抵达国内海关监管场所——保税港区，消费者下单后，商品从保税区直接发出，在海关等监管部门的监管下实现快速缴费通关，在几天之内配送到消费者手中。

跨境电商与传统国际贸易相比，受到地理范围的限制较少、受各国贸易保护措施影响较小、交易环节涉及中间商少，因而价格较低、利润率高。但同时也存在明显的通关、结汇和退税障碍，以及贸易争端处理不完善等劣势。归纳来看，跨境电商呈现出传统国际贸易所不具备的五大新特征：多边化、小批量、高频度、透明化、数字化。

二、跨境电商采购的特殊性、流程和形式

（一）跨境电商采购的特殊性

与一般企业相比，跨境电商企业采购更具有特殊性，对采购环节的管理也更具挑战性。

全球采购与供应管理

其采购的特殊性主要表现在以下几个方面：

（1）跨境电商的产品具有更新换代快的特点，产品生命周期短、需求波动性较大，从而决定了跨境电商企业的采购需要采取小批量、多批次的策略，但这种策略会导致采购成本的增加。

（2）由于很多跨境电商企业的仓储和销售都是在国外，因此采购与销售地域上的分离导致了采购产品的提前期延长，并且需求预测的难度增加，这对跨境电商企业的反应速度和运输能力提出了更大的挑战。

（3）跨境电商企业面临诸如汇率风险、政策风险、结算风险、运输风险等。

（二）跨境电商采购的一般流程

企业的采购并不只是单纯的产品买卖，而是供应链上的一部分，跨境电商企业也不例外，因此，对采购的认识应当从供应链的角度出发，由最初收集供应商信息开始，到最终的采购结果反馈。完整的采购流程需要采购企业、供应商及供应链上相关企业共同参与，以供应链整体利润最大化为目标，对采购环节不断优化。图 12-5 给出了跨境电商采购的一般流程。企业在制定采购决策时，应充分考虑影响采购总成本的关键因素有哪些，并对这些因素着重调整。

图 12-5　跨境电商采购的一般流程

首先，供应商的评估和选择是企业通过对各个供应商绩效评价后选出合适供应商的过程。对供应商进行评估时不仅要考虑产品的售价，还要综合考虑订单完成时间、产品质量、运输时间及合作程度等。设计定制指的是使供应商参与到产品设计环节中，与供应商在产品设计上达成协同可以有效降低产品成本，也可以使产品的供应更加及时有效，从而进一步增加供应链的盈余。采购环节主要是对不同的采购物品采取不同的采购方法，以更低的成本获得所需产品。最后对采购结果进行简单评价，汇总各供应商在采购流程中的表现，并将结果反馈到企业数据库当中，方便对供应商的管理，减少采购的风险。

对跨境电商企业而言，很少有企业通过整合上下游供应链进行独立生产。外购材料或零部件占据了企业销货成本的很大部分，因此，跨境电商企业面临的成本压力越来越大，最大幅度地降低销货成本有利于提高跨境电商企业的竞争力，而通过优质的采购决策可以帮助企业减少生产成本，扩大竞争优势。具体来说，企业可以从以下几个方面获得有效采购决策带来的好处：①企业通过集中大量订单，实现采购规模经济效益，从而降低采购成本，特别是对单位价值低且采购量较大的产品更加有效；②对单位成本较高的零部件，通过与供应商的设计协同，可以更加快速有效地生产出所需产品，从而降低总成本；③通过与供应商的协作，信息得到更好的交互共享，从而降低库存水平；④通过拍卖与合同设计，供应商与企业自身的目标会更加趋于一致，从而降低信息扭曲与目标不一致造成成本增加的状况。

（三）跨境电商采购的形式

1. 自主采购

跨境电商在自主采购时，首先需要在众多的品牌中选择合适的产品进行采购。因为许多

第十二章 新型采购模式

跨境电商不具备获得国际大牌授权的能力,因此选品非常重要,既要考虑非国际知名的品牌,又要保证一定的市场发展潜力。跨境电商选品的策略主要包括选择在国内有较大规模的品类、在国外有一定知名度的品牌以及与国内产品差异化较大的产品。

根据企业规模和采购产品的特性,企业会选择不同的平台来完成采购流程。例如像德国大众这样的大型制造商,因为它们拥有大量稳定的订单,因此独立进行零部件的采购也能获得规模优势。对于规模较小的企业,它们一般会借助第三方平台进行采购,国内的 B2B 平台主要有阿里巴巴、慧聪网和中国制造网等,这种专业的第三方平台能够提供专门的服务,减少供应商和采购企业间信息不对称的现象,从而降低采购成本,提高采购效率。

2. 外包采购

没有独立完成采购决策的企业往往会将采购任务外包给专业的第三方供应服务商来完成。企业的外包采购可以分为在岸外包和离岸外包。在岸外包是指外包商与外包供应商来自同一个国家,因此外包工作是在国内完成的。例如,我国企业如果在国内选择外包供应商,就属于在岸外包;相反,离岸外包是指外包商与外包供应商来自不同的国家,外包工作需要跨国才能完成。

主流的第三方供应链服务平台主要有怡亚通、易链。以怡亚通为例,该公司在全球拥有 9 家分公司、18 家子公司,并在我国各大中城市设有物流分拨中心和物流节点,建立了遍布我国主要经济区域的全方位的保税物流平台,并且积极开拓海外市场,形成了覆盖全国、辐射全球的供应链服务网络。其供应链服务可以分为生产型供应链服务、流通消费型供应链服务、全球采购与产品整合供应链服务及供应链金融服务四类,并以此为核心建立起全球整合型供应链服务平台。

3. B2B 在线采购

B2B(Business to Business)在线采购是一种依靠网络平台实现商家对商家的电子交易方式。与线下采购相比,B2B 采购已经成为跨境电商企业采购的首选。在美国的跨境电商企业中,有 70% 的企业已经使用了在线采购方式,而在我国只有 20% 的企业在使用,不过随着在线采购模式的发展,我国电商企业也将逐步加入到在线采购的行列。

与传统采购方式相比,B2B 在线采购具有以下优势:

(1)缩短采购时间。企业通过线下采购时,寻找供应商的过程费时费力,然而通过在线采购平台的优化整合,采购企业可以轻松地找到合适的供应商,并通过网上下单的方式实现采购。这不仅减少了寻找供应商的时间,而且也减少了订单下达的时间,大大缩短了采购的流程和时间。

(2)降低采购成本。在线采购与传统采购方式相比,其优势在于将大部分的供应商整合在一起通过电子商务的方式完成订单,这使得采购企业可以大幅度减小其时间成本和采购确认成本;同时,网上采购采取竞价的方式,采购企业可清楚地了解各供应商的报价,从而选择成本最低的供应商进行合作;另外,传统采购企业只有在较大采购批量时才能获得规模经济和数量折扣,然而,通过网上采购,多个小采购可以同时对一件商品进行采购以达到规模数量(即长尾效应),从而降低了企业的采购成本。

(3)采购公平的提升。采购平台使得多家供应商汇集在一起,采购方可以很清楚地看到各供应商的供货周期、质量和评价,减少了信息不对称所带来的风险。

全球采购与供应管理

[本章案例讨论] 京东的跨境电商采购

海外代购澳大利亚进口羊毛或许以后更省心了,2017年11月16日、17日,京东全球相继签约澳大利亚知名羊绒制品公司 Wool Products Australia Pty Ltd(以下简称 WPA)、澳大利亚高端家居品牌 EcoTouch。这也将意味着购买澳大利亚进口羊毛产品即可通过品牌直供和品牌原产地直供。京东方面告诉记者,借助商品原产地直采的方式能够确保国外商品的源头可追溯性,京东提供全程溯源,供应链每个环节都可以实时把控。

电商平台建立全流程追溯供应链体系最大的好处就是打破了产品源头不可控的痼疾,这也是平台对产品管控、消费者对产品建立信任的一个有效途径。

京东全球购与澳大利亚 WPA 签署入驻协议,次日又与澳大利亚高端家居品牌 EcoTouch 签约。这也是澳大利亚本土羊毛制品品牌首次通过电商渠道进入中国市场。

EcoTouch 最终选择与京东全球购达成合作,除了看中京东是中国领先的零售商,其领先的物流体系和大数据能力也是能吸引 EcoTouch 入驻的关键因素。京东方面告诉记者,京东大数据对于消费用户的精准画像和推广,都将为 EcoTouch 未来在中国的销售起到积极推动作用。EcoTouch 总经理 Greg Witney 表示,目前中国消费者对羊毛绒类商品的品质和价值认识还有很大提升空间,要在短时间内完成对市场的培育,渠道的选择至关重要。

记者了解到,目前所有的澳大利亚羊绒产品都可以通过澳大利亚的 S2S 技术实现羊绒产品的农场追溯;此外,京东未来也将借助其区块链技术实现羊绒产品的原产地追溯。因此,京东实现了其供应链的完全透明化。

所谓"溯源项目",即京东深入品牌方"腹地",进一步通过直播等形式向消费者展现产品背后的原料、生产制作故事。《21世纪经济报道》记者了解到,这一次的溯源项目并非首次,京东此前已操作了四五个类似项目。"这些项目主要分布在澳大利亚、欧洲和北美等地,涉及婴儿奶粉、食品、家居家纺等不同品类。"

"我们之所以操作溯源项目,是因为我们发现,即便是'澳大利亚制造',但质量也是参差不齐的",京东全球购副总经理黎开思告诉《21世纪经济报道》记者,"通常而言,京东全球购首先会挑选单个品类内行业口碑最好的前三家品牌商,包括在当地的名声、知名度及认可度等,然后,我们会实地考察并进行行业资质的审核。通过之后,品牌商才能够在京东入驻。"

对于品牌商而言,京东的价值不仅体现为中国影响力极高的 B2C(Business to Customer)电商平台,还包括大数据、物流等一系列支持。据黎开思透露,京东已经在澳大利亚设有仓库,以帮助品牌商解决国际供应链问题。同时,通过京东大数据,品牌商可以详细制定个性化切入中国市场的方式。而这些恰好是国际品牌通过电商平台打入中国市场的痛点所在。2017年12月14日,沃尔玛、京东、IBM、清华大学电子商务交易技术国家工程实验室共同宣布成立中国首个安全食品区块链溯源联盟,旨在通过区块链技术进一步加强食品追踪、可追溯性和安全性的合作,提升中国食品供应链的透明度,为保障消费者的食品安全迈出了坚实的一步。

"京东全球购正在参与整个链条,这个过程虽然复杂,但对于京东而言,也是优势所在,"黎开思向《21世纪经济报道》记者表示,"许多环节都由我们自己的员工把控,这样

第十二章 新型采购模式

就能够了解整个链条的运转情况，可以在预防假货问题的同时，更多地赋能我们的合作方。"

（资料来源：搜狐网 2017 年 12 月 19 日 07：00 报道）

讨论：

1. 讨论京东签约澳大利亚 WPA 与 EcoTouch 公司实现品牌直供和品牌原产地直供的目的。
2. 什么是全程溯源项目？请谈谈其对京东企业境外采购的意义。
3. 试讨论日益增长的电商海外购，会对制造企业的全球采购带来哪些利弊。

◇ 【本章小结】

本章主要介绍了六种新型采购模式，分别概括了各种采购模式的含义、发展状况、特点等，这些采购模式或在企业发展中被使用，或在政府提供社会公共服务中使用，因此，了解各种采购模式的内容非常重要；另外，这些采购模式作为全球采购管理的重要组成部分，也受到越来越多的关注。

◇ 【本章思考题】

1. 本章介绍了非政府组织在进行紧急救援物资采购时面临的风险，请分组讨论非政府组织采购其他物资或服务时将面临哪些风险？
2. 政府与非政府组织如何协作才能更好地完成公共物品和服务的采购工作？
3. "互联网+"条件下的电子采购与跨境电商采购有什么区别和联系？
4. 举例分析中国企业全球采购对中国经济发展的益处。
5. 比较服务采购与非生产性采购的异同。

第十三章　全球采购职业道德规范和商业伦理

◇【学习目标】

通过本章的学习,学生能够了解采购职业道德规范的内容,商业伦理问题的识别和决策;理解政府采购、企业采购、网络采购中的商业伦理。

◇【教学重点难点】

1. 商业伦理
2. 政府采购商业伦理的必要性和重要性
3. 企业采购伦理分析
4. 网络采购的伦理构建

第一节　全球采购职业道德规范

一、道德与职业道德

1. 道德的含义

道德是指以善恶为标准,通过社会舆论、内心信念和传统习惯来评价人的行为,调整人与人之间以及个人与社会之间相互关系的行动规范的总和。道德作用的发挥有待于道德功能的全面实施。道德具有调节、认识、教育、导向等功能。

2. 职业道德的概念

职业道德是指同人们的职业活动紧密联系的符合职业特点所要求的道德准则、道德情操与道德品质的总和。它既是对本职人员在职业活动中行为的要求,同时又是职业对社会所负的道德责任与义务。它是社会上占主导地位的道德或阶级道德在职业生活中的具体体现,是人们在履行本职工作中所遵循的行为准则和规范的总和。我国《公民道德建设实施纲要》提出了职业道德的主要内容是:爱岗敬业;诚实守信;办事公道;服务群众;奉献社会。

3. 职业道德的作用

(1) 调节职业交往中从业人员内部以及从业人员与服务对象间的关系。职业道德的基本职能是调节职能。它一方面可以调节从业人员内部的关系,即运用职业道德规范约束职业内部人员的行为,促进职业内部人员的团结与合作。例如,职业道德规范要求各行各业的从业人员,都要团结、互助、爱岗、敬业、齐心协力地为发展本行业、本职业服务。另一方面,职业道德又可以调节从业人员和服务对象之间的关系。例如,职业道德规定了制造产品的工人要怎样对用户负责;营销人员怎样对顾客负责;医生怎样对病人负责;教师怎样对学生负责等。

第十三章 全球采购职业道德规范和商业伦理

（2）有助于维护和提高本行业的信誉。一个行业、一个企业的信誉，也就是它们的形象、信用和声誉，是指企业及其产品与服务在社会公众中的信任程度。提高企业的信誉主要靠产品的质量和服务质量，而从业人员职业道德水平高是产品质量和服务质量的有效保证。若从业人员职业道德水平不高，很难生产出优质的产品和提供优质的服务。

（3）促进本行业的发展。行业、企业的发展有赖于高的经济效益，而高的经济效益源于高的员工素质。员工素质主要包含知识、能力、责任心三个方面，其中责任心是最重要的。而职业道德水平高的从业人员其责任心是极强的，因此，职业道德能促进本行业的发展。

（4）有助于提高全社会的道德水平。职业道德是整个社会道德的主要内容。职业道德一方面涉及每个从业者如何对待职业，如何对待工作，同时也是一个从业人员的生活态度、价值观念的表现；是一个人的道德意识、道德行为发展的成熟阶段，具有较强的稳定性和连续性。另一方面，职业道德也是一个职业集体，甚至一个行业全体人员的行为表现，如果每个行业、每个职业集体都具备优良的道德，那么这将对整个社会道德水平的提高发挥重要作用。

二、采购职业道德规范

影响采购人员绩效最重要的就是与供应商的关系。各国企业的采购职业道德规范不一样，影响着采购人员的行为。例如，美国供应管理协会要求采购人员尽忠职守，一切以公司利益为先，对供应商则要求以礼相待，避免采用欺压的手段。

中国企业受传统道德思想的影响，强调以诚信为准则规范，公司管理规则禁止采购人员接受供应商的招待，并要求采购人员保守业务秘密信息等。不过，将采购人员的行为进行标准规划管控后，有时工作会失去一定的弹性。因此，最好由采购人员自身达成采购伦理道德的共识。此外，我国大多数企业在采购过程中都存在着不同程度的采购伦理道德问题以及具体行为，特别是与供应商的交往中牵扯许多不合规的行为，主要是由于采购业务漏洞难以一一封堵。所以，建立良好的采购职业道德规范、营造良好的采购伦理环境、健全采购防范治理机制，是采购管理规范化和有效防止败坏职业道德行为发生的重要保证。

（一）采购过程中的不合规行为

1. 采购初期合同形成阶段

这个阶段是采购的前期准备阶段，包括确定采购需求、评估采购可能的风险、选择供应商、供应商资质认证、协商谈判、签订采购合同等环节。以招标采购为例，在此阶段收受供应商贿赂的采购人员可能会有以下违反职业道德的行为：

（1）在选择供应商环节中，通过宣布采购处于紧急状态来避免采取公开招投标采购形式。由于相关程序规定，当采购任务处于无法预见的紧急情况下，或在已经存在的合同基础上产生了另外需求的情况下，或只有一个具有能力的供应商的时候，允许采用直接谈判的方式来开展采购工作。于是，腐败的采购人员往往会利用该规定，采取各种可能的手段来躲避公开招投标的采购形式。例如，将本应集中采购的项目进行拆分来规避集中采购；限制采购信息的披露或者故意延后发布采购招标信息等，以此创造条件，采用直接谈判的采购方式将采购合同授予那些与他们有利益关系的供应商。

（2）在供应商资格认证环节中，通过制定特殊的标准来限制供应商竞标。供应商资格

全球采购与供应管理

认证是采购部门在正式招标前对供应商资格和能力的预先审查，以缩小供应商的范围，避免不合格的供应商做无谓的投标，从而保证投标者更好地履行合同。然而，有些采购人员在资格审查中通过建立不合适或不必要的审查条件或设定一些特殊的要求来限制其他供应商参与竞标，从而帮助与自己有利益关系的供应商顺利通过审查。

（3）发布采购信息时，通过限制信息的发布来缩小竞争范围。为了避免竞争，采购人员可能不进行信息披露或将信息发布在一个覆盖范围较小的信息源上，从而使得只有部分供应商得到第一手信息，进而限制其他供应商获得相关信息。

（4）在投标过程中，通过泄露标底来帮助供应商竞标。为了使与自身有利益关系的供应商中标并同时保持一个合适的价格，采购人员可能会将其他供应商的竞标价格信息透露给相关供应商，以帮助其报出一个更低的价位。由于这种腐败行为的隐蔽性较强，较难被察觉。

（5）在评标过程中，可以通过设置特定的评标标准来限制供应商中标。由于评标的过程会掺杂许多主观成分，因此，采购人员可能会在这一环节利用评标的主观性来制定一种特殊的标准，使与他们有利益关系的供应商中标。

以上是竞标还算透明的采购中可能会发生的问题。至于其他采购方式，如竞争性谈判采购等，暗箱操作的可能性更大。诸如用索取回扣、过分的付款条件、不合理的优惠等苛刻要求来为难供应商等，都是不道德的采购人员的惯用伎俩。

对供应商而言，采购初期合同形成阶段是其完成销售的关键阶段，决定了供应商能否在此次采购项目中中标。因此，供应商在此阶段可能会通过私下贿赂或其他激励手段来买通或鼓励采购人员在采购过程中实施以上舞弊行为。

2. 采购后期合同履行阶段

采购后期合同履行阶段包括履行采购合同、合同的中/终期验收、结算、绩效评估四个环节。如果采购前期供应商因行贿或提供不切实际的低价格竞标而获得这一合同，那么他们在这一阶段可能会通过以下舞弊行为来弥补初期的开支或损失。例如，通过偷工减料来降低成本，甚至通过用劣质材料生产来获取高额利润；通过贿赂验货人员，使其进行不正确的评估或伪造质量合格证书，来躲过交货验货时的审查；通过向采购人员行贿，使其修改合同，以提高供应商的利润。

另外，不道德的采购人员也可能通过以下舞弊行为来回应供应商的行贿，主要表现为不去执行原定的质量、数量及其他相应的审查标准，同时向供应商要求其他个人利益，如礼品、私人旅行、子女教育问题等。

（1）接受供应商贿赂。这是目前存在的最普遍的不道德行为。由于负责采购的人员可以决定企业大量资金的去向，并且在选择供应商时具有很大的影响力，因此，许多供应商为了获得订单，会通过向采购人员赠送礼物、提供好处等方式来提高夺标的成功率。而采购人员在接受了供应商的礼物后，往往会根据礼物的价值对供应商做出判断和选择。

（2）不正当手段。通过隐瞒相关信息误导或欺骗供应商，以较低的价格签订合同。例如，为了把一个合格供应商的价格压低，要求不合格的供应商提交更低的报价；或者要求合格供应商给出大批量订货的报价，而在实施中却以这个较低的价格订购了较少的货等。

（3）利用个人关系。有些采购人员会因为自己、家庭或朋友与某个供应商的私人关系而将订单交给这个供应商。为了防止这种行为的发生，许多企业在选拔采购人员时就要求每

第十三章　全球采购职业道德规范和商业伦理

位员工详细列明自己在其他公司的投资情况，并禁止采购人员将采购订单交给与自己经济利益密切相关的公司。

（二）采购职业道德规范的维护

与其他职能部门的人员相比，采购人员更容易受到不合规行为的影响，致使职业道德规范无法直接约束采购人员的行为。若采购人员自身又忽视职业道德规范的存在，则必将造成严重的影响。同时，采购人员是企业与供应商打交道时的代表，所以，良好的道德品行对与供应商建立长期合作关系和维护商业信誉是十分重要的。

若采购人员的道德素质不高，利用职务之便从中渔利，可能会给企业带来严重损失。所以，应该从以下几点出发来提高采购人员的专业素质：

1. 加强激励管理并避免"灰色地带"的存在

建立监控体系和激励机制，使采购团队在面对大量现金流的环境中摆正自己与企业的关系，真正做到"爱其职，尽其力，忠其事，图其久"；同时，通过物质上的奖励激发采购人员的工作热情。在激励制度中，对于正确的高效的采购行为，要进行精神上和物质上的激励；对于以公徇私、中饱私囊之类的行为，要严厉惩罚，实行"零容忍"，一旦查有实据，即予以辞退或交有关部门依法处理。

2. 严格选择采购人员并实施轮岗制

坚持素质标准是提高采购工作效率的最佳途径。在人员选择时就要注意选择各方面都优秀的采购人员，这对维持整个采购团队的高素质有着相当大的作用。有些跨国公司会自己或者委托第三方机构对即将录用的采购人员就其在大学以及以前工作单位的表现做尽职调查，严格选择采购人员。因为一旦让一些低水平、素质差或有不良记录的人员"混"进采购团队，就很难通过培训或企业文化去改变他们。同时，对一些不能继续胜任采购岗位要求，或者是利用职务违法乱纪的在职采购人员，必须及时依法将其清理出采购队伍，否则会给公司带来巨大损失。

同时，企业还需要建立采购人员的轮岗机制。一般每年要对普通采购人员进行一次内部轮岗调整，而采购主管可以在相关部门之间轮岗，让整个采购部门风险可控，避免恶性事件的发生。采购人员轮岗有以下几点好处：

（1）销售人员如果知道采购人员要经常轮换，就不会与之建立长期关系，付出回扣的可能性也会大大降低。

（2）采购人员经常轮岗，就不容易与供应商建立密切的关系。

（3）对采购人员进行轮换并总结考核，使得采购人员拿回扣会面临更大的风险。

轮岗并非可随意操作的，要想使轮岗顺利开展，还必须避免一些不利因素，如减少人员变动可能给企业的供应资源或商业机密带来的风险。

3. 提高采购人员技能并加强培训

一方面，需要促进采购人员更新知识、提高技能，以适应现代化、全球化的业务发展；另一方面，也需要对供应商进行培训，将企业文化、采购运作方式等渗透到供应商管理中，使供应商了解采购商的运作，减少对采购人员的诱惑。

有关采购人员的职业道德规范培训可以概括为以下几点：

（1）了解职业道德的范围及其可行性。要让采购人员了解违反职业道德行为的后果和惩罚；对发现其他同事或上级有违背采购伦理和职业道德的行为，应采取怎样的行动。

(2) 有关采购人员在节日或其他时间接受款待或礼品的规定。三种最常用的规定是：

1) 禁止采购人员接受任何贵重的礼品，已收到的礼品必须退回。

2) 采购人员可以留下那些明显是广告性质的礼品，如年历、月历、台历、日记本、笔等。

3) 采购人员被允许自行判定，为盛情款待而赠送的礼品是对真诚商务关系的肯定和感谢，还是一种商业贿赂的企图。

(3) 遵守国家与采购相关的法律法规，遵守所在企业的规章制度，保持对企业的忠诚。

(4) 在不违反国家法规和政府条例的前提下，以与道德准则相符的精神达成采购目标。

(5) 公平、公正。在考虑全局的基础上，不带个人偏见，从提供最佳价值的供应商处采购。

(6) 坚持以诚信作为工作和行为的基础，谴责任何形式的不道德商业行为和做法。

(7) 规避一切可能危害商业交易公平性的利益冲突。

(8) 诚实地对待供应商和潜在供应商，以及其他与企业有生意往来的对象。

第二节 商业伦理概述

一、利益相关者

商业涉及很多人群之间的各种经济关系。这些人群被称作"利益相关者"（Stakeholder），其中包括顾客、员工、股东、供应商、竞争对手、政府以及团体等。当今的管理者必须考虑到企业所有的这些利益相关者，而不仅仅只是企业的股东。历史上，这些利益相关者大多集中在单个国家内；而对于全球采购的商业活动而言，他们更可能分布于不同的国家之中。顾客、供应商、竞争对手、员工，甚至于股东，都常常遍布世界各地。商业环境的全球化给现代企业管理者带来了一系列日益复杂的关系。

当利益相关者的要求之间产生矛盾时，更增加了这些关系的复杂性，这样的现实示例举不胜举。例如，是继续在一个现有的工厂里生产，还是将工作外包给一个国外的企业，这个问题涉及非常多的利益相关者：股东期待他们的投资能够获得最大限度的回报；本地供应商希望能留住供应业务；本地的员工希望能够保住工作；国外的员工希望获得工作机会；本地政府希望保护它的税收对象不要流失；国外的政府也想借此增强它的税收对象；本地的环保组织期望通过工厂外迁改善本地的环境质量；等等。无论管理者做出何种决策，总会有一些利益相关者获得利益，而他们所获得的必是另一些利益相关者所失去的。

二、商业伦理的分析视角

在中国，2014年7月20日上海本地电视台曝光了上海福喜食品有限公司将大量过期的鸡肉、鸡皮等原料重新返工，经过绞碎、裹粉和油炸等工艺后，制成麦乐鸡等产品重新出售。同时还将霉变、发绿、过期七个多月的牛肉再切片使用。7月23日，肯德基、麦当劳等停止与福喜的供应合作。从商业伦理视角分析，福喜使用过期原料生产加工食品：从企业立场来看，它是一种自利行为，也许是出于应对价格竞争而节约成本；但从顾客立场来看，它明显是一种对消费者的侵害；再从社会立场来看，它触犯了法律，危害了市场秩序。正因

第十三章　全球采购职业道德规范和商业伦理

为此，麦当劳、肯德基、必胜客、全家等快餐食品连锁品牌企业随后也加强和改善了相关食品供应商的检查和管控。

三、商业伦理的基本问题

商业伦理的基本问题涉及：
（1）贿赂。贿赂是指通过购买影响力而操纵别人。
（2）胁迫。胁迫是指用暴力或威胁控制他人。
（3）欺骗。欺骗是指通过误导来操纵他人或某个公司。
（4）偷窃。偷窃是指拿走不属于自己的东西。
（5）不公平歧视。不公平歧视是指根据不恰当的标准区别对待一个人或一部分人。

戴维 J. 弗里切（David J. Fritz Sche）以《哈佛商业评论》的读者（主要都是商业管理者）、市场营销经理、市场营销的研究人员为对象，开展了为期 15 年的调查，请被调查者列出其所在行业中的商业伦理问题，研究结果反馈见表 13-1。

表 13-1　常见的商业伦理问题

	《哈佛商业评论》的读者	市场营销经理	市场营销的研究人员
1	礼物及其他馈赠，贿赂，娱乐招待	贿赂	调查的真实性问题
2	价格歧视，不合理定价	不公正	不公平对待外部客户
3	虚假广告	不诚实	调查保密性问题
4	各种不正当的竞争行为	价格	营销综合及社会问题
5	欺骗顾客，不正当信用行为，过度推销	产品	人事问题
6	竞争者间的价格串通	人事	不公平对待被访者
7	鉴定和履行合同中的不诚实行为	保密	不公平对待公司里的他人
8	对待雇员不公平，雇用中的歧视	广告	被访者不诚实
9	其他	数据操作	礼物、贿赂和娱乐招待
10		采购	不公平对待供货商
11		其他问题	法律问题
12			滥用资金
13			其他

四、违反商业伦理行为的危害

违反商业伦理行为的危害主要体现在以下两个方面：

1. 不道德行为会扭曲市场体系，导致资源配置效率低下

劣币驱逐良币（Bad Money Drives out Good）即为典型的现象。16 世纪英国铸币局长格雷欣（Gresham）观察发现：金币和银币的固定兑换比率是 1:15，当由于银的开采成本降低而造成银币价值降低时，人们就按上述比率用银兑换金，将金币储藏，最后使银币充斥于货币流通，排斥了金币。如果相反，即银的价值上升而金的价值降低，人们就会用金按上述比例兑换银，将银币储藏，流通中就只会是金币。这就是说，实际价值较高的"良币"渐渐为人们所储存离开流通市场，使得实际价值较低的"劣币"充斥市场。同样，违反商业伦

全球采购与供应管理

理的行为扭曲了市场体系，导致合规的商业行为被挤出。

2. 不道德行为会导致长期经营成果下降

例如，企业的采购人员收取回扣，势必导致采购成本上升，所采购商品的质量和服务水平下降。

五、商业伦理问题识别及决策

许多采购人员自身能遵守职业道德，但是在面对诸多外部压力的时候，显得左右为难，例如，上级的直接主管指定的供应商该如何应对，公司重要供应商赠送的礼品是否应该退还等。

因此，在有效识别商业伦理问题的时候，需要思考如下几个问题：

（1）如何描述伦理问题？
（2）在什么条件下造成这个问题？
（3）你将如何处理这个伦理上进退两难的困境？
（4）如何才能避免问题的再次发生？

在识别了商业伦理问题之后，需要综合考虑以下因素后再做出规范行为的决策：

（1）个人价值观。同样的商业伦理问题，不同的人会做出不同的判断和行为决策。有时候，还需要当事人权衡好个人的短期利益和长期利益。

（2）利益相关者。需要转换立场，考虑不同利益相关者的利益，做出使更多利益相关者获益的决策。

（3）组织文化、组织风气、组织目标。不同的组织文化和组织目标，给予员工不同的价值判断，引导员工采取不同的行为取向。因此，在面临商业伦理问题时，遵从组织的价值观可以帮助当事人从困境中解脱出来。

（4）法律、公司政策。仅仅依靠员工自身的职业道德规范是不够的，需要社会和企业从法律规范和企业政策层面来提供正确的导向和有力的保障。

第三节　政府采购商业伦理

一、政府采购商业伦理的必要性与重要性

与大多数私营领域的采购人员不同的是，政府采购人员生活在"金鱼缸"中，采购人员没有地方可以掩饰自己。作为一项采购政策，他们的所有活动都会受到公共审查。纳税人通常认为，他们对"自己"资金的花费方式有无可争议的权利，他们要求公共资金应以他们认为公平和公正的方式花费。

然而遗憾的是，违反伦理的行为并没因此消失。在政府中，官员很容易受制于选民，实际上，他们必须有效地代表其选民的利益。官员也确实代表选民的利益，他们通常会在其管辖之内利用制定政策和预算之便影响政府采购。有时他们也对采购机构施加相关压力。事实上，官员同政府采购部门的负责人接触，就采购事宜发表意见也并非一种少见的现象。

当然，官员很少要求相关采购机构做出非法或不道德的事，但会要求他们"想想办法"办件事。比如要求采购机构对某一供应商给以关照等。

第十三章　全球采购职业道德规范和商业伦理

并非所有的影响都在实际中产生问题。但这种情况确实给政府采购人员带来了进退两难的一些道德伦理问题。为了指导政府采购人员做出正确政策，采购部门或采购专业协会常常会制定相应的道德法则，对某种行为的是非标准、该行为的动机和结果是否适当做出行业规范。这样可以使得伦理道德在没有可适用的法律和机构政策时也可以指导其成员的行为。

二、举例分析——美国全国政府采购研究所道德法典

美国是政府采购实行得比较早的国家，它的做法，特别是关于政府采购伦理规范的论述有很强的代表性，下面是关于这方面的一些介绍。

美国全国政府采购研究所认为，作为成为该所成员的条件，受聘于任何公共领域采购或物料管理组织的每一个人的行为都应受到以下道德原则的相关约束：

（1）只有在完全符合适当的职业原则，并有信心拥有充分的资质，按照那些原则服务于聘任组织的情况下，才寻求或接受首长或雇员的职位。

（2）笃信组织所提供服务的尊严和价值，以及作为受托的公务员所承担的社会责任。

（3）在所有的公共和私人关系中，按照最高理想的荣誉和诚信行事，以维护组织和公众的尊严，激励组织和公众的信心。

（4）相信通过滥用公众或个人关系获得个人权利和个人利益是不诚实的和难以忍受的。

（5）发现并消除任何个人参与可能涉及利益冲突的工作中去的行为。

（6）相信本所成员及工作人员在任何时候或在任何情况下都不能直接或间接接受供应商给予的、可能会影响采购决策的慰劳金或其他有价物质。

（7）通过适当的重事实的形式及时告知政府组织适当工作中的问题和进展。

（8）抵制越权控制人员的行为，以保持专业管理员的尊严。以良好的品性处理所有的个人问题。在其指导或服务的机构中进行人事管理时，不应考虑政治、宗教、种族、性别和年龄等因素。

（9）不寻求或施与个人恩惠。客观而非歧视地处理每一个管理问题。

（10）认同并支持全国政府采购研究所的职业目标。

当然，关于政府采购伦理道德的约束还不止这些，也不仅仅是政府采购部门的自律行为，更重要还是要引入社会的监督。在政府采购制度的具体运行中，政府采购主管部门应制定对外信息发布的制度和办法，定期将有关采购信息、采购法规、采购文件以及采购原则等内容向社会公开，通过发挥新闻媒体的传播作用，客观上接受社会舆论的监督，从而形成有效的社会监督机制。社会监督机制主要借助于社会舆论的力量来监督政府采购工作，对违反政府采购管理规定的单位和个人，不仅要严肃处理，还要敢于公开曝光。

社会监督机制的介入，不仅能保证政府采购的高透明度，促进采购过程中的反腐倡廉，维护政府部门的形象，而且还能强化社会公众的公共参与、公共监督意识。公开接受群众监督是防止腐败的有效手段。各级财政部门应将政府采购工作作为政务公开的重要内容，建立必要的举报奖励制度，发动社会监督力量参与政府采购工作的监督检查。

第四节　企业采购商业伦理

企业采购是指企业从外部采购所需物质供应生产需要的行为。企业采购与一般消费者的

行为有许多不同之处：一是它主要采购具有经济用途的生产资料而不是用于个人消费的消费资料；二是它采购的主体较少但数量和金额很大；三是它采购的规模主要受经济环境的影响，而受价格变化的影响较小。

一、对企业采购行为动机的伦理分析

由于企业采购行为有自己的独特之处，因而企业采购行为动机也不是完全相同的。企业采购行为的动机主要有以下几类：

1. 为满足正常的生产消费而采购

例如，钢铁厂采购矿石、燃料和机器设备；汽车厂采购钢材、铝材和发动机；橡胶厂和化工厂采购生产汽车轮胎的原料；等等。以这种目的所采购的产品包括固定设备及设施、辅助设备和用品以及能源和原材料。在此种动机下的采购行为一般具有如下特征：

（1）直接重复型采购。即通常总是购买同上一次条件相同的产品。供货方式和交期都是基本不变的。

（2）更改重复型采购。即企业仍然需要某种产品，不过对产品的规格、数量、性能和交货期限提出了一定的更改意见和要求。

（3）新任务型采购。例如新厂投产或企业生产转型后的重新采购。

2. 为商品流通而采购

例如，流通领域的商业企业和各式各样的公司为了营销目的而采购，生产领域的工业企业为替换其生产必需物质或转手倒卖而进行采购。为此类目的而采购的商品主要有能源和原材料、工业制成品或零部件、生活消费品和集团办公用品等。此类采购行为除了具有第一类采购行为的某些特征以外，还具有以下特征：

（1）多变型采购。采购的产品不仅品种、类型多变，供应商和供货渠道也多变，交货期限也常更改。变化的幅度主要随市场价格的变化而定。

（2）囤积型采购。这是指企业为应付原材料涨价或断档，或试图控制原料市场价格、而不问价格、不管品质地大量采购。

3. 为个人考虑而采购

这类动机的采购行为突出的表现是：为了能出国观光旅游，企业主管舍近求远专买外国货；为了私人能获得经济上的额外好处而采购企业并不需要的产品；等等。

二、对企业采购行为方式的伦理分析

从方式（或手段）来看，企业采购行为可大致分为以下三个层次：

1. 违法获取

其突出表现为非国家专营企业非法抢购国家明文规定统一收购、统一经营的产品和原料；与外商内外勾结，采取各种名目走私购进生产原材料和半成品；倒买倒卖非商品性的生产许可证、销售许可证和准运证等；依靠窃取的国家经济情报，在某一种产品和原材料调价之前大量购进，以囤积居奇；有意拖欠和拒付供应商的货款；以欺诈手法获取对方的产品；购货经营者收受贿赂，为个人从中渔利而不惜损害国家和企业集体利益的交易；等等。显然，这些违法经济行为，也是违背企业伦理的。它们不仅理应受到法律的坚决制裁，还应该受到社会道德舆论的强烈谴责。

第十三章 全球采购职业道德规范和商业伦理

2. 虽不合法，但并非出于自己的主观意愿

例如：掌握紧俏物质的供货方人员非要得到回扣和贿赂才向你出卖自己的商品；公开的市场或交易中心有价无货，企业为了维持生产不得不从"地下"渠道购进所需的生产资料；在一个时期某种产品完全可以上市自由经营，而当政策变更后又收归国家统一经营，企业由于客观条件所限依然采用以往的采购渠道和方法。以上这些情况，要么是属于卖方的道德问题，要么是由于市场尚未发育成熟，配套的综合调控措施严重滞后所致。采购方如此采购，也确实存在着冲击、危害市场经济和国家宏观调控秩序的"恶"的一面，需国家和各级地方政府加快廉政建设和不断完善市场机制的步伐。就企业而言，应不满足于这种"被动"状态：一方面积极调整产品结构，避开或减少某些短缺材料的需求；另一方面还应揭露索要贿赂的"蛀虫"。

3. 合法获取

合法获取是指企业采购行为，不论是采购对象还是采购手段，均符合经济法规的要求。一般地说，这样的采购行为不违反企业道德，但这其中仍然还存在着一个是否经济、合理的问题。例如，企业的物资供应方式有直达供应和中转供应两种，直达供应即不经过任何中转环节，需方企业直接从生产企业进货，而中转供应是需方企业向中转机构订购所需的物资。考虑何种订货方式以及选择何家为长期供货方时，要特别注意摒弃采购者个人的情感和私利。因为这种个人因素往往是对企业采购行为的经济合理性打折扣的一条主要原因。为杜绝此类现象发生，企业应该建立较为公开的订货决策制度，及时收集订购物资的性能价格比信息，严格采购人员的岗位责任制和严肃购销纪律。这样不仅是对企业的资产负责，也是对购销人员的关心和爱护。事实证明，大多坚持这样做的企业，在采购行为中的经济犯罪发生率往往比较低。因此，企业不论从维护自身利益计，还是从维护市场经济秩序的大局计，都应当不断提高采购行为的内部公开性和透明度。除了在购买交易中要摒弃不恰当的私人因素外，企业道德还要求采购交易不得有损于消费者和社会的利益。

第五节 网络采购商业伦理

一、网络采购的特点

1. 时空分离性

与传统采购方式的"一手交钱一手交货"相比，网络采购具有时空分离的特点。因为网络采购多以款到发货和货到付款的方式支付货款。款到发货的方式是最常见的，但是买家支付的钱款不是直接到卖家的账户上，而是由第三方代为保管，当买家确认收货后，第三方才会将钱款支付给卖家；货到付款是在买家没有支付钱款的情况下，卖家已经将自己的货物快递到买家手里，待买家验收后再将钱款交给快递员，然后再由快递公司将钱款转到卖家的账户上。通过这两种支付方式可以看出，在网络购物时"买"和"卖"这两种行为在时间和空间上是分开的。

2. 可选择性多

与传统采购方式相比，网络采购的可选择性更多。传统的采购，买家要切实地到实体店铺中去挑选，这样买家的可选择性要受时间和地域的限制。而网络采购打破了这种限制，更加便捷。对于普通的个体消费者来说常见的是 B2C 和 C2C（Customer to Customer）这两种电子商务模式，无论是供应商直接将商品卖给消费者还是个人与个人之间的交易都是购物平台将天南海北的资源整合后集中在平台上，由买家挑选，然后由快递公司将买家选购的商品送到买家手里。网络采购打破了传统采购的束缚，为买家提供了更多的选择性。

3. 便捷性

与传统采购方式相比，网络采购具有便捷性。传统采购需要抽出一定的时间去店铺里找寻自己满意的产品，比较花费时间且消耗精力。而网络采购可以通过互联网随时随地搜索自己所需的产品并进行采购，然后等着接收产品，这样采购就比较省时省力。

二、网络采购失范现象

1. 信息不对称

信息不对称是指交易双方不能拥有同等的信息资料，其中一方故意隐瞒或者不公布完整的信息。掌握信息较多的一方在交易中会处于优势地位，反之则处于劣势地位。例如，食品卖家只填写商品的保质期，却不填写商品的生产日期；服装卖家只标识出衣服的 S、M、L 等尺码大小，却忽略了衣服的肩宽、胸围等具体信息；电器卖家只填写出商品的规格大小，却对材质等信息避而不谈。卖家的这些作为致使买家处于劣势地位，这样的交易是不对等、不公平的。

2. 卖家信誉欺诈

在进行网络采购时，买家在购物平台搜索商品信息时，系统会根据卖家的好评率、商品销售数量、商品被收藏数量等进行排序。意会到这一点后，有些卖家不是通过提升商品质量和服务入手，而是开始用尽各种办法争取处于排名靠前的位置：卖家常用好评返现的方式诱导买家给予好评，通过刷单的方式提升购买量。经过卖家诸多方式的操作，店铺的排名会靠前优先被买家看到，但这却是精心营造的假象，对采购者来说具有欺诈性。

三、网络采购的伦理构建

1. 从自律的角度来看

对卖家而言：①要树立诚信经营的意识。卖家虽然是以营利为目的的，但是中国古语有云"君子爱财取之有道"，要通过正当的竞争与经营来获取财富，而不是见利忘义、见钱眼开的方式。因此，卖家要有"以诚信为荣，以失信为耻"的诚信意识。诚信是一笔宝贵的财富，诚信是维持卖家更好发展的不二法宝。②要树立慎独意识。我国的网络采购至今有约20年的历史，相关的法律法规还不是很完善，监督体系不完备，消费者的维权意识不强。在这样的背景下，卖家更要加强慎独意识，进行自我监督，自我管理。③树立自我提升的意识。卖家要加强自身商业伦理的教育，不断提升商业伦理意识，不断自我学习，自我提升，做合格的卖家。

对买家而言，同样要有自律意识，做一个合格的买家，不故意为难卖家，应客观评价卖家及其商品或服务，不能用给差评来威胁卖家，如果遇到问题，要通过正确的途径维权。

2. 从他律的角度看

（1）媒体要坚持正确的价值导向，多宣传遵守商业规范的价值与意义，对于模范商家多予以报道，让商家意识到社会舆论在关注着他们，对卖家形成一种外部压力。

第十三章 全球采购职业道德规范和商业伦理

（2）建立更为完善的第三方评价体系。现有的评价体系让别有用心的商家和买家钻了空子，如果有专业的机构作为第三方评价体系，能够经常性、多方面地对卖家进行评价和监督，会促使卖家不断地完善自己。

（3）政府机构建立完善的奖罚制度。加强网络采购的相关法律法规建设，让法规更加完善，对违法违规的卖家进行处罚；同时对表现优秀的店商进行奖励和宣传，树立模范标杆。奖惩制度对网络采购健康发展是一种引导，同时起到了督促的作用。

[本章案例讨论] 脚手架铺板事件

是什么使得在清淡的 2 月份中，一笔木材采购交易演变成为一场道德两难问题？当 12in① 的积雪覆盖在地面上时，工程建设和木材运输不得不停滞，这造成直到 2 月 26 日公司当月尚有 5000 美元的亏损。Bob Hopkins 从事该业务已经三年了，他知道新年后 2 月份的亏损不是什么大不了的事，2008 年后整个国家的经济看起来都在走向衰退，而房产行业首当其冲。

当初 Bob 大学毕业后就立即去了一家商业银行，但他很快发现事务性的工作几乎淹没了他职业发展的进程。当他正考虑换工作的时候，他的一个客户，John White，给他提供了一个在怀特木材公司（White Lumber Company）工作的机会。工作职位是木材买卖交易员，具有提成的激励机制并且上不封顶。怀特木材公司尽管规模不大，但它是 Bob 所在银行资信最好的客户之一。John 是怀特木材公司的老板，他还是该银行的董事和所在社区委员会的领导者之一。

上午 8：00 才过一会儿，Bob 就接到高质木材公司（Quality Lumber）交易员 Stan Parrish 的电话。高质木材公司是怀特木材公司最好的下游零售商，Bob 和 Stan 建立了非常好的私人关系。

"Bob，我需要 600 块 3in × 12in 的粗锯花旗松的木材报价。" Stan 简短地客套后直接说道。

"没问题，Stan。我们本来已经准备好明天去装运，价格是每千板英尺（Board Foot）470 美元。"

"价格听起来不错，Bob，我可能今天下午给你答复是否确认订单。" Stan 答复道。

Bob 冲了 1/3 杯咖啡来为自己庆贺一下。"不错"，他想，"一个两车的订单和一个能保证获得丰厚利润的价格。"但半小时之后，Bob 的合作伙伴 Mike Fayerweather 就询问他是否有关于两车 16ft 花旗松脚手架铺板的询价。当 Bob 回答说没有后，"警铃"突然开始在他大脑中响起。关于木材做何用 Stan 什么也没有说，但 Mike 的询问看起来远非巧合。

几乎所有的木材都遵从一定的等级分类，而对脚手架铺板的等级规定特别严格。脚手架铺板是架空在金属支撑架之间的木制铺板，往往会高出地面许多层。当你看到油漆工和窗户清洁工身处六楼以外的空中，他们通常是站在脚手架铺板上了。这些木材不能有普通建材大多有的自然缺陷，并且要有特别高强度的可折弯性。大部分人无法区别经过认证的脚手架铺板和普通木材，但前者有严格质量要求。只要你在 10 楼以上作业，你绝对希望踩在你脚下

---

① 1in = 2.54cm。

全球采购与供应管理

的是经过认证的脚手架铺板。除非客户拥有经过训练的专业眼光，否则 3in × 12in 规格的木材一定可以瞒过所有人，让其相信这是经过认证的脚手架铺板。

吃午餐的时候，Bob 和 Mike 谈起了对于询价的关注。

"你看，Bob，我看不出哪儿有问题？Stan 并没有特别指出需要脚手架铺板，并且你的报价也不是针对脚手架铺板的，"Mike 提示道。"我们甚至不能确定这张订单是不是指向同一种物料的。"

"Mike，我知道，"Bob 说，"但我们俩也知道，我们接到的 4 个具有相同标签的询价表中，恰巧其中 3 个是询问脚手架铺板的，这难道不是一个太大的巧合吗？可以合理推测 Stan 对终端消费者的报价是指向同一种材料的。"

"明显地，我们的建材比认证的铺板要便宜得多。如果 Stan 是基于 3in × 12in 的优良等级木材报的价，而其他竞争对手是针对脚手架铺板进行的报价，那么我们一定能赢得这笔业务。"Mike 说。

"也许我该打电话给 Stan 让他提供更多关于采购规范的信息。兴许他能证明这不是一项关于脚手架铺板的业务，那么这些问题就会消失了。"Bob 说。

"Bob，这不是个好主意，"Mike 说，"首先，如果你向他表明他正在做不符合商业伦理的事情，Stan 也许会不高兴。这将有损我们两家公司的合作关系。一旦打电话，我们将不能再说我们一无所知，我们最好的辩白是应该置身事外。所以我反对打电话给他。"

Bob 准备与 John 讨论当前的状况，但 John 出城去了。而且，John 最自豪的就是他给予每个交易员充分的自主权。经常向 John 寻求问题的答案会显得自己缺乏工作主动性和责任感。Bob 并没有接受 Mike 先前的警告，午餐后给 Stan 打了电话，令他沮丧的是，木料的确将被用作脚手架铺板。

"听着，Bob，我盯住这个客户已经三个月了，是我第一个向你询价并且我认为这是个机会。对于我和我在高质木材公司的直接主管来说这笔业务非常重要。一旦实现对它的销售，我们就能抓住这个客户。"

"但 Stan，我们都知道我们的材料并不符合脚手架铺板的规范要求！"

"我知道，我知道，"Stan 说道，"但我们并没有把它当作脚手架铺板卖给消费者。就我们两人而言，它是合格的建材。我们如何卖的它，我们就在发票上显示什么。我们完全能实现自我保护。现在就你和我，其实该项目的工头曾经友善地看着我并告诉我这些材料的确将被用作脚手架铺板，但他们同时对降低工程成本感兴趣。他们本周五急用木材，而本地没有任何经过认证的脚手架铺板可供出售。"

"但这事看起来对我并不合适。"Bob 答复道。

"你看，我也并不特别喜欢这样做，"Stan 说，"实际的规范要求 2in 厚的材料，但考虑到你公司的不是脚手架铺板，所以我计划订购 3in 厚的铺板。这是一个额外加强的厚度，我们俩都知道，工程表中给出的承重因子已经给予了足够的防护考虑。实际使用中材料断落的可能性几乎没有。我恰巧知道哈尼木材（Haney Lumber）公司正拿一种 2in 的非脚手架等级木材对外报价。如果我们不能抓住这个机会，总有别人会做而且材料会比我们供应的等级低。"

当 Bob 继续表达着他对这件事的犹豫时，Stan 说，"从现在到明天前我不想再听到关于订单状况的消息，但我们俩都知道你的材料能够承接这项业务，无论它是脚手架铺板或不是。在接下来的一两年里，这项业务将一直由我们承接，你我的工作是将木材铺设到工位

第十三章　全球采购职业道德规范和商业伦理

上，而不是在这儿辩论到底有多少天使能在针尖上跳舞！如果现在你不愿意提供那么这儿有大量其他批发商每天喊着要做业务。你最好决定是否你打算成为一个经济衰退期的幸存者！我明天再和你谈论此事，Bob。"

第二天上午，Bob 在他办公桌上发现一张便条要他尽快去见 John！Bob 进入 John 的橡木办公室并描述了昨天与 Stan 的对话。John 从办公桌上翻出一页公司的销售订单，Bob 看到那是给高质木材公司的 3in×12in 规格销售订单，而且在销售人员姓名栏目中，Bob 看到 John 已经填入了 "Bob Hopkins"。几乎无法控制自己的生气，Bob 说，"我不想对这张订单做任何事。我想怀特木材公司是一家有商业伦理的公司，而我们现在正在做与拿了钱就跑路的不可靠公司一样的事情。" Bob 连珠炮似地总结着他的观点。

John 看着 Bob，平静地吐了个烟圈："Bob，你首要的事情是平静下来，并将你正直的优越感暂时放在一边。当你兴奋的时候无法做出或理解一项好的决定。你开始听起来像一个传教士。是什么让你认为你能垄断伦理行为？你已经走出大学 4~5 年了，而我也做此类决定已经 40 年了。如果你走进行业或社区并对比你我的名誉，你会发现你我甚至不在同一个水平线上。"

Bob 知道 John 是对的。也许，他已经夸大了这件事，而这样做看起来像个宗教狂热分子。当他放松下来并重新思考后，他再次显示出了理性。Bob 说："我们俩都知道这批木材也许并不适合它的最终用途。诚然，它们断落下来的机会很小，但我无法预见我们该如何承担这样的风险？"

"Bob 你看，" John 说道，"我已经做这业务很久了，我看到过许多不规范的操作，例如：短运（订购 300 块却只装运了 290 块）；装运的等级低于订购要求；贿赂建筑监理方等。但我们公司并不做那些事。"

"想想看，难道我们不应该对我们的消费者承担责任吗？" Bob 问。

"当然我们要承担责任，Bob"，John 回答道，"但我们也不是警察。我们的工作是以高于采购规范的标准卖木材。我不能也不会对木材离开我们的仓库后如何使用承担责任。在森林和最终使用者之间，木材会经由十几次交易才能到达最终使用者。如果我要为每一次交易提供保证责任，我可能一年中只有卖掉 4 板木材的时间。就像其他业务一样，我们必须承担我们的责任，但我们的供应商和客户应该是懂行的，并且能按照商业伦理行事。但是否他们这样做了，我们无法成为他们的监护人。"

Bob 插话道，"但我们有理由相信这些材料将被用作脚手架铺板。我认为我们有义务去跟踪这一信息。"

"打住，Bob。我告诉过你我们不是警察！我们甚至不知道谁会是最终用户，那么我们该如何去跟踪这一信息呢？如果 Stan 有意欺骗我们，他肯定不会告诉我们。既然我们不知道，我们又能做什么呢？如果我们继续坚持要那样做，那就意味着我们需要向每个用户询问谁是最终用户。那样的话，几乎我们所有的客户将打断我们，并认为我们怀特木材公司正试图绕过他们来寻找直接的分销渠道。因此他们不会告诉我们，我们也不能责备他们。如果我们将你的观点用于最终决定上，我们将不得不在每笔销售发票上注明该木材不适合做脚手架铺板。"

John 继续说道，"就高质木材公司而言，我们正在根据消费者的要求出售木材给消费者，而这个消费者就是高质木材公司的 Stan。我们的发票上将会标明——'该材料不适合当

全球采购与供应管理

作脚手架铺板使用。'尽管我不是律师,但我认为我们已经完成了我们的法律义务。我已经签署了一份采购订单并由此向下游供应符合规范的木材。我想我们必须遵从这个行业的惯例。最后,我相信我们的材料优于其他任何以为可以胜任该项业务的材料。此刻,恰巧市场上没有2in厚密度为171的脚手架铺板,显然在限定的时间段内没有比我们更好等级的木材可供供应。因此我认为我们有道义上的义务去供应该批木材。如果要说谁在商业伦理上有瑕疵的话,只能怪采购代理商要求了一种根本无法获得的材料。"

当Bob仍旧无法被说服的时候,John问他,"公司里其他人是怎么考虑这件事情的?你的行为让你看起来你是这件事情的唯一相关者。对于你来说,压下这份订单也许非常容易。你获得了一个大学学位和许多就业机会。但我不得不为这个公司中其他所有人操心。"John指着窗外的工厂车间说道,"办公室外叉车上的Steve没有高中毕业,他在这儿已经工作30年了,而一旦他失去工作,他也许再也找不到另一份工作了。在那儿记账的Janet丈夫有残疾,她现在能使用我们的健康保险计划使得她的家庭完整,当我不能再支付更多的报酬给她的时候,当她失去工作之后,她将无法从另外的集团保险中获益,她丈夫一年中累计的医疗账单将会压垮她。"

John继续说道,"Bob,我没有说我们可以做任何事情,然后再尽力去为此辩白,但现实世界里的商业伦理和你教室内学习的不是一回事。在教室里,非常容易说'喔,这是个商业伦理问题。我们最好不要做。'在教室里,当你站在道德高地上的时候你什么也不会丢失。而在外面,则可能导致公司关闭、职员失业、生活尽毁。总是说'不,我们不能那样做',并不比完全无商业伦理地行事好到哪里去。商业伦理涉及做出艰难的选择、权衡利弊。在这些事例中,没有不能变通的答案。我们必须根据个案情形具体分析和处理。"

当Bob离开John办公室的时候,他比之前更为纠结。当他刚才进入John办公室的时候,出于道德愤慨,他想过离开公司的可能性,但John的观点对他来说起了作用,而且他的确信任并且尊重John。毕竟,John比他有经验得多,并且在社区和木材行业是个非常令人尊重的人物。但是,Bob仍旧对这一决定感到不舒服。销售木材给高质木材公司仅仅只是意味着将他的"象牙塔商业伦理"朝向现实的业务世界做一个必要的调整?还是意味着在一个决定性时刻来决定是否要前往一个他不想达到的目的地?

(资料来源:改编自美国弗吉尼亚大学Stewart C. Malone和Brad Brown整理的案例)

讨论:

1. 企业遵从商业伦理往往会丢失商业机会,你是如何看待这个问题的?
2. 你是否认为本案例中怀特木材公司尽到了对下游采购商有限的告知义务后,就可以销售该批木材?
3. 假设本案例中的怀特木材公司分别是美国企业、英国企业、中国企业,那么,事件处理的结果是否会有较大的不同?这其中文化差异和法律差异起了怎样的作用?

扩展案例讨论:雀巢咖啡基于"Good Food, Good Life"理念的社会责任(线上电子资源13-1)

◇【本章小结】

本章详细介绍了采购职业道德规范,其中包括采购过程中的不合规行为,并针对如何识别和遵守商业伦理进行了叙述。最后系统地介绍了政府采购、企业采购、网络采购商业伦

第十三章 全球采购职业道德规范和商业伦理

理。在进行各种采购时，我们应当遵守采购伦理规范，积极维护采购职业道德规范，构建公平合理的采购秩序，是我们学习本章的主要目的。

◇ 【本章思考题】

1. 采购过程中不合规行为有哪些？
2. 简述政府采购商业伦理的必要性和重要性。
3. 简述企业采购的基本含义。
4. 简述企业采购的伦理分析。
5. 简述网络采购的特点。
6. 如何进行网络采购的伦理构建？

名词术语中英文对照
（按照英文音序排列）

A

ACI：Air Cargo Insurance，空运货物保险
Additional on Direct：直航附加费
Additional on Optional Discharging Port：选卸附加费
Additional on Transshipment：转船附加费
Additional Risks：附加险
Additional Shipping：附加运费
Advanced B/L：预借提单
Advice of Shipment：装运通知
Advising Bank：通知行
AF：Air Freight，航空运费
Air Express Service：航空急件传送
Airway Bill：航空运/提单
Amount Insured：保险金额
Anti-dated B/L：倒签提单
APE：Advance Procurement Engineer，先期采购工程师
Applicant：开证申请人
Application for Inspection：报检
AR：All Risks，一切险
ASP：Application Service Provider，应用服务提供商
AT：Air Transportation，航空运输
ATL：Absolute Total Loss，实际全损

B

Back to Back Credit：背对背信用证
Baseline：水准、基点
Basic Coverage：基本险别
Bearer B/L：不记名提单
Benchmark：标杆、基准
Beneficiary：受益人
BF：Basic Freight，基本运费

B/L：Bill of Lading，海运提单
BN：Business Negotiations，商务谈判
BOM：Bill of Material，物料清单
Bonded Cargo：保税货物
BPR：Business Process Reengineering，业务流程再造
BSC：Balanced Scorecard，平衡计分卡
Bunker Adjustment Factor：燃料附加费
Buy：购买
Business Ethics：商业伦理
B2B：Business-to-Business，商家对商家之间的电子商务模式
B2C：Business-to-Customer，商家对消费者之间的电子商务模式

C

CC：Customs Clearance，结关
CCIC：中国检验认证集团/商检标志符
CCP：Customs Clearance Procedures，货物通关程序
Centralization：（采购）集中化
CEO：Chief Executive Officer，首席执行官
Certificate of Origin：原产地证明
CFR：Cost and Freight，成本加运费
CFS：Container Freight Station，集装箱货运站
Chartered Carrier：包机运输
Charter Party B/L：租船提单
Charter Transportation：租船运输
CI：Commodity Inspection，商品检验
CIF：Cost Insurance and Freight，成本、保险费加运费
CIP：Carriage and Insurance Paid to，运费/保险费付至目的地
Clearance：通关
Clean B/I：清洁提单
Clean Collection：光票托收
CN：Contract Negotiations，合同谈判
Collecting Bank：代收行
Combined Transportation B/L：多式联运提单
Commercial Invoice：商业发票
Commodity Management：物料管理
Commodity Manager/Specialist：物料经理/专员
Component：（采购）部件/组件
Confidential Agreement：保密协议
Confirming Bank：保兑行

全球采购与供应管理

Confirmed L/C：保兑信用证
Consignment Contract：寄售协议/零库存协议
Consignor Principal：委托人
Consolidation：集中托运
Constructive Total Loss：推定全损
Container B/L：集装箱提单
Contract Management：合同管理
Copy B/L：副本提单
Cost Plus：成本加成
Cost Reduction/Down/Saving：成本削减
CPT：Carriage Paid to，运费付至目的地
C/R：Cargo Receipt，承运货物收据
Credit and Guarantee Insurance：信用保证保险
CRM：Customer Relationship Management，客户关系管理
CSR：Corporate Social Responsibility，公司社会责任
CT：Container Transportation，集装箱运输
Customs Invoice：海关发票
Customer's Representative in Case of Need：需要时的代理
CY：Container Yard，集装箱堆场
C2C：Customer-to-Customer，个人对个人之间的电子商务模式

D

D/A：Documents against Acceptance，承兑交单
DAP：Delivered at Place，目的地交货
DAT：Delivered at Terminal，目的地或目的港的集散站交货
D/D：Banker's Demand Draft，票汇
DDP：Delivered Duty Paid，完税后交货
DEA：Date Envelopment Analysis，数据包络分析
Demurrage Charge：滞期费
Direct B/L：直达提单
Direct Quotation：直接标价法
Dispatch Money：速遣费
Documentary Collection：跟单托收
Document of Title：凭证
Domestic in-house Sourcing：国内集团内部采购
DP：Destination Port，目的港
D/P：Documents against Payment，付款交单
D/P at Sight：即期付款交单
D/P after Sight：远期付款交单

Drawee：付款人
DRT：Domestic Railway Transportation，国内铁路运输
Dun & Bradstreet Code：邓白氏编码

E

E-Bidding：电子招标、网络竞标、网上竞价
E-Business：电子商务
E-invoice：电子发票
ECSC：Environmentally Conscious Supply Chain，环境意识供应链
EDI：Electronic Data Interchange，电子数据交换
Electronic B/L：电子提单
Entity：实体组织
Environmental Logistics：绿色物流
EOQ：Economy Order Quantity，经济订购量
EP：Extraneous Perils，外来风险
E-Procurement System：电子采购系统
ERP：Enterprise Resource Planning，企业资源计划
ESC：Environmentally Supply Chain，环境供应链
Exclusion：除外责任
Extra Charges on Heavy Lifts：超重附加费
Extra Charges on over Lengths：超长附加费
EXW：ex Works，工厂交货

F

FAS：Free alongside Ship，装运港船边交货
FCA：Free Carrier，货交承运人
FCL/FCL：整箱交/整箱接
FCL/LCL：整箱交/拆箱接
FDA：Food and Drug Administration，美国食品药品监督管理局
FDI：Foreign Direct Investment，对外直接投资、外国直接投资
FE：Forwarding Expenses，续运费用
FG：Finished Goods 成品
Final QC：完工产品质量控制
First Pass Yield for Incoming Inspection：首次检验合格率
FOB：Free on Board，装运港船上交货
Forecast：预测
Foreign Exchange Control：外汇管制
Forward Payment Letter of Credit：远期付款信用证
FPA：Free from Particular Average，平安险

全球采购与供应管理

FT：Freight Ton，运费/吨

G

GA：General Average，共同海损

Game Theory：博弈论

GATT：General Agreements on Tariffs and Trade，关税和贸易总协定

General Additional Risks：一般附加险

Giving Quotation：应付标价法

Global Procurement：全球采购

Global Sourcing：全球采购/全球资源获得

Global Supply Chain：全球供应链

Green Purchasing：绿色采购

H

HT：Highway Transportation，公路运输

I

IC：Insurance Clause，保险条款

ICC：Institute Cargo Clause，伦敦协会货物条款

ICC（A）：协会货物 A 条款

ICC（B）：协会货物 B 条款

ICC（C）：协会货物 C 条款

ICI：International Cargo Insurance，国际货物保险

ID：Insurance Document，保险单据

IMF：International Monetary Fund，国际货币基金组织

IMT：International Multimodal Transport，国际多式联运

IMTD：International Multimodal Transport Document，国际多式联运提单

Incoming QC：进料质量控制

Incoterms：International Rules for the Interpretation of Trade Terms，国际贸易术语解释通则

Indirect Material Purchase：间接材料采购

Indirect Quotation：间接标价法

Inland Water Transportation：内河运输

in Process QC：过程质量控制

Inspection Agency：检验机构

Inspection Basis：检验依据

Inspection Certification：检验证书

Inspection Clause：检验条款

Inspection Method：检验方法

Institute Strikes Clauses—Cargo：协会罢工险条款

Institute Theft, Pilferage and Non-delivery Clause：协会偷窃、提货不着险条款
Institute War Clauses—Cargo：协会货物战争险条款
Insurance Certificate：保险凭证
Insurance Company：保险公司
Insurance Coverage：承保范围
Insurance Liability：承保责任
Insurance Period：保险期限
Insurer：保险人
Insured Person：被保险人
International Cargo Clearance：国际货物通关
International Commodity Inspection：国际货物商检
International Exchange：汇款
International Logistics：国际物流
International Purchase：国际采购
International through Railway Transportation：国际铁路联运
International through Railway Transportation Documents：国际铁路联运运单
IPO：International Purchasing Office，国际采购办事处
IR：Inspection Range，检验范围
Irrevocable L/C：不可撤销信用证
IRT：International Railway Transportation，国际铁路运输
ISP：Internet Service Provider，互联网服务提供商
Issuing Bank：开证行

J

JCC：Joint Cargo Committee，联合货物保险委员会
JD：Job Description，工作描述/岗位说明书
JIT：Just in Time，准时制（采购/生产）

K

KPI：Key Performance Indicator，关键绩效指标

L

LBT：Land Bridge Transportation，大陆桥运输
LCL/FCL：拼箱交/整箱接
LCL/LCL：拼箱交/拆箱接
LCL Way：拼箱方式
Lead Time：（采购、生产或物流）周期、提前期
LF：Liner Freight，班轮运费
Liability Insurance：责任保险

全球采购与供应管理

Liner B/L：班轮提单
Lloyd's Surveyor：英国劳合氏公证行
Long Form B/L：全式提单
Loss of Shipping：海运损失
LS：Liner Shipping，班轮运输

M

Market Price minus：市场价格扣减法
MDC：Malicious Damage Clauses，恶意损害险条款
Measure Ton：尺码/吨
Metric Ton：公吨
MI：Marine Insurance，海运保险
MOQ：Minimum Order Quantity，最小订购量
MP：Maritime Perils，海上风险
MRO：用于维护（Maintenance）、维修（Repair）、运营（Operation）的部件
MRP：Material Requirement Planning，物料需求计划
MRP Ⅱ：Manufacturing Resource Planning，制造资源计划
MSDS：Material Safety Data Sheet，物质安全数据单
M/T：Mail Transfer，信汇
MTA：Make to Assembly，延迟装配生产
MTD：Multimodal Transport Document，多式联运单据
MTO：Make to Order，按订单生产
MTS：Make to Stock，备库生产
Multimodal Transportation Operator：多式联运经营人

N

Negotiable Credit：议付信用证
Negotiating Bank：议付行
NGO：Non-governmental Organization，非政府组织
Non-production Purchase：非生产性采购
Non-transferable Credit：不可转让信用证
Non-vessel Operation Carrier：无船承运人
NQC：Non-quality Costs，综合质量成本

O

OA：Office Automation，办公自动化
OC：Open Cover，预约保险单
OCP：Overland Common Points，内陆公共点
OF：Ocean Freight，海运费用

Offshore Outsourcing：境外直接采购
On Board B/L：已装船提单
On Deck B/L：舱面提单
Order：订购
Order B/L：指示提单
Original：正本
Original B/L：正本提单
OT：Ocean Transportation，海洋运输
OTD Rate：On Time Delivery Rate，准时到货率
OTR：Overland Transportation Risks，陆运险
Outsourcing：外包

P

Partial Loss：部分损失
Partial Shipment：分批装运
Payee：收款人
Paying Bank：付款行、汇入行
Payment Credit：付款信用证
Period of Liability：责任期限
Pending：未决状态
Personal Insurance：人身保险
Pipeline Transportation：管道运输
PMBOK：Project Management Body of Knowledge，项目管理知识体系
PMI：Project Management Institute，美国项目管理学会
PN：Price Negotiations，价格谈判
PO：Purchase Order，采购订单
Port Additional：港口附加费
Port of Shipment：装运港
PP：Production Planner，生产计划员
PPI：Parcel Post Insurance，邮包运输保险
PQDS：价格、质量、交货和服务
PR：Premium Rate，保险费率
Presenting Bank：提示行
Procurement：采购运作
Procurement Executive：采购执行
Proforma Invoice：形式发票
Property Insurance：财产保险
Prototype：（产品）原型
PT：Postal Transportation，邮政运输

全球采购与供应管理

Purchase：采购
Purchase Contract Management：采购合同管理
Purchase Control：采购控制
Purchase Framework Agreement/Contract：采购框架协议
Purchase Price Variance：购价差异
Purchase Specification：采购规范
PVO：Purchase Volume，采购量

Q

QA：Quality Assurance，质量保证
QC：Quality Control，质量控制
QP：Quality Planning，质量计划
Quality Agreement：质量协议
Quality Goal Agreement：质量目标协议

R

Railway Transportation Documents：铁路运输单据
R&D：研究与发展
Received for Shipment B/L：备运提单
Receiving and Delivery System：交接方式
Receiving Quotation：应收标价法
Reciprocal Credit：对开信用证
Reimbursing Bank：偿付行
Remitter：汇款人
Remitting Bank：汇出行、托收行
Revocable L/C：可撤销信用证
Revolving Credit：循环信用证
Rework：业务更改
RFQ：Request for Quotation，采购报价请求
RM：Raw Material，原材料
RoHS：Restriction of the Use of Certain Hazardous Substances in Electrical and Electronic Equipment，《电气、电子设备中限制使用某些有害物质指令》
ROP：Reorder Point，再订购点
RT：Railway Transportation，铁路运输

S

Salvage Charges：救助费用
SAP：System Applications and Products，德国 SAP 公司开发的 EPR 软件品牌
Scheduled Airline：班机运输

Schedule Charter：定程租船
SCM：Supply Chain Management，供应链管理
SCOR：Supply Chain Operations Reference Model，供应链运作参考模型
SDR：Special Drawing Right，特别提款权
Semi-FG：Semi-finished Goods，半成品
SGS：瑞士通用公证行
Shipping Advice：装运通知
Shipping Document：运输单据
Short Form B/L：简式提单
Sight Payment L/C：即期付款信用证
SLA：Service Level Agreements，服务水平协议
Sourcing：采购资源获得
Sourcing Committee：采购决策委员会
Spare Parts：备品备件
Special Additional Risks：特殊附加险
Special Extraneous Perils：特殊外来风险
SQE：Supplier Quality Engineer，供应商质量工程师
SR：Special Risks，专门险
SS：Safety Stock，安全库存
Stakeholder：利益相关者
Stale B/L：过期提单
Straight B/L：记名提单
Strategic/Strategical Procurement：战略采购
Strategic/Strategical Sourcing：战略采购/策略性采购
Strike Risks：罢工风险
Sue and Labor Charges：施救费用
Supplier Database：供应商数据库
Supplier Development and Phase-out：供应商开发和淘汰
Supplier Evaluation and Classification：供应商评价和分类
Supplier Integration：供应商整合
Supplier Pooling：供应商共享
Supplier Selection：供应商选择
SWIFT Code：银行电汇国际代码

T

Teamwork：团队协作（精神）
Technology Negotiation：技术谈判
TEU：Twenty-foot Equivalent Unit，20英尺标准集装箱
the Insured：被保险人

全球采购与供应管理

Through B/L：联运提单
Time Charter：定期租船
TOD：Time of Delivery，装运时间
TOI：Type of Insurance，保险险别
Total Loss：全部损失
TQM：Total Quality Management，全面质量管理
Trading Goods：贸易货物
Transferable Credit：可转让信用证
Transshipment：转运
Transshipment B/L：转船提单
T/T：Telegraphic Transfer，电汇
TTC：Through Transport Club，联运保赔协会
Type of Insurance：保险类别

U

UL：Underwriters Laboratories Inc.，美国保险人实验室
Unclean B/L：不清洁提单
Unconfirmed L/C：不保兑信用证
UPU：Universal Postal Union，万国邮政联盟
URC：Uniform Rules for Collection，《托收统一规则》
Usance L/C：远期付款信用证

V

Value Analysis：价值分析
VMI：Vendor-managed-inventory，供应商管理库存

W

Win-Win：双赢
with Particular Average：水渍险
World Class：世界级
Work Team：工作团队
WR：War Risks，战争风险
WT：Weight Ton，重量/吨
WTO：World Trade Organization，世界贸易组织
W/W：Warehouse to Warehouse，仓至仓

Y

Yield Rate：产出率

参 考 文 献

[1] BRANCH A. International Purchasing and Management [M]. Boston: Cengage Learning, 2001.
[2] LAMBERT DM, COOPER MC, PAGH JD. Supply Chain Management: Implementation Issues and Research Opportunities [J]. The International Journal of Logistics Management, 1998, 9 (2): 1-19.
[3] LONG D. International Logistics: Global Supply Chain Management [M]. Dordrecht, The Netherlands: Kluwer Academic Publishers Group, 2003.
[4] SCHARY PB, SKJOUTT-LARSEN T. Managing the Global Supply Chain [M]. Copenhagen, Denmark: Handelshoujskolens Forlag, 1995.
[5] 威尔. 采购与供应链管理: 分析、规划及其实践 [M]. 梅绍祖, 等译. 北京: 清华大学出版社, 2002.
[6] 雷德斯. 采购供应管理流程 [M]. 徐杰, 鞠颂东, 译. 北京: 电子工业出版社, 2005.
[7] 白晓娟. 采购运作管理 [M]. 北京: 机械工业出版社, 2014.
[8] 鲍先广. 中华人民共和国政府采购法实施手册 [M]. 北京: 中国财政经济出版社, 2002.
[9] 贝利, 法摩尔, 杰塞. 采购原理与管理: 第9版 [M]. 王增东, 李锐, 译. 北京: 电子工业出版社, 2006.
[10] 彼得森, 刘易斯. 管理经济学 [M]. 吴德庆, 译校. 北京: 中国人民大学出版社, 1998.
[11] 中国国际贸易学会商务专业培训考试办公室. 国际物流与供应链管理 [M]. 北京: 中国商务出版社, 2012.
[12] 蔡茂森, 李永. 国际贸易理论与实务 [M]. 2版. 北京: 清华大学出版社, 2015.
[13] 陈岩, 刘玲. 跟单信用证实务 [M]. 北京: 对外经济贸易大学出版社, 2005.
[14] 陈言国, 陈毅通, 沈庆琼. 国际物流实务 [M]. 北京: 清华大学出版社, 2016.
[15] 程杰, 常虹, 金华. 国际贸易保险实务 [M]. 北京: 清华大学出版社, 2015.
[16] 戴小廷. 物流采购管理 [M]. 北京: 机械工业出版社, 2016.
[17] 弗里切. 商业伦理学 [M]. 杨斌, 等译. 北京: 机械工业出版社, 1999.
[18] 杜建萍, 黄爱科. 国际贸易实务 [M]. 武汉: 武汉理工大学出版社, 2009.
[19] 鄂立彬. 跨境电商供应链管理 [M]. 北京: 对外经济贸易大学出版社, 2017.
[20] 冯春. 设备招议标价格谈判的技巧和实践 [J]. 煤炭科技, 2009 (2): 20-21.
[21] 封文丽. 国际结算实务与案例分析 [M]. 北京: 冶金工业出版社, 2013.
[22] 高浩, 孙桂兰. 国际贸易实务 [M]. 天津: 天津大学出版社, 2015.
[23] 龚英. 绿色供应链 [M]. 北京: 中国环境出版社, 2015.
[24] 国际商会中国国家委员会. 2010年国际贸易术语解释通则 [M]. 北京: 中国民主法制出版社, 2010.
[25] 郭晓晶, 广银芳, 秦雪. 国际贸易单证实务 [M]. 北京: 清华大学出版社, 2013.
[26] 韩小霞, 王钢, 马建国, 等. 供应链管理 [M]. 北京: 清华大学出版社, 2016.
[27] 韩晶玉, 李辉, 郭丽. 国际贸易实务 [M]. 北京: 对外经济贸易大学出版社, 2014.
[28] 韩俊魁. 当前我国非政府组织参与政府购买服务的模式比较 [J]. 经济社会体制比较, 2009 (6): 128-134.
[29] 胡骥. 国际货物运输与保险 [M]. 成都: 西南交通大学出版社, 2015.
[30] 胡军, 傅培华. 国际采购理论与实务 [M]. 北京: 中国物资出版社, 2008.
[31] 黄爱科, 李凡, 万家凤, 等. 国际贸易实务 [M]. 长沙: 中南大学出版社, 2014.

[32] 黄海东,孙玉红. 国际货物运输保险 [M]. 2 版. 北京:清华大学出版社,2012.
[33] 计国君. 采购管理 [M]. 厦门:厦门大学出版社,2012.
[34] 计国君,蔡远游. 供应链管理 [M]. 厦门:厦门大学出版社,2012.
[35] 江静,顾寒梅. 国际货物运输与保险 [M]. 上海:格致出版社,2011.
[36] 金太军. 主体修炼:现代企业伦理建设 [M]. 南京:南京大学出版社,1999.
[37] 贾文军. 绿色采购研究综述 [J]. 管理观察,2018(8):87-88.
[38] 康建中. 我国绿色供应链管理的现状及对策分析 [J]. 中国市场,2011(10):32-32.
[39] 莱桑斯,吉林厄姆. 采购与供应链管理:第 6 版 [M]. 鞠磊,等译. 北京:电子工业出版社,2004.
[40] 李画画,顾立汉. 国际贸易实务 [M]. 北京:清华大学出版社,2014.
[41] 李永福,杨宏民. 建设项目全过程造价跟踪审计 [M]. 北京:中国电力出版社,2016.
[42] 李哲,夏建刚,刘亚勤,等. 国际货物运输与保险 [M]. 2 版. 北京:北京交通大学出版社,2013.
[43] 刘华,叶靖,李秀华. 物流采购管理 [M]. 2 版. 北京:清华大学出版社,2012.
[44] 刘慧娟,顾全根. 物流成本管理 [M]. 北京:国防工业出版社,2015.
[45] 刘丽文. 生产与运作管理 [M]. 2 版. 北京:清华大学出版社,2002.
[46] 刘志超. 采购与供应管理 [M]. 广州:广东高等教育出版社,2011.
[47] 冷柏军,段秀芳. 国际贸易实务 [M]. 北京:北京大学出版社,2017.
[48] 梁爽,程杰,常虹,等. 国际贸易保险实务 [M]. 北京:清华大学出版社,2015.
[49] 陆其伟. 商品采购管理 [M]. 大连:东北财经大学出版社,2012.
[50] 逯宇铎,陈阵. 国际贸易 [M]. 北京:清华大学出版社,2013.
[51] 卡普兰,诺顿. 平衡计分卡:化战略为行动 [M]. 刘俊勇,孙薇,王化成,译. 广州:广东经济出版社,2004.
[52] 骆建文. 采购与供应管理 [M]. 2 版. 北京:机械工业出版社,2016.
[53] 马佳. 采购管理实务 [M]. 北京:清华大学出版社,2015.
[54] 马静. 国际贸易实务 [M]. 北京:清华大学出版社,2014.
[55] 波特. 竞争优势 [M]. 陈悦,译. 北京:华夏出版社,2005.
[56] 裴平. 国际金融学 [M]. 南京:南京大学出版社,1995.
[57] 曲如晓. 中国对外贸易概论 [M]. 4 版. 北京:机械工业出版社,2016.
[58] 沈明其. 国际贸易理论与实务 [M]. 北京:北京理工大学出版社,2012.
[59] 宋志国,贾引狮. 绿色供应链管理若干问题研究 [M]. 北京:中国环境科学出版社,2009.
[60] 宋亚非. 国际企业管理 [M]. 北京:中央广播电视大学出版社,2010.
[61] 苏保忠. 公共管理学 [M]. 2 版. 北京:北京大学出版社,2004.
[62] 孙涛,娄钰,贾贵星. 国际贸易实务 [M]. 北京:清华大学出版社,2012.
[63] 肖书和. 采购管理业务规范化操作全案 [M]. 北京:机械工业出版社,2015.
[64] 谢立群. Access 数据库在采购数据管理与分析中的应用:以 A 公司为例 [J]. 中国管理信息化,2010,13(20):34-37.
[65] 徐杰,鞠颂东. 采购管理 [M]. 2 版. 北京:机械工业出版社,2009.
[66] 徐天舒. 制造型外资企业高效采购机制构建及策略研究:基于施耐德公司的实践案例 [D]. 南京:东南大学,2004.
[67] 许彤. 采购管理实务 [M]. 北京:中国财富出版社,2013.
[68] 王丽燕. 国际货运代理 [M]. 厦门:厦门大学出版社,2013.
[69] 王翔. 企业战略管理:理论框架与实践技术 [M]. 北京:清华大学出版社,2008.

[70] 王洋. 企业边界理论的研究：基于科斯思想的演变与发展［M］. 北京：经济科学出版社，2009.
[71] 王仲君，王臣昊. 物流学导论：概念、技术与应用［M］. 镇江：江苏大学出版社，2016.
[72] 吴承健，胡军. 绿色采购管理［M］. 北京：中国物资出版社，2011.
[73] 斯莱沃斯基，等. 发现利润区［M］. 凌晓东，等译. 4版. 北京：中信出版社，2010.
[74] 吴卫红. 工程项目管理理论与实践［M］. 北京：机械工业出版社，2016.
[75] 杨灿明. 政府采购问题研究［M］. 北京：经济科学出版社，2004.
[76] 杨国亮. 跨国公司经营与管理［M］. 北京：中国人民大学出版社，2008.
[77] 杨传明，于溪东. 新编供应链管理［M］. 镇江：江苏大学出版社，2017.
[78] 姚新超. 国际贸易运输与保险［M］. 北京：对外经济贸易大学出版社，2006.
[79] 叶德万，李忱，陈原，等. 国际贸易理论与实务［M］. 3版. 广州：华南理工大学出版社，2012.
[80] 叶伟媛. 运输与配送管理实务［M］. 北京：中国农业大学出版社，2014.
[81] 尤璞，杨宏华. 进出口贸易实务［M］. 3版. 上海：上海财经大学出版社，2015.
[82] 章竞，汝宜红. 绿色物流［M］. 北京：北京交通大学出版社，2014.
[83] 张二震. 国际经贸管理［M］. 南京：南京大学出版社，1991.
[84] 张进. 浅谈合同谈判的方法与技巧［J］. 中小企业管理与科技（上旬刊），2016（12）：91-92.
[85] 张鲁青，王微微. 国际货物贸易案例教程［M］. 北京：对外经济贸易大学出版社，2013.
[86] 张平，李学荣. 国际贸易实务［M］. 南京：南京大学出版社，2012.
[87] 张维迎. 博弈论与信息经济学［M］. 上海：上海人民出版社，2004.
[88] 张晓辉，陈勇. 国际贸易实务教程［M］. 杭州：浙江大学出版社，2010.
[89] 张雪梅，冯文芳，苏芳，等. 国际贸易实务与单证操作［M］. 兰州：兰州大学出版社，2015.
[90] 赵道致. 采购与供应管理［M］. 北京：清华大学出版社，2009.
[91] 赵立华，张淑华，周宇，等. 财政与金融［M］. 北京：清华大学出版社，2015.
[92] 周学明，徐辉，李玉山，等. 国际贸易［M］. 北京：中国金融出版社，2013.
[93] 周跃进. 采购管理［M］. 北京：机械工业出版社，2015.
[94] 诸葛霖. 跟单信用证［M］. 北京：中国对外经济贸易出版社，1990.
[95] 朱庆华，阎洪. 绿色供应链管理理论与实践［M］. 北京：科学出版社，2013.
[96] 朱新民. 物流采购管理［M］. 北京：机械工业出版社，2009.
[97] 朱占峰. 物流作业实务［M］. 武汉：武汉理工大学出版社，2008.